제3판

공인회계사
세무사
감정평가사
관세사

원가관리회계

박준완

객관식
기출문제
연습

法文社

제3판 서문

이 책은 원가관리회계연습 과목의 강의자료를 정리한 것이다. 이 과목은 원가회계, 관리회계 과목에서 공부한 것을 토대로 공인회계사, 세무사, 감정평가사 시험의 원가관리회계 기출문제를 연습하는 교과목이다. 강의하면서 느낀 점은 기출문제를 연습하는 것이 매우 중요하다는 것이다. 원가회계, 관리회계 교과목이 핵심개념을 공부하는 입문과정이라면, 원가관리회계연습 교과목은 그 동안 공부했던 것을 마무리하는 단계인 셈이다.

학생들은 회계학이 공부하기 힘들다는 말을 많이 한다. 공부량이 많아 부담감이 크다는 것이다. 도중에 지쳐서 포기하는 경우도 종종 보게 된다. 안타까운 일이다. 그러나 회계학은 다른 과목에 비해 공부량이 정해져 있어서 편하게 공부할 수 있는 과목이다. 기출문제 연습은 이러한 어려움을 돌파하는 수단이면서 다음의 측면에서 중요성을 갖는다.

(1) 선택과 집중

경영학에서 선택과 집중을 강조하는데, 회계학 공부에서도 선택과 집중이 필요하다. 회계학 공부의 중압감을 줄여주는 지혜이다. 공부해야 할 주제와 범위가 다양한 듯 보이지만, 집중적으로 이해하고 숙달시켜야 할 주제는 한정되어 있다. 기출문제는 회계학 공부범위를 줄여주는 역할을 한다.

기출문제를 검토하면 주제별로 매년 1~2문제가 반복적으로 출제되는 것도 있고, 어떤 주제는 격년 주기로 출제되거나 몇 년에 한번 꼴로 출제되는 것을 볼 수 있다. 기출문제는 응시자를 평가하는 수단이기도 하지만, 공부방향을 제시하는 역할도 한다. 매년 1~2문제 정도가 출제되는 주제는 중요하기 때문에 명확하게 이해하고 짧은 시간 내에 풀 수 있도록 준비해야 한다. 원가관리회계에서는 관리회계 분야의 원가-조업도-이익분석, 관련원가분석, 표준원가회계, 원가회계 분야에서는 종합원가계산, 연산품, 변동원가계산 등이 여기에 해당된다. 원가흐름, 개별원가계산, 보조부문 원가배분, 활동기준회계, 원가추정, 대체가격결정 종합예산 등은 2년에 1회 정도 출제되는 분야이다. 교과서를 공부한 다음, 기출문제를 통해 공부해야 할 분야를 좁히고 출제빈도를 통해서 공부해야 할 분야의 우선순위를 정하는 것이 중요하다.

(2) 반복과 훈련

연습은 대가를 만들고 훈련은 기적을 낳는다는 말이 있다. 연습과 훈련이 중요하다는 의미이다. 효율적인 연습과 훈련을 가능하게 하는 것이 목표관리이다. 공부해야 할 목표를 정한 다음, 이를 달성할 수 있는 계획을 세우고, 목표를 달성하도록 치밀하게 공부한 다음, 목표를 달성했는지 확인하는 것이 중요하다. 기출문제는 공부목표를 제시하기 때문에 중요하다. 기출문제를 중심으로 공부범위를 확정하고, 이를 기준으로 목표관리하는 것이 중요하다. 기출문제를 중심으로 반복하여 공부하면 효율적인 목표관리가 가능하다. 또한 공부한 다음 어느 정도 공부가 되었는지를 확인하기 위해서도 기출문제를 연습하는 것이 중요하다. 이는 마치 무딘 칼에 칼날을 세우는 과정과 유사하다.

(3) 기출문제 공부

공인회계사, 세무사, 감정평가사 시험 등 회계학 관련 시험에서 출제되는 기출문제를 공부해야 한다. 기출문제는 실력 점검 차원에서 한번 풀어보는 것이라는 생각도 있다. 그러나 기출문제는 공부했던 것을 마무리한다는 의미에서 중요하다. 특히 검증된 문제이기 때문에 공부해야 할 좋은 학습자료이다. 기출문제는 공부해야 할 범위 중 70~80% 정도를 커버한다. 2차 주관식 문제는 포괄적으로 출제된 문제라는 면에서 통찰력을 기를 수 있다. 그러나 1차 객관식 문제는 공부해야 할 다양한 분야를 망라하기 때문에 공부 상태를 평가하는데 중요하다. 기출문제 자체를 공부하는 것이 중요하다. 기출문제를 통해 목차별로 핵심주제를 파악할 수 있고, 중점적으로 공부해야 주요 주제를 정리할 수 있다. 출제 빈도가 높은 주제 순으로 공부의 우선순위를 정하고, 출제 빈도 순으로 공부 범위를 정할 수 있기 때문이다. 기본개념을 토대로 기출문제를 연습하고, 틀린 문제는 기본개념을 다시 확인해야 한다. 반복적으로 틀리는 문제는 명확하게 이해되지 않은 상태이기 때문에 오답노트를 만들어서 반복적으로 익혀야 한다. 기출문제 연습을 토대로 공부했던 것을 마무리해야 한다.

이 책에 수록된 기출문제의 풀이과정을 유튜브에 동영상자료로 올려 놓았다. 기출문제 풀이과정을 상세하게 설명하였으니 활용하기를 바란다(유튜브 채널명: 회계캠프).

그동안 원가관리회계연습 시간에 참여하여 질문하고 발표한 학생들에게 감사한다. 이 과정을 통해 학생들이 쉽게 이해되지 않은 부분을 파악할 수 있었기 때문이다. 온통 숫자와 도식으로 가득 찬 딱딱한 원고를 깔끔하게 정리하여 예쁜 책으로 만들어준 법문사 노윤정 선생에게 노고를 표한다. 마지막으로 책을 쓸 수 있도록 옆에서 응원해준 가족들에게 감사의 마음을 전한다.

2024. 7. 2

모악산을 바라보며 연구실에서

차 례

Part 01 원가회계

Part 02 관리회계

1. 관세사 기출문제 목록

분류	목차	'24	'23	'22	'21	'20	'19	'18	'17	'16	'15	'14	'13	'12	'11
원가회계	원가의 개념과 분류		73	71	76	71	74	71	71	72		71		76	73
	제조업의 원가흐름			80	75			72		79					74
	정상개별원가계산						75	73	72		79		71	73	71
	종합원가계산	72	71	72	72	77	79	76	75	74	76	72	73		76
				74											
	부문별원가계산		72		78	73	71					80			75
	활동기준원가계산	75	74			79	72			71		74	75	80	
	연산품과 결합원가배분	73	75	73	79			74		73	74			79	72
	변동원가계산	74		75	74	80	73		80	75	73	77	74	77	
관리회계	손익분기분석	78	76	78	75	78	77	77	73	76	72	75		71	77
								79				76			
	관련원가분석	76		76			76		78	77	78	73	76		
	(제약이론)									80		79	79		
	표준원가계산	71			73	76	78	80	77	78	75	73	77		79
	종합예산과 투자의사결정	77	77	80		74		78	76			78		78	78
	분권화와 성과평가	80	80	77	77	72	80	75					78	75	
	대체가격결정										80			74	
	원가추정		79								77		72		80
	불확실성하의 의사결정														
	전략적 원가관리	79	78	79	71				74		71		80	72	
									79						

2. 감정평가사 기출문제 목록

3. 세무사 기출문제 목록

x   연도별 기출문제 목차별 출제목록

4. 공인회계사 기출문제 목록

분류	목 차	'24	'23	'22	'21	'20	'19	'18	'17	'16	'15	'14	'13	'12	'11
원가회계	원가의 개념과 원가흐름	41		41	41	41					45				
	정상개별원가계산	42	42	43	42		41	49	44			43			
	종합원가계산	43	43	44	43	50	44	42	50	48		47	41		40
				45								48			41
	부문별원가계산	44	41			48							44	43	44
	활동기준원가계산			42		42				49	49		43		43
	연산품과 결합원가배분			46			47	42		43	46	42	49		45
	변동원가계산	46	44	47	45	44	43	41		43			42		39
													45		
관리회계	손익분기분석	48	46	48	44		50	48			45		46		46
	관련원가분석		47	49	49		46	47	45	50	50	45	47	49	49
	(제약이론)						49	48				46	50		50
	표준원가계산	45	49		46	43	45	43	49		43	50	48	44	42
								50			44		48		
	종합예산과 투자의사결정	49				48				41	48	44			
	분권화와 성과평가	50	45	50				46	41	44	46		49	42	47
								46	47	47				50	48
	대체가격결정						47								
							48								
	원가추정	47				45		44	47				46		
						46									
	불확실성하의 의사결정		48			47		45							45
	전략적 원가관리		50			50	49		42	42	41	41		47	
												42			

5. 1차 객관식 목차별 중요 기출문제 목록

분류	목차	연결 주제	목차별 중요 기출문제
원가회계	제조업의 원가흐름	정상원가계산	2024년 세무사 61회 회계학개론 문27 정상원가계산 원가흐름분석
		오류수정	2015년 회계사 50회 문45 제조업의 원가흐름 원가분류 오류수정
		종합원가계산	2020년 회계사 55회 회계학 문41 제조업의 원가흐름 종합원가계산
		정상개별원가계산	2023년 감정평가사 34회 회계학 문78 정상개별원가계산 제조간접원가 배부차이 기말조정
	정상개별원가계산	기본문제	2017년 회계사 52회 회계학 문44 정상개별원가계산 배부차이 기말조정
		개별원가계산	2016년 세무사 53회 회계학개론 문35 개별원가계산
		종합분석	2022년 세무사 59회 회계학개론 문31 정상원가계산 배부차이 조정
		제조업의 원가흐름	2024년 세무사 61회 회계학개론 문27 정상원가계산 원가흐름분석
		제조업의 원가흐름	2019년 회계사 54회 회계학 문41 정상개별원가계산
	부문별 원가계산	기본문제	2023년 회계사 58회 회계학 문 41 부문별 원가계산 상호배부법
		역 추정	2018년 세무사 55회 회계학개론 문38 부문별 원가계산 상호배부법
		역 추정	2018년 감정평가사 29회 회계학 문74 부문별 원가계산 상호배부법
	종합원가계산	기본문제	2022년 회계사 57회 회계학 문44~45번 종합원가계산 공손품
		제조업의 원가흐름	2024년 회계사 59회 회계학 문43 종합원가계산 제조업의 원가흐름
		오류수정	2017년 회계사 52회 회계학 문50 종합원가계산 오류수정
		원가관리	2018년 회계사 53회 회계학 문42 종합원가계산 제품검사시점 변경
	연산품과 결합 원가 배분	기본문제	2019년 감정평가사 30회 회계학 문73 관련원가분석 연산품 추가가공 분석
		기본문제	2023년 세무사 60회 회계학개론 문32 연산품과 결합원가 배분 부산물 생산기준법
		부산품 판매시점 인식	2017년 감정평가사 28회 회계학 문71 연산품과 결합원가 배부 부산품 판매시점 인식
		종합원가계산	2021년 세무사 58회 회계학개론 문25 연산품과 결합원가 배분 종합원가계산
	활동기준원가계산	전략적 원가관리	2011년 회계사 46회 회계학 문43 활동기준원가계산 미사용원가 분석
		조업도기준회계 비교	2020년 회계사 55회 회계학 문42 활동기준원가계산 조업도기준원가계산 비교
	변동원가계산	제조업의 원가흐름	2015년 세무사 52회 회계학개론 문39 변동원가계산 초변동원가계산 영업이익
		정상원가계산	2018년 감정평가사 29회 회계학 문76 변동원가계산 정상원가계산
		종합원가계산	2021년 세무사 58회 회계학개론 문30 변동원가계산 종합원가계산
		손익계산서분석	2019년 회계사 54회 회계학 문43 변동원가계산 손익계산서 분석
		손익계산서분석	2022년 감정평가사 33회 회계학 문 78 변동원가계산 손익계산서 분석
		손익계산서분석	2017년 세무사 54회 회계학개론 문30 변동원가계산 전부원가계산 손익계산서 분석

원가회계

원가개념과 원가흐름

1. 주요개념

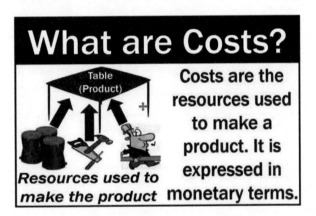

Different costs for different purposes

PURPOSE	COST CLASSIFICATION
Assigning to cost objects	- Direct cost - Indirect cost
In manufacturing	Manufacturing costs: - Direct materials - Direct labor - Manufacturing Overhead Non-manufacturing costs: - Selling costs - Administrative expense
For financial statements	- Product costs - Period costs
Predicting cost behavior in response to changes in activity	- Variable cost - Fixed cost - Mixed cost
Making decisions	- Differential cost - Sunk cost - Opportunity cost

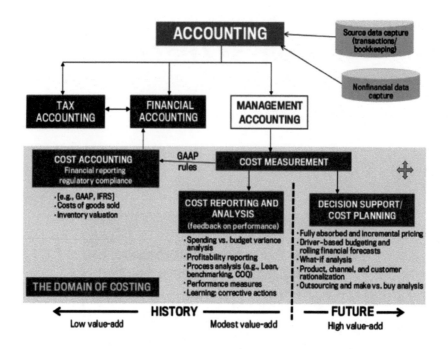

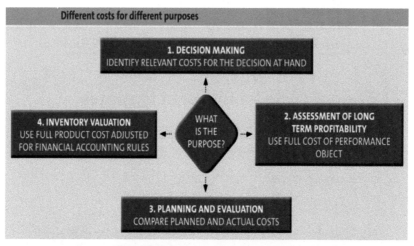

Product-Costing Systems Affect Operating Income

- Managers' performance measures and rewards are most often based on operating income.
- As a result, managers are motivated to take actions that improve current operating income.

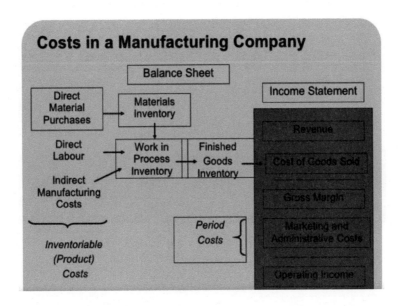

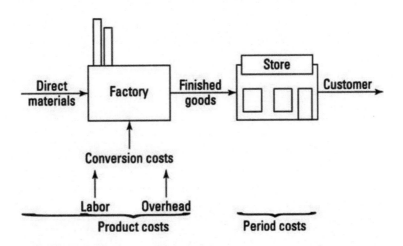

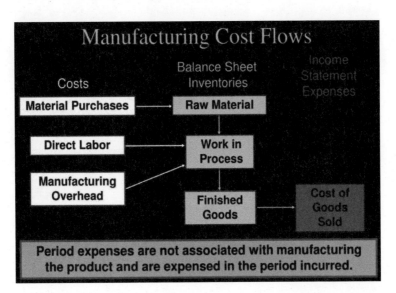

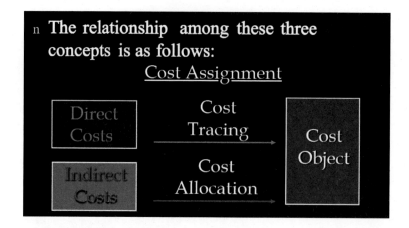

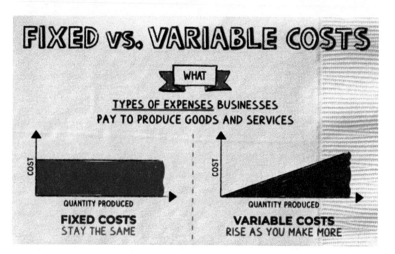

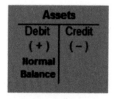

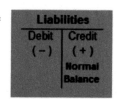

Assets		=	Liabilities		+	Equity	
Debit	Credit		Debit	Credit		Debit	Credit
(+)	(−)		(−)	(+)		(−)	(+)
Normal Balance				**Normal Balance**			**Normal Balance**

Revenue	
Debit	Credit
(−)	(+)
	Normal Balance

T-Account	
Debit Side	**Credit Side**
Accounts with Debit Normal Balance:	Accounts with Credit Normal Balance:
• Assets	• Liabilities
• Expenses and Losses	• Capital or Equity
	• Revenue and Gains

Expenses	
Debit	Credit
(+)	(−)
Normal Balance	

2. 관세사 기출문제 및 해설

• 관세사/2016/문79

01 ㈜관세가 20X1년 중 매입한 직접재료는 ₩500,000이었고, 제조간접원가는 직접노무원가의 50%이며, 매출원가는 ₩1,200,000이었다. 재고자산과 관련된 자료가 다음과 같을 때, 20X1년도의 기본(기초)원가는?

구분	20X1년 1월 1일	20X1년 12월 31일
직접재료	₩50,000	₩60,000
재공품	₩80,000	₩50,000
제품	₩55,000	₩35,000

① ₩660,000　　　　② ₩820,000　　　　③ ₩930,000

④ ₩1,150,000　　　⑤ ₩1,180,000

풀이과정　　　　　　　　　　　　　　　　　　　　　　　　　　　　**정답** ③

원가요소	직접재료	기본원가	재공품	제품	매출원가
기초재고	50,000				
당기매입	500,000				
사용가능원가	550,000				
기말재고	60,000				
직접재료원가	490,000	490,000	490,000		490,000
직접노무원가	DL	DL	DL		DL=440,000
기본원가		**PC**			**PC=930,000**
제조간접원가	OH		0.5×DL		
당기제조원가			490,000+1.5DL		
기초재공품			80,000		
총제조원가			570,000+1.5DL		
기말재공품			50,000		
당기제품제조원가			520,000+1.5DL	520,000+1.5DL	
기초제품				55,000	
판매가능제품				575,000+1.5DL	
기말제품				35,000	
매출원가				540,000+1.5DL	=1,200,000　DL=440,000

• 관세사/2017/문71

02 ㈜관세의 20x1년 3월 매출액은 ₩302,500이며, 매출총이익률은 20%이다. 3월에 발생한 제품원가 관련 자료가 다음과 같을 때 당월 재료매입액은?

구분	월초	월말
재료	₩20,000	₩40,000
재공품	₩100,000	₩40,000
제품	₩90,000	₩120,000
재료매입액	?	
직접노무원가	₩70,000	
제조간접원가	₩52,000	

① ₩50,000   ② ₩70,000   ③ ₩90,000
④ ₩110,000   ⑤ ₩212,000

풀이과정

정답 ④

원가요소	재료	재공품	제품	매출원가	영업이익
월초재고	20,000				
당월 매입	P				$P=110,000$
사용가능액	20,000+P				
월말재고	40,000				
직접재료원가	P-20,000	P-20,000			
직접노무원가		70,000			
제조간접원가		52,000			
당기제조원가		P+102,000			
월초재공품		100,000			
총제조원가		p+202,000			
월말재공품		40,000			
당기제품제조원가		p+162,000	p+162,000		
월초제품			90,000		
판매가능제품			p+252,000		
월말제품			120,000		
매출원가			p+132,000	p+132,000	p+132,000
매출액				302,500	
매출총이익률				20%	
매출원가율				80%	
매출원가				242,000	=P+132,000
				$P=110,000$	

• 관세사/2018/문71

03 20x1년 ㈜관세의 제조와 관련된 원가가 다음과 같을 때 직접노무원가는?

당기제품제조원가	₩1,400,000
기본원가(prime cost)	1,200,000
가공원가(전환원가)	1,100,000
기초재공품	100,000
기말재공품	200,000

① ₩400,000 ② ₩500,000 ③ ₩600,000

④ ₩800,000 ⑤ ₩900,000

풀이과정 정답 ④

원가요소	발생액	기본원가	가공원가	재공품	제품	비고
직접재료원가	DM	DM		DM		400,000
직접노무원가	DL	DL	DL	DL		**800,000**
제조간접원가	OH		OH	OH		300,000
기본원가		1,200,000				
가공원가			1,100,000			
당기제조원가				DM+DL+OH		= 1,500,000
기초재공품				100,000		
총제조원가				DM+DL+OH		
				100,000		
기말재공품				200,000		
당기제품제조원가				DM+DL+OH	= 1,400,000	DM+DL+OH
				−100,000		= 1,500,000

• 관세사/2018/문72

04 당해 연도에 설립된 ㈜관세는 당기에 제품 1,000개를 생산하여 800개를 판매하였다. 이 과정에서 판매비인 화재보험료를 제조간접원가로 처리하였다. 화재보험료를 판매비로 회계처리한 경우와 비교하여 동 회계처리가 당기손익에 미치는 영향은?

① 매출총이익은 증가하고, 영업이익은 감소한다.

② 매출총이익과 영업이익이 모두 증가한다.

③ 매출총이익과 영업이익이 모두 변하지 않는다.

④ 매출총이익과 영업이익이 모두 감소한다.

⑤ 매출총이익은 감소하고, 영업이익은 증가한다.

풀이과정 정답 ⑤

계정과목	원가	금액	생산량	단위당 원가	판매량	당기비용 매출원가	당기비용 판매관리비	손익계산서 오류시	손익계산서 오류수정	손익계산서 오류영향
화재보험료	기간원가	100,000			800		100,000			
화재보험료	제조간접원가	100,000	1,000	100	800	80,000				

	매출액	매출액	영향없음
매출액			
매출원가	80,000	0	과대계상
매출총이익	**(80,000)**	**0**	**과소계상**
판매관리비	0	100,000	과소계상
영업이익	**(80,000)**	**(100,000)**	**과대계상**

• 관세사/2019/문74

05 다음은 ㈜관세의 20x1년 생산·판매와 관련된 자료이다.

기초재공품	₩170,000	전환원가(가공원가)	₩2,250,000
기말재공품	320,000	기초제품	130,000
직접재료원가	830,000	기말제품	110,000
직접노무원가	750,000	매출액	3,835,000

위 자료를 이용하여 계산한 ㈜관세의 20x1년 매출총이익은?

① ₩135,000   ② ₩885,000   ③ ₩905,000

④ ₩925,000   ⑤ ₩965,000

풀이과정　　　　　　　　　　　　　　　　　　　　　　　　　　**정답** ②

원가요소	직접재료	전환원가	재공품	제품	매출원가	영업이익
직접재료원가	830,000		830,000			
직접노무원가		750,000	750,000			
제조간접원가		1,500,000	1,500,000			
전환원가		2,250,000				
당기제조원가			3,080,000			
기초재공품			170,000			
총제조원가			3,250,000			
기말재공품			320,000			
당기제품제조원가			2,930,000	2,930,000		
기초제품				130,000		
판매가능제품				3,060,000		
기말제품				110,000		
매출원가				2,950,000	2,950,000	2,950,000
매출액						3,835,000
매출총이익						**885,000**

• 관세사/2020/문71

06 ㈜관세의 20x1년 6월 매출액은 ₩400,000이며, 매출총이익률은 25%이다. 원가 관련
자료가 다음과 같을 때 6월 말 직접재료재고액은?

구분	6월 초	6월 말
직접재료	₩20,000	?
재공품	50,000	₩40,000
제품	90,000	100,000
직접재료매입액	180,000	
전환(가공)원가	130,000	

① ₩20,000   ② ₩30,000   ③ ₩40,000

④ ₩50,000   ⑤ ₩60,000

풀이과정   **정답** ②

원가요소	직접재료	재공품	제품	매출원가	영업이익
월초잔액	20,000				
당월 매입	180,000				
사용가능액	200,000				
월말잔액	**E**				
직접재료원가	200,000-E	200,000-E			
전환원가		130,000			
당기제조원가		330,000-E			
월초재공품		50,000			
총제조원가		380,000-E			
월말재공품		40,000			
당기제품제조원가		340,000-E	340,000-E		
월초제품			90,000		
판매가능제품			430,000-E		
월말제품			100,000		
매출원가			330,000-E	330,000-E	330,000-E
매출액					400,000
매출총이익률					25%
매출원가율					75%
매출원가				300,000	300,000

$$E = 30,000$$

• 관세사/2024/문73

07 ㈜관세의 20x1년 재고자산은 다음과 같다.

항목	기초	기말
원재료	₩100,000	₩120,000
재공품	210,000	240,000
제품	10,000	20,000

20x1년 중 매입한 원재료는 ₩200,000이고, 원재료의 제조공정 투입액은 모두 직접 재료원가이다. 매출원가는 ₩560,000이고, 기본원가(prime costs)와 전환(가공)원가의 비율이 1 : 2라고 할 때, ㈜관세의 20x1년 제조간접원가는?

① ₩30,000 ② ₩210,000 ③ ₩390,000

④ ₩420,000 ⑤ ₩570,000

풀이과정 정답 ③

원가요소	금액	원재료	직접재료원가	기본원가	전환원가	재공품	제품	매출원가	비고
기초원재료	100,000	100,000							
원재료 매입액	200,000	200,000							
사용가능 원재료		300,000							
기말원재료	120,000	120,000							
직접재료원가		180,000	180,000	*180,000*		180,000			
직접노무원가	DL			*DL*	*DL*	DL		*30,000*	
기본원가				*PC*				*210,000*	
제조간접원가	*OH*				*OH*	OH			*390,000*
전환원가					*CC*			*420,000*	
당기제조원가						CMC		600,000	
기초재공품	210,000					210,000			
총제조원가						TC		810,000	
기말재공품	240,000					240,000			
당기제품제조원가						COGM	COGM	570,000	
기초제품	10,000						10,000		
판매가능제품							CGAS	580,000	
기말제품	20,000						20,000		
매출원가								560,000	

3. 감정평가사 기출문제 및 해설

• 감정평가사/2015/문80

08 ㈜감평의 20x5년 1월 1일 재공품 재고액은 ₩50,000이고, 1월 31일 재공품 재고액은 ₩100,000이다. 1월에 발생한 원가자료가 다음과 같을 경우, ㈜감평의 20x5년 1월 당기제품제조원가는?

· 직접재료 사용액	₩300,000
· 공장건물 감가상각비	100,000
· 공장기계 수선유지비	150,000
· 본사건물 감가상각비	200,000
· 영업직원 급여	300,000
· 공장감독자 급여	400,000
· 공장근로자 급여	500,000
· 판매수수료	100,000

① ₩1,000,000   ② ₩1,400,000   ③ ₩1,450,000
④ ₩1,600,000   ⑤ ₩1,900,000

풀이과정   **정답** ②

구분	발생액	판매관리비	제조원가	재공품	제품	매출원가
직접재료사용액	300,000		300,000	300,000		
공장건물감가상각비	100,000		100,000	100,000		
공장기계감가상각비	150,000		150,000	150,000		
본사건물감가상각비	200,000	200,000				
영업직원 급여	300,000	300,000				
공장감독자 급여	400,000		400,000	400,000		
공장근로자 급여	500,000		500,000	500,000		
판매수수료	100,000	100,000				
계	2,050,000	600,000	1,450,000			
당기제조원가				1,450,000		
기초재공품				50,000		
총제조원가				1,500,000		
기말재공품				100,000		
당기제품제조원가				*1,400,000*	*1,400,000*	

• 감정평가사/2016/문72

09 다음은 A제품의 20x4년과 20x5년의 생산관련 자료이며, 총 고정원가와 단위당 변동원가는 일정하였다.

구분	생산량(개)	총제조원가(원)
20x4년	1,000	50,000,000
20x5년	2,000	70,000,000

20x6년도에는 전년도에 비해 총 고정원가는 20% 증가하고 단위당 변동원가는 30% 감소한다면, 생산량이 3,000개일 때 총 제조원가는?

① ₩62,000,000   ② ₩72,000,000   ③ ₩78,000,000

④ ₩86,000,000   ⑤ ₩93,000,000

풀이과정   **정답** ③

연도	생산량	총제조원가	변동원가	고정원가
20x4년	1,000	50,000,000		
20x5년	2,000	70,000,000		
차액	1,000	20,000,000		
단위당 변동원가			20,000	
20x4년	1,000	50,000,000	20,000,000	30,000,000

20x6년				
생산량	3,000			
고정원가				36,000,000
단위당 변동원가			14,000	
총변동원가			42,000,000	
총제조원가		**78,000,000**		

• 감정평가사/2016/문71

10 ㈜감평의 20x6년도 생산·판매자료가 다음과 같을 때 기본원가(prime cost)는?

구분	기초	기말
원재료	₩10,000	₩12,000
재공품	50,000	60,000
제 품	80,000	96,000

· 재고자산

· 당기 원재료 매입   ₩40,000
· 당기 매출원가   ₩150,000
· 직접노무원가는 가공원가의 60%이며, 원재료는 직접재료로만 사용된다고 가정한다.

① ₩82,800   ② ₩105,200   ③ ₩120,800
④ ₩132,800   ⑤ ₩138,000

풀이과정   **정답** ③

구분	원재료	재공품	기본원가	가공원가	제품	매출원가
기초재고	10,000					
원재료 매입	40,000					
사용가능액	50,000					
기말재고	12,000					
직접재료원가	38,000	38,000	*38,000*			38,000
직접노무원가		DL	*DL*	DL		
제조간접원가		OH		OH		
당기제조원가		CM				176,000
기초재공품		50,000				
총제조원가		CM+50,000				
기말재공품		60,000				
당기제품제조원가		CM−10,000			CM−10,000	
기초제품					80,000	
판매가능제품					CM+70,000	
기말제품					96,000	
매출원가				138,000	CM−26,000	=150,000
가공원가				138,000		
직접노무원가			*82,800*			
기본원가			*120,800*			

• 감정평가사/2018/문80

11 다음 자료를 이용하여 계산한 매출원가는?

기초재공품	₩60,000	기초제품	₩45,000	기말재공품	₩30,000
기말제품	₩60,000	직접재료원가	₩45,000	직접노무원가	₩35,000
제조간접원가	₩26,000				

① ₩121,000 ② ₩126,000 ③ ₩131,000

④ ₩136,000 ⑤ ₩141,000

풀이과정   **정답** ①

구분	직접재료	재공품	제품	매출원가
기초잔액				
당기매입				
사용가능				
기말잔액				
직접재료원가	45,000	45,000		
직접노무원가		35,000		
제조간접원가		26,000		
당기제조원가		106,000		
기초재공품		60,000		
총제조원가		166,000		
기말재공품		30,000		
당기제품제조원가		136,000	136,000	
기초제품			45,000	
판매가능제품			181,000	
기말제품			60,000	
매출원가			*121,000*	121,000

• 감정평가사/2018/문72

12 원가가산 가격결정방법에 의해서 판매가격을 결정하는 경우 (   )에 들어갈 금액으로 옳은 것은? (단, 영업이익은 총원가의 30%이고, 판매비와관리비는 제조원가의 50%이다)

				영업이익 (ㅁ)	
			판매비와관리비 (ㄷ)		판매가격 ₩58,500
	제조간접원가 (ㄱ)		제조원가 (ㄹ)	총원가 (ㅂ)	
직접재료원가 ₩12,500	기초원가 (ㄴ)				
직접노무원가 ₩12,500					

	(ㄱ)	(ㄴ)	(ㄷ)	(ㄹ)	(ㅁ)	(ㅂ)
①	₩ 5,000	₩25,000	₩15,000	₩30,000	₩13,500	₩45,000
②	₩ 5,000	₩25,000	₩17,500	₩35,000	₩10,500	₩48,000
③	₩10,000	₩25,000	₩15,000	₩30,000	₩13,500	₩45,000
④	₩10,000	₩25,000	₩17,500	₩35,000	₩10,500	₩48,000
⑤	₩10,000	₩25,000	₩17,500	₩30,000	₩10,500	₩48,000

풀이과정

정답 . ①

		기초원가	제조 간접원가	총 제조원가	판매 관리비	총원가	영업이익	판매가격
직접재료원가	12,500	12,500						
직접노무원가	12,500	12,500						
제조간접원가	OH		5,000					
총제조원가	MC			30,000	MC			
판매관리비	S&GA				0.5×MC			
총원가	TC					45,000	TC	
영업이익	OI						0.3×TC	
판매가격								58,500

ㄱ. 5,000

ㄴ. 25,000

ㄷ. 15,000

ㄹ. 30,000

ㅁ. 13,500

ㅂ. 45,000

• 감정평가사/2019/문71

13 단일제품을 생산하는 ㈜감평은 매출원가의 20%를 이익으로 가산하여 제품을 판매하고 있다. 당기의 생산 및 판매 자료가 다음과 같다면, ㈜감평의 당기 직접재료매입액과 영업이익은?

· 재고자산	기초재고	기말재고
직접재료	₩17,000	₩13,000
재공품	20,000	15,000
제품	18,000	23,000
· 기본(기초)원가	₩85,000	
· 가공(전환)원가	98,000	
· 매출액	180,000	
· 판매관리비	10,000	

	직접재료매입액	영업이익		직접재료매입액	영업이익
①	₩46,000	₩15,000	②	₩48,000	₩15,000
③	₩48,000	₩20,000	④	₩52,000	₩20,000
⑤	₩52,000	₩26,000			

풀이과정 **정답** ③

구분	직접재료	기본원가	가공원가	재공품	제품	매출원가	영업이익	비고
기초직접재료	17,000							
당기매입	p							*48,000*
사용가능 직접재료	17,000+P							
기말 직접재료	13,000							
직접재료원가	4,000+P	4,000+P		4,000+P				52,000
직접노무원가	DL	DL	DL					33,000
기본원가		85,000						
제조간접원가	OH		OH					65,000
가공원가			98,000	98,000				
당기제조원가				102,000+P				151,000
기초재공품				20,000				
총제조원가				122,000+P				170,000
기말재공품				15,000				
당기제품제조원가				107,000+P	107,000+P			155,000
기초제품					18,000			
판매가능제품					125,000+P			
기말제품					23,000			
매출원가					102,000+P	102,000+P	150,000	*P=48,000*
매출액							180,000	
매출총이익							30,000	
판매관리비							10,000	
영업이익							*20,000*	

• 감정평가사/2020/문71

14 ㈜감평의 20x1년 기초 및 기말 재고자산은 다음과 같다.

구분	기초	기말
직접재료	₩10,000	₩15,000
재공품	40,000	50,000
제 품	40,000	55,000

㈜감평은 20x1년 중 직접재료 ₩35,000을 매입하였고, 직접노무원가 ₩45,000을 지급하였으며, 제조간접원가 ₩40,000이 발생하였다. ㈜감평의 20x1년 당기제품제조원가는? (단, 20x1년 초 직접노무원가 선급금액은 ₩15,000이고 20x1년 말 직접노무원가 미지급금액은 ₩20,000이다)

① ₩110,000 ② ₩120,000 ③ ₩125,000
④ ₩140,000 ⑤ ₩150,000

풀이과정 정답 ④

1. 원가흐름

원가요소		당기제조원가	당기제품제조원가	매출원가
기초 직접재료	10,000			
직접재료 매입	35,000			
사용가능 직접재료	45,000			
기말 직접재료	15,000			
직접재료원가	30,000	30,000		
기초 선급 노무원가	15,000			
직접노무원가 지급액	45,000			
선급 노무원가 합계	60,000			
기말 선급노무원가	0			
당기 직접노무원가	60,000	60,000		
기말 미지급 노무원가	20,000			
미지급 노무원가 지급액	0			
계	20,000			
기초 미지급 노무원가	0			
당기 직접노무원가	20,000	20,000		
제조간접원가		40,000		
당기제조원가		150,000	150,000	
기초재공품			40,000	
총제조원가			190,000	
기말재공품			50,000	
당기제품제조원가			140,000	140,000
기초제품				40,000
판매가능제품				180,000
기말제품				55,000
매출원가				125,000

• 감정평가사/2021/문75

15 ㈜감평의 생산량 관련범위 내에 해당하는 원가자료는 다음과 같다. (   )에 들어갈 금액으로 **옳지 않은** 것은?

	생산량	
	2,000개	5,000개
총원가		
변동원가	A( )	?
고정원가	B( )	?
소계	?	E( )
단위당 원가		
변동원가	C( )	?
고정원가	?	₩10
소계	D( )	₩30

① A: ₩40,000   ② B: ₩50,000   ③ C: ₩20

④ D: ₩45   ⑤ E: ₩90,000

풀이과정   **정답** ⑤

변동원가와 고정원가

	총원가		단위당 원가	
생산량	2,000	5,000	2,000	5,000
변동원가	40,000	100,000	20	20
고정원가	50,000	50,000	25	10
	90,000	150,000	45	30

A	40,000	
B	50,000	
C		20
D		45
E	*150,000*	

• 감정평가사/2023/문78

16 ㈜감평은 정상개별원가계산제도를 채택하고 있다. 제조간접원가는 직접노무원가의 40%를 예정배부하고 있으며, 제조간접원가 배부차이는 전액 매출원가에서 조정하고 있다. ㈜감평의 당기 재고자산 및 원가 관련 자료는 다음과 같다.

구 분	기초잔액	기말잔액
직접재료	₩3,200	₩6,200
재공품	8,600	7,200
제품	6,000	8,000

  － 직접재료 매입액: ₩35,000
  － 기초원가(기본원가): ₩56,000

㈜감평의 당기 제조간접원가 배부차이 조정 후 매출원가가 ₩67,700인 경우, 당기에 발생한 실제 제조간접원가는?

① ₩6,900   ② ₩9,700   ③ ₩10,700

④ ₩11,300   ⑤ ₩12,300

풀이과정   정답 ⑤

1. 실제원가계산과 정상원가계산

		제품 배부액		
원가요소	발생액	실제원가계산	정상원가계산	실제－정상
직접재료원가	ADM	ADM	ADM	0
직접노무원가	ADL	ADL	ADL	0
제조간접원가	AOH	AOH	POH	AOH－POH

2. 예정배부율

제조간접원가 예산
예정 직접노무원가   ─────────
예정배부율   40%

3. 원가흐름

	직접재료	*기본원가*	전환원가	제조원가	제품	매출원가
기초 직접재료	3,200					
직접재료 매입	35,000					
사용가능 직접재료	38,200					
기말 직접재료	6,200					
직접재료원가	32,000	*32,000*		32,000		
직접노무원가		*24,000*	24,000	24,000		
기본원가		*56,000*				
제조간접원가 예정배부액			9,600	9,600		9,600
전환원가			*33,600*			
당기제조원가				65,600		
기초재공품				8,600		
총제조원가				74,200		
기말재공품				7,200		
당기제품제조원가				67,000	67,000	
기초제품					6,000	
판매가능제품					73,000	
기말제품					8,000	
매출원가					65,000	65,000
제조간접원가 배부차이					2,700	<=과소배부액
조정후 매출원가					67,700	67,700
실제 제조간접원가 발생액						*12,300*

• 감정평가사/2024/문71

17 ㈜감평은 정상원가계산제도를 채택하고 있으며, 20x1년 재고자산은 다음과 같다.

구분	기초	기말
직접재료	₩5,000	₩6,000
재공품	10,000	12,000
제품	7,000	5,000

20x1년 매출액 ₩90,000, 직접재료 매입액 ₩30,000, 직접노무원가 발생액은 ₩20,000이고, 시간당 직접노무원가는 ₩20이다. 직접노무시간을 기준으로 제조간접원가를 예정배부할 때 20x1년 제조간접원가 예정배부율은? (단, 20x1년 매출총이익률은 30%이다.)

① ₩10 ② ₩12 ③ ₩14 ④ ₩16 ⑤ ₩18

풀이과정
정답 ③

	직접재료	직접노무원가	재공품	제품	영업이익	비고
기초재고	5,000					
당기매입	30,000					
사용가능	35,000					
기말재고	6,000					
직접재료원가	29,000		29,000			
직접노무원가		20,000	20,000			
시간당임률		20				
직접노무시간		1,000				
제조간접원가 예정배부율			*POHR*			*14*
제조간접원가배부액			OH			14,000
당기제조원가			CMC			63,000
기초재공품			10,000			
총제조원가			TMC			73,000
기말재공품			12,000			
당기제품제조원가			COGM	COGM		61,000
기초제품				7,000		
판매가능제품				COGAFS		68,000
기말제품				5,000		
매출원가				COGS	COGS	63,000
매출액					90,000	
매출총이익률					30%	
매출총이익					27,000	27,000

4. 세무사 기출문제 및 해설

• 세무사/2016/문32

18 ㈜세무의 20x1년 5월 중 자료는 다음과 같다.

	5월 1일	5월 31일
재 공 품	₩30,000	₩25,000
제 품	20,000	10,000

5월 중 기초원가(prime cost)는 ₩325,000이고, 가공원가(conversion cost)가 직접재료원가의 40%이며, 제조간접원가는 ₩25,000이다. ㈜세무의 5월 매출원가는?

① ₩320,000 ② ₩345,000 ③ ₩350,000

④ ₩360,000 ⑤ ₩365,000

풀이과정   **정답** ⑤

원가요소	직접재료	기초원가	가공원가	재공품	제품	매출원가
직접재료원가	DM	DM				
직접노무원가		DL	325,000−DM			
기초원가		325,000		325,000		
제조간접원가			25,000	25,000		
가공원가			0.4×DM			
당기제조원가				350,000		
기초재공품				30,000		
총제조원가				380,000		
기말재공품				25,000		
당기제품제조원가				355,000	355,000	
기초제품					20,000	
판매가능제품					375,000	
기말제품					10,000	
매출원가					*365,000*	*365,000*

$$325,000 - DM + 25000 = 0.4 \times DM$$
$$350,000 = 1.4 \times DM$$
$$DM = 250,000$$
$$DL = 75000$$

• 세무사/2017/문27

19 ㈜세무는 주문을 받고 생산하여 판매하는 기업이다. 단위당 직접재료원가 ₩6,200, 단위당 변동가공원가(전환원가) ₩11,800이며 연간 고정제조간접원가는 ₩4,200,000 이다. 20X0년도에 280개를 주문 받아 판매하였으며, 매출총이익률은 25%였다. 판매 가격과 원가구조가 20X0년과 동일하다면 20X1년도에 ₩1,000,000 이상의 매출총이 익을 얻기 위한 최소 판매량은?

① 160개   ② 170개   ③ 180개   ④ 190개   ⑤ 200개

풀이과정   **정답** ⑤

연도	제조원가		생산량	단위당원가	판매량	비용화연도 20X0년	비용화연도 20X1년
20X0년	직접재료원가	1,736,000	280	6,200	280	1,736,000	
	변동가공원가	3,304,000	280	11,800	280	3,304,000	
	고정제조간접원가	4,200,000	280	15,000	280	4,200,000	
	매출원가					9,240,000	
	매출총이익률					25%	
	매출원가율					75%	
	매출액					12,320,000	
	판매량					280	
	판매가격					44,000	
20X1년	목표매출총이익						1,000,000
	고정제조간접원가	4,200,000					4,200,000
	총공헌이익						5,200,000
	단위당 직접재료원가			6,200			6,200
	단위당 변동가공원가			11,800			11,800
	단위당 판매가격			44,000			44,000
	단위당 공헌이익						26,000
	목표판매수량						**200**

• 세무사/2018/문30

20 ㈜세무는 20x1년 초에 영업을 개시하였다. ㈜세무는 전부원가계산을 적용하고 있으며, 재고자산의 원가흐름가정은 선입선출법이다. 20x1년과 20x2년의 생산 및 원가자료는 다음과 같다.

항목	20X1년	20X2년
제품 생산량	1,500단위	1,750단위
제품 판매량	1,200단위	( )단위
기말 제품수량	( )단위	150단위
제품 단위당 변동제조원가	₩38	₩40
고정제조간접원가	₩48,000	₩70,000

㈜세무의 20x2년도 매출원가는? (단, 기초 및 기말 재공품은 없다)

① ₩147,000   ② ₩148,000   ③ ₩148,600

④ ₩149,000   ⑤ ₩149,400

풀이과정   정답 ④

1. 20×1년도

원가요소	금액	생산량	단위당원가	판매량	전부원가계산	변동원가계산	차액
변동제조원가	57,000	1,500	38.0	1,200	45,600	45,600	0
고정제조간접원가	48,000	1,500	32.0	1,200	38,400	48,000	-9,600
매출원가					84,000	93,600	-9,600
단위당 제품원가					70	38	32
기말제품		300			21,000	11,400	9,600

2. 20×2년도

원가요소	금액	생산량	단위당원가	판매량	전부원가계산	변동원가계산	차액
기초제품		300		300	21,000	11,400	9,600
변동제조원가	70,000	1,750	40.0	1,600	64,000	64,000	0
고정제조간접원가	70,000	1,750	40.0	1,600	64,000	70,000	-6,000
매출원가					**149,000**	145,400	3,600
단위당 제품원가					80	40	40
기말제품		150			12,000	6,000	6,000

• 세무사/2019/문26

21 ㈜세무의 기초 및 기말 재고자산은 다음과 같다.

	기초잔액	기말잔액
원재료	₩27,000	₩9,000
재공품	30,000	15,000
제 품	35,000	28,000

원재료의 제조공정 투입금액은 모두 직접재료원가이며 당기 중 매입한 원재료는 ₩83,000이다. 기초원가(prime cost)는 ₩306,000, 전환원가(conversion cost)의 50%가 제조간접원가이다. ㈜세무의 당기제품제조원가와 매출원가는?

	당기제품제조원가	매출원가
①	₩408,500	₩511,000
②	₩511,000	₩511,000
③	₩511,000	₩526,000
④	₩526,000	₩526,000
⑤	₩526,000	₩533,000

풀이과정　　　　　　　　　　　　　　　　　　　　　　　　　　　　**정답** ⑤

원가요소	원재료	기초원가	전환원가	재공품	제품	매출원가
기초원재료	27,000					
매입원재료	83,000					
사용가능원재료	110,000					
기말원재료	9,000					
직접재료원가	101,000	101,000		101,000		
직접노무원가		DL	205,000	205,000		
기초원가		306,000				
제조간접원가			OH	205,000		
전환원가			410,000			
당기제조원가				511,000		
기초재공품				30,000		
총제조원가				541,000		
기말재공품				15,000		
당기제품제조원가				*526,000*	*526,000*	
기초제품					35,000	
판매가능제품					561,000	
기말제품					28,000	
매출원가					*533,000*	*533,000*

• 세무사/2019/문27

22 다음은 ㈜세무의 당기 및 전기 제조간접원가에 관련된 자료이다. 이 자료에 의할 때 ㈜세무의 당기 제조간접원가 발생액은?

	당기 지급액	당기말 잔액		전기말 잔액	
		선급비용	미지급비용	미지급비용	선급비용
공장관리비	₩250,000	₩150,000	–	₩25,000	–
수도광열비	300,000	–	₩100,000	25,000	–
복리후생비	150,000	–	100,000	–	₩35,000

① ₩615,000 ② ₩735,000 ③ ₩765,000
④ ₩965,000 ⑤ ₩1,065,000

풀이과정   정답 ②

	기초	당기지급액	기말잔액	제조간접원가
선급비용	(1)	(2)	(3)	(1)+(2)-(3)
선급공장관리비	0	250,000	150,000	100,000
선급수도관열비	0	300,000	0	300,000
선급복리후생비	35,000	150,000	0	185,000
미지급비용	(1)	(2)	(3)	(2)-+(3)-(1)
미지급공장관리비	25,000		0	-25,000
미지급수도광열비	25,000		100,000	75,000
미지급복리후생비	0		100,000	100,000
합계				735,000

23 ㈜세무는 정상원가계산을 사용하며, 20x1년 재고자산 및 원가자료는 다음과 같다.

	기초	기말
직접재료	₩20,000	₩30,000
재공품	25,000	38,000
제 품	44,000	32,000

- 당기의 직접재료 매입액은 ₩90,000이다.
- 당기의 직접노무원가 발생액은 ₩140,000이다.
- 직접노무시간당 직접노무원가는 ₩40이다.
- 당기의 매출액은 ₩300,000이며, 매출총이익률은 20%이다.

직접노무시간을 기준으로 제조간접원가를 예정배부할 때, 20x1년 제조간접원가 예정배부율은?

① ₩6.0　　② ₩6.6　　③ ₩7.0
④ ₩7.4　　⑤ ₩7.8

풀이과정　　　　정답 ①

원가요소	직접재료	재공품	제품	매출원가	영업이익	비고
직접재료 기초재고	20,000					
직접재료 당기매입	90,000					
사용가능 직접재료	110,000					
직접재료 기말재고	30,000					
직접재료원가	80,000	80,000				
직접노무원가	140,000	140,000				
제조간접원가		OH				21,000
당기제조원가		CMC				241,000
기초재공품		25,000				
총제조원가		TMC				266,000
기말재공품		38,000				
당기제품제조원가		COGM	COGM			228,000
기초제품재고			44,000			
판매가능제품			COGAFS			272,000
기말제품재고			32,000			
매출원가			COGS	COGS	COGS	240,000
매출액					300,000	
매출총이익률					20%	
매출원가율					80%	
매출원가				240,000	240,000	
시간당 임률	40					
직접노무시간						3,500
제조간접원가 예정배부액						21,000
시간당 제조간접원가 예정배부율						*6.0*

• 세무사/2024/문25

24 ㈜세무의 20x1년 재고자산 및 원가자료는 다음과 같다.

(1) 재고자산

	원재료	재공품	제품
20×1.1.1.	₩40,000	₩90,000	₩80,000
20×1.12.31.	60,000	100,000	120,000

(2) 원가자료

- 생산직근로자 급여 ₩110,000
- 생산직관리자 급여　30,000
- 공장건물 감가상각비　70,000
- 생산설비 보험료 ₩50,000
- 영업사원 급여　20,000
- 본사건물 재산세　10,000

20x1년 매출원가가 ₩480,000일 때, 원재료 매입액은?

① ₩280,000　② ₩290,000　③ ₩330,000　④ ₩340,000　⑤ ₩530,000

풀이과정　　　　　　　　　　　　　　　　　　　　　　　　　　**정답** ②

원가요소	원재료	직접노무원가	제조간접원가	기간원가	재공품	제품	비고
원재료 기초재고	40,000						
원재료 매입액	**P**						**290,000**
원재료사용가능액	40,000＋P						330,000
원재료 기말재고	60,000						
직접재료원가	DM				DM		270,000
생산직근로자 급여		110,000					
생산설비 보험료			50,000				
생산직관리자 급여			30,000				
영업사원 급여				20,000			
공장건물 감가상각비			70,000				
본사건물 재산세				10,000			
직접노무원가		110,000			110,000		
제조간접원가			150,000		150,000		
당기제조원가					CMC		530,000
기초재공품					90,000		
총제조원가					TMC		620,000
기말재공품					100,000		
당기제품제조원가					TCGM	TCGM	520,000
기초제품재고						80,000	
판매가능제품						TCGAS	600,000
기말제품재고						120,000	
매출원가						COGS	480,000

5. 공인회계사 기출문제 및 해설

• 회계사/2015/문45

25 다음에 주어진 ㈜한국제조의 손익계산서는 회계지식이 부족한 인턴직원이 작성한 것이다.

손익계산서

㈜한국제조	20x1. 1. 1 ~ 20x1. 12. 31		(단위: ₩)
· 매출액			900,000
· 영업비용:			
간접노무원가		24,000	
수도광열비		30,000	
직접노무원가		140,000	
감가상각비(공장설비)		42,000	
감가상각비(본사건물)		36,000	
당기 원재료 매입액		330,000	
보험료		8,000	
임차료		100,000	
판매 및 관리부서의 직원급여		64,000	
광고선전비		150,000	924,000
· 영업이익			(24,000)

그러나 위의 손익계산서에 표시된 매출액 및 영업비용 내역은 모두 올바른 자료이다. 만약 당신이 ㈜한국제조의 20x1년도 손익계산서를 정확하게 작성하고자 하는 경우 필요한 추가 자료는 다음과 같다.

(1) 수도광열비의 60%, 보험료의 75%와 임차료의 80%는 공장설비와 관련된 것이며, 나머지는 판매 및 일반관리활동과 관련하여 발생한 것이다.

(2) 20x1년도 재고자산의 기초 및 기말잔액은 다음과 같다.

구분	기초	기말
원재료	₩16,000	₩26,000
재공품	₩32,000	₩42,000
제 품	₩80,000	₩120,000

20x1년도 ㈜한국제조의 정확한 당기제품제조원가와 영업이익은 각각 얼마인가?

	당기제품제조원가	영업이익
①	₩620,000	₩12,000
②	₩620,000	₩24,000
③	₩620,000	₩36,000
④	₩630,000	₩12,000
⑤	₩630,000	₩24,000

풀이과정

1. 원가분류

원가요소	발생액	제조원가	판매관리비
간접노무원가	24,000	24,000	
수도광열비	30,000	18,000	12,000
직접노무원가	140,000	140,000	
감가상각비(공장)	42,000	42,000	
감가상각비(본사)	36,000		36,000
원재료 매입액	330,000		
보험료	8,000	6,000	2,000
임차료	100,000	80,000	20,000
판매관리직 급여	64,000		64,000
광고선전비	150,000		150,000
합계		310,000	284,000

2. 제조업의 원가흐름

	원재료	재공품	제품	매출원가	영업이익
기초잔액	16,000				
당기 매입	330,000				
사용가능액	346,000				
기말재고	26,000				
직접재료원가	320,000	320,000			
직접노무원가		140,000			
제조간접원가		170,000			
당기제조원가		630,000			
기초재공품		32,000			
총제조원가		662,000			
기말재공품		42,000			
당기제품제조원가		**620,000**	**620,000**		
기초제품			80,000		
판매가능제품			700,000		
기말제품			120,000		
매출원가			580,000	580,000	580,000
판매관리비					284,000
매출액					900,000
영업이익					**36,000**

26 ㈜대한의 20x1년 재고자산과 관련된 자료는 다음과 같다.

구분	원재료	재공품	제품
기초금액	₩23,000	₩30,000	₩13,000
기말금액	12,000	45,000	28,000

20x1년 원재료 매입액은 ₩55,000이며, 가공원가는 ₩64,000이다. 이 경우 ㈜대한의 20x1년 당기제품제조원가에서 매출원가를 차감한 금액은 얼마인가?

① ₩12,000   ② ₩15,000   ③ ₩23,000

④ ₩28,000   ⑤ ₩30,000

풀이과정   정답 ②

원가요소	원재료	당기제조원가	재공품	제품	매출원가	비고
기초원재료	23,000					
매입원재료	55,000					
사용가능원재료	78,000					
기말원재료	12,000					
직접재료원가	66,000	66,000	66,000			
가공원가		64,000	64,000			
당기제조원가		130,000	130,000			
기초재공품			30,000			
총제조원가			160,000			
기말재공품			45,000			
당기제품제조원가			*115,000*	115,000		115,000
기초제품				13,000		
판매가능제품				128,000		
기말제품				28,000		
매출원가				*100,000*	100,000	100,000
						15,000

• 회계사/2024/문41

27 20x1년 초에 설립된 ㈜대한은 자동차를 생산, 판매하는 기업으로 20x1년 동안 다음과 같은 원가가 발생하였다.

· 직접재료원가	₩550
· 간접재료원가	₩150
· 판매직급여	₩150
· 공장근로자급여	₩600
· 공장감독자급여	₩300
· 관리직급여	₩350
· 공장감가상각비	₩1,000
· 광고선전비	₩100

이 자료를 바탕으로 원가계산을 했을 경우, 다음 설명 중 옳은 것은? 단, 기말재공품 재고액은 ₩50이다.

① 기본원가(prime costs)는 ₩1,050이다.
② 제조간접원가는 ₩1,500이다.
③ 재고불능원가는 ₩500이다.
④ 당기총제조원가는 ₩2,700이다.
⑤ 당기제품제조원가는 ₩2,550이다.

풀이과정   정답 ⑤

원가	금액	기간원가	제조원가	기본원가	제조간접원가	당기제조원가	당기제품제조원가
직접재료원가	550		550	550			
간접재료원가	150		150		150		
판매직급여	150	150					
공장근로자급여	600		600	600			
공장감독자급여	300		300		300		
관리직급여	350	350					
공장감가상각비	1,000		1,000		1,000		
광고선전비	100	100					
	3,200	600	2,600	1,150	1,450		
기본원가				*1,150*		1,150	
제조간접원가					*1,450*	1,450	
재고불능원가		*600*					
당기총제조원가						*2,600*	2,600
기말재공품	50						50
당기제품제조원가							*2,550*

개별정상원가계산

1. 주요개념

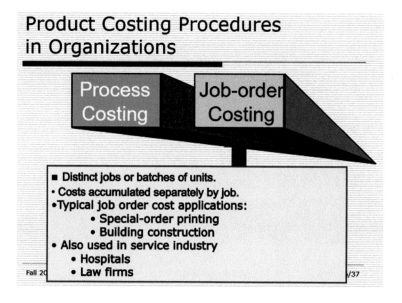

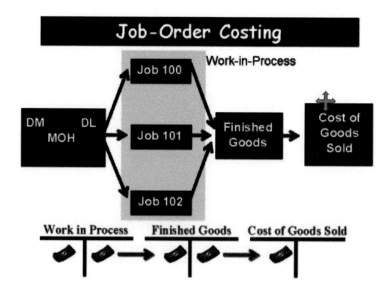

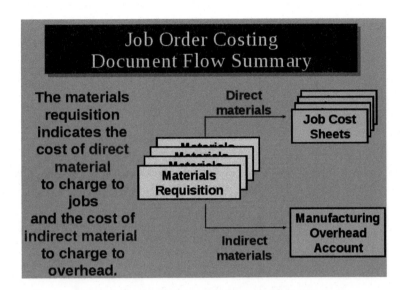

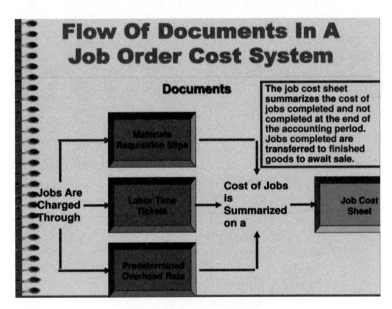

Job-Order Cost Accounting

PearCo Job Cost Sheet

Job Number A - 143

Department B3
Item Wooden cargo crate

Date Initiated 3-4-11
Date Completed _____
Units Completed _____

Direct Materials		Direct Labor			Manufacturing Overhead		
Req. No.	Amount	Ticket	Hours	Amount	Hours	Rate	Amount
X7-6890	$ 116	36	8	$ 88			

Cost Summary			Units Shipped		
Direct Materials		$ 116	Date	Number	Balance
Direct Labor		$ 88			
Manufacturing Overhead					
Total Cost					
Unit Product Cost					

Actual, Normal, and Standard Costing

	Direct materials	Direct labor	Variable factory overhead	Fixed factory overhead
Actual Costing	Actual costs	Actual costs	Actual costs	Actual costs
Normal Costing	Actual costs	Actual costs	Budgeted rates × actual inputs	
Standard Costing	Standard prices or rates × standard inputs allowed for actual output achieved			

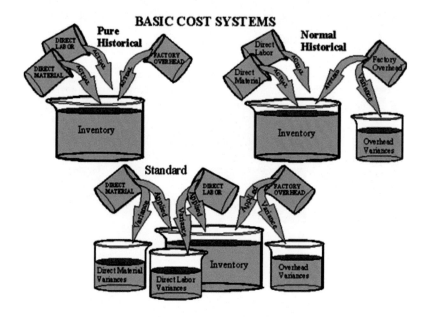

BASIC COST SYSTEMS

Assigning Costs to Cost Objects

- Three methods
  - Actual costing
  - Normal costing
  - Standard costing
- Differ in how the 3 product costs are assigned to products or services

	Actual Costing	Normal Costing	Standard Costing
Direct Materials	Actual	Actual	Budgeted*
Direct Labor	Actual	Actual	Budgeted*
Manufacturing Overhead	Actual	Budgeted	Budgeted*

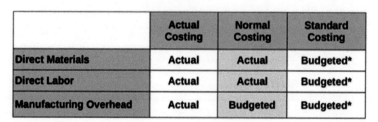

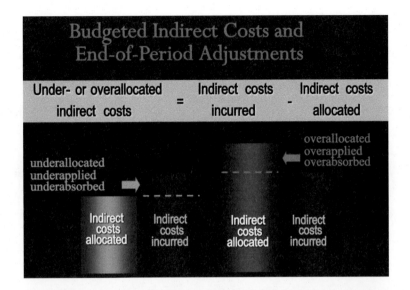

End-Of-Period Adjustments

Approaches to disposing underallocated
or overallocated overhead:

1. Adjusted allocation rate approach

2. Proration approaches

3. Immediate write-off to Cost of Goods
   Sold approach

Product and Material Losses

	Normal Loss	Abnormal Loss
Loss for most jobs	In overhead rate	Period cost
Loss identified with a specific job	Charge to specific job	Period cost

2. 관세사 기출문제 및 해설

• 관세사/2015/문79

01 정상원가계산제도를 채택하고 있는 ㈜관세는 직접노무원가의 150%를 제조간접원가로 예정배부하고 있으며, 제조간접원가 배부차이는 기말에 매출원가에서 전액 조정한다. 다음 자료를 이용하여 당기에 실제 발생한 제조간접원가를 구하면 얼마인가?

· 기초재공품	₩30,000	· 기말재공품	₩45,000
· 기초제품	₩20,000	· 기말제품	₩40,000
· 직접재료원가	₩20,000	· 직접노무원가	₩36,000
· 배부차이 조정 후 매출원가	₩70,000		

① ₩45,000   ② ₩49,000   ③ ₩52,000
④ ₩56,000   ⑤ ₩59,000

풀이과정   **정답** ②

1. 정상원가계산

제조간접원가 예산	
예산배부기준	직접노무원가
예정배부율	150%

2. 제조간접원가 배부 및 배부차이 기말조정

	기말재공품	기말제품	매출원가	합계
기초재공품				30,000
직접재료원가				20,000
직접노무원가				36,000
제조간접원가예정배부액				54,000
조정전잔액	45,000			140,000
당기제품제조원가				95,000
기초제품				20,000
판매가능제품				115,000
조정전 기말잔액		40,000	75,000	
조정후잔액			70,000	
배부차이			5,000	

실제 제조간접원가 발생액 *	**49,000**

* 예정배부액 54,000-과대배부액 5,000=실제 발생액 49,000

• 관세사/2016/문72

02 ㈜관세는 정상개별원가계산을 적용하고 있으며, 제조간접원가 배부차이를 매출원가 조정법에 의해 회계처리하고 있다. 다음은 20x1년 기말시점의 각 계정잔액과 제조 간접원가 배부차이를 조정하기 직전의 제조간접원가계정이다.

원재료	재공품	제품	매출원가
₩20,000	₩10,000	₩30,000	₩60,000

제조간접원가

92,000	80,000

만약 ㈜관세가 제조간접원가 배부차이를 총원가비례배분법에 의해 회계처리한다면, 기존 회계처리방법과 비교하여 당기순이익은 얼마나 증가 또는 감소하는가?

① ₩6,000 감소 ② ₩4,800 감소 ③ ₩4,800 증가
④ ₩6,000 증가 ⑤ ₩7,200 증가

풀이과정   정답 ③

원가요소	발생액	생산량	실제원가계산	정상원가계산	실제-정상	
직접재료원가	DM		DM	DM	0	
직접노무원가	DL		DL	DL	0	
제조간접원가	92,000		92,000	80,000	*12,000*	*과소배부*

	기말재공품	기말제품	매출원가	합계	
직접재료원가				실제	
직접노무원가				실제	
제조간접원가				80,000	
조정전잔액	10,000	30,000	60,000	100,000	
매출원가조정			*12,000*	12,000	
조정후잔액	10,000	30,000	*72,000*	112,000	
총원가비례배분	1,200	3,600	*7,200*	12,000	0.12
조정후잔액	11,200	33,600	*67,200*	112,000	
매출원가 차액			4,800		감소
당기순이익			*4,800*		*증가*

• 관세사/2017/문72

03 ㈜관세가 행한 다음 분개와 관련된 설명으로 옳은 것을 모두 고른 것은?

> (차) 매출원가 60,000 (대) 제조간접원가 배부차이 60,000
>
> ㄱ. 제조간접원가 실제배부시 발생하는 분개이다.
> ㄴ. 표준원가계산에서 원가차이를 조정하는 분개이다.
> ㄷ. 제조간접원가는 ₩60,000만큼 과소배부되었다.
> ㄹ. 매출원가에 제조간접원가 배부차이 ₩60,000을 가산한다.
> ㅁ. 매출총이익은 ₩60,000만큼 감소한다.

① ㄱ, ㄴ   ② ㄴ, ㅁ   ③ ㄷ, ㄹ
④ ㄱ, ㄷ, ㅁ   ⑤ ㄷ, ㄹ, ㅁ

풀이과정   **정답** ⑤

원가요소	발생액	생산량	실제원가계산	정상원가계산	실제-정상	
직접재료원가	DM		DM	DM		
직접노무원가	DL		DL	DL		
제조간접원가	OH		OH	OH-60,000	*60,000*	**과소배부**

	기말재공품	기말제품	매출원가	합계	
직접재료원가				DM	
직접노무원가				DL	
제조간접원가				OH-60,000	60,000
조정전잔액					
기말조정			60,000		
매출원가			*60,000*		
제조간접원가 배부차이				*60,000*	

• 관세사/2018/문73

04 ㈜관세는 제조간접원가를 직접노동시간에 따라 예정배부한다. 20x1년 예산 및 동년 3월의 자료가 다음과 같을 때 3월의 제조간접원가 실제발생액은?

연간 직접노동시간(예산)	3,700시간
연간 제조간접원가(예산)	₩192,400
3월 직접노동시간(실제)	450시간
3월 제조간접원가 배부차이	₩1,300(과대배부)

① ₩21,200   ② ₩22,100   ③ ₩23,200
④ ₩23,400   ⑤ ₩24,700

풀이과정   정답 ②

원가요소	발생액	생산량	실제 원가계산	정상 원가계산	실제-정상
직접재료원가	DM		DM	DM	0
직접노무원가	DL		DL	DL	0
제조간접원가	OH		OH	예정배부액	실제-예정
제조간접원가 예산				192,400	
직접노동시간 예산				3,700	
예정배부율				52	
직접노동시간			450	450	
제조간접원가	22,100		22,100	23,400	1,300	과대배부

05 ㈜관세는 20x1년 영업을 개시하여 우주선을 제작·판매하고 있으며, 정상개별원가 계산을 채택하고 있다. 제조와 관련된 원가 및 활동 자료는 다음과 같다.

구분	단거리 우주선	중거리 우주선	장거리 우주선
직접재료원가	₩240,000	₩370,000	₩480,000
직접노무원가	150,000	300,000	450,000
실제기계시간	495시간	1,485시간	1,980시간

㈜관세는 20x1년 초 연간 제조간접원가는 ₩1,280,000, 제조간접원가 배부기준인 기계시간은 4,000시간으로 예상하였으며 20x1년에 실제 발생한 제조간접원가는 ₩1,170,000이다. 20x1년 말 단거리 우주선은 완성되어 판매되었고 중거리 우주선은 완성되었으나 판매되지 않았으며 장거리 우주선은 미완성 상태이다. ㈜관세는 제조간접원가 배부차이를 원가요소별 비례배분법으로 조정한다. 제조간접원가 배부차이를 조정한 후의 매출원가는?

① ₩451,200　② ₩536,250　③ ₩560,550　④ ₩562,150　⑤ ₩645,600

풀이과정　　　　　　　　　　　　　　　　　　　　　　　　　　　**정답 ②**

원가요소	발생액	생산량	실제원가계산	정상원가계산	실제-정상	
직접재료원가	1,090,000		1,090,000	1,090,000	0	
직접노무원가	900,000		900,000	900,000	0	
제조간접원가	1,170,000		1,170,000	1,267,200	97,200	과대배부
당기제조원가	3,160,000		3,160,000	3,257,200	97,200	
실제직접노무시간			3,960	3,960		
제조간접원가 예산				1,280,000		
예산 직접노무시간				4,000		
예정배부율				320		

개별원가계산표

구분	단거리	중거리	장거리	합계
직접재료원가	240,000	370,000	480,000	1,090,000
직접노무원가	150,000	300,000	450,000	900,000
제조간접원가	158,400	475,200	633,600	1,267,200
합계	548,400	1,145,200	1,563,600	3,257,200
실제직접노무시간	495	1,485	1,980	3,960
진척상태	완성/판매	완성	미완성	
	매출원가	기말제품	기말재공품	
배부차이 조정	(12,150)	(36,450)	(48,600)	(97,200) 　97,200/3,960
조정후 잔액	536,250	1,108,750	1,515,000	3,160,000

• 관세사/2020/문75

06 ㈜관세는 20x1년 영업을 개시하여 선박을 제작·판매하고 있으며, 직접노무시간을 기준으로 제조간접원가를 배부하는 정상개별원가계산을 채택하고 있다. 제조와 관련된 원가 및 활동 자료는 다음과 같다.

구분	화물선	유람선	LNG선
직접재료원가	₩240,000	₩400,000	₩520,000
직접노무원가	280,000	520,000	640,000
실제직접노무시간	700시간	1,200시간	1,600시간

㈜관세는 20x1년 초 연간 제조간접원가 ₩2,000,000과 직접노무시간 5,000시간을 예상하였으며, 20x1년에 실제 발생한 제조간접원가는 ₩1,500,000이다. 20x1년 말 화물선은 완성되어 판매되었고, 유람선은 완성되었으나 판매되지 않았으며, LNG 선은 미완성 상태이다. ㈜관세가 제조간접원가 배부차이를 매출원가에서 전액 조정한다면 제조간접원가 배부차이를 조정한 후의 매출원가는?

① ₩700,000   ② ₩780,000   ③ ₩800,000

④ ₩820,000   ⑤ ₩900,000

풀이과정   **정답** ⑤

개별원가계산표

구분	화물선	유람선	LNG선	합계
직접재료원가	240,000	400,000	520,000	1,160,000
직접노무원가	280,000	520,000	640,000	1,440,000
제조간접원가	280,000	480,000	640,000	1,400,000
합계	800,000	1,400,000	1,800,000	4,000,000
실제직접노무시간	700	1,200	1,600	3,500
진척상태	*완성/판매*	완성	미완성	
기말재공품			1,800,000	1,800,000
당기제품제조원가	*800,000*	1,400,000		2,200,000
매출원가	*800,000*			800,000
배부차이 조정	*100,000*			
조정후 잔액	*900,000*	1,400,000	1,800,000	4,100,000

• 관세사/2021/문80

07 ㈜관세는 20x1년 초 영업을 개시하여 선박을 제조·판매하고 있으며, 직접노무시간을 기준으로 제조간접원가를 예정 배부하는 정상개별원가계산을 적용하고 있다. 제조 및 판매와 관련된 자료는 다음과 같다.

연간 제조간접원가 예산	₩360,000
연간 예정조업도	40,000 직접노무시간
실제 발생한 제조간접원가	₩362,500
실제 임률	직접노무시간당 ₩11
당기총제조원가	₩2,500,000
직접재료원가	₩1,650,000

㈜관세의 20x1년 제조간접원가 배부차이는?

① ₩20,000(과대) 　② ₩20,000(과소) 　③ ₩15,000(과대)

④ ₩15,000(과소) 　⑤ ₩10,000(과소)

풀이과정

정답 ①

원가요소	발생금액	생산량	실제원가계산	정상원가계산
직접재료원가	1,650,000		1,650,000	1,650,000
직접노무원가	DL		DL	850,000
제조간접원가	362,500		362,500	
합계				2,500,000

제조간접원가 예산			360,000
예정 조업도			40,000
예정 배부율			9

임률		11	11
제조간접원가 예정 배부율			9
가공원가 배부율			20
실제 직접노무시간		42,500	42,500

원가요소	발생금액	생산량	실제원가계산	정상원가계산	실제-정상	
직접재료원가	1,650,000		1,650,000	1,650,000	0	
직접노무원가	467,500		467,500	467,500	0	
제조간접원가	362,500		362,500	382,500	20,000	과대배부
합계	2,480,000		2,480,000	2,500,000	20,000	

• 관세사/2022/문71

08 ㈜관세는 정상개별원가계산을 채택하고 있으며, 제조간접원가 배부차이를 총원가비례배분법에 의해 기말재고자산과 매출원가에 배분한다. 다음은 당기 말 제조간접원가 배부차이를 조정하기 전 각 계정의 잔액이다.

· 재고자산	
원재료	₩250,000
재공품	90,000
제품	230,000
· 매출원가	680,000

당기에 발생한 제조간접원가 배부차이가 ₩150,000(과소배부)일 경우, 배부차이 조정후 기말재고자산은?

① ₩358,400 ② ₩368,000 ③ ₩608,000
④ ₩618,000 ⑤ ₩638,000

풀이과정 　　　　정답 ④

원가요소	발생액	생산량	실제원가계산	정상원가계산	실제-정상
직접재료원가	실제		실제	실제	
직접노무원가	실제		실제	실제	
제조간접원가	실제		실제	예정	150,000 과소

원가요소	배부액	원재료	재공품	제품	매출원가	합계
직접재료원가	실제					실제
직접노무원가	실제					실제
제조간접원가	예정					예정
조정전잔액			90,000	230,000	680,000	1,000,000
제조간접원가 과소배부액						150,000
비례배부율						15%
비례배부			13,500	34,500	102,000	150,000
조정후잔액		250,000	103,500	264,500	782,000	1,150,000
재고자산		*250,000*	*103,500*	*264,500*		*618,000*
매출원가					782,000	782,000

3. 감정평가사 기출문제 및 해설

• 감정평가사/2015/문74

09 선박을 제조하여 판매하는 ㈜감평은 20x5년 초에 영업을 개시하였으며, 제조와 관련된 원가 및 활동에 관한 자료는 다음과 같다.

구분	화물선	유람선	여객선
직접 재료원가	₩60,000	₩140,000	₩200,000
직접 노무원가	240,000	460,000	500,000
실제직접 작업시간	1,500시간	1,500시간	2,000시간
완성도	60%	100%	100%

㈜감평은 직접작업시간을 제조간접원가 배부기준으로 사용하는 정상원가계산제도를 채택하고 있다. 20x5년 제조간접원가예산은 ₩480,000이고 예정 직접작업시간은 6,000시간이다. 20x5년에 발생한 실제 제조간접원가는 ₩500,000이고, 완성된 제품 중 여객선은 고객에게 인도되었다. 제조간접원가 배부차이를 총원가(총원가 비례배분법)를 기준으로 조정할 경우 제품원가는?

① ₩450,000　　　② ₩750,000　　　③ ₩756,000

④ ₩903,000　　　⑤ ₩1,659,000

풀이과정　　　　　　　　　　　　　　　　　　　　　　　　　　**정답** ③

제조간접원가 예산	480,000			
예정 직접작업시간	6,000			
예정배부율	80			

작업별 원가계산표

	화물선	유람선	여객선	합계
직접재료원가	60,000	140,000	200,000	400,000
직접노무원가	240,000	460,000	500,000	1,200,000
제조간접원가 배부액	120,000	120,000	160,000	400,000
계	420,000	720,000	860,000	2,000,000
실제직접작업시간	1,500	1,500	2,000	5,000
실제 제조간접원가 발생액				500,000
제조간접원가 과소 배부액				100,000
총원가	420,000	720,000	860,000	2,000,000
총원가기준 2차 배부율				0.05
2차 배부액	21,000	36,000	43,000	100,000
조정후 잔액	441,000	756,000	903,000	2,100,000
작업 진행 상태	기말 작업 중	완성	완성/판매	
기말재공품	441,000			441,000
당기제품제조원가		756,000	903,000	1,659,000
기말제품		756,000		
매출원가			903,000	

• 감정평가사/2018/문72

10 실제개별원가계산제도를 사용하는 ㈜감평의 20x1년도 연간 실제 원가는 다음과 같다.

직접재료원가 ₩4,000,000	직접노무원가 ₩5,000,000
제조간접원가 ₩1,000,000	

㈜감평은 20x1년 중 작업지시서 #901을 수행하였는데 이 작업에 320시간의 직접노무시간이 투입되었다. ㈜감평은 제조간접원가를 직접노무시간을 기준으로 실제배부율을 사용하여 각 작업에 배부한다. 20x1년도 실제 총직접노무시간은 2,500시간이다. ㈜감평이 작업지시서 #901에 배부하여야 할 제조간접원가는?

① ₩98,000 ② ₩109,000 ③ ₩128,000
④ ₩160,000 ⑤ ₩175,000

풀이과정   **정답** ③

원가요소	발생액	생산량	실제원가계산	정상원가계산
직접재료원가	4,000,000		4,000,000	4,000,000
직접노무원가	5,000,000		5,000,000	5,000,000
제조간접원가	1,000,000		1,000,000	예정배부액
실제 제조간접원가			1,000,000	
실제 직접노무시간			2,500	
실제배부율			400	

작업별 원가계산표

원가요소	#901	기타	전체
직접재료원가			4,000,000
직접노무원가			5,000,000
제조간접원가	*128,000*		1,000,000
합계			10,000,000
직접노무시간	*320*		2,500

• 감정평가사/2019/문72

11 ㈜감평은 정상원가계산을 사용하고 있으며, 직접노무시간을 기준으로 제조간접원가를 예정배부하고 있다. ㈜감평의 20x1년도 연간 제조간접원가 예산은 ₩600,000이고, 실제 발생한 제조간접원가는 ₩650,000이다. 20x1년도 연간 예정조업도는 20,000시간이고, 실제 직접노무시간은 18,000시간이다. ㈜감평은 제조간접원가 배부차이를 전액 매출원가에서 조정하고 있다. 20x1년도 제조간접원가 배부차이 조정전 매출총이익이 ₩400,000이라면, 포괄손익계산서에 인식할 매출총이익은?

① ₩290,000   ② ₩360,000   ③ ₩400,000

④ ₩450,000   ⑤ ₩510,000

풀이과정   **정답** ①

1. 제조간접원가 배부율

	실제배부율	예정배부율
제조간접원가	650,000	600,000
직접노무시간	18,000	20,000
배부율	36.11	30.00

2. 원가계산

원가요소	발생액	생산량	실제원가계산	정상원가계산	배부차이	
직접재료원가	실제		실제	실제	0	
직접노무원가	실제		실제	실제	0	
제조간접원가	650,000		650,000	540,000	110,000	과소배부
제조간접원가 예산				600,000		
예산 직접노무시간				20,000		
예정배부율				30		
실제 직접노무시간			18,000	18,000		

3. 정상원가계산

원가요소	기말재공품	기말제품	매출원가	합계
직접재료원가				실제
직접노무원가				실제
제조간접원가				540,000
조정전 잔액			COGS	
매출액			S	
조정전 매출원가			COGS	
조정전 매출총이익			400,000	
과소배부 제조간접원가			110,000	
조정후 매출총이익			*290,000*	

• 감정평가사/2021/문76

12 ㈜감평은 제조간접원가를 기계작업시간을 기준으로 예정배부하고 있다. 20×1년 실제 기계작업시간은?

제조간접원가(예산)	₩928,000
제조간접원가(실제)	960,000
제조간접원가 배부액	840,710
기계작업시간(예산)	80,000시간

① 70,000시간　　　② 71,125시간　　　③ 72,475시간
④ 73,039시간　　　⑤ 74,257시간

풀이과정　　　　　　　　　　　　　　　　　　　　　　　　　　　　　　**정답** ③

			배부액	
원가요소	발생액	생산량	실제원가계산	정상원가계산
직접재료원가	실제		실제	실제
직접노무원가	실제		실제	실제
제조간접원가	960,000		960,000	840,710

	실제	예산
제조간접원가	960,000	928,000
기계작업시간	72,475	80,000
배부율	13	11.6
실제기계시간	72,475	***72,475***

4. 세무사 기출문제 및 해설

• 세무사/2016/문33

13 ㈜세무는 기계시간 기준으로 제조간접원가를 예정배부하는 정상원가계산방법을 적용한다. 20x1년에 실제 제조간접원가는 ₩787,500이 발생되었고, 기계시간당 ₩25로 제조간접원가를 예정배부한 결과 ₩37,500만큼 과대배부 되었다. 20x1년 실제조업도가 예정조업도의 110%인 경우, ㈜세무의 제조간접원가 예산액은?

① ₩715,000　　　　　② ₩725,000　　　　　③ ₩750,000

④ ₩800,000　　　　　⑤ ₩825,000

풀이과정　　　　　　　　　　　　　　　　　　　　　　　　　　　　　**정답** ③

원가요소	발생액	생산량	배부액 실제원가계산	정상원가계산	배부차이
직접재료원가	실제		실제	실제	
직접노무원가	실제		실제	실제	
제조간접원가	787,500		787,500	예정배부액	

제조간접원가 배부차이		37,500　과대배부
정상원가계산 배부액	825,000	
예정배부율	25	
실제조업도	33,000	
예정조업도	30,000	
제조간접원가 예산	*750,000*	

• 세무사/2016/문35

14 ㈜세무는 개별원가계산방법을 적용한다. 제조지시서#1은 전기부터 작업이 시작되었고, 제조지시서#2와 #3은 당기 초에 착수되었다. 당기 중 제조지시서#1과 #2는 완성되었으나, 당기말 현재 제조지시서#3은 미완성이다. 당기 제조간접원가는 직접노무원가에 근거하여 배부한다. 당기에 제조지시서#1 제품은 전량 판매되었고, 제조지시서#2 제품은 전량 재고로 남아있다. 다음 자료와 관련된 설명으로 **옳지 않은** 것은?

구분	#1	#2	#3	합계
기초금액	₩450	–	–	
[당기투입액]				
직접재료원가	₩6,000	₩2,500	₩( )	₩10,000
직접노무원가	500	( )	( )	1,000
제조간접원가	( )	1,000	( )	4,000

① 당기제품제조원가는 ₩12,250이다.
② 당기총제조원가는 ₩15,000이다.
③ 기초재공품은 ₩450이다.
④ 기말재공품은 ₩2,750이다.
⑤ 당기매출원가는 ₩8,950이다.

풀이과정　　　　　　　　　　　　　　　　　　　　　　　　　　　　　**정답** ①

개별 원가계산표(Job-Cost-Sheet)

	#1	#2	#3	합계
기초잔액	450			450
직접재료원가	6,000	2,500	1,500	10,000
직접노무원가	500	250	250	1,000
제조간접원가배부액	2,000	1,000	1,000	4,000
계	8,950	3,750	2,750	15,450
제조간접원가배부율				4

	완성/판매	**완성**	미완성	
	매출원가	제품	재공품	
당기총제조원가				15,000
당기제품제조원가	**8,950**	**3,750**		**12,700**
매출원가	8,950			
기말제품		3,750		
기말재공품			2,750	
기초재공품	450			

• 세무사/2017/문37

15 ㈜세무는 단일 제품을 생산하며 개별정상원가계산을 사용한다. 제조간접원가는 직접노무시간당 ₩6을 예정 배부한다. 재료계정의 기초금액은 ₩10,000이며, 기말금액은 ₩15,000이다. 재료는 모두 직접재료로 사용되고 간접재료로 사용되지 않는다. 당기 총제조원가는 ₩650,000이며, 당기제품제조원가는 ₩640,000이다. 직접노무원가는 ₩250,000이며, 실제 발생한 직접노무시간은 20,000시간이다. ㈜세무가 당기에 매입한 재료금액은?

① ₩270,000   ② ₩275,000   ③ ₩280,000

④ ₩285,000   ⑤ ₩290,000

풀이과정   **정답** ④

원가요소	실제발생액	생산량	실제원가계산	정상원가계산	
직접재료원가	실제		실제	실제	280,000
직접노무원가	250,000		250,000	250,000	250,000
제조간접원가	실제		실제	예정	120,000
당기제조원가				650,000	650,000
기초재공품					
총제조원가				650,000	
기말재공품				10,000	
당기제품제조원가				640,000	
직접노무시간			20,000	20,000	
제조간접원가 배부율				6	
제조간접원가 배부액				120,000	

	원재료	재공품	제품	매출원가
기초잔액	10,000			
당기매입	**P**			
사용가능액	10,000 + P			
기말잔액	15,000			
직접재료원가	280,000	280,000		
직접노무원가		250,000		
제조간접원가		120,000		
당기제조원가		650,000		
기말재공품		10,000		
당기제품제조원가		640,000	640,000	

P − 5,000 = 280,000

P = 285,000

• 세무사/2018/문27

16 ㈜세무는 정상원가계산을 적용하고 있으며, 제조간접원가는 기본원가(prime costs)의 50%를 예정 배부한다. ㈜세무는 제조간접원가 배부차이를 원가요소기준 비례배부법으로 조정한다. 9월의 기본원가, 매출액과 배부차이 조정 후 기말재고자산은 다음과 같다.

> · 기본원가: 750,000원   · 매출액: 1,000,000원
>
> · 기말재공품: 120,000원   · 기말제품: 180,000원

9월의 배부차이 조정 후 매출원가율이 80%일 때, 배부차이는? (단, 기초재조자산은 없다)

① ₩10,000 과대배부   ② ₩15,000 과소배부   ③ ₩15,000 과대배부

④ ₩25,000 과소배부   ⑤ ₩25,000 과대배부

풀이과정   **정답** ⑤

원가요소	발생액	실제원가계산	정상원가계산	배부차이
직접재료원가	실제	실제	실제	없음
직접노무원가	실제	실제	실제	없음
제조간접원가	실제	실제	예정배부	과대(소)배부

정상원가계산

	기말재공품	기말제품	매출원가	합계	
직접재료원가				750,000	
직접노무원가					
제조간접원가				375,000	(=750,000×50%)
조정전잔액				1,125,000	
매출액				1,000,000	
매출원가율				80%	
조정후 잔액	120,000	180,000	800,000	1,100,000	

제조간접원가 배부차이   *25,000*   **과대배부**

• 세무사/2020/문28

17 ㈜세무는 단일 제품을 생산하며, 정상원가계산제도를 채택하고 있다. 제조간접원가는 기계시간을 기준으로 배부한다. 20x1년 제조간접원가 예산은 ₩40,000이고, 예정 기계시간은 2,000시간이다. 20x1년 실제 기계시간은 2,100시간, 제조간접원가 과대 배부액은 ₩3,000이다. 20x1년 ㈜세무의 제조간접원가 실제발생액은?

① ₩39,000   ② ₩40,000   ③ ₩41,000

④ ₩42,000   ⑤ ₩45,000

풀이과정   정답 ①

원가요소	발생액	생산량	실제원가계산	정상원가계산	배부차액	
직접재료원가	DM		DM	DM	0	
직접노무원가	DL		DL	DL	0	
제조간접원가	*39,000*		*39,000*	*42,000*	*3,000*	*과대*

제조간접원가 예산	40,000
예산 기계시간	2,000
제조간접원가 예정배부율	20
실제기계시간	2,100
제조간접원가 배부액	42,000
제조간접원가 과대배부액	3,000

제조간접원가 실제발생액	*39,000*	*39,000*

• 세무사/2020/문30

18 ㈜세무는 개별원가계산제도를 채택하고 있으며, 제품 A와 제품 B를 생산하고 있다. 기초재공품은 없으며, 제품이 모두 기말에 완성되었다. ㈜세무의 20x1년 원가자료는 다음과 같다. 제조간접원가를 직접노무원가 발생액에 비례하여 배부하는 경우, 제품 A와 제품 B의 제조원가는?

구분	제품 A	제품 B
직접재료원가		
기초재고액	₩20,000	₩10,000
당기매입액	40,000	30,000
기말재고액	10,000	15,000
직접노무원가		
전기말 미지급액	₩22,000	₩30,000
당기지급액	45,000	60,000
당기말 미지급액	20,000	27,000
제조간접원가	₩ 30,000	

① 제품 A: ₩94,900 제품 B: ₩110,000 ② 제품 A: ₩99,100 제품 B: ₩105,000

③ 제품 A: ₩105,900 제품 B: ₩94,900 ④ 제품 A: ₩105,900 제품 B: ₩99,100

⑤ 제품 A: ₩110,100 제품 B: ₩94,900

풀이과정 정답 ④

	작업별 원가계산표		
	제품 A	제품 B	계
직접재료원가			
기초재고액	20,000	10,000	
당기매입액	40,000	30,000	
사용가능액	60,000	40,000	
기말재고액	10,000	15,000	
당기투입액	50,000	25,000	75,000
직접노무원가			
기초미지급	22,000	30,000	
당기발생액	43,000	57,000	100,000
계	65,000	87,000	
당기지급액	45,000	60,000	
기말미지급액	20,000	27,000	
당기발생액	65,000	87,000	
제조간접원가 배부액	12,900	17,100	30,000
합계	*105,900*	*99,100*	205,000

• 세무사/2021/문32

19 ㈜세무는 정상개별원가계산을 사용하고 있으며, 제조간접원가는 직접노무시간을 기준으로 배부하고, 제조간접원가 배부차이는 전액 매출원가에 조정하고 있다. 당기의 직접재료매입액은 ₩21,000이고, 제조간접원가 배부차이는 ₩7,000(과소배부)이며, 제조간접원가 배부차이 조정 전 매출원가는 ₩90,000이다. 당기 재고자산 관련 자료는 다음과 같다.

구분	직접재료	재공품	제품
기초재고	₩3,000	₩50,000	₩70,000
기말재고	4,000	45,000	60,000

직접노무원가가 기초원가(prime cost)의 60%인 경우, 당기에 실제 발생한 제조간접원가는?

① ₩18,000 ② ₩25,000 ③ ₩30,000

④ ₩32,000 ⑤ ₩37,000

풀이과정　　　　　　　　　　　　　　　　　　　　　　　　**정답** ④

원가요소	직접재료	기초원가	재공품	제품	매출원가	비고
기초재고	3,000					
당기매입	21,000					
사용가능	24,000					
기말재고	4,000					
직접재료원가	20,000	20,000	20,000			
직접노무원가		DL	30,000			30,000
기초원가		20,000+DL				
제조간접원가 예정배부액			*OH*			*25,000*
당기제조원가			50,000+OH			
기초재공품			50,000			
총제조원가			100,000+OH			
기말재공품			45,000			
당기제품제조원가			55,000+OH	55,000+OH		
기초제품				70,000		
판매가능제품				125,000+OH		
기말제품				60,000		
조정전 매출원가				*65,000+OH*	=90,000	OH=25,000
제조간접원가 배부차이					7,000	
제조간접원가 실제 발생액						*32,000*
조정후 매출원가					97,000	

• 세무사/2022/문31

20 ㈜세무는 20×1년에 영업을 시작하였으며, 정상원가계산을 적용하고 있다. 다음은 ㈜세무의 20×1년 배부차이를 조정하기 전의 제조간접원가 계정과 기말재공품, 기말 제품 및 매출원가에 관한 자료이다.

제조간접원가	
630,000	?

	기말재공품	기말제품	매출원가
직접재료원가	₩225,000	₩250,000	₩440,000
직접노무원가	125,000	150,000	210,000
제조간접원가	150,000	200,000	250,000
합계	₩500,000	₩600,000	₩900,000

제조간접원가의 배부차이를 매출원가조정법으로 회계처리하는 경우, 총원가비례배분 법에 비해 당기순이익이 얼마나 증가(혹은 감소)하는가?

① ₩16,500 감소   ② ₩13,500 감소   ③ ₩13,500 증가

④ ₩16,500 증가   ⑤ ₩30,000 증가

풀이과정   **정답** ①

		배부액		정상원가계산		
원가요소	발생액	실제원가계산	정상원가계산	기말재공품	기말제품	매출원가
직접재료원가	915,000	915,000	915,000	225,000	250,000	440,000
직접노무원가	485,000	485,000	485,000	125,000	150,000	210,000
제조간접원가	630,000	630,000	600,000	150,000	200,000	250,000
	2,030,000	2,030,000	2,000,000	500,000	600,000	900,000

제조간접원가 과소배부액		30,000			
매출원가조정법		30,000			*30,000*
조정후잔액				500,000	600,000	*930,000*
비례배부율		0.015			
비례배부액		30,000		7,500	9,000	*13,500*
조정후잔액				507,500	609,000	*913,500*
매출원가						*16,500* **과대배부**
영업이익						*16,500* **과소계상**

• 세무사/2023/문30

21 ㈜세무는 제조간접원가를 직접노무시간당 ₩160씩 예정배부하고 있다. 20x1년 실제발생한 제조간접원가는 ₩180,000이다. 제조간접원가 배부차이는 기말재고자산(재공품과 제품)과 매출원가에 비례하여 안분한다. 20x1년의 제조간접원가 배부차이 가운데 30%에 해당하는 ₩6,000을 기말재고자산에서 차감하도록 배분하였다. 20x1년 실제 발생한 직접노무시간은?

① 1,000시간　　　　　② 1,100시간　　　　　③ 1,125시간

④ 1,200시간　　　　　⑤ 1,250시간

풀이과정　　　　　　　　　　　　　　　　　　　　　　　　　　　　　　　정답　⑤

원가요소	발생액	원가 배부액			정상원가계산		
		실제 원가계산	정상 원가계산	표준 원가계산	기말재공품	기말제품	매출원가
직접재료원가	실제	실제	실제	표준			
직접노무원가	실제	실제	실제	표준			
제조간접원가	실제	실제	예정	표준			
	180,000	180,000	200,000		60,000		140,000
제조간접원가 배부차이(과대)			*20,000*		*6,000*		*14,000*
직접노무시간당 예정배부율			160				
직접노무시간			*1,250*				

• 세무사/2024/문27

22 ㈜세무는 정상원가계산을 사용하고 있으며, 제조간접원가는 직접노무원가의 50%를 예정배부한다. ㈜세무의 20x1년 매출액은 ₩100,000이며, 공장에서 20x1년에 발생한 원가관련 자료는 다음과 같다.

· 재고자산 현황		
	기 초	기 말
원재료	₩5,000	₩10,000
재공품	10,000	25,000
제 품	15,000	20,000

· 당기 중 원재료 구입액은 ₩40,000이다.
· 미지급임금의 기초잔액은 ₩10,000이며, 기말잔액은 ₩20,000이다.
· 20x1년에 지급한 임금은 ₩40,000이다.
· 공장에서 발생한 임금의 80%는 직접노무원가이다.
· 20x1년에 발생한 제조경비는 ₩15,000이며, 전액 제조간접원가이다.
· 20x1년의 배부차이 조정전 매출원가는 ₩70,000이다.

㈜세무가 20x1년 말에 제조간접원가 배부차이를 전액 매출원가에서 조정할 경우, 배부차이 조정후 매출총이익은?

① ₩15,000　　　② ₩20,000　　　③ ₩25,000
④ ₩30,000　　　⑤ ₩35,000

풀이과정　　　　　　　　　　　　　　　　　　　　　　　　　**정답** ②

원가요소	원재료	미지급임금	제조간접원가	재공품	제품	비고
원재료 기초재고	5,000					
원재료 매입액	40,000					
원재료사용가능액	45,000					
원재료 기말재고	10,000					
재료원가	35,000					
직접재료원가	DM			DM		30,000
간접재료원가	*IDM*		*IDM*			*5,000*
미지급임금 당기 지급액		40,000				
미지급임금 기말잔액		20,000				
미지급임금 총액		60,000				
미지급임금 기초잔액		10,000				
노무원가		50,000				
직접노무원가				40,000		
간접노무원가			10,000			
제조경비 발생액			15,000			
제조간접원가 발생액			OH			30,000
제조간접원가 예정배부액			20,000	20,000		
제조간접원가 과소배부액			*OH − 20,000*			*10,000*

원가요소	원재료	미지급임금	제조간접원가	재공품	제품	비고
당기제조원가				CMC		90,000
기초재공품				10,000		
총제조원가				TMC		100,000
기말재공품				25,000		
당기제품제조원가				COGM	COGM	75,000
기초제품재고					15,000	
판매가능제품					TCGAFS	90,000
기말제품재고					20,000	
조정전 매출원가					COGS	70,000
제조간접원가 과소배부액			*10,000*			*10,000*
조정후 매출원가						80,000
매출액						100,000
조정후 매출총이익						*20,000*

5. 공인회계사 기출문제 및 해설

• 회계사/2017/문44

23 ㈜한국은 20x1년 1월초에 영업을 개시하였다. 회사는 정상개별원가계산을 사용하고 있으며, 제조간접원가 배부기준은 직접노무시간이다. 회사는 당기초에 연간 제조간접원가를 ₩640,000으로, 직접노무시간을 80,000시간으로 예상하였다. ㈜한국의 20x1년 1월의 생산 및 판매 관련 자료는 다음과 같다.

> · 1월 중 작업 #101, #102, #103을 착수하였는데, 당월 중 작업별 실제 발생한 제조직접원가와 실제 사용된 직접노무시간은 다음과 같다.
>
> | 구분 | #101 | #102 | #103 | 합계 |
> |---|---|---|---|---|
> | 직접재료원가 | ₩34,000 | ₩39,000 | ₩13,000 | ₩86,000 |
> | 직접노무원가 | ₩16,000 | ₩20,600 | ₩1,800 | ₩38,400 |
> | 직접노무시간 | 2,750시간 | 3,800시간 | 400시간 | 6,950시간 |
>
> · 1월 중 실제 발생한 제조간접원가는 총 ₩51,600이다.
> · 1월 중 작업 #101과 #102는 완성되었으나, 작업 #103은 1월말 현재 작업 중이다.
> · 작업 #101은 1월 중에 판매되었으나, 작업 #102는 1월말 현재 판매되지 않았다.

총원가기준 비례배부법으로 배부차이 조정 후 20x1년 1월말 재공품 및 제품, 그리고 20x1년 1월 매출원가는?

	재공품	제품	매출원가
①	₩17,600	₩86,000	₩72,400
②	₩17,600	₩88,000	₩70,400
③	₩17,600	₩92,000	₩66,400
④	₩18,400	₩92,000	₩73,600
⑤	₩18,400	₩85,200	₩72,400

풀이과정

정답 ②

1. 제조간접원가배부율

	실제배부율	예산배부율
제조간접원가	51,600	640,000
직접노무시간	6,950	80,000
배부율	7.42	8.00

2. 실제원가계산과 정상원가계산

원가요소	발생액	실제원가계산	정상원가계산	배부차이	
직접재료원가	86,000	86,000	86,000	0	
직접노무원가	38,400	38,400	38,400	0	
제조간접원가	51,600	51,600	55,600	(4,000)	과대배부
직접노무시간		6,950	6,950		
배부율		7.42	8.00		

3. 작업별 원가계산표(JOB-COST-SHEET)

	실제원가계산				정상원가계산			
	#101	#102	#103	합계	#101	#102	#103	합계
직접재료원가	34,000	39,000	13,000	86,000	34,000	39,000	13,000	86,000
직접노무원가	16,000	20,600	1,800	38,400	16,000	20,600	1,800	38,400
제조간접원가배부액	20,417	28,213	2,970	51,600	22,000	30,400	3,200	55,600
제조원가합계	70,417	87,813	17,770	176,000	72,000	90,000	18,000	180,000
실제노무시간	2,750	3,800	400	6,950	2,750	3,800	400	6,950
배부율	7.42	7.42	7.42		8.00	8.00	8.00	

4. 제조현황

	판매 매출원가	기말제품	기말재공품		판매 매출원가	기말제품	기말재공품

5. 배부차이 조정전 계정잔액

기말재공품			*18,000*
기말제품		*90,000*	
매출원가	*72,000*		

6. 배부차이 기말조정

		#101	#102	#103	합계
매출원가조정법		(4,000)			(4,000)
총원가기준 비례배분	2.22%	*(1,600)*	*(2,000)*	*(400)*	*(4,000)*
원가요소 비례배분	0.58	(1,583)	(2,187)	(230)	(4,000)

7. 배부차이 조정후 계정잔액

	매출원가	기말제품	기말재공품	제조원가
매출원가	68,000	90,000	18,000	176,000
총원가기준 비례배분	*70,400*	*88,000*	*17,600*	*176,000*
원가요소 비례배분	70,417	87,813	17,770	176,000

• 회계사/2018/문49

24 ㈜대한은 20x1년 1월 1일에 처음으로 생산을 시작하였으며, 실제원가에 의한 개별 원가계산을 적용하고 있다. 제조간접원가는 기계시간을 기준으로 이중배분법(dual rate)에 의해 제품에 배부된다. 회사의 정상조업도 수준의 기계시간은 20시간이다. 20x1년의 생산 및 원가자료는 다음과 같다.

> (1) 당기에 작업 #101, #102를 착수하여 #102는 완성하였고, #101은 기말 현재 생산 중이다. 작업 #102는 당기 중 ₩1,000에 판매되었다.
> (2) 원재료 구입액은 ₩700이고, 원재료 기말재고액은 ₩100이다.
> (3) 노무원가는 ₩1,000이며, 제조경비는 ₩750이다. 제조경비는 전액 제조간접원가이다.
> (4) 작업별 실제원가 및 실제 기계시간은 다음과 같다.
>
> | 구분 | #101 | #102 | 합계 |
> |---|---|---|---|
> | 직접재료원가 | ₩350 | ₩150 | ₩500 |
> | 직접노무원가 | ₩520 | ₩330 | ₩850 |
> | 실제기계시간 | 10시간 | 5시간 | 15시간 |
>
> (5) 제조간접원가의 30%는 변동원가이고, 나머지는 고정원가이다.
> (6) 회사는 배부되지 않은 제조간접원가를 전액 당기비용으로 처리한다.

㈜대한의 20x1년 당기순이익은 얼마인가?

① ₩70   ② ₩120   ③ ₩175

④ ₩210   ⑤ ₩245

풀이과정   **정답** ①

1. 개별원가계산

개별 원가계산표(Job-Cost-Sheet)

	#101	#102	합계
직접재료원가	350	150	500
직접노무원가	520	330	850
변동제조간접원가			
고정제조간접원가			

2. 당기제조원가

	원재료	노무원가	제조간접원가	재공품	#101	#102
기초원재료	0					
당기매입	700					
사용가능	700					
기말원재료	100					
재료원가	600					
직접재료원가				500	350	150
간접재료원가			100			
노무원가		1,000				
직접노무원가				850	520	330
간접노무원가			150			
제조경비			750			
제조간접원가			1,000	1,000		

3. 이중배분율법

제조간접원가	발생액	기계시간	배부율	
변동	300	15	20	실제기계시간
고정	700	20	35	예정기계시간
	1,000			

4. 원가계산

	#101	#102	합계		
직접재료원가	350	150	500		
직접노무원가	520	330	850		
변동제조간접원가	200	100	300		
고정제조간접원가	350	175	525	175	과소배부액
합계	1,420	755	2,175		
실제기계시간	10	5	15		

5. 작업현황

작업중	*완성 / 판매*

6. 계정잔액

기말재공품	*매출원가*

7. 손익계산서

매출액	1,000
매출원가	*755*
과소배부제조간접원가	*175*
당기순이익	*70*

• 회계사/2019/문41

25 ㈜대한은 정상개별원가계산을 사용하고 있으며, 제조간접원가 배부기준은 기본원가 (prime costs)이다. 20x1년 제조간접원가 예정배부율은 기본원가의 40%이었다. 20x1 년도 생산 및 판매 자료는 다음과 같다.

---

(1) 기초재고자산 중 재공품 및 제품의 작업별 원가는 다음과 같다.

항목	기초재공품		기초제품
	작업#102	작업#103	작업#101
기본원가	₩4,000	₩3,500	₩5,000
제조간접원가	2,000	1,750	2,500
합계	₩6,000	₩5,250	₩7,500

(2) 당기에 작업 #102와 #103에 소비된 기본원가는 각각 ₩1,500과 ₩1,000이었다.

(3) 당기에 신규로 착수된 작업은 없었고, 작업 #102와 #103은 완성되었다.

(4) 당기에 작업 #101과 #102는 각각 ₩8,300과 ₩10,000에 판매되었다.

(5) 당기에 제조간접원가 실제발생액은 ₩1,250이었다.

(6) ㈜대한은 배부차이를 원가요소기준비례배부법으로 조정한다.

배부차이 조정 후 매출총이익은 얼마인가?

① ₩2,210　　　　　　② ₩2,320　　　　　　③ ₩2,440

④ ₩2,520　　　　　　⑤ ₩2,550

풀이과정　　　　　　　　　　　　　　　　　　　　　　　　　　**정답** ⑤

1. 실제원가계산과 정상원가계산

원가요소	발생액	실제원가계산	정상원가계산	배부차이
직접재료원가	실제	실제	실제	
직접노무원가	실제	실제	실제	
제조간접원가	실제	실제	예정배부액	배부차이
기본원가			40%	

2. 개별원가계산

작업별 원가계산표(JOB-COST-SHEET)

	#101	#102	#103	합계
기초잔액		6,000	5,250	11,250
기본원가		1,500	1,000	2,500
제조간접원가배부액		600	400	1,000
총원가		8,100	6,650	14,750
실제제조간접원가 발생액				1,250
과소배부 제조간접원가				250
비례배부율				0.10
제조간접원가 비례배부액		150	100	250
조정후 원가		8,250	6,750	15,000
		완성	완성	
당기제품제조원가		8,250	6,750	15,000
기초제품	7,500			7,500
판매가능제품	7,500	*8,250*	6,750	22,500
	판매	*판매*		
매출원가	7,500	*8,250*		15,750
판매가격	8,300	10,000		18,300
매출총이익				*2,550*

• 회계사/2021/문42

26 ㈜대한은 20x1년 초에 설립되었으며 정상원가계산을 적용하고 있다. 제조간접원가 배부기준은 기계시간이다. ㈜대한은 20x1년 초에 연간 제조간접원가를 ₩80,000으로, 기계시간을 4,000시간으로 예상하였다. ㈜대한의 20x1년 생산 및 판매 관련 자료는 다음과 같다.

· 20x1년 중 작업 #101, #102, #103을 착수하였다.

· 20x1년 중 작업별 실제 발생한 원가 및 기계시간은 다음과 같다.

구분	#101	#102	#103	합계
직접재료원가	₩27,000	₩28,000	₩5,000	₩60,000
직접노무원가	₩25,000	₩26,000	₩13,000	₩64,000
기계시간	1,400시간	1,800시간	600시간	3,800시간

· 20x1년 실제 발생한 제조간접원가는 총 ₩82,000이다.

· 작업 #101과 #102는 20x1년 중 완성되었으나, #103은 20x1년 말 현재 작업 중이다.

· 20x1년 중 #101은 ₩120,000에 판매되었으나, #102는 20x1년 말 현재 판매되지 않았다. ㈜대한의 매출은 #101이 유일하다.

㈜대한이 총원가기준 비례배부법을 이용하여 배부차이를 조정한다면, 20x1년 매출총이익은 얼마인가?

① ₩24,600 ② ₩27,300 ③ ₩28,600

④ ₩37,600 ⑤ ₩39,400

풀이과정   **정답** ④

1. 실제원가계산과 정상원가계산

원가요소	발생액	실제원가계산	정상원가계산	배부차이
직접재료원가	60,000	60,000	60,000	0
직접노무원가	64,000	64,000	64,000	0
제조간접원가	82,000	82,000	예정배부액	배부차이
합계	206,000	206,000		
실제기계시간	3,800	3,800	3,800	

2. 배부율

	실제원가계산	정상원가계산
제조간접원가	82,000	80,000
기계시간	3,800	4,000
배부율	22	20

3. 정상개별원가계산

	개별 원가계산표(JOB-COST-SHEET)				
	#101	#102	#103	합계	
직접재료원가	27,000	28,000	5,000	60,000	
직접노무원가	25,000	26,000	13,000	64,000	
제조간접원가배부액	28,000	36,000	12,000	76,000	20
계	80,000	90,000	30,000	200,000	0.03
기계시간	1,400	1,800	600	3,800	
예정배부율	20	20	20		
	완성/판매	완성	미완성		
기말재공품			30,000	30,000	
당기제품제조원가	80,000	90,000		170,000	
매출원가	*80,000*			80,000	
제조간접원가 배부액	28,000	36,000	12,000	76,000	
실제발생 제조간접원가				82,000	
과소배부 제조간접원가				6,000	
비례배부율				0.03	
과소배부 제조간접원가	*2,400*	2,700	900	6,000	
조정후잔액	*82,400*	92,700	30,900	206,000	
	매출원가	기말제품	기말재공품		
판매가격	*120,000*				
매출총이익	*37,600*				

• 회계사/2023/문42

27 ㈜대한은 20×3년 초에 설립되었으며, 정상원가계산제도를 채택하고 있다. ㈜대한은 제조간접원가를 예정배부하며, 예정배부율은 직접노무원가의 80%이다. 제조간접원가 배부차이는 전액 매출원가에서 조정한다. 당기에 실제로 발생한 직접재료원가는 ₩50,000, 직접노무원가와 제조간접원가는 각각 ₩50,000과 ₩30,000이다. 기말재공품에는 직접재료원가 ₩10,000과 제조간접원가 배부액 ₩8,000이 포함되어 있다. 제조간접원가 배부차이를 조정한 후 매출원가가 ₩100,000이라면, 20×3년 기말제품원가는 얼마인가?

① ₩0   ② ₩2,000   ③ ₩8,000

④ ₩10,000   ⑤ ₩12,000

풀이과정   **정답** ②

원가요소	발생액	실제 원가계산	정상 원가계산	정상원가계산			
				기말 재공품	당기제품 제조원가	제품	매출원가
직접재료원가	50,000	50,000	50,000	10,000	40,000		
직접노무원가	50,000	50,000	50,000	10,000	40,000		
제조간접원가	30,000	30,000	40,000	8,000	32,000		
소계	130,000	130,000	140,000	28,000	112,000	2,000	110,000
과대배부액			10,000				(10,000)
조정후잔액							*100,000*

• 회계사/2024/문42

28 20x1년 초에 설립된 ㈜대한은 정상원가계산제도를 채택하고 있으며, 제조간접원가 배부기준은 직접노무시간이다. ㈜대한은 당기 초에 제조간접원가를 ₩32,000, 직접노무시간을 4,000시간으로 예상하였다. ㈜대한의 20x1년 생산 및 판매 관련 자료는 다음과 같다.

- 당기 중 세 가지 작업 #101, #102, #103을 착수하여, #101과 #102를 완성하였고, #103은 기말 현재 작업 중에 있다.
- 당기 중 발생한 제조경비는 총 ₩12,500이며, 이는 감가상각비 ₩9,000, 임차료 ₩3,500으로 구성되어 있다.
- 당기 중 작업별 실제발생 원가자료와 실제 사용된 직접노무시간은 다음과 같다.

구분	#101	#102	#103	합계
직접재료원가	₩4,000	₩4,000	₩2,000	₩10,000
직접노무원가	₩3,000	₩2,000	₩4,000	₩9,000
직접노무시간	1,000시간	500시간	500시간	2,000시간

- 작업 #101은 당기 중에 ₩16,000에 판매되었으나, 작업 #102는 기말 현재 판매되지 않았다.

㈜대한이 기말에 제조간접원가 배부차이를 총원가기준 비례배부법으로 조정할 경우, ㈜대한의 20x1년도 매출총이익은 얼마인가?

① ₩1,500   ② ₩2,000   ③ ₩2,500   ④ ₩3,000   ⑤ ₩3,500

풀이과정   정답 ③

1. 예정배부율

제조간접원가예산	32,000
직접노무시간예산	4,000
시간당 예정배부율	8

2. 작업별 원가계산표

	#101	#102	#103	합계
직접재료원가	4,000	4,000	2,000	10,000
직접노무원가	3,000	2,000	4,000	9,000
제조간접원가배부액	8,000	4,000	4,000	16,000
	15,000	10,000	10,000	35,000
직접노무시간	1,000	500	500	2,000
예정배부율	8	8	8	
예정배부액	8,000	4,000	4,000	16,000

	#101	#102	#103	합계
3. 작업현황	완성	완성	미완성	
	판매			
4. 관련계정	매출원가	기말제품	기말재공품	
	15,000	10,000	10,000	35,000
5. 제조간접원가 과부차이				
실제발생액				12,500
예정배부액				16,000
과대배부액				3,500
6. 총원가기준비례배분				
총원가	15,000	10,000	10,000	35,000
비율	10.0%	10.0%	10.0%	10%
과대배부액 비례배부	1,500	1,000	1,000	3,500
7. 배부차이 조정후 잔액				
	13,500	9,000	9,000	
8. 매출총이익				
매출액	16,000			
매출원가	13,500			
매출총이익	***2,500***			

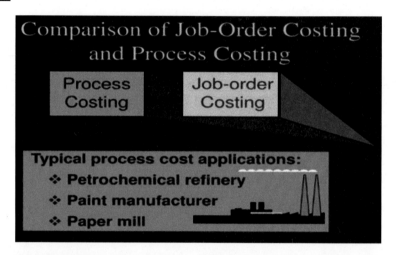

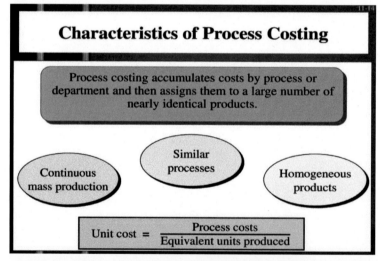

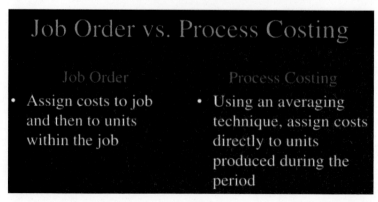

Chapter

03 종합원가계산

1. 주요개념

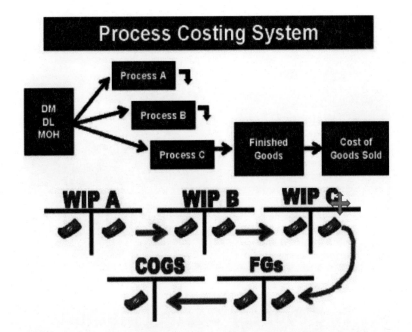

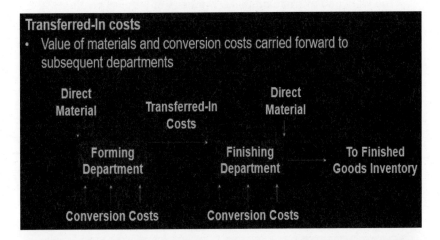

Five Steps in Process Costing

Step 1: Summarize the flow of physical units of output.

Step 2: Compute output in terms of equivalent units.

Step 3: Compute equivalent unit costs.

Step 4: Summarize total costs to account for.

Step 5: Assign total costs to units completed and to units in ending work in process inventory.

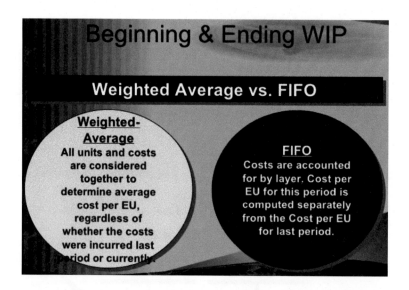

Two Process Costing Methods

The weighted average and FIFO methods of process costing methods compute EUP differently.

Prior months	Current month	Next month

The weighted average (WA) method gives credit for work performed in the current & prior months.

The EUP for EI units and is based on the stage of completion of the EI units – only the portion of the work done in the current month is included.

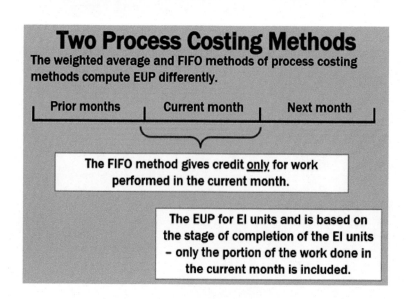

Two Process Costing Methods

The weighted average and FIFO methods of process costing methods compute EUP differently.

Prior months	Current month	Next month

The FIFO method gives credit <u>only</u> for work performed in the current month.

The EUP for EI units and is based on the stage of completion of the EI units – only the portion of the work done in the current month is included.

Process Costing
Spoilage

Cost of goods lost during production

Normal spoilage is an expected amount in an efficient process.	Abnormal spoilage exceeds the expected amount in an efficient process.
Cost is part of cost of good units produced	Cost is a loss in the period of production

---

Types of Spoilage

Normal Spoilage
- Spoilage that arises under efficient operating conditions as a result of the production process
- Management decision as to what is "normal"
- Set based on number of good units completed
- Allocate normal spoilage to all goods which have passed the inspection point

Abnormal Spoilage
- Spoilage that is not expected to arise under efficient operating conditions
- Treated as avoidable and controllable
- Expense on the income statement when it occurs

Operation Costing

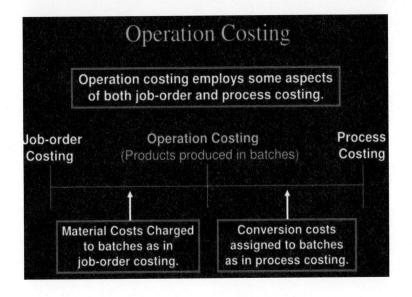

Operation costing employs some aspects of both job-order and process costing.

Job-order Costing	Operation Costing (Products produced in batches)	Process Costing
Material Costs Charged to batches as in job-order costing.		Conversion costs assigned to batches as in process costing.

2. 관세사 기출문제 및 해설

• 관세사/2015/문76

01 종합원가계산제도를 채택하고 있는 ㈜관세는 두 가지 직접재료를 이용해서 단일제품을 생산하고 있다. 직접재료 A는 공정 초기에 전량 투입되고, 직접재료 B는 가공원가 완성도 50% 시점에서 한꺼번에 전량 투입된다. 가공원가는 공정 전반을 통해 균등하게 발생한다. 20x1년 4월의 생산 관련 자료가 다음과 같을 때, 선입선출법하에서 직접재료원가 A, 직접재료원가 B, 가공원가 각각에 대한 당월 완성품환산량은 얼마인가?

구분	물량단위
월초재공품	1,000단위(가공원가 완성도 80%)
완성품	6,000단위
월말재공품	2,000단위(가공원가 완성도 40%)

	직접재료원가 A	직접재료원가 B	가공원가
①	7,000단위	5,000단위	6,000단위
②	8,000단위	5,200단위	5,800단위
③	7,000단위	6,000단위	5,800단위
④	8,000단위	6,000단위	6,000단위
⑤	8,000단위	7,000단위	5,800단위

풀이과정　　　　　　　　　　　　　　　　　　　　　　　　　　　　**정답** ①

1. 물량흐름

2. 완성품환산량

5. 원가배분

			직접재료 A	직접재료 B	가공원가		직접재료 A	직접재료 B	가공원가
기초재공품	1,000	80%	1,000	1,000	800				
당기투입량	7,000								
작업대상량	8,000								
완성품	6,000		6,000	6,000	6,000				
기말재공품	2,000	40%	2,000	0	800				

2. 완성품환산량

	직접재료 A	직접재료 B	가공원가
가중평균법	8,000	6,000	6,800
기초재공품	1,000	1,000	800
선입선출법	*7,000*	*5,000*	*6,000*

3. 제조원가

	직접재료 A	직접재료 B	가공원가
기초재공품			
당기제조원가			

4. 단위당 원가

• 관세사/2016/문74

02 ㈜관세는 종합원가계산을 적용하고 있으며, 제품 생산을 위해 재료 A와 재료 B를 사용하고 있다. 재료 A는 공정초기에 전량 투입되고, 재료 B는 공정의 60% 시점에 전량 투입되며, 가공원가는 공정전반에 걸쳐서 균등하게 발생한다. 당기 제조활동과 관련된 자료가 다음과 같을 때, 선입선출법을 적용하여 계산한 당기 완성품원가는? (단, 공손과 감손은 발생하지 않았다)

구분	물량자료	재료 A	재료 B	가원가
기초재공품	400단위(완성도 20%)	₩120,000	₩0	₩42,300
당기착수	1,600단위	₩512,000	₩259,000	₩340,200
당기완성	1,400단위			
기말재공품	600단위(완성도 50%)			

① ₩856,200   ② ₩877,300   ③ ₩1,010,700

④ ₩1,016,400   ⑤ ₩1,018,500

풀이과정   **정답** ⑤

1. 물량흐름분석   **2. 완성품환산량**   **5. 원가배분**

구분	물량		재료 A	재료 B	가공원가	재료 A	재료 B	가공원가	합계	*완성품*
기초재공품	400	20%	400	0	80					*162,300*
당기착수량	1,600									
계	2,000									
당기완성품	1,400		1,400	1,400	1,400	320,000	259,000	277,200	856,200	*856,200*
기말재공품	600	50%	600	0	300	192,000	0	63,000	255,000	
계	2,000					512,000	259,000	340,200	1,111,200	*1,018,500*

2. 완성품환산량

		재료 A	재료 B	가공원가
가중평균법		2,000	1,400	1,700
기초재공품		400	0	80
선입선출법		1,600	1,400	1,620

3. 제조원가

	재료 A	재료 B	가공원가
기초재공품	120,000	0	42,300
당기제조원가	512,000	259,000	340,200
계	632,000	259,000	382,500

4. 단위당 원가   320   185   210

03 다음은 종합원가계산을 적용하고 있는 ㈜관세의 가공원가와 관련된 자료이다. 기말 재공품에 포함된 가공원가를 평균법과 선입선출법에 의해 각각 계산한 금액은? (단, 가공원가는 공정전체를 통해 균등하게 발생하며 공손 및 감손은 발생하지 않았다)

구분	물량	가공원가
기초 재공품(완성도 40%)	5,000단위	₩1,050,000
당기 투입량 및 발생원가	20,000단위	₩17,000,000
기말 재공품(완성도 20%)	7,500단위	?

	평균법	선입선출법		평균법	선입선출법
①	₩1,425,000	₩1,500,000	②	₩1,412,500	₩1,425,000
③	₩1,425,000	₩1,593,750	④	₩1,500,000	₩1,425,000
⑤	₩1,500,000	₩1,593,750			

풀이과정

정답 ①

1. 물량흐름

기초재공품	5,000	40%
당기투입량	20,000	
작업대상량	25,000	
완성품	17,500	
기말재공품	7,500	20%

2. 총완성품환산량

	가중평균법	선입선출법
		2,000
	17,500	17,500
	1,500	1,500
	19,000	17,000

5. 원가배부

	가중평균법	선입선출법	완성품
			1,050,000
	16,625,000	15,500,000	15,500,000
	1,425,000	*1,500,000*	
	18,050,000	17,000,000	16,550,000

3. 제조원가

	가중평균법	선입선출법
기초재공품	1,050,000	1,050,000
당기제조원가	17,000,000	17,000,000
총제조원가	18,050,000	18,050,000

4. 단위당 원가

	가중평균법	선입선출법
	950	1,000

• 관세사/2018/문76

04 ㈜관세는 가중평균법을 적용하여 종합원가계산을 하고 있다. 가공원가는 공정의 완성도에 따라 균등하게 발생하며, 검사는 가공원가(전환원가) 완성도 60% 시점에서 이루어진다. 정상공손수량이 검사를 통과한 정상품의 5%일 때 당기의 정상공손수량은?

기초재공품 수량	260단위(완성도 70%)
당기 완성품 수량	1,360단위
기말재공품 수량	300단위(완성도 80%)
공손수량	140단위

① 55단위   ② 68단위   ③ 70단위
④ 81단위   ⑤ 83단위

풀이과정 정답 ③

1. 물량흐름도

	물량흐름	0%	60%	70%	80%	100%
기초재공품	260			260		
당기착수량	1,540	1,540				
계	1,800					
			제품검사			
검사수량			1,540			
합격품			1,400			
공손품	140		140			
정상공손			**70**			
비정상공손			70			
기말재공품	300				300	
완성품	1,360					1,360
계	1,800					

05 ㈜관세는 종합원가계산을 채택하고 있으며, 제품생산 관련 정보는 다음과 같다.

기초재공품수량	1,000개 (완성도 60%)
당기착수량	2,000개
당기완성품수량	2,400개
기말재공품수량	600개 (완성도 50%)

직접재료는 공정 초에 모두 투입되고 전환(가공)원가는 공정 전반에 걸쳐 균등하게 발생한다. 평균법과 선입선출법하의 완성품환산량에 관한 다음 설명 중 **옳지 않은** 것은?

① 평균법에 의한 직접재료원가의 완성품환산량은 3,000개이다.

② 선입선출법에 의한 직접재료원가의 완성품환산량은 2,000개이다.

③ 평균법에 의한 전환(가공)원가의 완성품환산량은 2,700개이다.

④ 선입선출법에 의한 전환(가공)원가의 완성품환산량은 2,200개이다.

⑤ 평균법과 선입선출법간에 각 원가요소의 완성품환산량 차이가 발생하는 것은 기초재공품 때문이다.

풀이과정   **정답** ④

1. 물량흐름

			2. 완성품환산량	
			직접재료원가	가공원가
기초재공품	1,000	60%	1,000	600
당기착수량	2,000			
계	3,000			
당기완성품	2,400		2,400	2,400
기말재공품	600	50%	600	300
계	3,000			

2. 완성품환산량

		직접재료원가	가공원가
가중평균법		3,000	2,700
기초재공품		1,000	600
선입선출법		*2,000*	*2,100*

3. 제조원가

기초재공품	
당기제조원가	
총제조원가	

5. 원가배분

직접재료원가	가공원가	합계

4. 단위당 원가

• 관세사/2021/문72

06 ㈜관세는 종합원가계산을 채택하고 있으며, 제품생산 관련 정보는 다음과 같다.

기초재공품수량	2,000개 (전환원가 완성도 60%)
당기착수량	18,000개
당기완성품수량	14,000개
기말재공품수량	3,000개 (전환원가 완성도 80%)

원재료는 공정 초에 전량 투입되고 전환(가공)원가는 공정 전반에 걸쳐 균등하게 발생한다. 재고자산 평가방법으로 평균법을 공정의 종료시점에서 품질검사를 실시하였다. ㈜관세가 품질검사를 통과한 물량의 10%를 정상공손으로 간주할 경우, 비정상공손수량은?

① 1,300단위 ② 1,400단위 ③ 1,600단위
④ 1,700단위 ⑤ 2,000단위

풀이과정

정답 ③

물량흐름도

	물량흐름	0%	60%	80%	100%
				완성도	
기초재공품	2,000		2,000		
당기착수량	18,000	18,000			
계	20,000				
					품질검사
검사대상량					**17,000**
기말재공품	3,000			3,000	
완성합격품	14,000				14,000
공손품					3,000
정상적 공손	1,400				1,400
비정상적 공손	**1,600**				**1,600**
계	20,000				

• 관세사/2022/문72

07 ㈜관세는 단일공정을 통해 제품을 생산하고 있으며, 가중평균법에 의한 종합원가계산을 채택하고 있다. 모든 원가는 공정전반에 걸쳐 균등하개 발생한다. ㈜관세의 당기 완성품 단위당 원가는 ₩900이며, 생산 및 원가자료는 다음과 같다.

구분	수량	완성도	직접재료원가	전환원가
기초재공품	400단위	?	₩160,000	₩210,000
당기투입	1,100	−	340,000	460,000
완성품	1,000	100%	?	?
기말재공품	500	?	?	?

당기 완성품환산량이 선입선출법에 의한 완성품환산량에 비해 300단위가 더 많은 경우, 선입선출법에 의한 기말재공품원가는?

① ₩240,000
② ₩270,000
③ ₩320,000
④ ₩340,000
⑤ ₩370,000

풀이과정

정답 ①

1. 물량흐름

구분	물량	완성도
기초재공품	400	75%
당기투입량	1,100	
계	1,500	
완성품	1,000	
기말재공품	500	60%
계	1,500	

2. 완성품환산량

	직접재료원가	전환원가
	300	300
	1,000	1,000
	300	300

5. 원가배분

	제조원가	완성품
		370,000
	560,000	560,000
	240,000	
	800,000	930,000

2. 완성품환산량

	직접재료원가	전환원가
가중평균법	1,300	1,300
기초재공품	300	300
선입선출법	1,000	1,000

3. 제조원가

기초재공품	160,000	210,000	370,000
당기제조원가	340,000	460,000	800,000
총제조원가	500,000	670,000	1,170,000

4. 단위당 원가

가중평균법	900
선입선출법	800

• 관세사/2022/문74

08 단일공정을 통해 손소독제를 생산하는 ㈜관세는 가중평균법에 의한 종합원가계산을 채택하고 있다. 공정 전반에 걸쳐 25%의 감손이 비례적으로 발생하며, 모든 감손은 정상적인 것으로 간주한다. 직접재료는 공정초기에 전량 투입되고, 전환원가는 공정 전반에 걸쳐 균등하게 발생한다. 생산 관련 자료가 다음과 같을 때, 비분리계산법에 의한 당기 완성품의 단위당 원가는?

구분	수량	완성도	직접재료원가	전환원가
기초재공품	1,750단위	?	₩250,000	₩300,000
당기투입	8,000	–	1,200,000	800,000
완성품	6,000	100%	?	?
기말재공품	1,800	40%	?	?

① ₩270   ② ₩275   ③ ₩360

④ ₩362   ⑤ ₩367

풀이과정   정답 ①

감손

	완성도		
	0%	40%	100%
감손율	0%	10%	25%
투입량	100		
감손량	0	10	25
잔량	100	90	75
잔존율	100%	90%	75%

물량흐름

	0%	40%	100%
기초재공품	2,000		
당기투입량	8,000		
계	10,000		
완성품	8,000		6,000
기말재공품	2,000	1,800	
계	10,000		

1. 물량흐름

구분	물량	완성도
기초재공품	2,000	
당기투입량	8,000	
계	10,000	
완성품	*8,000*	
기말재공품	2,000	40%
계	10,000	

2. 완성품환산량

	직접 재료원가	전환원가
완성품	8,000	8,000
기말재공품	2,000	800

2. 완성품환산량

	직접재료원가	전환원가
가중평균법	10,000	8,800

3. 제조원가

기초재공품	250,000	300,000	550,000
당기제조원가	1,200,000	800,000	2,000,000
총제조원가	1,450,000	1,100,000	2,550,000

4. 단위당 원가

	145	125

5. 원가배분

직접 재료원가	전환원가	합계	단위당 원가
1,160,000	1,000,000	*2,160,000*	*270*
290,000	100,000	390,000	
1,450,000	1,100,000	2,550,000	

• 관세사/2023/문71

09 ㈜관세는 선입선출법을 적용한 종합원가계산을 채택하고 있으며, 제품생산 최종 공정과 관련된 자료는 다음과 같다.

기초재공품수량	100개 (완성도 40%)	기초재공품원가	₩10,000
당기착수량	500개	당기발생원가 전공정원가	40,000
		직접재료원가	6,000
		전환(가공)원가	26,000
당기완성품수량	400개	당기완성품원가	?
기말재공품수량	200개 (완성도 80%)	기말재공품원가	?

전공정 완성품은 공정 초에 모두 대체되고, 직접재료는 공정의 50% 시점에 투입되며, 전환(가공)원가는 공정 전반에 걸쳐 균등하게 발생한다. ㈜관세의 최종공정의 당기완성품원가는?

① ₩42,000 ② ₩46,000 ③ ₩52,000 ④ ₩56,000 ⑤ ₩58,000

풀이과정 정답 ④

1. 물량흐름 / 2. 완성품환산량 / 5. 원가배분

1. 물량흐름			2. 완성품환산량 전공정 대체원가	직접 재료원가	전환원가	5. 원가배분 전공정대체원가	직접 재료원가	전환원가	계	완성품
기초재공품	100	40%	100	0	40					10,000
당기투입량	500									
계	600									
완성품	400		400	400	400	24,000	4,000	18,000	46,000	46,000
기말재공품	200	80%	200	200	160	16,000	2,000	8,000	26,000	
계						40,000	6,000	26,000	72,000	56,000

2. 완성품환산량

가중평균법	600	600	560
기초재공품	100	0	40
선입선출법	500	600	520

3. 제조원가

기초재공품			
당기제조원가	40,000	6,000	26,000
총제조원가			

4. 단위당 원가

80	10	50

• 관세사/2024/문72

10 ㈜관세는 종합원가계산방법을 사용하고 있는데 재료는 공정초기에 전량이 투입되며 가공비는 공정전반에 걸쳐 균등하게 발생한다. 20x1년의 원가자료는 다음과 같다. 검사에 합격한 수량의 5%를 정상공손으로 간주하며 공정의 10% 시점에 검사를 하는 경우 정상공손수량은?

기초재공품 :	수량	2,000단위	당기완성량	4,000단위
	재료비	₩50,000	공손수량	500단위
	가공비	40,000	기말재공품 :	수량 500단위
	완성도	20%		완성도 60%
당기발생원가 :	착수량	3,000단위		
	재료비	₩80,000		
	가공비	60,000		

① 115단위   ② 125단위   ③ 195단위

④ 205단위   ⑤ 225단위

풀이과정

정답 ②

1. 물량흐름도

	물량	완성도				
		0%	10%	20%	60%	100%
기초재공품	2,000			2,000		
당기착수량	3,000	3,000				
계	5,000					
			제품검사			
			3,000			
당기완성량	4,000					4,000
기말재공품	500				500	
공손품	500		500			
정상공손			*125*			
비정상공손			375			

3. 감정평가사 기출문제 및 해설

• 감정평가사/2015/문75

11 ㈜감평은 종합원가계산을 채택하고 있다. 원재료는 공정초에 전량 투입되며, 가공원가(전환원가)는 공정 전반에 걸쳐 균등하게 발생한다. 공손 및 감손은 발생하지 않는다. 다음은 20x5년 6월의 생산활동과 관련된 자료이다.

· 기초재공품	10,000단위 (완성도20%)
· 당기투입량	80,000단위
· 당기완성량	85,000단위
· 기말재공품	? 단위 (완성도40%)

가중평균법과 선입선출법에 의하여 각각 완성품환산량을 구하면, 가공원가(전환원가)의 완성품환산량 차이는?

① 2,000단위 ② 4,000단위 ③ 6,000단위

④ 8,000단위 ⑤ 10,000단위

풀이과정   정답 ①

1. 물량흐름

구분	물량	완성도	직접재료원가	가공원가
기초재공품	10,000	20%	10,000	2,000
당기투입량	80,000			
계	90,000			
완성품	85,000	100%	85,000	85,000
기말재공품	5,000	40%	5,000	2,000
계	90,000			

2. 완성품환산량

	직접재료원가	가공원가

5. 원가배분

직접재료원가	가공원가	합계
A	B	A+B

2. 완성품환산량

가중평균법	90,000	*87,000*
기초재공품	10,000	2,000
선입선출법	80,000	*85,000*

3. 제조원가

	직접재료원가	가공원가
기초재공품		
당기제조원가	A	B
총제조원가		

4. 단위당 원가

	a	b

• 감정평가사/2017/문77

12 ㈜감평은 선입선출법에 의한 종합원가계산을 채택하고 있다. 전환원가(가공원가)는 공정 전반에 걸쳐 균등하게 발생한다. 다음 자료를 활용할 때, 기말재공품원가에 포함된 전환원가(가공원가)는? (단, 공손 및 감손은 발생하지 않는다)

· 기초재공품	1,000단위 (완성도 40%)
· 당기착수	4,000단위
· 당기완성	4,000단위
· 기말재공품	1,000단위 (완성도 40%)
· 당기발생 전환원가(가공원가)	₩1,053,000

① ₩98,000 ② ₩100,300 ③ ₩102,700
④ ₩105,300 ⑤ ₩115,500

풀이과정 정답 ④

1. 물량흐름

구분	물량	완성도
기초재공품	1,000	40%
당기투입량	4,000	
계	5,000	
완성품	4,000	100%
기말재공품	1,000	40%
계	5,000	

2. 완성품환산량

직접재료	전환원가
1,000	400
4,000	4,000
1,000	400

5. 원가배분

직접재료	전환원가	완성품
		BWIP
	947,700	947,700
	105,300	
	1,053,000	BWIP + 947,700

2. 완성품환산량

가중평균법	5,000	4,400
기초재공품	1,000	400
선입선출법	4,000	4,000

3. 제조원가

기초재공품	BWIP
당기제조원가	1,053,000
총제조원가	

4. 단위당원가 263.250

• 감정평가사/2018/문79

13 ㈜감평은 종합원가계산제도를 채택하고 단일제품을 생산하고 있다. 재료는 공정이 시작되는 시점에서 전량 투입되며, 가공(전환)원가는 공정 전체에 걸쳐 균등하게 발생한다. 가중평균법과 선입선출법에 의한 가공(전환)원가의 완성품환산량은 각각 108,000단위와 87,000단위이다. 기초재공품의 수량이 70,000단위라면 기초재공품 가공(전환)원가의 완성도는?

① 10%　　　　② 15%　　　　③ 20%　　　　④ 25%　　　　⑤ 30%

풀이과정　　　　　　　　　　　　　　　　　　　　　　　　**정답** ⑤

1. 물량흐름

구분	수량	완성도
기초재공품	70,000	*30%*
당기착수량	_____	
계	======	
당기완성품		
기말재공품	_____	
계	======	

2. 완성품환산량

	직접재료원가	가공원가
		21,000

5. 원가배분

	직접재료원가	가공원가
		_____
		======

2. 완성품환산량

가중평균법	*108,000*	
기초재공품	*21,000*	
선입선출법	*87,000*	

3. 제조원가

기초재공품		
당기제조원가	_____	
총제조원가	======	

4. 단위당원가

14 ㈜감평은 단일공정을 통해 단일제품을 생산하고 있으며, 선입선출법에 의한 종합원가계산을 적용하고 있다. 직접재료는 공정 초에 전량 투입되고, 가공원가는 공정 전반에 걸쳐 균등하게 발생한다. ㈜감평의 20x1년 기초재공품은 10,000단위(가공원가 완성도 40%), 당기착수량은 30,000단위, 기말재공품은 8,000단위(가공원가 완성도 50%)이다. 기초재공품의 직접재료원가는 ₩170,000이고, 가공원가는 ₩72,000이며, 당기투입된 직접재료원가와 가공원가는 각각 ₩450,000과 ₩576,000이다. 다음 설명 중 옳은 것은? (단, 공손 및 감손은 발생하지 않는다)

① 기말재공품원가는 ₩192,000이다.

② 가공원가의 완성품환산량은 28,000단위이다.

③ 완성품원가는 ₩834,000이다.

④ 직접재료원가의 완성품환산량은 22,000단위이다.

⑤ 직접재료원가와 가공원가에 대한 완성품환산량 단위당원가는 각각 ₩20.7과 ₩20.3이다.

풀이과정

정답 ①

1. 물량흐름

구분	수량	완성도
기초재공품	10,000	40%
당기착수량	30,000	
계	40,000	
당기완성품	32,000	
기말재공품	8,000	50%
계	40,000	

2. 완성품환산량

	직접재료	가공원가	계
	10,000	4,000	
	32,000	32,000	
	8,000	4,000	
	40,000	36,000	

5. 원가배분

	직접재료	가공원가	계	완성품
				242,000
	330,000	504,000	834,000	834,000
	120,000	72,000	*192,000*	
	450,000	576,000	1,026,000	1,076,000

2. 완성품환산량

가중평균법	40,000	36,000
기초재공품	10,000	4,000
선입선출법	30,000	32,000

3. 제조원가

기초재공품			242,000
당기제조원가	450,000	576,000	1,026,000
총제조원가			1,268,000

4. 단위당 원가

	15.0	18.0

• 감정평가사/2021/문72

15 ㈜감평은 단일 제품을 대량생산하고 있으며, 가중평균법을 적용하여 종합원가계산을 하고 있다. 직접재료는 공정초에 전량 투입되고, 전환원가는 공정 전체에서 균등하게 발생한다. 당기 원가계산 자료는 다음과 같다.

• 기초재공품	3,000개(완성도 80%)
• 당기착수량	14,000개
• 당기완성품	13,000개
• 기말재공품	2,500개(완성도 60%)

품질검사는 완성도 70%에서 이루어지며, 당기 중 검사를 통과한 합격품의 10%를 정상공손으로 간주한다. 직접재료원가와 전환원가의 완성품환산량 단위당 원가는 각각 ₩30과 ₩20이다. 완성품에 배부되는 정상공손원가는?

① ₩35,000　　② ₩44,000　　③ ₩55,400　　④ ₩57,200　　⑤ ₩66,000

풀이과정 종합원가계산/공손품 원가계산　　　　　　　　　　　**정답** ②

1. 물량흐름도

	물량흐름	0%	60%	70%	80%	100%
기초재공품	3,000				3,000	
당기착수량	14,000	14,000				
계	17,000			제품검사		
기말재공품	2,500		2,500			
검사량				11,500		
완성품	13,000					13,000
합격품				10,000		
공손품				1,500		
정상공손	1,000			1,000		
비정상공손	500			500		
계	17,000					

2. 5단계 제조원가보고서

1. 물량흐름			2. 총완성품환산량 직접재료원가	전환원가	5. 제조원가 배분 직접재료원가	전환원가	합계	완성품
구분	물량	완성도						
기초재공품	3,000							
당기착수량	14,000							
작업대상량	17,000							
합격완성품	13,000		13,000	13,000	390,000	260,000	650,000	694,000
정상적 공손	1,000	70%	1,000	700	30,000	14,000	44,000	*44,000*
비정상공손	500	70%	500	350	15,000	7,000	22,000	
기말재공품	2,500	60%	2,500	1,500	75,000	30,000	105,000	
					510,000	311,000	821,000	738,000

2. 완성품환산량

	직접재료원가	전환원가
가중평균법	17,000	15,550

3. 제조원가

기초재공품	
당기제조원가	
총제조원가	

4. 단위당 원가

	직접재료원가	전환원가
	30	20

* 기말재공품은 제품 검사 이전단계이기 때문에, 정상공손품의 원가는 합격품에만 배부됨

• 감정평가사/2022/문79

16 다음은 종합원가계산제도를 채택하고 있는 ㈜감평의 당기 제조활동에 관한 자료이다.

· 기초재공품	₩3,000(300단위, 완성도 69%)
· 당기착수량	₩42,000
· 당기완성품	800단위
· 기말재공품	200단위(완성도 50%)

모든 원가는 공정 전체를 통하여 균등하게 발생하며, 기말재공품의 평가는 평균법을 적용하고 있다. 기말재공품원가는? (단, 공손 및 감손은 없다)

① ₩4,200 ② ₩4,500 ③ ₩5,000

④ ₩8,400 ⑤ ₩9,000

풀이과정   정답 ③

1. 물량흐름

구분	물량	완성도
기초재공품	300	60%
당기착수량	700	
계	1,000	
당기완성품	800	
기말재공품	200	50%
계	1,000	

2. 완성품환산량

제조원가
800
100

5. 원가배분

제조원가
40,000
5,000
45,000

2. 완성품환산량

가중평균법	900

3. 제조원가

기초재공품	3,000
당기제조원가	42,000
총제조원가	45,000

4. 단위당 원가

50

17 ㈜감평은 가중평균법에 의한 종합원가계산제도를 채택하고 있으며, 단일 공정을 통해 제품을 생산한다. 또한 원가는 공정 전반에 걸쳐 균등하게 발생한다. ㈜감평의 당기 생산 관련 자료는 다음과 같다.

구 분	물량(완성도)	직접재료원가	전환원가
기초재공품	100단위(?)	₩4,300	₩8,200
당기착수	900	20,000	39,500
기말재공품	200(?)	?	?

㈜감평의 당기 완성품환산량 단위당 원가가 ₩80이고, 당기 완성품환산량이 선입선출법에 의한 완성품환산량보다 50단위가 더 많을 경우, 선입선출법에 의한 기말재공품 원가는? (단, 공손 및 감손은 발생하지 않는다.)

① ₩3,500   ② ₩4,500   ③ ₩5,500
④ ₩6,500   ⑤ ₩7,000

풀이과정   정답 ⑤

1. 가중평균법

1. 물량흐름

구분	물량	완성도	**2. 완성품환산량** 제조원가	**5. 원가배분** 제조원가
기초재공품	100	50%	50	
당기착수량	900			
계	1,000			
당기완성품	800		800	64,000
기말재공품	200	50%	100	8,000
계	1,000			72,000

2. 완성품환산량

가중평균법	*900*
기초재공품	50
선입선출법	850

3. 제조원가

기초재공품	12,500
당기제조원가	59,500
총제조원가	*72,000*

4. 단위당 원가

	80

2. 선입선출법

1. 물량흐름

구분	물량	완성도
기초재공품	100	50%
당기착수량	900	
계	1,000	
당기완성품	800	
기말재공품	200	50%
계	1,000	

2. 완성품환산량

제조원가
50
800
100

5. 원가배분

당기제조원가	당기완성품
	12,500
52,500	52,500
7,000	
59,500	65,000

2. 완성품환산량

가중평균법	900
기초재공품	50
선입선출법	850

3. 제조원가

기초재공품	
당기제조원가	59,500
총제조원가	

4. 단위당 원가

	70

18 ㈜감평은 종합원가계산제도를 채택하고 있으며, 제품 X의 생산관련 자료는 다음과 같다.

구분	물량
기초재공품(전환원가 완성도)	60단위(70%)
당기착수량	300단위
기말재공품(전환원가 완성도)	80단위(50%)

직접재료는 공정 초에 전량 투입되고, 전환원가(conversion cost, 또는 가공원가)는 공정 전반에 걸쳐 균등하게 발생한다. 품질검사는 전환원가(또는 가공원가) 완성도 80% 시점에 이루어지며, 당기에 품질검사를 통과한 합격품의 5%를 정상공손으로 간주한다. 당기에 착수하여 완성된 제품이 200단위일 때 비정상공손 수량은? (단, 재고자산의 평가방법은 선입선출법을 적용한다.)

① 7단위   ② 10단위   ③ 13단위   ④ 17단위   ⑤ 20단위

풀이과정

정답 ①

1. 물량흐름도

	물량	0%	50%	70%	80%	100%
				완성도		
기초재공품	60			60		
당기착수량	300	300				
계	360					
검사대상량					제품검사	
기초재공품					60	
당기투입량					220	
완성품	260					60
						200
기말재공품	80		80			
공손품	20				20	
정상공손					13	
비정상공손					**7**	
	360					

4. 세무사 기출문제 및 해설

• 세무사/2015/문27

19 ㈜국세의 당기 중 생산 및 원가자료는 다음과 같다.

기초재공품	직접재료원가		₩1,000
	전환원가(가공원가)		₩2,475
당기투입원가	직접재료원가		₩5,600
	전환원가(가공원가)		₩8,300
기말재공품	수량		500단위
		직접재료원가	20%
		전환원가(가공원가)	15%
공손품	수량		200단위
		직접재료원가	50%
		전환원가(가공원가)	40%

완성품 수량은 2,000단위이고, 공손품원가를 전액 별도로 인식하고 있다. 재고자산의 단위원가 결정방법이 가중평균법일 경우, 공손품 원가는?

① ₩300　　② ₩420　　③ ₩540　　④ ₩670　　⑤ ₩700

풀이과정　　　　　　　　　　　　　　　　　　　　　　**정답** ⑤

1. 물량흐름 분석

구분	물량	완성도	직접재료	전환원가	직접재료	전환원가	합계
			2. 완성품환산량		**5. 원가배분**		
기초재공품							
당기착수량	———						
계	═══						
당기완성품	2,000	100%	2,000	2,000	6,000	10,000	16,000
공손품	200	50%/40%	100	80	*300*	*400*	*700*
기말재공품	500	20%/15%	100	75	300	375	675
계	═══				6,600	10,775	17,375

2. 완성품환산량　가중평균법　　2,200　　2,155

3. 제조원가
	직접재료	전환원가
기초재공품	1,000	2,475
당기제조원가	5,600	8,300
총제조원가	6,600	10,775

4. 단위당 원가　　　　3.0　　　5.0

• 세무사/2015/문35

20 ㈜국세는 두 개의 연속된 제조공정을 통하여 제품을 생산하며, 제1공정의 완성품은 전량 제2공정으로 대체된다. 재고자산의 단위원가 결정방법으로 가중평균법을 사용하며, 공손은 없다. 제2공정의 완성품원가는?

제1공정		
기초재공품 수량		없음
당기착수량		25,000단위
기말재공품 수량		7,000단위
완성품 단위당 제조원가		₩200
제2공정		
기초재공품	수량	12,000단위
	전공정원가	₩3,000,000
	직접재료원가	₩1,440,000
	전환원가(가공원가)	₩2,160,000
당기완성품	수량	20,000단위
완성품 단위당 제조원가	전공정원가	?
	직접재료원가	₩120
	전환원가(가공원가)	₩180

① ₩8,268,000   ② ₩10,400,000   ③ ₩10,812,000
④ ₩12,720,000   ⑤ ₩14,628,000

풀이과정   **정답** ②

1. 제1공정

1. 물량흐름

구분	물량
기초재공품	0
당기착수량	25,000
계	25,000
당기완성품	18,000
기말재공품	7,000
계	25,000

2. 완성품환산량

직접재료	전환원가
18,000	18,000

5. 원가배분

직접재료	전환원가	합계
		3,600,000

2. 완성품환산량

3. 제조원가   기초재공품
          당기제조원가
          총제조원가

4. 단위당 원가   200

2. 제2공정

1. 물량흐름

구분	물량
기초재공품	12,000
당기착수량	18,000
계	30,000
당기완성품	20,000
기말재공품	10,000
계	30,000

2. 완성품환산량

	전공정대체	직접재료	전환원가
당기완성품	20,000	20,000	20,000
기말재공품	10,000		
계	30,000		

5. 원가배분

	전공정대체	직접재료	전환원가	합계
당기완성품	4,400,000	2,400,000	3,600,000	10,400,000
기말재공품	2,200,000			
계	6,600,000			

3. 제조원가

	전공정대체	직접재료	전환원가
기초재공품	3,000,000	1,440,000	2,160,000
당기제조원가	3,600,000		
총제조원가	6,600,000		

4. 단위당 원가

	전공정대체	직접재료	전환원가
	220	120	180

• 세무사/2016/문37

21 ㈜세무는 단일 제품 A를 대량생산하고 있으며, 종합원가계산방법(선입선출법 적용)을 사용한다. 직접재료는 공정초기에 전량 투입되고, 가공원가는 공정 전반에 걸쳐 균등하게 발생한다. 제품 A의 관련 자료가 다음과 같을 때, ㈜세무의 제품 A의 완성품 단위당 원가는? (단, 생산과정 중 감손이나 공손 등 물량 손실은 없다)

구분	물량(완성도)	구분	직접재료원가	가공원가
기초재공품	100개(30%)	기초재공품	₩28,000	₩25,000
당기착수품	2,100개	당기발생원가	630,000	205,000
당기완성품	( )개	계	₩658,000	₩230,000
기말재공품	200개(40%)			

① ₩384   ② ₩390   ③ ₩404   ④ ₩410   ⑤ ₩420

풀이과정   정답 ④

1. 물량흐름

구분	물량	완성도
기초재공품	100	30%
당기착수품	2,100	
계	2,200	
완성품	2,000	
기말재공품	200	40%
계	2,200	

2. 완성품환산량

	직접재료원가	가공원가
	100	30
	2,000	2,000
	200	80

5. 원가배분

	직접재료원가	가공원가	합계	완성품	단위당 원가
				53,000	
	570,000	197,000	767,000	767,000	
	60,000	8,000	68,000		
	630,000	205,000	835,000	820,000	410

2. 완성품환산량

	직접재료원가	가공원가
가중평균법	2,200	2,080
기초재공품	100	30
선입선출법	2,100	2,050

3. 제조원가

	직접재료원가	가공원가
기초재공품	28,000	25,000
당기제조원가	630,000	205,000
총제조원가	658,000	230,000

4. 단위당 원가

	300	100

• 세무사/2017/문34

22 ㈜세무는 가중평균법을 적용한 종합원가계산으로 제품원가를 계산한다. 기말재공품의 물량은 8,000단위이고, 직접재료원가 완성도는 70%이며, 가공원가(전환원가) 완성도는 75%이다. 기말재공품의 원가가 ₩220,000이고, 완성품 환산량 단위당 직접재료원가가 ₩20이라면, 완성품 완산량 단위당 가공원가(전환원가)는?

① ₩18   ② ₩19   ③ ₩20   ④ ₩21   ⑤ ₩22

풀이과정   **정답** ①

1. 물량흐름

구분	물량
기초재공품	
당기착수량	
계	
완성품	
기말재공품	8,000
계	

2. 완성품환산량

재료원가	전환원가
5,600	6,000

5. 원가배분

재료원가	전환원가	합계
112,000	108,000	220,000

2. 완성품환산량   가중평균법
                        선입선출법

3. 제조원가   기초재공품
                   당기제조원가
                   총제조원가

4. 단위당 원가   20   18

• 세무사/2018/문29

23 ㈜세무는 가중평균법에 의한 종합원가계산제도를 채택하고 있다. 직접재료는 공정초기에 전량 투입되고, 전환원가(conversion costs)는 공정 전반에 걸쳐 균등하게 발생한다. 20x1년 직접재료원가에 대한 완성품환산량은 20,000단위, 전환원가에 대한 총 완성품환산량은 18,000단위, 완성품수량은 15,000단위이다. 20x1년 기말재공품의 전환원가의 완성도는?

① 50% ② 60% ③ 75% ④ 80% ⑤ 90%

풀이과정 정답 ②

1. 물량흐름 분석

구분	물량	완성도
기초재공품		
당기착수량		
계		
완성품	15,000	
기말재공품	5,000	*60%*
계		

2. 완성품환산량

	재료원가	전환원가
	15,000	15,000
	5,000	*3,000*

5. 원가배분

재료원가	전환원가	합계

2. 완성품환산량

	재료원가	전환원가
가중평균법	20,000	18,000

3. 제조원가

기초재공품	
당기제조원가	
총제조원가	

4. 단위당 제조원가

• 세무사/2018/문40

24 ㈜세무는 직접재료를 가공하여 제품을 생산하고 있다. 직접재료는 공정 초기에 전량 투입되며, 전환원가는 공정 전반에 걸쳐 균등하게 발생한다. 직접재료의 20%가 제조과정에서 증발되는데, 이러한 증발은 정상적이며 제조과정에서 평균적으로 발생한다. 완성품 1단위에는 직접재료 0.1kg이 포함되어 있고, 당기에 2,000단위가 완성되었다. 당기에 투입된 직접재료는 190kg, 기말재공품(전환원가 완성도 25%)은 38kg, 기초재공품은 90kg이었다. 기초재공품의 전환원가의 완성도는? (단, 공손은 발생하지 않는다)

① 25%   ② 30%   ③ 40%   ④ 50%   ⑤ 60%

풀이과정   **정답** ④

1. 증발/감손 비율 분석

	완성도			
	0%	25%	50%	100%
감손 비율		5%	10%	20%
잔존 비율		95%	90%	80%

2. 물량흐름

	감손 후	감손율	잔존율	완성도	투입량
기초재공품	90	10%	90%	*50%*	100
당기착수량	190			0%	190
공정중물량					290
완성품	200	20%	80%	100%	250
기말재공품	38	5%	95%	25%	40
					290

• 세무사/2019/문28

25 ㈜세무는 단일 제품을 생산하고 있으며, 종합원가계산제도를 채택하고 있다. 재료는 공정이 시작되는 시점에서 전량 투입되며, 전환원가는 공정 전반에 걸쳐 균등하게 발생한다. 재료원가의 경우 평균법에 의한 완성품환산량은 87,000단위이고, 선입선출법에 의한 완성품환산량은 47,000단위이다. 또한 전환원가의 경우 평균법에 의한 완성품환산량은 35,000단위이고, 선입선출법에 의한 완성품환산량은 25,000단위이다. 기초재공품의 전환원가의 완성도는?

① 10%　　　② 20%　　　③ 25%　　　④ 75%　　　⑤ 80%

풀이과정　　　　　　　　　　　　　　　　　　　　　　　　　　　　　**정답** ③

1. 물량흐름

구분	물량	완성도
기초재공품	40,000	**25%**
당기투입량	_____	
계	_____	
당기완성품		
기말재공품	_____	
계	_____	

2. 총완성품환산량

직접재료원가	전환원가
40,000	*10,000*

5. 원가배분

직접재료원가	전환원가

2. 환성품환산량

	직접재료원가	전환원가
가중평균법	87,000	35,000
기초재공품	*40,000*	*10,000*
선입선출법	47,000	25,000

3. 제조원가

기초재공품
당기제조원가
총제조원가

4. 단위당 원가

• 세무사/2020/문26

26 ㈜세무는 종합원가계산제도를 채택하고 있다. ㈜세무의 20x1년 당기제조착수량은 100단위, 기말재공품은 40단위(전환원가 완성도 25%)이며, 당기투입원가는 직접재료원가 ₩40,000, 전환원가(conversion cost) ₩70,000이다. 직접재료는 공정이 시작되는 시점에서 전량 투입되며, 전환원가는 공정 전반에 걸쳐 균등하게 발생할 때, 기말재공품의 원가는? (단, 기초재공품, 공손 및 감손은 없다)

① ₩10,000 　　　② ₩16,000 　　　③ ₩26,000

④ ₩28,000 　　　⑤ ₩56,000

풀이과정 　　　　　　　　　　　　　　　　　　　　　　　　　**정답** ③

1. 물량흐름

구분	물량	완성도
기초재공품	0	
당기착수량	100	
작업대상량	100	
당기완성품	60	
기말재공품	40	25%
합계	100	

2. 완성품환산량

	직접재료	전환원가
	60	60
	40	10
	100	70

3. 제조원가

기초재공품	0	0
당기제조원가	40,000	70,000
총제조원가	40,000	70,000

4. 단위당 원가

	400	1,000

5. 원가배부

	직접재료	전환원가	합계
	24,000	60,000	84,000
	16,000	*10,000*	*26,000*
	40,000	70,000	110,000

27 ㈜세무는 종합원가계산제도를 채택하고 있다. 직접재료는 공정이 시작되는 시점에서 전량 투입되며, 전환원가는 공전전반에 걸쳐서 균등하게 발생한다. 당기완성품환산량 단위당 원가는 직접재료원가 ₩2,000, 전환원가 ₩5,000이었다. 생산 공정에서 공손품이 발생하는데 이러한 공손품은 제품을 검사하는 시점에서 파악된다. 공정의 50% 시점에서 검사를 수행하며, 정상공손수량은 검사 시점을 통과한 합격품의 10% 이다. ㈜세무는 생산활동 자료가 다음과 같을 때, 정상공손원가는?

· 기초재공품:	500단위(전환원가 완성도 30%)
· 당기생산량:	1,800단위
· 당기착수량:	2,000단위
· 기말재공품:	400단위(전환원가 완성도 70%)

① ₩444,000 ② ₩495,000 ③ ₩517,000

④ ₩675,000 ⑤ ₩705,000

풀이과정 정답 ②

1. 물량흐름도

	물량흐름	0%	30%	50%	70%	100%
				완성도		
기초재공품	500		500			
당기착수량	2,000	2,000				
계	2,500					
검사대상량				제품검사 2,500		
당기완성량	1,800					1,800
기말재공품	400				400	
공손품	300			300		
정상공손				220		
비정상공손				80		
계	2,500					

2. 제조원가보고서/5단계

1. 물량흐름			2. 완성품환산량		5. 원가배분			6. 정상공손원가 배분	
구분	물량	완성도	직접재료	전환원가	직접재료	전환원가	합계	배부액	배부후잔액
기초재공품	500	30%	500	150					
당기착수량	2,000								
계	2,500								
완성품	1,800		1,800	1,800	2,600,000	825,000	3,425,000	405,000	3,830,000
비정상공손	80	50%	80	40	160,000	20,000	180,000		180,000
정상공손	220	50%	220	110	440,000	55,000	*495,000*		
기말재공품	400	70%	400	280	800,000	140,000	940,000	90,000	1,030,000
계	2,500				4,000,000	1,040,000	5,040,000	495,000	5,040,000

2. 완성품환산량

	직접재료	전환원가
가중평균법	2,500	2,230
기초재공품	500	150
선입선출법	2,000	2,080

3. 제조원가

	직접재료	전환원가
기초재공품		
당기제조원가	4,000,000	1,040,000
총제조원가		

4. 단위당 원가

	직접재료	전환원가
	2,000	500

28 ㈜세무는 단일제품을 생산하고 있으며, 선입선출법에 의한 종합원가계산을 적용하고 있다. 직접재료 A는 공정초기에 전량 투입되고, 직접재료 B는 품질검사 직후 전량 투입되며, 전환원가는 공정 전반에 걸쳐 균등하게 발생한다. 품질검사는 공정의 80% 시점에서 이루어지며, 당기 검사를 통과한 합격품의 10%를 정상공손으로 간주한다. 당기 생산 및 원가 자료는 다음과 같다.

구분	물량 (전환원가 완성도)	구분	직접재료원가		전환원가
			직접재료 A	직접재료 B	
기초재공품	500단위(60%)	기초재공품	₩11,200	₩0	₩18,000
당기 착수	4,500	당기발생원가	90,000	87,500	210,000
당기 완성	3,500				
기말재공품	1,000(60%)				

정상공손원가 배분 후, ㈜세무의 당기 완성품원가는?

① ₩307,500   ② ₩328,500   ③ ₩336,700

④ ₩357,700   ⑤ ₩377,450

풀이과정   **정답** ④

1. 물량흐름도

		완성도			
	물량흐름	0%	60%	80%	100%
재료투입		재료 A		재료 B	
기초재공품	500		500		
당기착수량	4,500	4,500			
계	5,000				
				제품검사	
검사대상량				4,000	
완성품	3,500				3,500
공손품	500			500	
정상공손				*350*	
비정상공손				150	
기말재공품	1,000		1,000		
계	5,000				

2. 제조원가보고서

1. 물량흐름 / 2. 당기완성품환산량 / 5. 원가배분

구분	물량	완성도	직접재료 A	직접재료 B	전환원가	직접재료 A	직접재료 B	전환원가	합계	완성품
기초재공품	500	60%	500	0	300					*29,200*
당기착수량	4,500									
계	5,000									
완성품	3,500		3,500	3,500	3,500	60,000	87,500	160,000	307,500	*307,500*
정상공손품	350	80%	350	0	280	7,000	0	14,000	21,000	*21,000*
비정상공손품	150	80%	150	0	120	3,000	0	6,000	9,000	
기말재공품	1,000	60%	1,000	0	600	20,000	0	30,000	50,000	
						90,000	87,500	210,000	387,500	*357,700*

2. 완성품환산량

	직접재료 A	직접재료 B	전환원가
가중평균법	5,000	3,500	4,500
기초재공품	500	0	300
선입선출법	4,500	3,500	4,200

3. 제조원가

	직접재료 A	직접재료 B	전환원가
기초재공품	11,200	0	18,000
당기제조원가	90,000	87,500	210,000
계	101,200	87,500	228,000

4. 단위당 원가

	직접재료 A	직접재료 B	전환원가
	20.0	25.0	50.0

• 세무사/2022/문26

29 ㈜세무는 종합원가계산제도를 채택하고 있다. 직접재료는 공정의 초기에 전량 투입되며, 전환원가(conversion costs)는 공정 전반에 걸쳐 균등하게 발생한다. 당기 제조활동과 관련하여 가중평균법과 선입선출법에 의해 각각 계산한 직접재료원가와 전환원가의 완성품환산량은 다음과 같다.

	직접재료원가 완성품완산량	전환원가 완성품환산량
가중평균법	3,000단위	2,000단위
선입선출법	2,000단위	1,800단위

기초재공품의 전환원가 완성도는?

① 20%   ② 30%   ③ 40%   ④ 50%   ⑤ 60%

풀이과정

정답 ⑤

1. 물량흐름

구분	물량	완성도
기초재공품	*1,000*	*60%*
당기착수량	_____	
계	_____	
당기완성품		
기말재공품	_____	
계	_____	

2. 완성품환산량

직접재료원가	전환원가
1,000	*600*

2. 완성품환산량

	직접재료원가	전환원가
가중평균법	3,000	2,400
기초재공품	*1,000*	*600*
선입선출법	2,000	1,800

3. 제조원가

4. 단위당원가

5. 원가배분

직접재료원가	전환원가	합계

• 세무사/2023/문27

30 ㈜세무는 단일 공정을 통해 제품을 대량으로 생산하고 있으며, 평균법으로 종합 원가계산을 적용하고 있다. 원재료는 공정 초에 전량투입되며, 가공원가는 공정 전반에 걸쳐 균등하게 발생한다. 20x1년 당기착수량은 1,250개이며, 당기완성량은 1,210개, 기초재공품 수량은 250개(가공원가 완성도 80%), 기말재공품 수량은 50개(가공원가 완성도 60%)이다. 품질검사는 가공원가 완성도 40%시점에서 이루어진다. 정상공손허용률은 10%이며, 검사시점 통과기준과 도달기준을 각각 적용하였을 때 두 방법 간의 비정상공손수량의 차이는 몇 개인가?

① 20개　　　② 22개　　　③ 24개　　　④ 26개　　　⑤ 28개

풀이과정　　　　　　　　　　　　　　　　　　　　　　　　　　　　　　　정답 ③

1. 물량흐름도

	물량	0%	40%	60%	80%	100%
기초재공품	250				250	
당기착수량	1,250	1,250				
계	1,500		1,250			
당기완성량	1,210					1,210
기말재공품	50			50		
공손품	240		품질검사			

	도달기준	통과기준	차이
물량	1,250	1,010	
정상공손품	125	101	24
비정상공손품	115	139	(24)
계	240	240	

31 ㈜세무는 단일제품을 생산하고 있으며 가중평균법으로 종합원가계산을 적용하고 있다. 전환원가는 공정 전반에 걸쳐 균등하게 발생하며 당기 생산관련 자료는 다음과 같다.

> • 기초재공품: 1,000단위 (전환원가 완성도 20%)
> • 당기착수량: 7,000
> • 당기완성량: 6,000
> • 기말재공품: 2,000 (전환원가 완성도 40%)

기초 및 기말재공품에 포함된 전환원가가 각각 ₩65,000 및 ₩260,000일 때, 당기에 발생한 전환원가는?

① ₩1,950,000　　　② ₩2,080,000　　　③ ₩2,145,000

④ ₩2,210,000　　　⑤ ₩2,275,000

풀이과정　　　　　　　　　　　　　　　　　　　　　　　　　　　**정답** ③

2. 완성품환산량　　　　**5. 원가배분**

1. 물량흐름			직접재료원가	전환원가	직접재료원가	전환원가
기초재공품	1,000	20%				
당기착수량	7,000					
계	8,000					
당기완성량	6,000		6,000	6,000		1,950,000
기말재공품	2,000	40%	2,000	800		260,000
계	8,000					2,210,000

2. 완성품환산량

	직접재료원가	전환원가
가중평균법	8,000	6,800

3. 제조원가

		전환원가
기초재공품		65,000
당기제조원가		2,145,000
총제조원가		2,210,000

4. 단위당 원가

		325

• 세무사/2024/문30

32 ㈜세무는 단일제품을 생산하고 있으며, 선입선출법에 의한 종합원가계산을 사용하고 있다. 제품제조를 위해 원재료 A와 원재료 B가 사용되는데 원재료 A는 공정초에 전량 투입되며, 원재료 B는 공정 완료시점에 전량 투입된다. 전환원가는 공정 전반에 걸쳐 균등하게 발생한다. 품질검사는 공정의 50% 시점에서 이루어지며, 당기 검사를 통과한 합격품의 10%를 정상공손으로 간주한다. 공손품의 처분가치는 없다. 당기 생산 및 원가 자료는 다음과 같다.

구분	물량 (전환원가 완성도)	구분	재료원가		전환원가
			원재료 A	원재료 B	
기초재공품	1,000단위(60%)	기초재공품	₩30,000	₩0	₩33,500
당기 착수	9,000	당기발생원가	180,000	80,000	255,000
기말재공품	1,000(60%)				

당기에 착수하여 당기에 완성된 제품이 7,000단위일 때, ㈜세무의 정상공손원가배분 후 당기 완성품원가는?

① ₩466,500   ② ₩523,500   ③ ₩530,000
④ ₩533,500   ⑤ ₩540,000

풀이과정   정답 ③

1. 물량흐름도

		완성도			
		0%	50%	60%	100%
기초재공품	1,000			1,000	
당기 착수	9,000	9,000			
계	10,000				
			제품검사		
검사물량			9,000		
완성품	8,000				1,000
					7,000
기말재공품	1,000			1,000	
공손품			1,000		
정상공손			*800*		
비정상공손			200		

2. 종합원가계산

1. 물량흐름			2. 완성품환산량			5. 원가배분					6. 공손원가 배분후 잔액		
			재료 A	재료 B	전환원가	재료 A	재료 B	전환원가	계	완성품	배분전	공손원가	배분후
기초재공품	1,000	60%				30,000	0	33,500	63,500	*63,500*			
당기 착수	9,000												
계	10,000												
완성품	8,000		8,000	8,000	8,000	140,000	80,000	222,000	442,000	*442,000*	505,500	24,500	530,000
기말재공품	1,000	60%	1,000	0	600	20,000	0	18,000	38,000		38,000	3,500	41,500
정상공손	800	50%	800	0	400	16,000	0	12,000	28,000		28,000	(28,000)	0
비정상공손	200	50%	200	0	100	4,000	0	3,000	7,000		7,000		7,000
계	10,000					*180,000*	*80,000*	*255,000*	*515,000*	*505,500*	578,500	0	578,500

2. 완성품환산량

	재료 A	재료 B	전환원가
가중평균법	10,000	8,000	9,100
기초재공품	1,000	0	600
선입선출법	9,000	8,000	8,500

3. 제조원가

	재료 A	재료 B	전환원가
기초재공품	30,000	0	33,500
당기제조원가	*180,000*	*80,000*	*255,000*
계	210,000	80,000	288,500

4. 단위당 원가

	재료 A	재료 B	전환원가
	20.0	10.0	30.0

5. 공인회계사 기출문제 및 해설

• 회계사/2017/문50

33 ㈜한국은 종합원가계산을 적용하여 제품원가를 계산하고 있다. 직접재료는 공정초에 전량 투입되며, 전환원가는 공정 전반에 걸쳐 균등하게 발생한다. 20x1년 2월 1일에 처음으로 생산을 시작한 ㈜한국의 당월 중 완성품 수량은 9,000단위이다. ㈜한국은 20x1년 2월말 재공품의 각 원가요소를 다음과 같이 보고하였다.

원가요소	금액	완성도	완성품환산량
직접재료원가	₩75,000	100%	5,000단위
전환원가	₩40,000	50%	2,500단위

㈜한국의 외부감사인은 위의 자료를 검토하였는데, 20x1년 2월말 재공품의 직접재료원가 관련 항목들은 모두 올바른 것으로 파악하였다. 그러나 외부감사인은 20x1년 2월말 재공품의 전환원가 완성도가 50%로 과다하게 추정되었음을 발견하고, 추가로 검토하였는데 실제는 20%인 것으로 확인하였다. 게다가 위의 전환원가 ₩40,000은 완성도 50%에서는 올바르게 배부된 금액이었지만, 실제로 파악된 완성도 20%에서는 적절하게 수정되어야 한다.

㈜한국이 20x1년 2월말 재공품의 전환원가 금액 및 완성품환산량을 올바르게 수정하는 경우, 20x1년 2월말 재공품원가와 20x1년 2월 완성품원가는? (단, 공손이나 감손은 없다고 가정한다)

	재공품원가	완성품원가
①	₩93,400	₩300,600
②	₩93,400	₩302,600
③	₩94,600	₩300,600
④	₩94,600	₩301,400
⑤	₩94,600	₩302,600

풀이과정

1. 완성도 50%

1. 물량흐름

구분	물량	완성도
기초재공품	0	
당기투입량	14,000	
계	14,000	
완성품	9,000	100%
기말재공품	5,000	50%
계	14,000	

2. 완성품환산량

직접재료	전환원가
9,000	9,000
5,000	2,500

5. 원가배분

직접재료	전환원가	합계
135,000	144,000	279,000
75,000	40,000	115,000
210,000	184,000	394,000

2. 완성품환산량

직접재료	전환원가
14,000	11,500

3. 제조원가

	직접재료	전환원가
기초재공품	0	0
당기제조원가	210,000	184,000
총제조원가	210,000	184,000

4. 단위당원가

직접재료	전환원가
15.0	16.0

2. 완성도 20%

1. 물량흐름

구분	물량	완성도
기초재공품	0	
당기투입량	14,000	
계	14,000	
완성품	9,000	100%
기말재공품	5,000	20%
계	14,000	

2. 완성품환산량

직접재료	전환원가
9,000	9,000
5,000	1,000

5. 원가배분

직접재료	전환원가	합계
135,000	165,600	*300,600*
75,000	18,400	*93,400*
210,000	184,000	*394,000*

2. 완성품환산량

직접재료	전환원가
14,000	10,000

3. 제조원가

	직접재료	전환원가
기초재공품	0	0
당기제조원가	210,000	184,000
총제조원가	210,000	184,000

4. 단위당원가

직접재료	전환원가
15.0	18.4

• 회계사/2018/문42

34 ㈜대한은 20×1년 1월 1일 처음으로 생산을 시작하며, 종합원가계산을 적용한다. 직접재료는 공정 초에 전량 투입되고, 전환원가는 공정 전반에 걸쳐 균등하게 발생한다. 20×1년의 생산활동 및 완성품환산량 단위당 원가는 다음과 같이 예상된다.

구분	물량단위	완성품환산량	
		재료원가	전환원가
완성품	900개	900개	900개
비정상공손품	100	100	100
기말재공품	300	300	100
합계	1,300개	1,300개	1,100개
당기투입원가		₩104,000	₩115,500
완성품환산량 단위당 원가		₩80	₩105

20×1년도 완성품은 단위당 ₩250에 전량 판매된다. 비정상공손품은 모두 폐기되고, 비정상공손원가는 당기비용으로 처리된다. 품질관리팀에서는 공정의 50% 시점에서 검사를 실시하여 공손품 발생요인을 통제하면, 비정상공손품 100단위는 모두 품질기준을 충족하는 완성품이 되어 단위당 ₩250에 판매할 수 있다고 한다. 품질검사를 현재의 시점에서 공정의 50% 시점으로 옮긴다면, ㈜대한의 당기순이익은 얼마나 증가하는가? (단, 검사원가는 검사시점과 관계없이 동일하고, 공손품 발생요인을 통제하기 위해 추가되는 원가는 없다고 가정한다)

① ₩6,500　　② ₩12,500　　③ ₩23,000　　④ ₩24,500　　⑤ ₩25,000

풀이과정　　　　　　　　　　　　　　　　　　　　　　　　　　　　**정답** ⑤

1. 제품검사 시점: 100%

1. 물량흐름

구분	물량	완성도
완성품	900	
비정상공손품	100	100%
기말재공품	300	1/3
합계	1,300	

2. 완성품환산량

재료원가	전환원가
900	900
100	100
300	100
1,300	1,100
1,300	1,100

3. 제조원가

	재료원가	전환원가
기초재공품	0	0
당기제조원가	104,000	115,500
총제조원가	104,000	115,500

4. 단위당원가

재료원가	전환원가
80	105

5. 원가배분

	재료원가	전환원가	합계
	72,000	94,500	166,500
	8,000	10,500	18,500
	24,000	10,500	34,500
	104,000	115,500	219,500

매출액	225,000
매출원가	166,500
비정상공손	18,500
당기순이익	40,000

2. 제품검사 시점: 50%

1. 물량흐름

구분	물량	완성도
완성품	1,000	
비정상공손품	0	50%
기말재공품	300	1/3
합계	1,300	

2. 완성품환산량

	재료원가	전환원가
완성품	1,000	1,000
비정상공손품	0	0
기말재공품	300	100
합계	1,300	1,100

5. 원가배분

	재료원가	전환원가	합계
완성품	80,000	105,000	185,000
비정상공손품	0	0	0
기말재공품	24,000	10,500	34,500
합계	104,000	115,500	219,500

2. 총완성품환산량

	재료원가	전환원가
	1,300	1,100

매출액	250,000
매출원가	185,000
비정상공손	0
당기순이익	65,000

3. 제조원가

	재료원가	전환원가
기초재공품	0	0
당기제조원가	104,000	115,500
총제조원가	104,000	115,500

4. 단위당원가

	재료원가	전환원가
	80	105

	0%	1/3	100%		직접재료	가공원가	총원가
기초재공품							
당기착수량	1,300						
완성품			900		72,000	94,500	166,500
기말재공품		300			24,000	10,500	34,500
비정상공손			100		8,000	10,500	18,500
					104,000	115,500	219,500

	0%	1/3	50%	100%	직접재료	가공원가	총원가
기초재공품			제품검사				
당기착수량	1,300						
완성품				900	72,000	94,500	166,500
기말재공품		300			24,000	10,500	34,500
비정상공손			100		8,000	5,250	13,250
					104,000	110,250	214,250

	변경전	변경후	증분
매출액	225,000	250,000	*25,000*
매출원가	166,500	185,000	*18,500*
공손손실	18,500	0	*(18,500)*
영업이익	40,000	65,000	*25,000*

• 회계사/2020/문41

35 ㈜대한은 단일상품을 제조하는 기업으로 종합원가계산제도를 채택하고 있으며, 재고
자산 평가방법은 선입선출법(FIFO)을 사용한다. 제품제조 시 직접재료는 공정 초에
전량 투입되며 전환원가(가공원가)는 공정에 걸쳐 균등하게 발생한다. 다음은 ㈜대
한의 당기 생산 및 제조에 관한 자료이다.

항목	물량
기초재공품(가공완성도%)	1,800개(90%)
당기착수물량	15,000개
기말재공품(가공완성도%)	3,000개(30%)

당기에 발생한 직접재료원가는 ₩420,000이며, 전환원가는 ₩588,600이다. 당기 매
출원가는 ₩1,070,000, 기초제품재고는 ₩84,600, 기말제품재고는 ₩38,700이다. 당
기 기초재공품은 얼마인가?

① ₩140,000   ② ₩142,000   ③ ₩144,000

④ ₩145,000   ⑤ ₩146,000

풀이과정   **정답** ①

1. 원가흐름

	직접재료	재공품	제품	매출원가	비고
기초잔액					
당기매입					
사용가능액					
기말잔액					
직접재료원가	420,000	420,000			
전환원가		588,600			
당기제조원가		1,008,600			1,008,600
기초재공품		*BWIP*			*140,000*
총제조원가		TC			1,148,600
기말재공품		EWIP			124,500
당기제품제조원가		COGM	COGM		1,024,100
기초제품			84,600		84,600
판매가능제품			COGAS		1,108,700
기말제품			38,700		
매출원가			1,070,000	1,070,000	

2. 5단계 제조원가보고서 작성

1. 물량흐름			2. 완성품환산량		5. 원가배분		
구분	물량	완성도	직접 재료원가	전환원가	직접 재료원가	전환원가	합계
기초재공품	1,800	90%	1,800	1,620			
당기착수량	15,000						
계	16,800						
완성품	13,800		13,800	13,800			1,024,100
기말재공품	3,000	30%	3,000	900	84,000	40,500	124,500
계	16,800						1,148,600

2. 완성품환산량

가중평균법			16,800	14,700
기초재공품			1,800	1,620
선입선출법			15,000	13,080

3. 제조원가

	직접재료원가	전환원가		
기초재공품			BWIP	= 140,000
당기제조원가	420,000	588,600	1,008,600	
총제조원가			BWIP + 1,008,600	= 1,148,500

4. 단위당 원가

	28	45	73

3. 원가흐름

직접재료		재공품		제품		매출원가	
	420,000	**140,000**	1,024,100	84,600	1,070,000	1,070,000	
		420,000		1,024,100	38,700		
		588,600	124,500	1,108,700	1,108,700		
전환원가		1,148,600	1,148,600				
588,600	588,600						

• 회계사/2021/문43

36 ㈜대한은 종합원가계산을 적용하고 있다. 직접재료는 공정의 시작 시점에서 100% 투입되며, 가공원가는 공정 전반에 걸쳐 균등하게 발생한다. ㈜대한의 생산 관련 자료는 다음과 같다.

구분	물량	재료원가	가공원가
기초재공품	2,000단위 (가공비완성도 60%)	₩24,000	₩10,000
당기착수량	10,000단위		
기말재공품	4,000단위 (가공비완성도 50%)		
당기투입원가		₩1,500,000	₩880,000

㈜대한의 종합원가계산과 관련된 다음의 설명 중 **옳지 않은** 것은? (단, 당기 중에 공손이나 감손은 발생하지 않았다고 가정한다)

① 평균법을 사용한다면 가공원가에 대한 완성품환산량은 10,000단위이다.

② 평균법을 사용한다면 기말재공품 원가는 ₩686,000이다.

③ 선입선출법을 사용한다면 완성품 원가는 ₩1,614,000이다.

④ 선입선출법을 사용한다면 기초재공품 원가는 모두 완성품 원가에 배부된다.

⑤ 완성품 원가는 선입선출법으로 계산한 값이 평균법으로 계산한 값보다 크다.

풀이과정

1. 물량흐름 / 2. 완성품환산량 / 5. 원가배부/가중평균법 / 5. 원가배부/선입선출법

구분	물량	완성도	직접재료원가	가공원가	직접재료원가	가공원가	합계	직접재료원가	가공원가	합계	완성품
기초재공품	2,000	60%	2,000	1,200							*34,000*
당기착수량	10,000										
계	12,000										
완성품	8,000		8,000	8,000	1,016,000	712,000	*1,728,000*	900,000	680,000	1,580,000	*1,580,000*
기말재공품	4,000	50%	4,000	2,000	508,000	178,000	686,000	600,000	200,000	800,000	
계	12,000				1,524,000	890,000	2,414,000	1,500,000	880,000	2,380,000	*1,614,000*

2. 완성품 환산량

가중평균법	12,000	10,000
기초재공품	2,000	1,200
선입선출법	10,000	8,800

3. 제조원가

기초재공품	24,000	10,000
당기제조원가	1,500,000	880,000
총제조원가	1,524,000	890,000

4. 단위당 원가

가중평균법	127.0	89.0
선입선출법	150.0	100.0

※ 다음 자료를 이용하여 37번과 38번에 답하시오.

> • ㈜대한은 선입선출법에 의한 종합원가계산을 적용하여 제품원가를 계산하고 있다.
> • 원재료는 공정 초에 전량 투입되고, 전환원가는 공정 전반에 걸쳐 균등하게 발생한다.
> • 공정의 80% 시점에서 품질검사를 실시하며, 정상공손 허용수준은 합격품의 10%이다. 정상공손원가는 합격품원가에 가산되고, 비정상공손원가는 기간비용으로 처리된다.
> • 공손품은 모두 폐기되며, 공손품의 처분가치는 없다.
> • 다음은 20x1년 2월 공정의 생산 및 원가자료이다. 단, 괄호 안의 숫자는 전환원가의 완성도를 의미한다.

구분	물량단위	직접재료원가	전환원가
기초재공품	2,000(70%)	₩70,000	₩86,000
당기투입	10,000	₩2,000,000	₩860,000
완성품	8,000		
기말재공품	3,000(40%)		

37 ㈜대한의 20x1년 2월 직접재료원가와 전환원가의 완성품환산량 단위당 원가를 계산하면 각각 얼마인가?

	직접재료원가	전환원가
①	₩200	₩100
②	₩200	₩80
③	₩220	₩100
④	₩220	₩80
⑤	₩250	₩100

38 ㈜대한의 20x1년 2월 완성품 단위당 원가는 얼마인가?

① ₩242　　　　② ₩250　　　　③ ₩252

④ ₩280　　　　⑤ ₩282

풀이과정

정답 30 ① / 31 ④

1. 물량흐름도

	물량흐름	완성도				
		0%	40%	70%	80%	100%
기초재공품	2,000			2,000		
당기투입량	10,000	10,000				
계	12,000	12,000				
					제품검사	
검사대상량					*9,000*	
합격완성품	8,000				8,000	8,000
공손품	1,000				1,000	
정상공손					*800*	
비정상공손					200	
기말재공품	3,000		3,000			
계	12,000					

2. 제조원가보고서

1. 물량흐름분석			2. 당기완성품환산량			5. 원가배분			
			직접재료원가	전환원가	합계	직접재료원가	전환원가	합계	**완성품**
기초재공품	2,000	70%	2,000	1,400					*156,000*
당기투입량	10,000								
계	12,000								
완성품	8,000		8,000	8,000		1,360,000	212,000	1,572,000	*1,572,000*
기말재공품	3,000	40%	3,000	1,200		600,000	120,000	720,000	
정상공손	800	80%	800	640		0	512,000	512,000	*512,000*
비정상공손	200	80%	200	160		40,000	16,000	56,000	
계	12,000		10,000	8,600		2,000,000	860,000	2,860,000	*2,240,000*
									280

3. 제조원가

			직접재료원가	전환원가	합계
기초재공품			70,000	86,000	156,000
당기제조원가			2,000,000	860,000	2,860,000
계			2,070,000	946,000	3,016,000

4. 단위당 원가

	직접재료원가	전환원가
	200	*100*

• 회계사/2023/문43

39 ㈜대한은 반도체를 생산하고 있으며, 선입선출법에 의한 종합원가계산을 적용하여 반도체 원가를 계산하고 있다. 직접재료는 생산공정의 초기에 전량 투입되며, 전환원가(conversion costs)는 공정 전반에 걸쳐 균등하게 발생한다. 2월의 생산자료를 보면, 기초재공품 15,000개(전환원가 완성도 40%, 원가 ₩10,000), 당월 생산착수수량 70,000개, 당월 생산착수완성품 55,000개, 기말재공품 5,000개(전환원가 완성도 80%), 공손품 10,000개이다. 2월 중 직접재료원가 ₩140,000과 전환원가 ₩210,000이 발생하였다. 공정의 20% 시점에서 품질검사를 실시하며, 정상공손 허용수준은 합격품의 10%이다. 정상공손원가는 합격품에 가산되고, 비정상공손원가는 기간비용으로 처리된다. 공손품은 모두 폐기되며, 공손품의 처분가치는 없다. ㈜대한의 2월의 정상공손원가는 얼마인가?

① ₩15,000 ② ₩15,600 ③ ₩16,200

④ ₩16,800 ⑤ ₩17,400

풀이과정

정답 ②

1. 물량흐름도

	물량	0%	20% (제품검사)	40%	80%	100%
기초재공품	15,000			15,000		
당기착수량	70,000	70,000				
계	85,000					
공손품	10,000		10,000			
합격품			60,000			
정상공손품			*6,000*			
비정상공손품			*4,000*			
완성품	70,000					70,000
기말재공품	5,000				5,000	
계	85,000					

2. 제조원가보고서

1. 물량흐름분석			2. 당기완성품환산량 직접재료원가	전환원가	합계	5. 원가배분 직접재료원가	전환원가	합계	완성품	*정상공손*	잔액
기초재공품	15,000	40%	15,000	6,000					10,000		10,000
당기착수량	70,000										
계	85,000										
정상공손품	*6,000*	*20%*	*6,000*	*1,200*		*12,000*	*3,600*	*15,600*		*(15,600)*	*0*
비정상공손품	4,000	20%	4,000	800		8,000	2,400	10,400			10,400
완성품	70,000		70,000	70,000		110,000	192,000	302,000	302,000	14,300	316,300
기말재공품	5,000	80%	5,000	4,000		10,000	12,000	22,000		1,300	23,300
계	85,000					140,000	210,000	350,000	312,000	0	360,000

2. 완성품환산량

총완성품환산량	85,000	76,000
기초재공품	15,000	6,000
당기완성품환산량	70,000	70,000

3. 제조원가

기초재공품			10,000
당기제조원가	140,000	210,000	350,000
계			360,000

4. 단위당 원가

	2.0	3.0

• 회계사/2024/문43

40 ㈜대한은 단일제품을 제조하는 기업으로 종합원가계산제도를 채택하고 있으며, 재고자산평가방법은 선입선출법을 사용한다. 제품제조 시 직접재료는 공정 초에 전량 투입되며, 전환원가(conversion cost)는 공정 전반에 걸쳐 균등하게 발생한다. ㈜대한의 당기 생산활동과 관련된 자료는 다음과 같다. 단, 괄호 안의 숫자는 전환원가의 완성도를 의미한다.

항목	물량단위	직접재료원가	전환원가
기초재공품	1,000(?)	₩100,000	₩100,000
당기투입	10,000	₩500,000	₩720,000
기말재공품	2,000(40%)		

· 당기매출원가는 ₩1,400,000, 기초제품재고액은 ₩300,000, 기말제품재고액은 ₩156,000 이다.

당기 완성품환산량 단위당 전환원가는 얼마인가?

① ₩75　　② ₩80　　③ ₩85　　④ ₩90　　⑤ ₩100

풀이과정　　　　　　　　　　　　　　　　　　　　　　　　　　　　**정답** ②

1. 원가흐름

원가요소	당기 제조원가	총제조원가	당기제품 제조원가	매출원가	비고
직접재료원가	500,000				
전환원가	720,000				
당기제조원가	1,220,000	1,220,000			
기초재공품		200,000			
총제조원가		1,420,000	1,420,000		
기말재공품			*EWIP*		*164,000*
당기제품제조원가			*COGM*	*COGM*	*1,256,000*
기초제품				300,000	
판매가능원가				COGAS	1,556,000
기말제품				156,000	
매출원가				1,400,000	

2. 제조원가보고서

1. 물량흐름

물량흐름			2. 완성품환산량 직접재료원가	2. 완성품환산량 전환원가	5. 원가배분 직접재료원가	5. 원가배분 전환원가	합계	완성품
기초재공품	1,000	? 80%			100,000	100,000	200,000	*200,000*
당기투입	10,000							
계	11,000							
당기완성품	9,000		9,000	9,000	400,000	656,000	1,056,000	*1,056,000*
기말재공품	2,000	40%	2,000	800	100,000	64,000	164,000	
계	11,000		11,000	9,800	500,000	720,000	1,220,000	*1,256,000*

2. 완성품환산량

가중평균법	11,000	9,800
기초재공품	(1,000)	(800)
선입선출법	10,000	9,000

3. 제조원가

기초재공품	100,000	100,000
당기제조원가	500,000	720,000

4. 단위당 원가

	50	*80*

부문별 원가계산

1. 주요개념

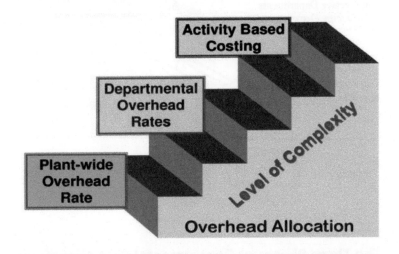

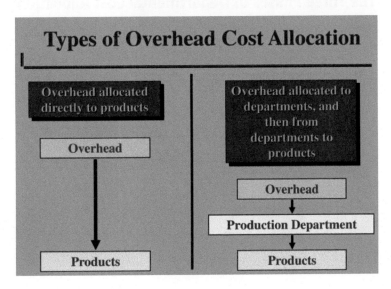

Multiple Allocation Bases and Two-Stage Systems

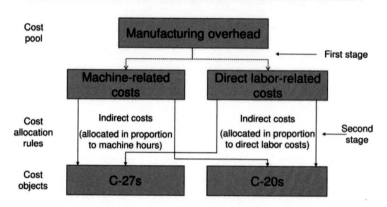

A CONCEPTUAL VIEW OF THE TRADITIONAL TWO STAGE COST ALLOCATION APPROACH

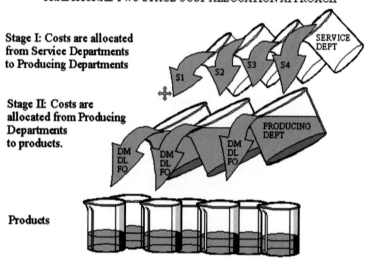

Stage I: Costs are allocated from Service Departments to Producing Departments

Stage II: Costs are allocated from Producing Departments to products.

Products

The Three Phases of Departmental Cost Allocation

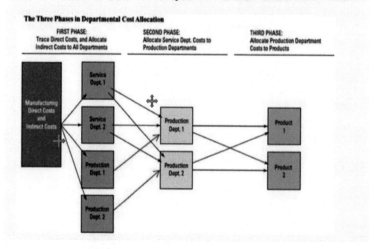

Allocate Overhead Expenses

Allocation of overhead expenses as indirect dollars to revenue department.
Example: IS and Accounting

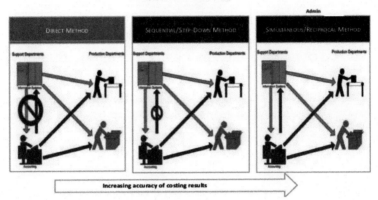

Increasing accuracy of costing results

Direct Method

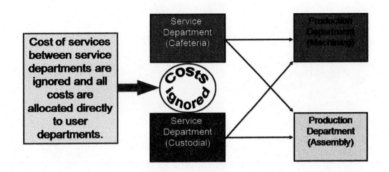

Step Method

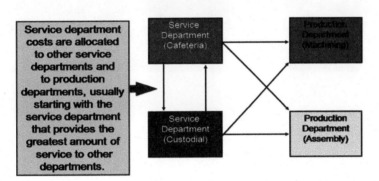

Reciprocal Method

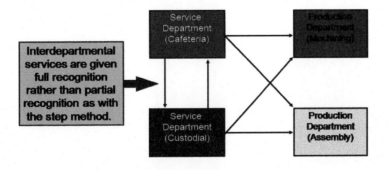

Comparison of Methods

- **The reciprocal method is superior because:**
  - ❖ It considers all services provided to other service departments.
  - ❖ The total cost of operating a service department is computed.
- **The reciprocal method requires the use of matrix algebra with three or more service departments.**

Separate Fixed and Variable Costs: Dual Allocation

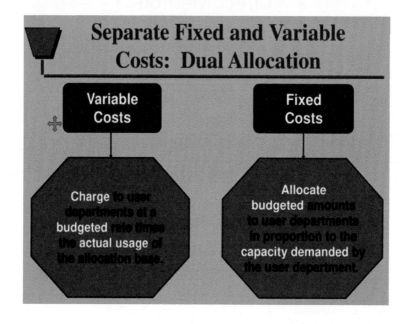

Variable Costs

Charge to user departments at a budgeted rate times the actual usage of the allocation base.

Fixed Costs

Allocate budgeted amounts to user departments in proportion to the capacity demanded by the user department.

2. 관세사 기출문제 및 해설

• 관세사/2019/문71

01 ㈜관세는 제조부문(절단, 조립)과 보조부문(수선, 동력)을 이용하여 제품을 생산하고 있다. 수선부문과 동력부문의 부문원가는 각각 ₩250,000과 ₩170,000이며 수선부문은 기계시간, 동력부문은 전력소비량(kWh)에 비례하여 원가를 배부한다. 각 부문 간의 용역수수 관계는 다음과 같다.

사용부문\제공부문	제조부문		보조부문	
	절단	조립	수선	동력
수선	60시간	20시간	8시간	12시간
동력	350kWh	450kWh	140kWh	60kWh

㈜관세가 보조부문원가를 직접배부법으로 제조부문에 배부할 경우, 절단부문에 배부될 보조부문원가는? (단, 보조부문의 자가소비분은 무시한다)

① ₩189,500   ② ₩209,500   ③ ₩226,341

④ ₩236,875   ⑤ ₩261,875

풀이과정   **정답** ⑤

1. 직접배부법

	보조부문		제조부문		
	수선	동력	절단	조립	
	s_1	s_2	p_1	p_2	계
부문원가	250,000	170,000			420,000
s_1	(250,000)	0	187,500	62,500	0
s_2	0	(170,000)	74,375	95,625	0
배분원가	0	0	**261,875**	158,125	420,000

2. 단계배부법_수선부문 먼저 배부

	보조부문		제조부문		
	수선	동력	절단	조립	
	s_1	s_2	p_1	p_2	계
부문원가	250,000	170,000			420,000
s_1	(250,000)	32,609	163,043	54,348	0
s_2	0	(202,609)	88,641	113,967	0
배분원가	0	0	**251,685**	168,315	420,000

• 관세사/2020/문73

02 ㈜관세는 제조부문(성형, 조립)과 보조부문(수선, 동력)을 이용하여 제품을 생산하고 있다. 수선부문과 동력부문의 부문원가는 각각 ₩260,000과 ₩100,000이며, 각 부문 간의 용역수수관계는 다음과 같다.

사용부문 제공부문	제조부문		보조부문	
	성형	조립	수선	동력
수선	45%	35%	–	20%
동력	55%	20%	25%	–

㈜관세가 보조부문원가를 상호배부법으로 제조부문에 배부할 경우, 조립부문에 배부될 보조부문원가 합계액은?

① ₩118,000   ② ₩121,400   ③ ₩137,000

④ ₩172,000   ⑤ ₩223,000

풀이과정   **정답** ③

1. 직접배부법

	보조부문		제조부문		
	수선	동력	성형	조립	
	s_1	s_2	p_1	p_2	계
부문원가	260,000	100,000			360,000
s_1	(260,000)	0	146,250	113,750	0
s_2	0	(100,000)	73,333	26,667	0
배분원가	0	0	219,583	140,417	360,000

2. 단계배부법_수선부문 먼저 배부

	보조부문		제조부문		
	수선	동력	성형	조립	
	s_1	s_2	p_1	p_2	계
부문원가	260,000	100,000			360,000
s_1	(260,000)	52,000	117,000	91,000	0
s_2	0	(152,000)	111,467	40,533	0
배분원가	0	0	228,467	131,533	360,000

3. 상호배부법

	보조부문		제조부문	
	수선	동력	성형	조립
	s_1	s_2	p_1	p_2
부문원가	260,000	100,000		
s_1		20%	45%	35%
s_2	25%		55%	20%

$$s_1 = 260,000 + 0.25 \ s_2$$
$$s_2 = 100,000 + 0.2 \ s_1$$
$$= 100,000 + 0.2 \ (260,000 + 0.25 \ s_2)$$
$$= 100,000 + 52,000 + 0.05 \ s_2$$
$$0.95 \ s_2 = 152,000$$
$$s_2 = 160,000$$
$$s_1 = 300,000$$

	보조부문		제조부문		
	수선	동력	성형	조립	
	s_1	s_2	p_1	p_2	계
부문원가	260,000	100,000			360,000
s_1	(300,000)	60,000	135,000	105,000	0
s_2	40,000	(160,000)	88,000	32,000	0
배분원가	0	0	223,000	*137,000*	360,000

4. 배부결과 비교

	p_1	p_2	계
직접배부법	219,583	140,417	360,000
단계배부법	228,467	131,533	360,000
상호배부법	223,000	137,000	360,000

• 관세사/2021/문78

03 다음은 ㈜관세의 부문원가를 배부하기 위한 배부기준과 원가자료이다.

구분	보조부문		제조부문	
	S_1	S_2	P_1	P_2
기계시간	−	200	400	400
전력량(kWh)	100	−	300	200
점유면적	10	20	30	40
부문개별원가	₩240,000	₩160,000	₩400,000	₩600,000
부문공통원가	₩100,000			

부문공통원가는 점유면적을 기준으로 배부한다. 보조부문원가는 S_1은 기계시간, S_2는 전력량을 기준으로 직접배분법을 사용하여 제조부문에 배부한다. 제조부문 P_1의 배부 후 총원가는?

① ₩663,000   ② ₩674,000   ③ ₩682,000

④ ₩686,000   ⑤ ₩694,000

풀이과정   정답 ①

1. 부문원가 집계

	보조부문		제조부문		
	S_1	S_2	P_1	P_2	총원가
부문개별원가	240,000	160,000	400,000	600,000	1,400,000
부문공통원가					100,000
점유면적	10	20	30	40	100
공통원가 배분	10,000	20,000	30,000	40,000	100,000
부문원가	250,000	180,000	430,000	640,000	1,500,000

2. 용역수수관계

	보조부문		제조부문		
	S_1	S_2	P_1	P_2	총원가
부문원가	250,000	180,000	430,000	640,000	1,500,000
S_1			400	400	800
S_2			300	200	500
배분원가	250,000	180,000			

3. 직접배부법

	보조부문		제조부문		
	S_1	S_2	P_1	P_2	총원가
부문원가	250,000	180,000	430,000	640,000	1,500,000
S_1	(250,000)		125,000	125,000	0
S_2		(180,000)	108,000	72,000	0
배분원가	0	0	*663,000*	837,000	1,500,000

• 관세사/2023/문72

04 ㈜관세는 제조부문(사출, 열처리)과 보조부문(냉방, 전력)을 이용하여 제품을 생산하고 있다. 냉방부문의 원가는 ₩330,000, 전력부문의 원가는 ₩200,000이며, 각 부문 간 용역수수관계는 다음과 같다.

사용부문	제조부문		보조부문	
제공부문	사출	열처리	냉방	전력
냉방	40%	50%	–	10%
전력	30%	10%	60%	–

㈜관세는 보조부문원가를 단계배부법으로 배부하며 전력부문부터 배부한다. ㈜관세의 열처리부문에 배부된 보조부문원가 합계액은?

① ₩220,000   ② ₩225,000   ③ ₩245,000

④ ₩250,000   ⑤ ₩270,000

풀이과정   **정답** ⑤

1. 부문원가 및 용역수수관계

	보조부문		제조부문		
	냉방	전력	사출	열처리	
	S_1	S_2	P_1	P_2	총원가
부문원가	330,000	200,000	0	0	530,000
S_1		10%	40%	50%	100%
S_2	60%		30%	10%	100%
배분원가	330,000	200,000			

2. 단계배부법

	보조부문		제조부문		
	냉방	전력	사출	*열처리*	총원가
부문원가	330,000	200,000	0	*0*	530,000
S_1 원가	(450,000)		200,000	*250,000*	0
S_2 원가	120,000	(200,000)	60,000	*20,000*	0
배분원가	450,000	200,000	260,000	*270,000*	530,000

3. 감정평가사 기출문제 및 해설

• 감정평가사/2015/문72

05 ㈜감평은 두 개의 보조부문(X부문, Y부문)과 두 개의 제조부문(A부문, B부문)으로 구성되어 있다. 각각의 부문에서 발생한 부문원가는 A부문 ₩100,000, B부문 ₩200,000, X부문 ₩140,000, Y부문 ₩200,000이다. 각 보조부문이 다른 부문에 제공한 용역은 다음과 같다.

사용부문 제공부문	보조부문		제조부문	
	X부문	Y부문	A부문	B부문
X부문(kWh)	–	50,000	30,000	20,000
Y부문(기계시간)	200	–	300	500

㈜감평이 단계배부법을 이용하여 보조부문원가를 제조부문에 배부할 경우, A부문과 B부문 각각의 부문원가 합계는? (단, 배부 순서는 Y부문의 원가를 먼저 배부한다)

	A부문원가합계	B부문원가합계		A부문원가합계	B부문원가합계
①	₩168,000	₩172,000	②	₩202,000	₩328,000
③	₩214,000	₩336,000	④	₩244,000	₩356,000
⑤	₩268,000	₩372,000			

풀이과정 단계배부법   **정답** ⑤

1. 용역수수관계

	사용부문				
	보조부문		제조부문		
제공부문	X부문	Y부문	A부문	B부문	합계
부문개별비	140,000	200,000	100,000	200,000	640,000
X부문(kWh)		50%	30%	20%	100%
Y부문(기계시간)	20%		30%	50%	100%

2. 단계배부법

	사용부문				
	보조부문		제조부문		
제공부문	X부문	Y부문	A부문	B부문	합계
부문개별비	140,000	200,000	100,000	200,000	640,000
X부문(kWh)	(180,000)	0	108,000	72,000	0
Y부문(기계시간)	40,000	(200,000)	60,000	100,000	0
계	0	0	*268,000*	*372,000*	640,000

• 감정평가사/2018/문74

06 ㈜감평은 수선부문과 동력부문의 두 개의 보조부문과 도색부문과 조립부문의 두 개의 제조부문으로 구성되어 있다. ㈜감평은 상호배부법을 사용하여 보조부문의 원가를 제조부문에 배부한다. 20x1년도 보조부문의 용역제공은 다음과 같다.

구분	보조부문		제조부문	
제공부문	수선	동력	도색	조립
수선(시간)	–	400	1,000	600
동력(kwh)	2,000	–	4,000	4,000

20x1년도 보조부문인 수선부문과 동력부문으로부터 도색부문에 배부된 금액은 ₩100,000이고, 조립부문에 배부된 금액은 ₩80,000이었다. 동력부문의 배부전 원가는?

① ₩75,000　　　　② ₩80,000　　　　③ ₩100,000

④ ₩105,000　　　　⑤ ₩125,000

풀이과정　　　　　　　　　　　　　　　　　　　　　　　　**정답** ④

1. 용역수수관계

	보조부문		생산부문		
	수선	동력	도색	조립	계
부문원가	S_1	S_2	0	0	180,000
수선부문		400	1,000	600	2,000
동력부문	2,000		4,000	4,000	10,000
배분원가	A	B	100,000	80,000	180,000

2. 연립방정식 작성

$$A = S_1 + 0.2 \times B$$
$$B = S_2 + 0.2 \times A$$

3. 보조부문 원가 배분

	보조부문		생산부문		
	수선	동력	도색	조립	계
부문개별원가	S_1	S_2	P_1	P_2	
수선부문	$-A$	0.2 A	0.5 A	0.3 A	
동력부문	0.2 B	$-B$	0.4 B	0.4 B	
배분원가	A	B	100,000	80,000	180,000

$$0.5\ A + 0.4\ B = 100,000$$
$$0.3\ A + 0.4\ B = 80,000$$

$$A = 100,000$$
$$B = 125,000$$

4. 보조부문 원가 추정

$$A = S_1 + 0.2 \times B$$
$$100,000 = S_1 + 0.2 \times 125,000$$
$$S_1 = 75,000$$

$$B = S_2 + 0.2 \times A$$
$$125,000 = S_2 + 0.2 \times 100,000$$
$$S_2 = 105,000$$

• 감정평가사/2020/문72

07 ㈜감평은 두 개의 제조부문(P_1, P_2)과 두 개의 보조부문(S_1, S_2)을 두고 있다. 각 부문 간의 용역수수관계는 다음과 같다.

사용부문 제공부문	보조부문		제조부문	
	S_1	S_2	P_1	P_2
S_1	—	50%	20%	?
S_2	20%	—	?	?
부문발생원가	₩270,000	₩450,000	₩250,000	₩280,000

㈜감평은 보조부문의 원가를 상호배분법으로 배분하고 있다. 보조부문의 원가를 배분한 후의 제조부문 P_1의 총원가가 ₩590,000이라면, 보조부문 S_2가 제조부문 P_1에 제공한 용역제공비율은?

① 20% ② 25% ③ 30% ④ 35% ⑤ 40%

풀이과정

정답 ⑤

1. 부문 용역수수관계

사용부문 제공부문	보조부문		제조부문		계
	S_1	S_2	P_1	P_2	
부문원가	270,000	450,000	250,000	280,000	1,250,000
S_1		50%	20%	30%	
S_2	20%		?	?	
배분원가	A	B			

2. 연립방정식 작성

$$A = 270,000 + 0.2 \times B$$
$$B = 450,000 + 0.5 \times A$$

$$A = 400,000$$
$$B = 650,000$$

3. 보조부문 원가 배분

사용부문 제공부문	보조부문		제조부문	
	S_1	S_2	P_1	P_2
부문원가	270,000	450,000	250,000	280,000
S_1	(400,000)	200,000	80,000	120,000
S_2	130,000	(650,000)	?	?
배분원가	400,000	650,000	590,000	
S_2			260,000	260,000
			40.0%	*40.0%*
				660,000

• 감정평가사/2022/문74

08 ㈜감평은 두 개의 제조부문 X, Y와 두 개의 보조부문 S₁, S₂를 운용하고 있으며, 배부 전 부문발생원가는 다음과 같다.

부문		부문발생원가
보조부문	S₁	₩90
	S₂	180
제조부문	X	158
	Y	252

보조부문 S₁은 보조부문 S₂에 0.5, 제조부문 X에 0.3, 보조부문 S₂는 보조부문 S₁에 0.2의 용역을 제공하고 있다. 보조부문의 원가를 상호배분법에 의해 제조부문에 배부한 후 제조부문 X의 원가가 ₩275인 경우, 보조부문 S₂가 제조부문 X에 제공한 용역제공비율은?

① 0.2　　　② 0.3　　　③ 0.4　　　④ 0.5　　　⑤ 0.6

풀이과정　　　　　　　　　　　　　　　　　　　　　　　　　　　**정답** ②

	보조부문		제조부문	
	S₁	S₂	X	Y
부문원가	90	180	158	252
S₁		0.5	0.3	0.2
S₂	0.2			
배부원가	A	B	275	405

$$A = 90 + 0.2 \times B$$
$$B = 180 + 0.5 \times A$$
$$A = 140$$
$$B = 250$$

부문원가	90	180	**158**	252
S₁	(140)	70	**42**	28
S₂	50	(250)	**75**	125
배부원가	140	250	**275**	405
	20%	0%	**30%**	50%

• 감정평가사/2024/문72

09 ㈜감평은 두 개의 제조부문 P_1, P_2와 두 개의 보조부문 S_1, S_2를 통해 제품을 생산하고 있다. S_1과 S_2의 부문원가는 각각 ₩60,000과 ₩30,000이다. 다음 각 부문간의 용역수수 관계를 이용하여 보조부문원가를 직접배분법으로 제조부문에 배분할 때 P_2에 배분될 보조부문원가는? (단, S_1은 기계시간, S_2는 kW에 비례하여 배분한다.)

제공 \ 사용	제조부문		보조부문	
	P_1	P_2	S_1	S_2
S_1	30기계시간	18기계시간	5기계시간	8기계시간
S_2	160kW	240kW	80kW	50kW

① ₩18,000
② ₩22,500
③ ₩37,500
④ ₩40,500
⑤ ₩55,500

풀이과정 **정답 ④**

1. 용역수수관계

	보조부문		제조부문		합계
	S_1	S_2	P_1	P_2	
부문원가	60,000	30,000			
S_1	5.0	8.0	30.0	18.0	48
S_2	80.0	50.0	160.0	240.0	400
배부원가					

2. 직접배분법

	보조부문		제조부문	
	S_1	S_2	P_1	P_2
부문원가	60,000	30,000		
S_1	(60,000)		37,500	22,500
S_2		(30,000)	12,000	18,000
배부원가			49,500	40,500

4. 세무사 기출문제 및 해설

• 세무사/2016/문38

10 부문별 원가계산에 관한 설명으로 **옳지 않은** 것은?

① 단계배부법은 보조부문의 배부순서가 달라져도 배부금액은 차이가 나지 않는다.

② 단계배부법은 보조부문 간의 서비스 제공을 한 방향만 고려하여 그 방향에 따라 보조부문의 원가를 단계적으로 배부한다.

③ 상호배부법은 보조부문 간의 상호배부를 모든 방향으로 반영한다.

④ 단계배부법은 한 번 배부된 보조부문의 원가는 원래 배부한 보조부문에는 다시 배부하지 않고 다른 보조부문과 제조부문에 배부한다.

⑤ 직접배부법은 보조부문 간에 주고받는 서비스 수수관계를 전부 무시한다.

풀이과정   **정답** ①

1. 제조간접원가 배부의 과제

제조간접원가의 성격 : 이질적 성격의 다양한 항목으로 구성

배부기준의 인과관계가 높지 않음

생산방법의 변화/ 자동화, 첨단생산방법

왜곡배부

2. 왜곡배부 방지 방안

간접원가의 직접원가 전환

동질적 성격의 원가별 배부기준 적용

3. 2단계 배부율(TWO STAGE MODEL)

부문별로 동질적 성격의 원가별 집계

부문별 배부기준에 따라 제조간접원가 배부

문항	지문분석
1	*단계배부법 ⇒ 순차적 배부 ⇒ 배부순서 중요* *⇒ 용역제공비율이 높은 보조부문원가 먼저 배부*
2	단계배분법 ⇒ 순차배부법 ⇒
3	상호배부법 ⇒ 보조부문간의 용역수수관계 반영 ⇒ 연립방정식 작성
4	단계배부법 ⇒ 순차적 배부
5	직접배부법 ⇒ 보조부문에는 배부하지 않고, 직접 운영부분에 배부 ⇒ 보조부문간 용역수수관계 고려하지 못함

• 세무사/2017/문31

11 ㈜세무는 가공부문(도색 및 조립)과 보조부문(수선 및 동력)으로 구성된다. 다음의 서비스 공급량 자료를 이용하여 상호배부법으로 보조부문의 원가를 가공부문에 배부한다.

구분	보조부문		가공부문	
	수선	동력	도색	조립
수선		75시간	45시간	30시간
동력	200kw		100kw	200kw

수선부문과 동력부문에 각각 집계된 원가는 ₩300,000과 ₩200,000이다. 가공부문에 배부된 원가는 도색 횟수와 조립시간에 비례하여 각각 제품 A와 제품 B에 전액 배부된다. 제품 A와 제품 B에 사용된 도색 횟수와 조립시간이 다음과 같을 때, 제품 B에 배부되는 보조부문의 총원가는?

구분	제품 A	제품 B
도색 횟수	10회	13회
조립시간	200시간	100시간

① ₩210,000　　② ₩220,000　　③ ₩240,000
④ ₩250,000　　⑤ ₩280,000

풀이과정　　　　　　　　　　　　　　　　　　　　　　**정답** ②

1. 용역수수관계

	이용부문				
	보조부문		생산부문		
	수선	동력	도색	조립	계
공급부문	S_1	S_2	P_1	P_2	
부문원가	300,000	200,000			
수선부문	S_1	75	45	30	150
동력부문	200	S_2	100	200	500
배부원가	S_1	S_2			

2. 연립방정식

$$S_1 = 300,000 + 0.4 \times S_2$$
$$S_2 = 200,000 + 0.5 \times S_1$$

$$S_1 = 475,000$$
$$S_2 = 437,500$$

3. 1단계 상호배부법 원가배분

	보조부문		생산부문		
	수선	동력	도색	조립	계
부문원가	300,000	200,000			500,000
수선부문	-475,000	237,500	142,500	95,000	0
동력부문	175,000	-437,500	87,500	175,000	0
배분원가	475,000	437,500	230,000	270,000	500,000

4. 2단계 원가배분

	수선	동력	도색	조립	계
배분원가	475,000	437,500	230,000	270,000	
제품 A			10	200	
제품 B			13	100	
배부기준수량			23	300	
배부기준당 배부율			10,000	900	
제품 A			100,000	180,000	280,000
제품 B			*130,000*	*90,000*	*220,000*
			230,000	270,000	500,000

• 세무사/2018/문38

12 ㈜세무는 세 개의 제조부문(P₁, P₂, P₃)과 두 개의 보조무문(S₁, S₂)을 운영하고 있으며, 보조부문원가를 상호배분법에 의해 제조부문에 배분하고 있다. 각 부문의 용역 수수관계는 다음과 같다.

사용부문 제공부문	제조부문			보조부문	
	P_1	P_2	P_3	S_1	S_2
S_1	40%	20%	20%	−	20%
S_2	30%	30%	30%	10%	−

두개의 보조부문(S₁, S₂)으로부터 제조부문 P₁, P₂, P₃에 배분된 금액이 각각 ₩150,000, ₩120,000, ₩120,000일 경우, 보조부문원가를 배분하기 이전의 각 보조부문 S1과 S2에 집계된 원가는?

	S_1	S_2			S_1	S_2
①	₩100,000	₩290,000		②	₩120,000	₩270,000
③	₩150,000	₩300,000		④	₩270,000	₩120,000
⑤	₩300,000	₩150,000				

풀이과정   정답 ②

1. 용역수수관계

	보조부문		제조부문		
	S_1	S_2	P_1	P_2	P_3
부문원가	S_1	S_2			
S_1		20%	40%	20%	20%
S_2	10%		30%	30%	30%
배분원가	A	B	150,000	120,000	120,000

2. 연립방정식

$$A = S_1 + 0.1B$$
$$B = S_2 + 0.2A$$

3. 보조부문원가 제조부문 배부

부문원가	보조부문		제조부문		
	S_1	S_2	P_1	P_2	P3
	S_1	S2			
S_1	$-A$	0.2A	0.4A	0.2A	0.2A
S_2	0.1B	$-B$	0.3B	0.3B	0.3B
배분원가	A	B	150,000	120,000	120,000

$$0.4A + 0.3B = 150,000$$
$$0.2A + 0.3B = 120,000$$
$$A = 150,000$$
$$B = 300,000$$

$$A = S_1 + 0.1B$$
$$150,000 = S_1 + 30,000$$
$$\mathbf{\mathit{S_1 = 120,000}}$$

$$B = S_2 + 0.2A$$
$$300,000 = S_2 + 30,000$$
$$\mathbf{\mathit{S_2 = 270,000}}$$

4. 상호배분법 보조부문 원가배분

부문원가	보조부문		제조부문			합계
	S_1	S_2	P_1	P_2	P_3	
	120,000	*270,000*				390,000
S_1	-150,000	30,000	60,000	30,000	30,000	0
S_2	30,000	-300,000	90,000	90,000	90,000	0
배분원가	150,000	300,000	150,000	120,000	120,000	390,000

• 세무사/2020/문33

13 ㈜세무는 제조부문(금형, 조립)과 보조부문(유지, 동력)을 이용하여 제품을 생산하고 있다. 유지부문원가는 기계시간, 동력부문원가는 전력량을 기준으로 단계배부법을 사용하여 보조부문원가를 제조부문에 배부한다. 보조부문원가를 배부하기 위한 20X1년 원가자료와 배부기준은 다음과 같다.

구분	보조부문		제조부문	
	유지	동력	금형	조립
부문개별원가	₩120,000	₩80,000	₩200,000	₩300,000
부문공통원가	₩200,000			
전력량(kWh)	100	–	300	200
점유면적(㎡)	10	20	30	40

㈜세무의 부문공통원가 ₩200,000은 임차료이며, 이는 점유면적을 기준으로 각 부문에 배부한다. 20X1년 ㈜세무의 배부 후, 금형부문의 총원가는? (단, 보조부문원가는 유지부문, 동력부문의 순으로 배부한다)

① ₩144,800   ② ₩148,800   ③ ₩204,800

④ ₩344,800   ⑤ ₩404,800

풀이과정   **정답** ⑤

	보조부문		제조부문		
	유지	동력	금형	조립	계
부문개별원가	120,000	80,000	200,000	300,000	700,000
부문공통원가					200,000
점유면적	10	20	30	40	100
부문공통원가배부	20,000	40,000	60,000	80,000	200,000
부문원가	140,000	120,000	260,000	380,000	900,000
기계시간		200	400	400	1,000
유지부문원가배부	-140,000	28,000	56,000	56,000	0
계	0	148,000	316,000	436,000	900,000
전력소비량			300	200	500
동력부문원가배부		-148,000	88,800	59,200	0
계	0	0	*404,800*	495,200	900,000

● 세무사/2022/문27

14 ㈜세무는 제조부문인 절단부문과 조립부문을 통해 제품을 생산하고 있으며, 동력부문을 보조부문으로 두고 있다. 각 부문에서 발생한 제조간접원가 및 각 제조부문의 전력 실제사용량과 최대사용가능량에 관한 자료는 다음과 같다.

	동력부문	절단부문	조립부문	합계
변동제조간접원가	₩240,000	₩400,000	₩650,000	₩1,290,000
고정제조간접원가	300,000	700,000	750,000	1,750,000
실제사용량		500kW	300kW	800kW
최대사용가능량		600kW	600kW	1,200kW

절단부문에 배부되는 동력부문의 원가는 이중배분율법을 적용하는 경우, 단일배분율법에 비교하여 얼마만큼 차이가 발생하는가?

① ₩30,000   ② ₩32,500   ③ ₩35,000

④ ₩37,500   ⑤ ₩40,000

풀이과정   정답 ④

원가요소	동력부문	절단부문	조립부문	합계
변동제조간접원가	240,000	400,000	650,000	1,290,000
고정제조간접원가	300,000	700,000	750,000	1,750,000
계	540,000			

단일배분율법				
실제사용량		500	300	800
제조간접원가 배부율	675			
	(540,000)	*337,500*	202,500	0

이중배분율법				
변동제조간접원가	240,000			
실제사용량		500	300	800
변동제조간접원가 배부율	300			
	(240,000)	150,000	90,000	0
고정제조간접원가	300,000			
최대사용가능량		600	600	1,200
고정제조간접원가 배부율	250			
	(300,000)	150,000	150,000	0
계	(540,000)	*300,000*	240,000	0

• 세무사/2023/문31

15 ㈜세무는 제품 A와 B를 생산하고 있으며, 제품 A와 B는 모두 절단공정과 조립공정을 거쳐 완성된다. 20x1년 각 공정에서의 직접노무인력과 관련된 자료는 다음과 같다.

		절단공정	조립공정
직접노무원가 실제발생액		₩30,000	₩40,000
실제직접노무시간	제품 A	1,200시간	600시간
	제품 B	800시간	200시간

제품 A와 B의 직접재료원가는 각각 ₩20,000과 ₩15,000이며, 제조간접원가는 직접노무원가의 120%를 예정배부한다. 제품 A의 당기제품제조원가는? (단, 재공품은 없다.)

① ₩125,600 ② ₩126,000 ③ ₩132,000

④ ₩138,000 ⑤ ₩142,400

풀이과정 **정답** ①

1. 공정별 시간당 임률

		절단공정	조립공정
직접노무원가 실제발생액		30,000	40,000
직접노무시간	제품 A	1,200	600
	제품 B	800	200
	계	2,000	800
시간당 임률		15	50

2. 개별원가계산표

		제품 A	제품 B	합계
직접재료원가		20,000	15,000	35,000
직접노무원가	절단공정	18,000	12,000	30,000
	조립공정	30,000	10,000	40,000
	계	48,000	22,000	70,000
제조간접원가 배부		57,600	26,400	84,000
당기제품제조원가		**125,600**	**63,400**	**189,000**

16 ㈜세무는 두 개의 보조부문(S_1, S_2)과 두 개의 제조부문(P_1, P_2)을 운영하고 있고, 보조부문의 원가를 상호배분법에 의해 배부하고 있다. 각 보조부문의 용역제공비율과 부문에서 발생한 원가는 다음과 같다.

제공 \ 사용	보조부문		제조부문	
	S_1	S_2	P_1	P_2
S_1	–	20%	40%	40%
S_2	20%	–	?	?
부문원가	₩250,000	₩400,000	₩600,000	₩500,000

제조부문 P_1과 P_2가 보조부문으로부터 배부받은 금액이 각각 ₩231,250과 ₩418,750일 때 보조부문 S_2가 제조부문인 P_1과 P_2에 제공한 용역비율은 각각 얼마인가?

	P_1	P_2		P_1	P_2		P_1	P_2
①	20%	60%	②	22.5%	57.5%	③	40%	40%
④	57.5%	22.5%	⑤	60%	20%			

풀이과정

정답 ①

1. 용역수수관계

제공부문	사용부문			
	보조부문		제조부문	
	S_1	S_2	P_1	P_2
부문원가	250,000	400,000	600,000	500,000
S_1		20%	40%	40%
S_2	20%		?	?
배분원가	A	B	231,250	418,750

2. 상호배분법

$A = 250,000 + 0.2 \times B$
$B = 400,000 + 0.2 \times A$

$A = 343750$
$B = 468,750$

3. 원가배분

제공부문	사용부문			
	보조부문		제조부문	
	S_1	S_2	P_1	P_2
부문원가	250,000	400,000	600,000	500,000
S_1	(343,750)	68,750	137,500	137,500
		20%	40%	40%
S_2	93,750	(468,750)	93,750	281,250
	20%		20%	60%
배분원가	343,750	468,750	231,250	418,750

5. 공인회계사 기출문제 및 해설

• 회계사/2020/문48

17 ㈜대한은 두 개의 제조부문(절단부문, 조립부문)과 두 개의 지원부문(전력부문, 수선부문)을 통해 제품을 생산한다. ㈜대한은 상호배분법을 사용하여 지원부문의 원가를 제조부문에 배부하고 있다. 원가배부 기준은 전력부문은 전력(kw)이며, 수선부문은 수선(시간)이다. 제조부문에 배부된 원가 및 배부기준과 관련된 내역은 다음과 같다. 전력부문에서 발생한 부문원가는 얼마인가?

구분	제조부문		지원부문	
	절단부문	조립부문	전력부문	수선부문
배부 받은 원가(₩)	7,400	4,200		
전력(kw)	100	60	50	40
수선(시간)	60	30	60	30

① ₩4,000　　　　② ₩6,300　　　　③ ₩7,600

④ ₩10,000　　　⑤ ₩12,500

풀이과정　　　　　　　　　　　　　　　　　　　　　**정답** ③

1. 용역수수관계

	지원부문		제조부문		
	전력	수선	절단	조립	합계
부문원가	S_1	S_2			
전력		40	100	60	200
수선	60		60	30	150
원가배부액	A	B			

2. 연립방정식 작성

$$A = S_1 + 0.4 \times B$$
$$B = S_2 + 0.2 \times A$$

3. 지원부문 원가배부

	지원부문		제조부문		
	전력	수선	절단	조립	합계
부문원가	S_1	S_2			
전력	$-A$	$0.2 \times A$	$0.5 \times A$	$0.3 \times A$	0
수선	$0.4 \times B$	$-B$	$0.4 \times B$	$0.2 \times B$	0
원가배부액	A	B	7,400	4,200	

$$0.5 \times A + 0.4 \times B = 7,400$$
$$0.3 \times A + 0.2 \times B = 4,200$$

$$A = 10,000$$
$$B = 6,000$$

$$10,000 = S_1 + 0.4 \times 6,000$$
$$S_1 = 10,000 - 2,400 = 7,600$$
$$6,000 = S_2 + 0.2 \times 10,000$$
$$S_2 = 6,000 - 2,000 = 4,000$$

• 회계사/2023/문41

18 ㈜대한은 두 개의 보조부문 A와 B, 그리고 두 개의 생산부문 C와 D를 이용하여 제품을 생산하고 있다. 20x3년 2월의 각 부문에 대한 자료는 다음과 같다.

제공 부문	보조부문		생산부문		합계
	A	B	C	D	
A	200시간	800시간	800시간	400시간	2,200시간
B	4,000kW	1,000kW	2,000kW	2,000kW	9,000kW

· 제조간접원가는 A부문에서 시간당 ₩100, B부문에서 kW당 ₩20의 변동원가가 발생하며, C부문과 D부문에서 각각 ₩161,250과 ₩40,000이 발생하였다.
· 보조부문의 원가는 상호배분법을 사용하여 생산부문에 배분한다.
· C부문에서 생산하는 갑제품에 대한 단위당 기초원가(prime costs)는 ₩10,000이며, 생산단위는 50단위이다.
· 갑제품에 대한 월초 및 월말재공품은 없다.

갑제품의 단위당 원가는 얼마인가?

① ₩4,775　　　　　② ₩14,775　　　　　③ ₩18,000

④ ₩22,775　　　　　⑤ ₩24,000

풀이과정　　　　　　　　　　　　　　　　　　　　　　　　　　**정답** ③

1. 용역수수관계

부문	보조부문		생산부문		계
	A	B	C	D	
부문원가	220,000	180,000	161,250	40,000	601,250
A		800	800	400	2,000
B	4,000		2,000	2,000	8,000
배부원가	A	B			

부문	보조부문		생산부문		
	A	B	C	D	
부문원가	220,000	180,000	161,250	40,000	601,250
A		40%	40%	20%	2,200
B	50%		25%	25%	9,000
배부원가	A	B			

2. 상호배부법 / 연립방정식

$$A = 220,000 + 0.5\ B$$
$$B = 180,000 + 0.4\ A$$

$$A = 387,500$$
$$B = 335,000$$

3. 보조부문 원가 배부

부문	보조부문 A	B	생산부문 C	D	계
부문원가	220,000	180,000	161,250	40,000	601,250
A	0	155,000	155,000	77,500	387,500
B	167,500	0	83,750	83,750	335,000
배부원가	387,500	335,000	400,000	201,250	

생산제품	갑
생산단위	50
단위당 제조간접원가	8,000
단위당 기초원가	10,000
단위당 원가	*18,000*

● 회계사/2024/문44

19 ㈜대한은 두 개의 보조부문 A(전력부문)와 B(수선부문), 그리고 두 개의 생산부문 C 와 D를 이용하여 제품을 생산하고 있다. 20x1년 2월의 각 부문에 대한 자료는 다음 과 같다.

제공 \ 사용	보조부문		생산부문		합계
	A	B	C	D	
A	400kW	400kW	800kW	400kW	2,000kW
B	320시간	400시간	480시간	800시간	2,000시간

· A부문과 B부문에 집계된 제조간접원가는 각각 ₩240,000과 ₩200,000이다.
· 보조부문의 원가는 A, B 순으로 단계배분법을 사용하여 생산부문에 배분한다.
· C부문에서 생산하는 갑제품에 대한 단위당 직접재료원가는 ₩4,825이며, 생산단위는 100단위이다.
· 갑제품에 대한 월초 및 월말재공품은 없다.

㈜대한이 C부문에서 생산하는 갑제품의 판매가격을 제품제조원가의 120%인 ₩12,000 으로 결정할 경우, 갑제품의 단위당 직접노무원가는 얼마인가?

① ₩3,000   ② ₩3,500   ③ ₩4,000   ④ ₩4,500   ⑤ ₩5,000

풀이과정   **정답** ①

1. 부문별 원가

	보조부문		생산부문		
	A	B	C	D	합계
부문원가	240,000	200,000			
용역제공량					
A		400	800	400	1,600
		25%	50%	25%	
B	320		480	800	1,280
			38%	63%	

2. 단계배부법

A	−240,000	60,000	120,000	60,000	0
B		−260,000	97,500	162,500	0
			217,500	222,500	
생산수량			100		
단위당 제조간접원가			2,175		

3. 단위당 직접노무원가

판매가격	12,000
원가가산율	120%
제조원가	10,000
직접재료원가	4,825
단위당 제조간접원가	2,175
단위당 직접노무원가	**3,000**

Chapter
05 활동기준원가계산

1. 주요개념

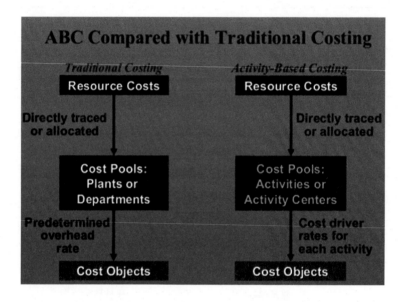

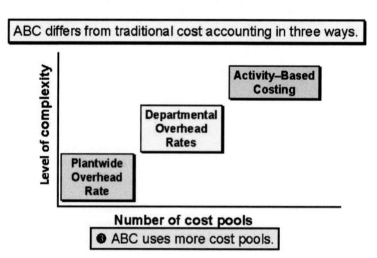

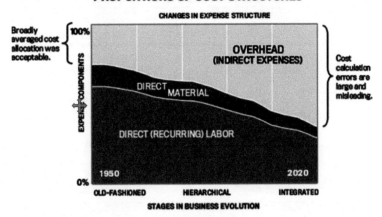

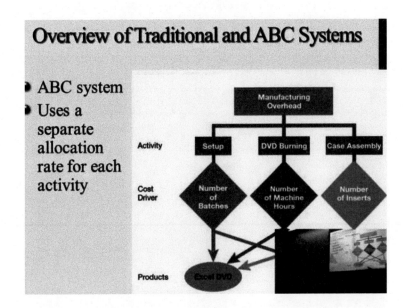

Activity-Based Costing Implementation Steps Diagram
Identify Activities, Cost Drivers, Assign Costs to Pools and Products

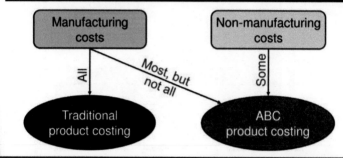

How Costs are Treated Under Activity–Based Costing

"Best practice" ABC differs from traditional costing in five ways.

Manufacturing costs — All → Traditional product costing

Manufacturing costs — Most, but not all → ABC product costing

Non-manufacturing costs — Some → ABC product costing

❷ ABC does not assign all manufacturing costs to products. This is because ABC only assigns a cost to a product if decisions concerning that product will cause changes in the cost.

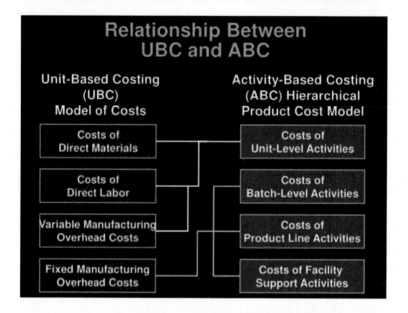

Relationship Between UBC and ABC

Unit-Based Costing (UBC) Model of Costs

- Costs of Direct Materials
- Costs of Direct Labor
- Variable Manufacturing Overhead Costs
- Fixed Manufacturing Overhead Costs

Activity-Based Costing (ABC) Hierarchical Product Cost Model

- Costs of Unit-Level Activities
- Costs of Batch-Level Activities
- Costs of Product Line Activities
- Costs of Facility Support Activities

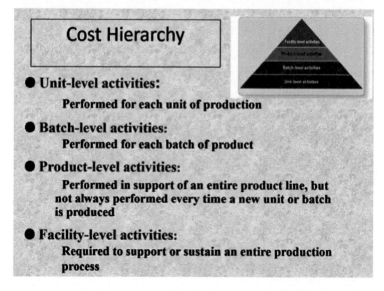

Cost Hierarchy

- **Unit-level activities:**
  Performed for each unit of production

- **Batch-level activities:**
  Performed for each batch of product

- **Product-level activities:**
  Performed in support of an entire product line, but not always performed every time a new unit or batch is produced

- **Facility-level activities:**
  Required to support or sustain an entire production process

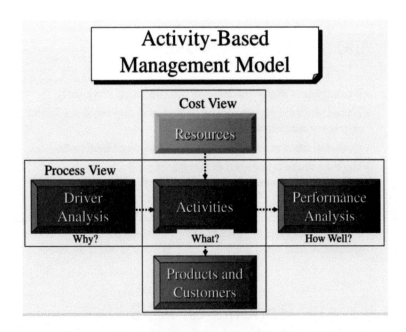

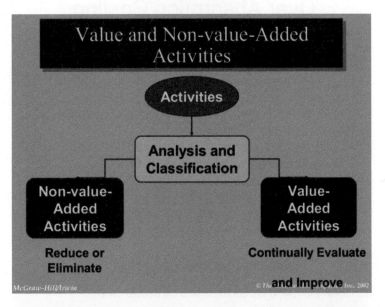

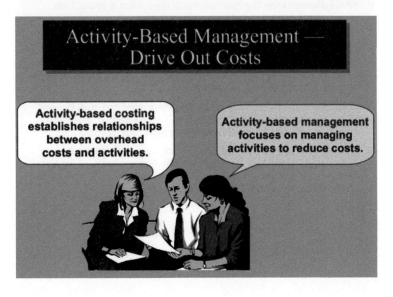

ABC – WHEN DO WE USE IT?

➢ Product lines differ in volume and manufacturing complexity.

➢ Product lines are numerous and diverse, and they require different degrees of support services.

➢ Overhead costs constitute a significant portion of total costs.

➢ The manufacturing process or number of products has changed significantly - for example, from labor intensive to capital intensive automation.

➢ Production or marketing managers are ignoring data provided by the existing system and are instead using "bootleg" costing data or other alternative data when pricing or making other product decisions.

Benefits Of ABC
Over Absorption Costing

- More realistic product costs may be produced,
- Management will be more aware of the link between activity and cost behaviour
- Cost reduction activities are more likely to be successful
- It may become apparent that costs are not driven solely by output volumes
- It facilitates the preparation of an activity-based budget
- It helps in decision-making.
- Identification of non-value adding activities helps the management to control cost.

Disadvantages

1. Implementing **ABC** system **requires a big budget** initially.

2. After implementation, the maintenance of the system is costly. Data concerning numerous activity measures must be collected , checked, and entered into the system on regular basis.

3. **ABC** system produces numbers such as product margins that are different from the profits produced by traditional costing system. Management may be double minded as they are used to work with traditional costing system, as a requirement for external reporting.

4. **ABC** system generated data can be **misinterpreted** and must be used with care when used in making decisions. Costs assigned to products, customers and other cost objects are only potentially relevant.

5. **Reports generated** by **ABC** system do not conform to **Generally Accepted Accounting Principles (GAAP).** Consequently, an organization involved in **ABC** should have two cost systems - one for internal use and one for preparing external reports.

Activity-Based Costing System

Fundamental Cost Objects	Assignment to Other Cost Objects
Activities	Cost of:
↓	• Product
Costs of Activities →	• Service
	• Customer

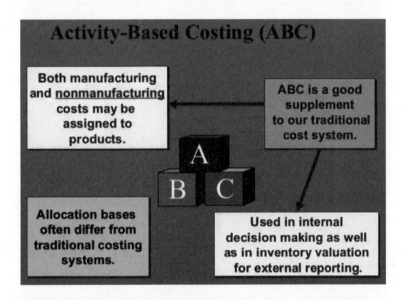

Activity-Based Costing (ABC)

Both manufacturing and nonmanufacturing costs may be assigned to products.

ABC is a good supplement to our traditional cost system.

Allocation bases often differ from traditional costing systems.

Used in internal decision making as well as in inventory valuation for external reporting.

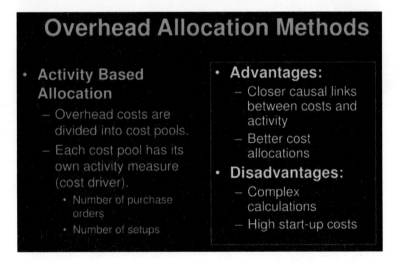

Overhead Allocation Methods

- **Activity Based Allocation**
  - Overhead costs are divided into cost pools.
  - Each cost pool has its own activity measure (cost driver).
    - Number of purchase orders
    - Number of setups

- **Advantages:**
  - Closer causal links between costs and activity
  - Better cost allocations
- **Disadvantages:**
  - Complex calculations
  - High start-up costs

2. 관세사 기출문제 및 해설

• 관세사/2016/문71

01 ㈜관세는 직접재료원가를 기준으로 가공원가를 각 제품에 배부하여 왔으나, 최근 활동기준원가계산제도 도입을 고려하고 있다. 이를 위해 다음과 같은 자료를 수집하였다.

구분	제품 A	제품 B
생산수량	3,000단위	5,000단위
단위당 직접재료원가	₩5,000	₩3,000

활동	원가동인	가공원가
재료처리	제품생산량: 8,000단위	₩6,000,000
선반작업	기계회전수: 2,000회	₩3,000,000
연마작업	부 품 수: 500단위	₩1,500,000
조립작업	조립시간: 2,000시간	₩1,000,000
계		₩11,500,000

각 제품 1단위 생산에 관한 활동자료가 아래와 같을 때, 활동기준원가계산에 의한 제품 B의 단위당 제조원가는?

제품	기계회전수	부품수	조립시간
A	1,200회	150단위	1,000시간
B	800회	350단위	1,000시간

① ₩3,550   ② ₩3,750   ③ ₩3,990

④ ₩4,200   ⑤ ₩4,300

풀이과정   **정답** ⑤

1. 활동별 원가배부율

	활동				
	재료처리	선반작업	연마작업	조립작업	계
활동원가	6,000,000	3,000,000	1,500,000	1,000,000	11,500,000
원가동인	생산량	기계회전수	부품수	조립시간	
	8,000	2,000	500	2,000	
배부율	750	1,500	3,000	500	

2. 제품별 활동사용량 및 활동원가 배부

	활동사용량			
	재료처리	선반작업	연마작업	조립작업
제품 A	3,000	1,200	150	1,000
제품 B	5,000	800	350	1,000
계	8,000	2,000	500	2,000

	활동원가 배분				
제품 A	2,250,000	1,800,000	450,000	500,000	5,000,000
제품 B	3,750,000	1,200,000	1,050,000	500,000	6,500,000
계	6,000,000	3,000,000	1,500,000	1,000,000	11,500,000

3. 제품별 제조원가

	제품별 제조원가	
	제품 A	*제품 B*
생산량	3,000	*5,000*
단위당 직접재료원가	5,000	*3,000*
직접재료원가	15,000,000	*15,000,000*
활동원가 배부액	5,000,000	*6,500,000*
총제조원가	20,000,000	*21,500,000*
단위당 제조원가	6,667	*4,300*

• 관세사/2019/문72

02 세 종류의 스키를 생산·판매하는 ㈜관세의 제조간접원가를 활동별로 분석하면 다음과 같다.

활동	제조간접원가	원가동인	원가동인 수		
			초급자용 스키	중급자용 스키	상급자용 스키
절단	₩70,000	절단횟수	150회	250회	300회
성형	180,000	제품생산량	400대	300대	200대
도색	225,000	직접노무시간	400시간	600시간	500시간
조립	88,000	기계작업시간	100시간	?	150시간

㈜관세가 활동기준원가계산에 의해 중급자용 스키에 제조간접원가를 ₩208,000 배부하였다면 중급자용 스키 생산에 소요된 기계작업시간은?

① 100시간 　　　　② 120시간 　　　　③ 150시간

④ 200시간 　　　　⑤ 300시간

풀이과정　　　　　　　　　　　　　　　　　　　　　　　　　　　　　　**정답** ③

1. 활동별 원가집계 및 원가동인 배부율

	절단	성형	도색	조립	계
		활동			
활동원가	70,000	180,000	225,000	88,000	563,000
원가동인	절단횟수	생산량	직접노무시간	기계작업시간	
	700	900	1,500		
배부율	100	200	150	P	

2. 제품별 활동사용량

	절단활동	성형활동	도색활동	조립활동	계
초급자용	150	400	400	100	
	15,000	80,000	60,000	100×P	155,000+100P
중급자용	250	300	600		
	25,000	60,000	90,000	33,000	208,000
상급자용	300	200	500	150	
	30,000	40,000	75,000	150×P	145,000+150P
	70,000	180,000	225,000	88,000	563,000

$$250 \times P + 33,000 = 88,000$$
$$250 \times P = 55,000$$
$$P = 220$$

중급자용 조립활동원가　　　　　33,000

중급자용 기계작업시간　　　　***150***

3. 활동원가 배부

	절단활동	성형활동	도색활동	조립활동	계
초급자용	150	400	400	100	
	15,000	80,000	60,000	22,000	177,000
중급자용	250	300	600		
	25,000	60,000	90,000	33,000	208,000
상급자용	300	200	500	150	
	30,000	40,000	75,000	33,000	178,000
	70,000	180,000	225,000	88,000	563,000

• 관세사/2020/문79

03 활동기준원가계산을 적용하는 ㈜관세는 두 종류의 제품 A, B를 생산하고 있다. 활동 및 활동별 전환(가공)원가는 다음과 같다.

활동	원가동인	배부율
선반작업	기계회전수	회전수당 ₩150
연마작업	부품수	부품당 ₩200
조립작업	조립시간	시간당 ₩50

500단위의 제품 B를 생산하기 위한 직접재료원가는 ₩150,000, 재료의 가공을 위해 소요된 연마작업 부품수는 300단위, 조립작업 조립시간은 1,000시간이다. 이렇게 생산한 제품 B의 단위당 제조원가가 ₩760이라면, 제품 B를 생산하기 위한 선반작업의 기계회전수는?

① 200회   ② 300회   ③ 800회

④ 1,000회   ⑤ 1,200회

풀이과정   정답 ③

1. 활동별 원가집계

	활동			
	선반작업	연마작업	조립작업	합계
활동원가				
원가동인	기계회전수	부품수	조립시간	
배부율	150	200	50	

2. 제품 B

활동사용량		300	1,000	
	800			
활동원가 배부		60,000	50,000	*230,000*
	120,000			

생산량	500
단위당 제조원가	760
총제조원가	380,000
직접재료원가	150,000
활동원가 배부액	*230,000*

• 관세사/2023/문74

04 활동기준원가계산에 관한 설명으로 **옳지 않은** 것은?

① 활동별로 합리적인 원가동인(cost driver)을 설정하므로 실적과 성과평가의 연관성이 명확해진다.

② 제품구성이 자주 변화하는 기업이라도 활동기준원가계산을 사용하면 신축적인 원가계산이 가능하다.

③ 제조간접원가의 비중이 큰 기업일수록 활동기준원가계산을 도입하면 정확한 원가계산이 가능하다.

④ 활동분석을 통해 비부가가치 활동을 제거하므로 원가절감에 도움이 된다.

⑤ 원가동인인 묶음(batch)크기를 줄이면 묶음수준 활동원가가 절감된다.

풀이과정   **정답** ③

문항	지문분석
1	합리적 원가동인 설정을 토대로, 실적과 성과평가의 연관성이 명확해진다
2	제품구성이 자주 변화하는 기업은, 제품수준 활동원가가 증가하는데, 활동기준원가계산은 제품수준 활동별로 원까를 집계하고, 제품수준 활동을 기준으로 활동원가를 활동에 배부하기 때문에, 신축적인 원가계산이 가능하다.
3	제조간접원가의 비중이 클수록, 전통적인 조업도기준원가계산의 원가계산 왜곡정도가 심한데, 활동기준원가계산은 제조간접원가를 활동별로 집계하여, 활동사용량에 따라서 활동원가를 제품에 배부하기 때문에,
4	활동은 부가가치활동과 비부가가치활동으로 세분되고, 비부가가치활동은 제거하여, 원가를 절감한다
5	*묶음크기를 줄이면, 묶음횟수가 증가하여, 묶음수준 활동원가가 증가한다*

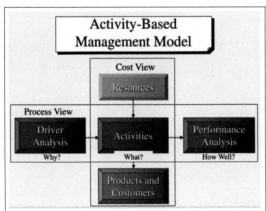

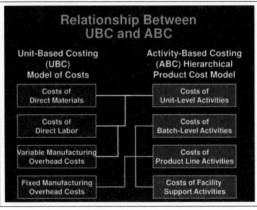

• 관세사/2024/문75

05 ㈜관세는 제품 A와 제품 B 두 종류의 제품을 생산하고 있다. [자료 1]은 제품 A, B의 생산원가자료이며, [자료 2]는 활동원가계산을 위한 자료이다. 활동기준원가계산에 의한 제품 A의 단위당 제조원가는?

• [자료 1] 생산원가자료

구분	제품 A	제품 B	합계
직접재료원가	₩4,000	₩2,500	₩6,500
직접노무원가	5,000	4,000	9,000
제조간접원가			7,300
생산량	10단위	20단위	

• [자료 2] 활동원가자료

구분	활동원가	원가동인 총건수	제품 A의 건수	제품 B의 건수
검사활동	₩2,000	1,000	600	400
처리활동	1,500	500	300	200
주문활동	1,800	800	400	400
운반활동	2,000	1,250	700	550
합계	₩7,300			

① ₩462   ② ₩1,272   ③ ₩1,312   ④ ₩1,362   ⑤ ₩1,422

풀이과정   **정답** ③

1. 활동원가집계

활동	검사활동	처리활동	주문활동	운반활동	계
활동원가	2,000	1,500	1,800	2,000	7,300
활동동인	1,000	500	800	1,250	
동인당원가	2.0	3.0	2.3	1.6	

2. 활동사용량 분석

활동사용량	검사활동	처리활동	주문활동	운반활동	계
제품 A	600	300	400	700	
제품 B	400	200	400	550	
계	1,000	500	800	1,250	

3. 활동원가 배분

활동원가 배분	검사활동	처리활동	주문활동	운반활동	계	생산량	단위당원가
제품 A	1,200	900	900	1,120	4,120	10	412.0
제품 B	800	600	900	880	3,180	20	159.0
계	2,000	1,500	1,800	2,000	7,300	30	

4. 제품별 단위당 원가

	제품 A	제품 B	합계
생산량	10	20	
직접재료원가	4,000	2,500	6,500
직접노무원가	5,000	4,000	9,000
주 원가 합계	9,000	6,500	15,500
단위당 원가	900	325	
단위당 제조간접원가	412	159	
단위당 제조원가 합계	1,312	484	

3. 감정평가사 기출문제 및 해설

• 감정평가사/2015/문77

06 ㈜감평의 20x5년 생산활동 및 제조간접원가에 관한 정보는 다음과 같다.

활동	원가	원가동인	원가동인 총량
조립	₩450,000	기계시간	37,500시간
구매주문	₩32,000	주문횟수	1,000회
품질검사	₩120,000	검사시간	1,600시간

제품 #23의 생산 및 판매와 관련된 활동 및 원가정보는 다음과 같다.

단위당 판매가격	₩90.7
단위당 직접재료원가	₩15.5
단위당 직접노무원가	₩12.2
연간 생산 및 판매량	300단위
연간 기계시간	850시간
연간 주문횟수	90회
연간 검사시간	30시간

활동기준원가계산을 사용할 경우, 제품 #23의 매출총이익은?

① ₩3,570   ② ₩7,725   ③ ₩11,880
④ ₩15,330   ⑤ ₩18,900

풀이과정   **정답** ①

1. 활동별 원가집계

	활동			
	조립	구매주문	품질검사	계
활동원가	450,000	32,000	120,000	602,000
활동동인	기계시간	주문횟수	검사시간	
활동동인총량	37,500	1,000	1,600	
동인당 배부율	12.0	32.0	75.0	

2. 제품 #23 활동사용량

	활동			
	조립	구매주문	품질검사	계
생산량				300
활동사용량	850	90	30	

3. 제품 #23 원가계산

	활동			
	조립	구매주문	품질검사	*계*
직접재료원가				*4,650*
직접노무원가				*3,660*
활동원가 배부	10,200	2,880	2,250	*15,330*
제조원가				*23,640*
매출액				*27,210*
매출총이익				*3,570*

• 감정평가사/2016/문73

07 ㈜감평은 활동기준원가계산에 의하여 간접원가를 배부하고 있다. 20x6년 중 고객 갑은 10회를 주문하였다. 20x6년도 간접원가 관련 자료가 다음과 같을 때, 고객 갑에게 배부될 간접원가 총액은?

(1) 연간 간접원가

구분	금액
급여	₩500,000
임대료	200,000
통신비	120,000
계	820,000

(2) 활동별 간접원가 배부비율

구분	주문처리	고객대응
급여	60%	40%
임대료	50%	50%
통신비	70%	30%

(3) 활동별 원가동인과 연간 활동량

활동	원가동인	활동량
주문처리	주문횟수	1,600회
고객대응	고객수	120명

① ₩3,025   ② ₩3,235   ③ ₩5,125
④ ₩5,265   ⑤ ₩5,825

풀이과정 정답 ⑤

1. 활동별 원가집계

제조간접원가	활동		
	주문처리	고객대응	계
급여	300,000	200,000	500,000
임대료	100,000	100,000	200,000
통신비	84,000	36,000	120,000
계	484,000	336,000	820,000

2. 활동동인당 배부율

	주문처리	고객대응	계
활동동인	주문횟수	고객 수	
동인수량	1,600	120	
동인당 배부율	302.5	2,800	

3. 고객 갑

	주문처리	고객대응	계
활동사용량	10	1	300
활동원가 배부	*3,025*	*2,800*	*5,825*

• 감정평가사/2018/문77

08 다음은 활동기준원가계산을 사용하는 제조기업인 ㈜감평의 20x1년도 연간 활동원가 예산자료이다. 20x1년에 회사는 제품 A를 1,000단위 생산하였는데 제품 A의 생산을 위한 활동원가는 ₩830,000으로 집계되었다. 제품 A의 생산을 위해서 20x1년에 80회의 재료이동과 300시간의 직접노동시간이 소요되었다. ㈜감평이 제품 A를 생산하는 과정에서 발생한 기계작업시간은?

· 연간 활동원가 예산자료

활동	활동원가	원가동인	원가동인총수량
재료이동	₩4,000,000	이동횟수	1,000회
성형	₩3,000,000	제품생산량	15,000단위
도색	₩1,500,000	직접노동시간	7,500시간
조립	₩1,000,000	기계작업시간	2,000시간

① 400시간　　　　② 500시간　　　　③ 600시간
④ 700시간　　　　⑤ 800시간

풀이과정　　　　　　　　　　　　　　　　　　　　　　　　**정답** ②

1. 활동별 원가집계

	활동				
	재료이동	성형	도색	조립	계
활동원가	4,000,000	3,000,000	1,500,000	1,000,000	9,500,000
활동동인	이동횟수	제품생산량	직접노동시간	기계작업시간	
동인수량	1,000	15,000	7,500	2,000	
동인당 배부율	4,000	200	200	500	

2. 제품 A

활동사용량	80	1,000	300		
활동원가 배부	320,000	200,000	60,000		830,000
조립활동원가				250,000	
기계작업시간				*500*	

• 감정평가사/2019/문74

09 ㈜감평은 활동기준원가계산방법에 의하여 제품의 원가를 계산하고 있다. 다음은 ㈜감평의 연간 활동제조간접원가 예산자료와 작업 #203의 원가동인에 관한 자료이다.

・연간 활동제조간접원가 예산자료

활동	활동별 제조간접원가	원가동인	원가동인수량
생산준비	₩200,000	생산준비시간	1,250시간
재료처리	₩300,000	재료처리횟수	1,000회
기계작업	₩500,000	기계작업시간	50,000시간
품질관리	₩400,000	품질관리횟수	10,000회

・작업 #203의 원가동인 자료

작업	생산준비시간	재료처리횟수	기계작업시간	품질관리횟수
#203	60시간	50회	4,500시간	500회

작업 #203의 제조원가가 ₩300,000이라면, 작업 #203의 기본(기초)원가는?

① ₩210,400   ② ₩220,000   ③ ₩225,400
④ ₩230,400   ⑤ ₩255,400

풀이과정 활동기준회계   **정답** ①

1. 활동별 원가집계

	활동				
	생산준비	재료처리	기계작업	품질관리	계
활동원가	200,000	300,000	500,000	400,000	1,400,000
원가동인	1,250	1,000	50,000	10,000	
배부율	160	300	10	40	

2. 작업 #203

	활동				
	생산준비	재료처리	기계작업	품질관리	계
직접재료원가					*210,400*
직접노무원가					
활동원가 배부액	9,600	15,000	45,000	20,000	89,600
계					300,000
활동사용량	60	50	4,500	500	

• 감정평가사/2022/문76

10 제품 A와 B를 생산·판매하고 있는 ㈜감평의 20×1년 제조간접원가를 활동별로 추적한 자료는 다음과 같다.

	원가동인	제품 A	제품 B	추적가능원가
자재주문	주문횟수	20회	35회	₩55
품질검사	검사횟수	10회	18회	84
기계수리	기계가동시간	80시간	100시간	180

제조간접원가를 활동기준으로 배부하였을 경우 제품 A와 B에 배부될 원가는?

	제품 A	제품 B		제품 A	제품 B
①	₩100	₩219	②	₩130	₩189
③	₩150	₩169	④	₩189	₩130
⑤	₩219	₩100			

풀이과정

정답 ②

1. 활동별 원가집계

	자재주문	품질검사	기계수리	합계
활동원가	55	84	180	319
활동동인	55	28	180	
동인당 배부율	1	3	1	

2. 활동사용량

제품 A	20	10	80	
제품 B	35	18	100	
합계	55	28	180	

3. 활동원가 배부

제품 A	20	30	80	*130*
제품 B	35	54	100	*189*
합계	55	84	180	319

4. 세무사 기출문제 및 해설

• 세무사/2015/문40

11 활동기준원가계산에 관한 설명으로 **옳지 않은** 것은?

① 활동기준원가계산은 생산환경의 변화에 따라 증가되는 제조간접원가를 좀 더 정확하게 제품에 배부하고 효과적으로 관리하기 위한 새로운 원가계산방법이라 할 수 있다.

② 활동기준원가계산에서는 일반적으로 활동의 유형을 단위수준활동, 묶음수준활동(배치수준활동), 제품유지활동, 설비유지활동의 4가지로 구분한다.

③ 제품유지활동은 주로 제조공정이나 생산설비 등을 유지하고 관리하기 위하여 수행되는 활동으로서 공장시설관리, 환경관리, 안전유지관리, 제품별 생산설비관리 등의 활동이 여기에 속한다.

④ 묶음수준활동은 원재료구매, 작업준비 등과 같이 묶음단위로 수행되는 활동을 의미하는데 품질검사의 경우 표본검사는 묶음수준활동으로 분류될 수 있지만, 전수조사에 의한 품질검사는 단위수준활동으로 분류된다.

⑤ 단위수준활동은 한 단위의 제품을 생산하는데 수반되어 이루어지는 활동으로서 주로 생산량에 비례적으로 발생하며, 주로 직접노무시간, 기계작업시간 등을 원가동인으로 한다.

풀이과정   **정답** ③

문항	지문분석
1	생산방법의 변경 ⇒ 자동화설비, 첨단생산방법 ⇒ 직접노무원가가 제조간접원가의 대체 조업도기준 배부기준 인과관계가 낮음 ⇒ 왜곡정도 크다 ⇒ 활동기준회계 도입 필요성
2	활동별 원가집계 ⇒ 생산단위활동, 묶음수준활동, 제품유지활동, 설비유지활동
3	*제품유지활동 ⇒ 제품종류, 설계방식에 따라 이루어지는 활동* *설비유지활동 ⇒ 제조공정이나 생산설비 유지 관리 활동*
4	묶음수준활동 ⇒ 묶음단위로 수행되는 활동 ⇒ 작업준비활동, 재료이동활동, 재료구매활동 표본검사는 묶음수준활동, 전수검사는 생산단위수준활동
5	단위수준활동 ⇒ 생산량에 비례하여 이루어지는 활동 ⇒ 직접재료원가 등

• 세무사/2017/문40

12 활동기준원가계산에 관한 설명으로 **옳지 않은** 것은?

① 간접원가의 비중이 높을수록 활동기준원가계산의 도입효과가 크다.

② 전통적인 간접원가 배부방법에 비해 다양한 배부기준이 사용된다.

③ 판매관리비에는 활동기준원가계산을 적용하지 않는다.

④ 활동원가의 계층구조 중 배치(묶음)수준원가는 배치 수나 활동시간 등을 원가동인으로 사용한다.

⑤ 전통적인 간접원가 배부방법에 비해 인과관계를 반영하는 배부기준을 찾아내는데 많은 노력을 들인다.

풀이과정　　　　　　　　　　　　　　　　　　　　　　　　　　　　　　　　　　　　　　　**정답** ③

문항	지문분석
1	간접원가의 비중 ⇒ 조업도기준 배부기준 인과관계가 낮음 ⇒ 왜곡정도 크다
2	활동별 원가집계 ⇒ 활동별 배부기준 ⇒ 활동동인당 원가배부율
3	*상품매매기업 ⇒ 판매관리비 ⇒ 활동기준 원가배부*
4	활동원가 계층 ⇒ 생산량차원, 배치차원, 제품유지차원, 설비유지차원
5	활동별 원가집계 ⇒ 활동별 배부기준 ⇒ 활동동인당 원가배부율

• 세무사/2019/문29

13 ㈜세무는 고객별 수익성 분석을 위하여 판매관리비에 대해 활동기준원가계산을 적용한다. 당기 초에 수집한 관련 자료는 다음과 같다.

(1) 연간 판매관리비 예산 ₩3,000,000 (급여 ₩2,000,000, 기타 ₩1,000,000)
(2) 자원소비단위(활동)별 판매관리비 배분비용

항목	고객주문처리	고객관계관리	계
급여	40%	60%	100%
기타	20%	80%	100%

(3) 활동별 원가동인과 연간 활동량

활동	원가동인	활동량
고객주문처리	고객주문횟수	2,000회
고객관계관리	고객수	100명

㈜세무는 당기 중 주요 고객인 홍길동이 30회 주문할 것으로 예상하고 있다. 홍길동의 주문 1회당 예상되는 ㈜세무의 평균 매출액은 ₩25,000이며 매출원가는 매출액의 60%이다. 활동기준원가계산을 적용하여 판매관리비를 고객별로 배분하는 경우, ㈜세무가 당기에 홍길동으로부터 받을 것으로 예상되는 영업이익은?

① ₩255,000   ② ₩265,000   ③ ₩275,000
④ ₩279,500   ⑤ ₩505,000

풀이과정   **정답** ②

1. **활동원가분석**

	활동		
판관비항목	고객주문처리	고객관계관리	계
급여	800,000	1,200,000	2,000,000
기타	200,000	800,000	1,000,000
계	1,000,000	2,000,000	3,000,000
원가동인 수	2,000	100	
동인당 활동원가	500	20,000	

2. 활동기준원가계산과 수익성 분석

	홍길동		
주문횟수	30		
주문당 매출액	25,000		
총 매출액		750,000	
매출원가		450,000	
매출총이익			300,000
판매관리비			
고객주문처리비		15,000	
고객관계관리		20,000	35,000
영업이익			*265,000*

• 세무사/2020/문29

14 ㈜세무는 20×1년에 제품 A 1,500단위, 제품 B 12,000단위, 제품 C 8,500단위를 생산하였다. 제조간접원가는 작업준비 ₩100,000, 절삭작업 ₩600,000, 품질검사 ₩90,000이 발생하였다. 다음 자료를 이용한 활동기준원가계산에 의한 제품 B의 단위당 제조간접원가는?

활동	원가동인	제품 A	제품 B	제품 C
작업준비	작업준비횟수	30	50	20
절삭작업	절삭작업시간	1,000	1,200	800
품질검사	검사시간	50	60	40

① ₩43　　② ₩120　　③ ₩163　　④ ₩255　　⑤ ₩395

풀이과정　　　　　　　　　　　　　　　　　　　　　　　　　정답 ③

1. 활동원가집계

활동	작업준비	절삭작업	품질검사	계
활동원가	100,000	600,000	90,000	790,000
활동동인	작업준비횟수	작업시간	검사시간	
	100	3,000	150	
동인당원가	1,000	200	600	

2. 활동사용량 분석

활동사용량	작업준비	절삭작업	품질검사	계
제품 A	30	1,000	50	
제품 B	50	1,200	60	
제품 C	20	800	40	
계	100	3,000	150	

3. 활동원가 배분

활동원가 배분	작업준비	절삭작업	품질검사	계	생산량	단위당원가
제품 A	30,000	200,000	30,000	260,000	1,500	173.3
제품 B	50,000	240,000	36,000	326,000	2,000	*163.0*
제품 C	20,000	160,000	24,000	204,000	800	255.0
계	100,000	600,000	90,000	790,000	4,300	

• 세무사/2022/문28

15 활동기준원가계산(ABC)의 설명으로 **옳지 않은** 것은?

① 제조기술이 발달되고 공장이 자동화되면서 증가하는 제조간접원가를 정확하게 제품에 배부하고 효과적으로 관리하기 위한 원가계산기법이다.

② 설비유지원가(facility sustaining costs)는 원가동인을 파악하기 어려워 자의적인 배부기준을 적용하게 된다.

③ 제품의 생산과 서비스 제공을 위해 수행하는 다양한 활동을 분석하고 파악하여, 비부가가치활동을 제거하거나 감소시킴으로써 원가를 효율적으로 절감하고 통제할수 있다.

④ 원가를 소비하는 활동보다 원가의 발생행태에 초점을 맞추어 원가를 집계하여 배부하기 때문에 전통적인 원가계산보다 정확한 제품원가 정보를 제공한다.

⑤ 고객별-제품별로 공정에서 요구하는 활동의 필요량이 매우 상이한 경우에 적용하면 큰 효익을 얻을 수 있다.

풀이과정   **정답** ④

문항	지문분석
1	첨단생산방법의 도입 ⇒ 간접원가의 증가 ⇒ 활동기준원가계산의 도입
2	설비유지원가 ⇒ 생산설비 유지를 위한 원가 ⇒ 자의적 배부기준 적용
3	활동 ⇒ 부가가치 활동 ⇒ 효율적으로 관리, 비부가가치활동 ⇒ 제거
4	*활동기준원가계산 ⇒ 활동별 원가집계에 초점*
5	활동기준원가계산 ⇒ 마케팅 활동 등 비제조활동에도 적용됨

• 세무사/2023/문29

16 ㈜세무는 20x1년 제품 A와 B를 각각 1,800개와 3,000개를 생산·판매하였다. 각 제품은 배치(batch)로 생산되고 있으며, 제품 A와 B의 배치당 생산량은 각각 150개와 200개이다. 활동원가는 총 ₩1,423,000이 발생하였다. 제품생산과 관련된 활동내역은 다음과 같다.

활동	원가동인	활동원가
재료이동	이동횟수	₩189,000
재료가공	기계작업시간	1,000,000
품질검사	검사시간	234,000
합계		₩1,423,000

제품 생산을 위한 활동사용량은 다음과 같다.

- 제품 A와 B 모두 재료이동은 배치당 2회씩 이루어진다.
- 제품 A와 B의 총 기계작업시간은 각각 300시간과 500시간이다.
- 제품 A와 B 모두 품질검사는 배치당 2회씩 이루어지며, 제품 A와 B의 1회
- 검사시간은 각각 2시간과 1시간이다.

제품 A에 배부되는 활동원가는? (단, 재공품은 없다.)

① ₩405,000 ② ₩477,000 ③ ₩529,000 ④ ₩603,000 ⑤ ₩635,000

풀이과정
정답 ④

1. 제품별 뱃치 생산횟수

	제품 A	제품 B
생산량	1,800	3,000
뱃치당 생산량	150	200
뱃치 생산횟수	12	15

2. 활동원가집계

활동	재료이동	재료가공	품질검사	계
활동원가	189,000	1,000,000	234,000	1,423,000
활동동인	이동횟수	기계시간	검사시간	
	54	800	78	
동인당원가	3,500	1,250	3,000	

3. 활동사용량 분석

활동사용량	재료이동	재료가공	품질검사	계
제품 A	24	300	48	
제품 B	30	500	30	
계	54	800	78	

4. 활동원가 배분

활동원가 배분	재료이동	재료가공	품질검사	계	생산량	단위당원가
제품 A	84,000	375,000	144,000	603,000	1,800	335.0
제품 B	105,000	625,000	90,000	820,000	3,000	273.3
계	189,000	1,000,000	234,000	1,423,000	4,800	

• 세무사/2024/문28

17 ㈜세무는 제품 A와 B를 생산하고 있으며 직접노무원가를 기준으로 제조간접원가를 배부하고 있다. 배부해야 할 제조간접원가는 ₩81,600이고, 제품 A와 B에 대한 자료는 다음과 같다.

	제품 A	제품 B
단위당 직접재료원가	₩150	₩250
단위당 직접노무원가	60	90
단위당 직접노무시간	1시간	1시간

㈜세무는 활동기준원가계산의 도입을 고려하고 있으며, 다음은 원가담당자가 분석한 활동원가에 관한 내용이다.

활동	활동원가	원가동인	원가동인 사용량	
			제품 A	제품 B
재료이동	₩21,000	이동횟수	50회	20회
작업준비	21,600	작업준비시간	80시간	100시간
검 사	39,000	생산량	200단위	400단위

㈜세무가 활동기준원가계산을 도입할 경우, 기존의 제조간접원가 배부방법에 비해 제품 A의 단위당 제조간접원가는 얼마나 증가하는가?

① ₩24.8　　② ₩52　　③ ₩86　　④ ₩4,960　　⑤ ₩17,200

풀이과정　　　　　　　　　　　　　　　　　　　　　**정답** ③

1. 조업도기준회계(VBC)

	생산량	직접노무원가		제조간접원가	
		단위당	합계	합계	단위당
제품 A	200	60	12,000	20,400	*102*
제품 B	400	90	36,000	61,200	153
계			48,000	81,600	

2. 활동기준원가계산(ABC)

1. 활동원가집계

	재료이동	작업준비	검사	합계
활동원가	21,000	21,600	39,000	81,600
활동동인	70	180	600	
동인당 활동원가	300	120	65	

2. 활동사용량

	재료이동	작업준비	검사
제품 A	50	80	200
제품 B	20	100	400
계	70	180	600

3. 활동원가 배분

	재료이동	작업준비	검사	합계	단위당 배부액		
					ABC	VBC	차액
제품 A	15,000	9,600	13,000	37,600	*188*	*102*	*(86)*	소량생산
제품 B	6,000	12,000	26,000	44,000	110	153	43	대량생산
계	21,000	21,600	39,000	81,600			

5. 공인회계사 기출문제 및 해설

• 회계사/2015/문49

18 상품매매기업인 ㈜한국유통이 활동기준원가계산을 적용하여 간접원가(overheads)를 고객별로 배부하기 위해, 20x1년 초에 수집한 연간 예산자료는 다음과 같다.

(1) 연간 간접원가

간접원가항목	금액
급 여	₩1,200,000
판 매 비	₩800,000
계	₩2,000,000

(2) 활동별 간접원가 배부비

간접원가항목	활동		계
	고객주문처리	고객관계관리	
급 여	20%	80%	100%
판 매 비	40%	60%	100%

(3) 활동별 원가동인과 연간 활동량

활동	원가동인	활동량
고객주문처리	고객주문횟수	500회
고객관계관리	고객수	50명

㈜한국유통은 20x1년 중 주요 고객인 ㈜대한이 20회의 주문을 할 것으로 예상하고 있다. ㈜대한의 주문 1회당 예상되는 평균매출액은 ₩20,000이며, 매출원가는 매출액의 75%이다. 활동기준원가계산을 적용하여 간접원가를 고객별로 배부하는 경우, ㈜한국유통이 20x1년 중 ㈜대한으로부터 얻을 것으로 예상할 수 있는 이익은 얼마인가? (단, 매출원가를 제외한 어떠한 직접원가도 발생하지 않는다)

① ₩46,300   ② ₩48,800   ③ ₩50,400
④ ₩52,600   ⑤ ₩54,500

풀이과정 **정답** ②

1. 활동원가분석

간접원가	활동		
	고객주문처리	고객관계관리	합계
급여	240,000	960,000	1,200,000
판매비	320,000	480,000	800,000
소계	560,000	1,440,000	2,000,000
원가동인량	500	50	
활동별 배부율	1,120	28,800	

2. 활동사용량

	활동		
	고객주문처리	고객관계관리	*합계*
㈜대한	20회	1인	

3. 활동원가 배부

	22,400	28,800	51,200

4. 고객별 손익계산서

		㈜*대한*
매출	20회	400,000
매출원가(75%)		300,000
매출총이익		100,000
간접원가		
고객주문원가	20회	22,400
고객관계관리	1명	28,800
영업이익		*48,800*

• 회계사/2016/문49

19 ㈜한국은 소매업체들을 대상으로 판매촉진 관련 지원서비스를 제공하고 있다. ㈜한국은 적절한 이익을 창출하고자 각 고객별 주문과 관련하여 발생한 재료원가에 100%의 이윤폭(markup)을 가산하여 각 고객에 대한 지원서비스 청구액(=재료원가×200%)을 결정하여 왔다. 최근 들어 ㈜한국은 새로운 고객관계관리 소프트웨어를 사용하여 활동분석을 수행한 결과, 활동, 활동원가동인 및 활동원가동인당 배부율을 다음과 같이 파악하였다.

활동	활동원가동인	활동원가동인당 배부율
정규주문처리	정규주문 처리건수	정규주문처리 건당 ₩5
긴급주문처리	긴급주문 처리건수	긴급주문처리 건당 ₩15
고객이 요구한 특별서비스 처리	특별서비스 처리건수	특별서비스처리 건당 ₩50
고객관계관리	연간 고객수	고객당 ₩100

고객관계관리 소프트웨어를 이용하여 20x1년 한 해 동안 이 회사의 고객들에 관한 데이터를 수집하였으며, 총 고객 60명 중 2명의 고객 A, B에 대한 자료와 회사 전체의 자료는 다음과 같다.

구분	고객 A	고객 B	회사 전체
매출액(지원서비스 청구액)	₩1,400	₩750	₩60,000
정규주문 처리건수	25건	8건	1,000건
긴급주문 처리건수	10건	8건	500건
특별서비스 처리건수	4건	7건	200건
고객수	1명	1명	60명

위에 주어진 활동분석 자료에 입각하여 20x1년 한 해 동안 고객 A, B 각각으로부터 창출된 이익(손실)을 계산하면 얼마인가?

	고객 A	고객 B		고객 A	고객 B
①	₩175	₩(235)	②	₩175	₩(300)
③	₩175	₩(325)	④	₩125	₩(235)
⑤	₩125	₩(325)			

풀이과정

1. 활동원가분석

	활동			
	정규주문처리	긴급주문처리	특별서비스처리	고객관계관리
활동동인	정규주문처리건수	긴급주문처리건수	특별주문처리건수	연간 고객수
단위당 배부율	5	15	50	100

2. 활동기준원가계산

	고객 A	고객 B	회사전체
매출액	1,400	750	60,000
직접재료	700	375	30,000
정규주문처리	125	40	5,000
긴급주문처리	150	120	7,500
특별서비스처리	200	350	10,000
고객관계관리	100	100	6,000
소계	575	610	28,500
총계	1,275	985	58,500
고객별 이익	*125*	*(235)*	*1,500*

• 회계사/2020/문42

20 ㈜대한은 제품 A와 제품 B를 생산하는 기업으로, 생산량을 기준으로 제품별 제조간접원가를 배부하고 있다. ㈜대한은 제품별 원가계산을 지금보다 합리적으로 하기 위해 활동기준원가계산제도를 도입하고자 한다. 다음은 활동기준원가계산에 필요한 ㈜대한의 활동 및 제조에 관한 자료이다.

활동	활동원가(₩)	원가동인
재료이동	1,512,000	운반횟수
조립작업	7,000,000	기계작업시간
도색작업	7,200,000	노동시간
품질검사	8,000,000	생산량
총합계(제조간접원가)	23,712,000	

원가동인	제품별 사용량	
	제품 A	제품 B
운반횟수	400회	230회
기계작업시간	600시간	800시간
노동시간	3,000시간	6,000시간
생산량	X개	Y개

㈜대한이 위 자료를 바탕으로 활동기준원가계산에 따라 제조간접원가를 배부하면, 생산량을 기준으로 제조간접원가를 배부하였을 때보다 제품 A의 제조간접원가가 ₩3,460,000 더 작게 나온다. 활동기준원가계산으로 제조간접원가를 배부하였을 때 제품 B의 제조간접원가는 얼마인가?

① ₩8,892,000 ② ₩9,352,000 ③ ₩11,360,000
④ ₩12,352,000 ⑤ ₩14,820,000

풀이과정

1. 활동별 원가집계

| | 활동 | | | | |
활동원가	재료이동	조립작업	도색작업	품질검사	계
활동원가	1,512,000	7,000,000	7,200,000	8,000,000	23,712,000
활동동인	운반횟수	기계작업시간	노동시간	생산량	
동인 수	630	1,400	9,000	$X+Y$	
동인당 배부율	2,400	5,000	800	P	

2. 활동기준회계 제품별 원가집계

	제품 A		제품 B	
활동원가	활동사용량	원가	활동사용량	원가
재료이동	400	960,000	230	552,000
조립작업	600	3,000,000	800	4,000,000
도색작업	3,000	2,400,000	6,000	4,800,000
품질검사	X	$X \times P$	Y	$Y \times P$
계		$6,360,000 + X \times P$		$17,352,000 + Y \times P$

3. 조업도기준회계

총원가		23,712,000
총수량		8,000,000/P
단위당 원가		$2.964 \times P$
제조간접원가 배부	$X \times 2.964 \times P$	$Y \times 2.964 \times P$

4. 제조간접원가 배부액 차액

3,460,000	−3,460,000

$$2.964 \times X \times P - 6,360,000 - X \times P = 3,460,000$$

$$1.964 \times X \times P = 9,820,000$$

$$X \times P = 5,000,000 \qquad\qquad Y \times P = 3,000,000$$

제조간접비 배부액	14,820,000	8,892,000

5. 활동기준회계에 의한 제품 B 배부액

제품 A	제품 B
$6,360,000 + X \times P$	$23,712,000 - 11,360,000$
11,360,000	12,352,000

• 회계사/2022/문42

21 활동기준원가계산에 대한 다음 설명 중 **옳지 않은** 것은?

① 활동기준원가계산은 발생한 원가를 활동중심점별로 집계하여 발생한 활동원가동인수로 배부하는 일종의 사후원가계산제도이다.

② 활동기준원가계산을 활용한 고객수익성분석에서는 제품원가뿐만 아니라 판매관리비까지도 활동별로 집계하여 경영자의 다양한 의사결정에 이용할 수 있다.

③ 제조간접원가에는 생산량 이외의 다른 원가동인에 의하여 발생하는 원가가 많이 포함되어 있다.

④ 활동이 자원을 소비하고 제품이 활동을 소비한다.

⑤ 원재료구매, 작업준비, 전수조사에 의한 품질검사는 묶음수준활동(batch level activities)으로 분류된다.

풀이과정　　　　　　　　　　　　　　　　　　　　　　　　　　　**정답** ⑤

문항	지문분석
1	활동기준원가계산 ⇒ 발생원가를 활동별로 집계 ⇒ 활동원가를 활동사용량에 따라 배분 ⇒ 사후원가계산제도
2	활동기준원가계산 ⇒ 마케팅 활동 등 비제조활동에도 적용됨
3	제조간접원가 ⇒ 원가대상별로 쉽게 추적되지 않은 원가 ⇒ 다양하고 이질적 항목으로 구성 ⇒ 생산량, 묶음활동, 제품유지활동, 설비유지활동에 의하여 발생함
4	활동기준원가계산 ⇒ 자원을 활동별로 집계, 활동원가를 활동사용량에 따라 배분
5	*원재료구매, 작업준비, 표본조사에 의한 품질검사 ⇒ 묶음수준활동* *전수조사에 의한 품질검사 ⇒ 생산량 단위수준활동*

1. 주요개념

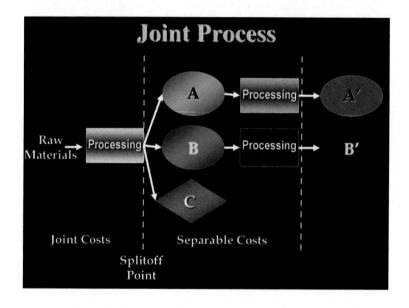

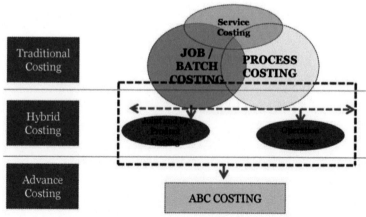

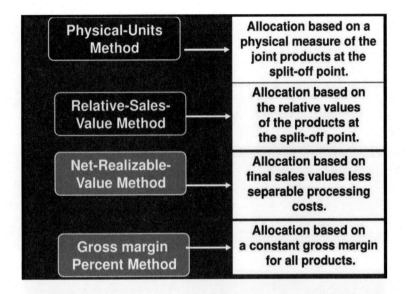

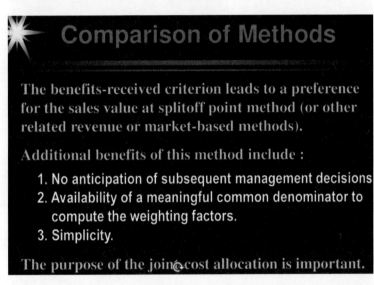

Joint Products and Byproducts

Main Products
Joint Products   Byproducts

High   Low

◄——————— Sales Value ———————►

Accounting for Byproducts

Method A:
The production method recognizes byproducts
at the time their production is completed.

Method B:
The sale method delays recognition of
byproducts until the time of their sale.

Accounting for By-Products and Scrap

- Sales value of by-products/scrap is
  recorded using
    - Net Realizable Value Method or
    - Realized Value Method
- Choose method based on
    - magnitude of net realizable value
    - need for additional processing after split-off

Decide before joint costs are allocated to the joint products

Bones Hide

Sell-or-Process Further Flowchart

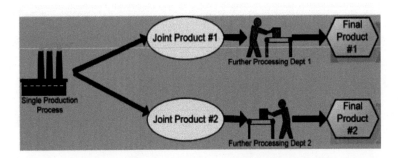

Decision to Sell Products at Split Off or Process Them Further

- Joint product costs incurred prior to the split-off point are sunk costs — not affected by a decision to process further after the split-off point.

- A product should be processed beyond the split-off point only if if the incremental revenue exceeds the incremental processing costs.

Value is added only if the incremental value from processing exceeds the incremental processing costs.

Irrelevance of Joint Costs

- When considering whether to sell a product at the split-off point or process further, ignore joint costs

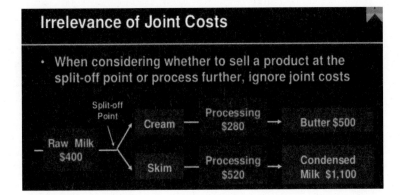

2. 관세사 기출문제 및 해설

• 관세사/2015/문74

01 ㈜관세는 당월 중 결합생산공정을 통해 연산품 X와 Y를 생산한 후 각각 추가가공을 거쳐 최종제품 A와 B로 전환하여 모두 판매하였다. 연산품 X와 Y의 단위당 추가가 공원가는 각각 ₩150과 ₩100이며, 최종제품과 관련된 당월 자료는 다음과 같다. (단, 각 연산품의 추가가공 전·후의 생산량 변화는 없다)

구분	제품 A	제품 B
생산량	400단위	200단위
제품단위당 판매가격	₩450	₩250

이 공정의 당월 결합원가는 ₩81,000이며, 이를 균등매출총이익률법으로 배분한다면 당월 중 연산품 X에 배분될 금액은 얼마인가?

① ₩62,000   ② ₩63,000   ③ ₩64,000
④ ₩66,000   ⑤ ₩68,000

풀이과정   **정답** ④

1. 공정흐름도

		추가가공원가	제품	생산량	판매가격
	X	150	A	400	450
결합원가 81,000					
	Y	100	B	200	250

2. 균등매출총이익률법

연산품	생산량	판매가격	판매가치	추가가공원가	결합원가	총원가	매출총이익	매출총이익률	원가율
A	400	450	180,000	60,000					
B	200	250	50,000	20,000					
			230,000	80,000	81,000	161,000	69,000	30%	70%

연산품	생산량	판매가격	판매가치	원가율	총원가	추가가공원가	결합원가	단위당원가
A	400	450	180,000		126,000	60,000	*66,000*	315
B	200	250	50,000		35,000	20,000	15,000	175
			230,000	70%	161,000	80,000	81,000	

• 관세사/2016/문73

02 ㈜관세는 결합공정을 통하여 다음과 같이 제품을 생산하고 있으며, 당기에 발생한 결합원가는 ₩1,500,000이다.

제품	생산량	추가가공원가	단위당 판매가격
A	700단위	₩400,000	₩2,000
B	400단위	–	₩1,500
C	500단위	₩200,000	₩1,200

결합원가를 순실현가치 기준으로 배부할 경우 제품 C의 단위당 제조원가는?

① ₩400 ② ₩600 ③ ₩800 ④ ₩1,000 ⑤ ₩1,100

풀이과정 순실현가치 기준 결합원가 배부 　　　　　　　　　　　　**정답** ④

1. 공정흐름도

		추가가공원가	제품	생산량	판매가격
	A	400,000	A	700	2,000
결합원가	B		B	400	1,500
1,500,000	C	200,000	C	500	1,200

2. 순실현가능가치법

연산품	생산량	판매가격	판매가치	추가가공원가	순실현가치	결합원가	총원가	단위당 원가
A	700	2,000	1,400,000	400,000	1,000,000	750,000	1,150,000	1,643
B	400	1,500	600,000	0	600,000	450,000	450,000	1,125
C	500	1,200	600,000	200,000	400,000	300,000	*500,000*	*1,000*
			2,600,000	600,000	2,000,000	1,500,000	2,100,000	

• 관세사/2018/문74

03 ㈜관세는 균등이익률법을 적용하여 결합원가계산을 하고 있다. 당기에 결합제품 A와 B를 생산하였고, 균등매출총이익률은 30%이다. 관련 자료가 다음과 같을 때 결합제품 A에 배부되는 결합원가는? (단, 재공품 재고는 없다)

제품	생산량	판매가격(단위당)	추가가공원가(총액)
A	300단위	₩30	₩2,100
B	320단위	25	3,200

① ₩2,400 ② ₩3,200 ③ ₩3,800 ④ ₩4,200 ⑤ ₩5,100

풀이과정   **정답** ④

1. 공정흐름도

		추가가공원가	생산량	판매가격	판매가치
	A	2,100	300	30	9,000
?					
	B	3,200	320	25	8,000

2. 결합원가 배부

연산품	생산량	판매가격	판매가치	매출총이익률	원가율	총원가	추가가공원가	결합원가
A	300	30	9,000			6,300	2,100	*4,200*
B	320	25	8,000			5,600	3,200	2,400
			17,000	30%	70%	11,900	5,300	6,600

• 관세사/2021/문79

04 20x1년 설립된 ㈜관세는 결합된 화학처리 공정을 통해 두 가지 연산품 A제품과 B제품을 생산한다. A제품은 분리점에서 판매되고, B제품은 추가가공을 거쳐 판매된다. 연산품에 관한 생산 및 판매 관련 자료는 다음과 같다.

제품	생산량	기말재고량	kg당 판매가격
A	1,200kg	200kg	₩100
B	800kg	100kg	₩120

결합원가는 ₩40,000이고, B제품에 대한 추가가공원가가 ₩16,000이다. ㈜관세가 결합원가를 순실현가치법으로 배부할 경우, 20x1년 매출원가는? (단, 기말재공품은 없다)

① ₩45,000 ② ₩45,500 ③ ₩48,000 ④ ₩49,500 ⑤ ₩50,500

풀이과정   **정답** ③

1. 공정흐름도

		추가가공원가	생산량	판매가격
	A		1,200	100
40,000				
	B	16,000	800	120

2. 결합원가 배분

연산품	생산량	판매가격	판매가치	추가가공원가	순실현가치	결합원가	총원가	단위당 원가
A	1,200	100	120,000	0	120,000	24,000	24,000	20
B	800	120	96,000	16,000	80,000	16,000	32,000	40
			216,000	16,000	200,000	40,000		

3. 매출원가계산

연산품	단위당 원가	생산량	기말재고량	판매량	*매출원가*
A	20	1,200	200	1,000	*20,000*
B	40	800	100	700	*28,000*
					48,000

• 관세사/2022/문73

05 ㈜관세는 결합공정을 통해 제품 A와 B를 생산하고 있으며, 결합원가를 순실현가치법에 의해 배분한다. 제품 A는 분리점에서 즉시 판매되고 있으나, 제품 B는 추가가공을 거쳐서 판매된다. ㈜관세의 당기 영업활동 관련 자료는 다음과 같다.

구분	생산량	단위당 추가가공원가	단위당 판매가격
제품 A	4,000단위	–	₩250
제품 B	6,000	?	₩350

당기 결합원가 발생액이 ₩800,000이고, 제품 B에 배부된 결합원가가 ₩480,000일 경우, 제품 B의 단위당 추가가공원가는? (단, 기초 및 기말재공은 없다)

① ₩32   ② ₩48   ③ ₩69   ④ ₩80   ⑤ ₩100

풀이과정

정답 ⑤

1. 공정흐름도

	추가가공원가	생산량	판매가격
A		4,000	250
B	?	6,000	350

800,000 → 320,000 / 480,000

2. 결합원가 배분

연산품	생산량	판매가격	판매가치	추가가공원가	순실현가치	비율	결합원가	총원가	단위당 추가가공원가
A	4,000	250	1,000,000	0	1,000,000	40%	320,000	320,000	0
B	6,000	350	2,100,000	600,000	1,500,000	60%	480,000	1,080,000	100
			3,100,000	600,000	2,500,000	100%	800,000		

• 관세사/2023/문75

06 ㈜관세는 연산품(결합제품) X와 Y를 생산하고 있다. 제품 X는 추가가공원가 ₩100,000을 투입해야 판매가 가능하고, 단위당 판매가격은 ₩50,000이다. 제품 Y는 분리점에서 즉시 판매되며, 단위당 판매가격은 ₩87,500이다. 20x1년 ㈜관세는 제품 X를 30개, 제품 Y를 40개 생산하여 즉시 판매하였고, 두 제품의 결합원가는 ₩1,400,000이다. 각 제품의 판매비 등 다른 비용은 없으며 재공품도 없다.

㈜관세가 고려하는 결합원가 배부방법은 다음과 같다.

ㄱ. 물량기준법	ㄴ. 순실현가치법	ㄷ. 균등이익률법

결합원가 배부방법에 따른 제품 Y의 매출총이익의 크기를 옳게 나열한 것은?

① ㄱ>ㄴ>ㄷ   ② ㄱ>ㄷ>ㄴ   ③ ㄴ>ㄱ>ㄷ

④ ㄴ>ㄷ>ㄱ   ⑤ ㄷ>ㄱ>ㄴ

풀이과정   **정답** ①

1. 공정흐름도

		추가가공원가	생산량	판매가격
	X	100,000	30	50,000
1,400,000				
	Y		40	87,500

2. 물량기준법

연산품	생산량	물량비율	결합원가 배분	추가 가공원가	총원가	판매가격	판매가치	매출총이익
X	30	43%	600,000	100,000	700,000	50,000	1,500,000	800,000
Y	40	57%	800,000	0	800,000	87,500	3,500,000	2,700,000
	70		1,400,000	100,000	1,500,000		5,000,000	3,500,000

3. 순실현가치법

연산품	생산량	판매가격	판매가치	추가 가공원가	순실현 가치	비율	결합원가	총원가	매출총이익
X	30	50,000	1,500,000	100,000	1,400,000	29%	400,000	500,000	1,000,000
Y	40	87,500	3,500,000	0	3,500,000	71%	1,000,000	1,000,000	2,500,000
			5,000,000	100,000	4,900,000	100%	1,400,000	1,500,000	3,500,000

4. 균등이익률법

연산품	생산량	판매가격	판매가치	추가 가공원가	결합원가	총원가	매출 총이익	매출 총이익률	원가율
X	30	50,000	1,500,000	100,000					
Y	40	87,500	3,500,000	0					
			5,000,000	100,000	1,400,000	1,500,000	3,500,000	70%	30%

연산품	생산량	판매가격	판매가치	원가율	총원가	추가 가공원가	결합원가	매출 총이익
X	30	50,000	1,500,000	30%	450,000	100,000	350,000	1,050,000
Y	40	87,500	3,500,000	30%	1,050,000	0	1,050,000	2,450,000
			5,000,000	30%	1,500,000	100,000	4,900,000	3,500,000

5. 결합원가 배부방법 비교

연산품	물량기준법	순실현가치법	균등이익률법
X	800,000	1,000,000	1,050,000
Y	2,700,000	2,500,000	2,450,000
	ㄱ	ㄴ	ㄷ

• 관세사/2024/문73

07 ㈜관세는 종합원가계산과 결합원가계산을 혼합하여 사용한다. 결합공정에 의해 4 : 1의 비율로 제품 A와 제품 B를 생산하고 있으며 결합원가는 상대적 판매가치법에 의해 배분한다. 제품 A의 판매가격은 kg당 ₩75이고, 제품 B의 판매가격은 kg당 ₩200이다. 당기에 결합공정에서 원재료 20,000kg이 공정에 투입되어 발생한 원가와 물량자료는 다음과 같다. 기초재공품은 없고 공손 및 감손은 발생하지 않았다.

완 성 품 10,000kg		재료원가 ₩200,000	
기말재공품 10,000kg(가공원가 완성도 50%)		가공원가 300,000	

상대적 판매가치법을 기준으로 결합원가를 결합제품에 배분할 경우 제품 B에 배분될 결합원가 배분액은?

① ₩40,000 　② ₩80,000 　③ ₩120,000 　④ ₩160,000 　⑤ ₩200,000

풀이과정 　　　　　　　　　　　　　　　　　　　　　　　　　　　　　**정답** ③

1. 공정흐름도

	물량흐름			추가가공원가	판매가격
기초재공품	0				
당기착수량	20,000		A		
계	20,000		8,000 ?		75
완성품	10,000	300,000			
기말재공품	10,000				
계	20,000		B		
			2,000 ?		200

2. 종합원가계산

			2. 완성품환산량		5. 원가배분		
1. 물량흐름			재료원가	가공원가	재료원가	가공원가	합계
기초재공품	0						
당기착수량	20,000						
계	20,000						
완성품	10,000	100%	10,000	10,000	100,000	200,000	300,000
기말재공품	10,000	50%	10,000	5,000	100,000	100,000	200,000
계	20,000				200,000	300,000	500,000

2. 완성품환산량

	가중평균법	20,000	15,000

3. 제조원가

기초재공품		0	0
당기제조원가		200,000	300,000
총제조원가		200,000	300,000

4. 단위당 원가 　　　　　　　　　　　10　　　　20

3. 결합원가 배분

결합제품	생산량	판매가격	판매가치	비율	결합원가
A	8,000	75	600,000	60%	180,000
B	*2,000*	*200*	*400,000*	*40%*	*120,000*
			1,000,000		300,000

3. 감정평가사 기출문제 및 해설

• 감정평가사/2016/문77

08 ㈜감평은 당기부터 단일의 공정을 거쳐 주산물 A, B, C와 부산물 X를 생산하고 있고 당기발생 결합원가는 ₩9,900이다. 결합원가의 배부는 순실현가치법을 사용하며, 부산물의 평가는 생산기준법(순실현가치법)을 적용한다. 주산물 C의 기말재고자산은?

구분	최종 생산량(개)	최종 판매량(개)	최종 단위당 판매가격(원)	추가 가공원가(원)
A	9	8	100	0
B	27	10	150	450
C	50	20	35	250
X	40	1	10	0

① ₩800　　② ₩1,300　　③ ₩1,575　　④ ₩1,975　　⑤ ₩2,375

풀이과정　　　　　　　　　　　　　　　　　　　　　　　　　**정답** ③

1. 공정흐름도

		추가가공원가	생산량	판매가격	판매량	기말재고
	A	0	9	100	8	1
	B	450	27	150	10	17
결합원가 9,900	C	250	50	35	20	30
	X	0	40	10	1	39

2. 결합원가 배부

연산품	생산량	판매가격	판매가치	추가가공원가	순실현가치	결합원가배분		총원가
X	40	10	400	0	400	400		
A	9	100	900	0	900		1,425	1,425
B	27	150	4,050	450	3,600	9,500	5,700	6,150
C	50	35	1,750	250	1,500		2,375	2,625
			6,700	700	6,000	9,900	9,500	10,200

3. 기말재고원가

연산품	총원가	생산량	단위당원가	판매량	기말재고량	*기말재고원가*
A	1,425	9	158.3	8	1	*158*
B	6,150	27	227.8	10	17	*3,872*
C	2,625	50	52.5	20	30	*1,575*

09 ㈜대한은 제1공정에서 주산물 A, B와 부산물 C를 생산한다. 주산물 A와 부산물 C는 즉시 판매될 수 있으나, 주산물 B는 제2공정에서 추가가공을 거쳐 판매된다. 20x1년에 제1공정과 제2공정에서 발생된 제조원가는 각각 ₩150,000과 ₩60,000이었고, 제품별 최종 판매가치 및 판매비는 다음과 같다.

구분	최종 판매가치	판매비
A	₩100,000	₩2,000
B	180,000	3,000
C	2,000	600

㈜대한은 주산물의 매출총이익이 모두 동일하게 되도록 제조원가를 배부하며, 부산물은 판매시점에 최초로 인식한다. 주산물 A의 총제조원가는? (단, 기초 및 기말 재고자산은 없다)

① ₩74,500 ② ₩75,000 ③ ₩76,000 ④ ₩77,500 ⑤ ₩78,000

풀이과정   정답 ②

1. 공정흐름도

		추가가공원가	최종 판매가치	판매비
	A		100,000	2,000
결합공정	B	60,000	180,000	3,000
150,000				
	C		2,000	600

2. 부산품 순실현가치 계산 / 판매기준법

연산품	최종 판매가치	판매비	순실현가치	결합원가배분
C	2,000	600	1,400	0
A	100,000			150,000
B	180,000			
				150,000

3. 주산품 전체 매출총이익률 계산

연산품	최종 판매가치	결합원가 배분	추가 가공원가	총원가	원가율	매출 총이익률
A	100,000					
B	180,000		60,000			
	280,000	150,000	60,000	210,000	75.0%	25.0%

4. 결합원가 배분

연산품	최종 판매가치	원가율	**총원가**	추가 가공원가	결합원가 배분	매출 총이익
A	100,000	75.0%	*75,000*		75,000	25,000
B	180,000	75.0%	*135,000*	60,000	75,000	45,000
	280,000	75.0%	*210,000*	60,000	150,000	

〈생산기준법〉

2. 부산품 순실현가치 계산

연산품	최종 판매가치	판매비	순실현가치	결합원가 배분
C	2,000	600	1,400	1,400
A	100,000			
B	180,000			148,600
				150,000

3. 주산품 전체 매출총이익률 계산

연산품	최종 판매가치	결합원가 배분	추가 가공원가	총원가	원가율	매출 총이익률
A	100,000					
B	180,000		60,000			
	280,000	148,600	60,000	208,600	74.5%	25.5%

4. 결합원가 배분

연산품	최종 판매가치	원가율	총원가	추가 가공원가	결합원가 배분	매출 총이익
A	100,000	74.5%	74,500		74,500	25,500
B	180,000	74.5%	134,100	60,000	74,100	45,900
	280,000	74.5%	208,600	60,000	148,600	

10 ㈜감평은 동일한 원재료를 투입하여 제품 X, 제품 Y, 제품 Z를 생산한다. ㈜감평은 결합원가를 분리점에서의 상대적 판매가치를 기준으로 결합제품에 배부한다. 결합제품 및 추가가공과 관련된 자료는 다음과 같다.

구분	제품 X	제품 Y	제품 Z	합계
생산량	150단위	200단위	100단위	450단위
결합원가	₩15,000	?	?	?
분리점에서의 단위당 판매가격	₩200	₩100	₩500	
추가가공원가	₩3,500	₩5,000	₩7,500	₩16,000
추가가공 후 단위당 판매가격	₩220	₩150	₩600	

㈜감평은 각 제품을 분리점에서 판매할 수도 있고, 분리점 이후에 추가가공을 하여 판매할 수도 있다. ㈜감평이 위 결합제품을 전부 판매할 경우, 예상되는 최대 매출총이익은? (단, 결합공정 및 추가가공과정에서 재공품 및 공손은 없다)

① ₩25,000 ② ₩57,000 ③ ₩57,500 ④ ₩82,000 ⑤ ₩120,000

풀이과정

정답 ③

1. 공정흐름도

	X		3,500
	150	200	
결합원가	Y		5,000
?	200	100	
	Z		7,500
	100	500	

2. 결합원가 배부

연산품	생산량	분리점 판매가격	분리점 판매가치	결합원가
X	150	200	30,000	15,000
Y	200	100	20,000	10,000
Z	100	500	50,000	25,000
			100,000	50,000

3. 추가가공의사결정

연산품	생산량	분리점 판매가격	분리점 판매가치	추가 가공원가	최종 판매가격	최종 판매가치	증분 수익	증분 원가	증분 이익	의사결정
X	150	200	30,000	3,500	220	33,000	3,000	3,500	-500	분리점판매
Y	200	100	20,000	5,000	150	30,000	10,000	5,000	5,000	추가가공
Z	100	500	50,000	7,500	600	60,000	10,000	7,500	2,500	추가가공
			100,000	16,000		123,000				

연산품	매출액	결합원가	추가가공원가	*매출총이익*
X	30,000			
Y	30,000		5,000	
Z	60,000		7,500	
	120,000	50,000	12,500	*57,500*

11 ㈜감평은 동일 공정에서 결합제품 A와 B를 생산하여 추가로 원가(A: ₩40, B: ₩60)를 각각 투입하여 가공한 후 판매하였다, 순실현가치법을 사용하여 결합원가 ₩120을 배분하면 제품 A의 총제조원가는 ₩70이며, 매출총이익은 30%이다. 제품 B의 매출총이익률은?

① 27.5%　　② 30%　　③ 32.5%　　④ 35%　　⑤ 37.5%

풀이과정　　　　　　　　　　　　　　　　　　　　　　　　　　**정답** ⑤

1. 공정흐름도

		추가가공원가	생산량	판매가격
	A	40		
결합공정 120				
	B	60		

2. 결합원가 배부

결합제품	판매가치	추가 가공원가	순실현가치	결합원가 배부	총원가	매출 총이익	매출 총이익률	원가율
A		40			70		30%	
B								
				120				

결합제품	판매가치	추가 가공원가	순실현가치	결합원가 배부	총원가	매출 총이익	매출 총이익률	원가율
A	100	40	60	30	70		30%	70%
B	240	60	180	90	150	90	37.5%	63%
			120	120				

• 감정평가사/2023/문76

12 당기에 설립된 ㈜감평은 결합공정을 통하여 제품 X와 Y를 생산·판매한다. 제품 X는 분리점에서 증기 판매하고 있으나, 제품 Y는 추가가공을 거쳐 판매한다. 결합원가는 균등이익률법에 의해 각 제품에 배분되며, 직접재료는 결합공정 초에 전량 투입되고, 전환원가는 결합공정 전번에 걸쳐 균등하게 발생한다. 당기에 ㈜팜평은 직접재료 3,000단위를 투입하여 2,400단위를 제품으로 완성하고, 600단위는 기말재공품(전환원가 완성도 50%)으로 남아 있다. 당기에 발생한 직접재료원가와 전환원가는 각각 ₩180,000과 ₩108,000이다. ㈜감평의 당기 생산 및 판매 관련 자료는 다음과 같다.

구 분	생산량	판매량	단위당 추가가공원가	단위당 판매가격
제품 X	800단위	800단위	–	₩150
제품 Y	1,600	1,600	₩15	200

제품 Y의 단위당 제조원가는? (단, 공손 및 감손은 발생하지 않는다.)

① ₩100　　② ₩105　　③ ₩110　　④ ₩115　　⑤ ₩120

풀이과정　　　　　　　　　　　　　　　　　　　　　　　　　　　　**정답** ⑤

1. 공정흐름도

		추가가공원가	생산량	판매가격
	X	0	800	150
착수량　3,000				
완성량　2,400				
기말재공품　600	Y	15	1,600	200

2. 종합원가계산

1. 물량흐름

		2. 완성품환산량		5. 원가배분		
		직접재료	전환원가	직접재료	전환원가	계
기초재공품	0					
당기착수량	3,000					
계	3,000					
완성품	2,400	2,400	2,400	144,000	96,000	*240,000*
기말재공품	600　50%	600	300	36,000	12,000	48,000
				180,000	108,000	288,000
2. 완성품환산량		3,000	2,700			
3. 제조원가		180,000	108,000			
4. 단위당 원가		60	40			

3. 결합원가 배부

결합제품	생산량	판매가격	판매가치	추가 가공원가	결합원가	총원가	매출 총이익	*매출 총이익률*	원가률
X	800	150	120,000	0					
Y	1,600	200	320,000	24,000					
			440,000	24,000	240,000	264,000	176,000	*40%*	60%

결합제품	생산량	판매가격	판매가치	원가율	*총원가*	추가 가공원가	*결합원가 배분*	*단위당 제조원가*
X	800	150	120,000	60%	*72,000*	0	*72,000*	*90*
Y	1,600	200	320,000	60%	*192,000*	24,000	*168,000*	*120*
					264,000	240,000	*240,000*	

• 감정평가사/2024/문76

13 ㈜감평은 결합공정을 거쳐 주산품 A, B와 부산품 F를 생산하여 주산품 A, B는 추가 가공한 후 판매하고, 부산품 F의 회계처리는 생산시점에서 순실현가치법(생산기준 법)을 적용한다. ㈜감평의 당기 생산 및 판매 자료는 다음과 같다.

구분	분리점 이후 추가가공원가	추가가공 후 단위당 판매가격	생산량	판매량
A	₩1,000	₩60	100단위	80단위
B	200	30	140	100
F	500	30	50	40

결합원가 ₩1,450을 분리점에서의 순실현가능가치 기준으로 각 제품에 배분할 때 주산품 A의 매출총이익은? (단, 기초 재고자산은 없다.)

① ₩2,714 ② ₩2,800 ③ ₩2,857 ④ ₩3,714 ⑤ ₩3,800

풀이과정

정답 ⑤

1. 공정흐름도

		추가가공원가	생산량	판매가격	판매량
	A	1,000	100	60	80
결합공정	B	200	140	30	100
1,450					
	F	500	50	30	40

2. 결합원가 배분

결합제품	생산량	판매가격	판매가치	추가가공원가	순실현가능가치	결합원가	순실현가치비율	결합원가배분	총원가
F	50	30	1,500	500	1,000	1,000		1,000	1,500
A	100	60	6,000	1,000	5,000	450	0.56	250	1,250
B	140	30	4,200	200	4,000		0.44	200	400
				1,700		1,450		1,450	3,150

3. 매출총이익 계산

결합제품	생산량	총원가	단위당원가	판매량	판매가격	매출액	매출원가	매출총이익
F	50	1,500	30.00	40	30	1,200	1,200	0
A	*100*	*1,250*	*12.50*	*80*	*60*	*4,800*	*1,000*	*3,800*
B	140	400	2.86	100	30	3,000	286	2,714

4. 세무사 기출문제 및 해설

• 세무사/2015/문26

14 ㈜국세는 결합공정을 통하여 주산품 X, Y와 부산물 C를 생산하였으며, 결합원가는 ₩50,000이었다. 주산물 X는 추가가공 없이 판매하지만, 주산물 Y와 부산물 C는 추가가공을 거쳐 판매한다. 20x1년에 생산 및 판매자료는 다음과 같다.

구분	주산물 X	주산물 Y	부산물 C
추가가공원가	없음	₩13,400	₩600
생산량	900단위	900단위	200단위
단위당 판매가격	₩30	₩70	₩5

부산물은 생산시점에서 순실현가능가치로 인식한다. 균등매출총이익률법에 의해 각 주산물에 배분되는 결합원가는?

	주산물 X	주산물 Y		주산물 X	주산물 Y
①	₩17,300	₩32,300	②	₩17,600	₩32,000
③	₩18,100	₩31,500	④	₩18,900	₩30,700
⑤	₩19,600	₩30,000			

풀이과정　　　　　　　　　　　　　　　　　　　　　　　　　　**정답** ④

1. 공정흐름도 작성

		추가가공원가	생산량	판매가격
	X		900	30
결합공정	Y	13,400	900	70
50,000				
	C	600	200	5

2. 부산품 순실현가치와 연산품 전체 매출총이익률 결정

연산품	생산량	판매가격	판매가치	추가가공원가	순실현가치	결합원가	총원가	매출총이익	매출총이익률
C	200	5	1,000	600	400	400			
X	900	30	27,000						
Y	900	70	63,000	13,400					
			90,000	13,400		49,600	63,000	27,000	30.0%
						50,000			

3. 균등총이익률법 결합원가 배부

연산품	판매가치	매출총이익률	원가율	총원가	추가가공원가	결합원가배분	매출총이익	매출총이익률
C	1,000				600	400		
X	27,000	30%	70%	18,900	0	*18,900*	8,100	30%
Y	63,000	30%	70%	44,100	13,400	*30,700*	18,900	30%
	90,000			63,000	13,400	*49,600*	27,000	30%

15 결합원가계산에 관한 설명으로 **옳지 않은** 것은?

① 물량기준법은 모든 연산품의 물량 단위당 결합원가 배부액이 같아진다.

② 분리점판매가치법(상대적 판매가치법)은 분리점에서 모든 연산품의 매출총이익률을 같게 만든다.

③ 균등이익률법은 추가가공 후 모든 연산품의 매출총이익률을 같게 만든다.

④ 순실현가치법은 추가가공 후 모든 연산품의 매출총이익률을 같게 만든다.

⑤ 균등이익률법과 순실현가치법은 추가가공을 고려한 방법이다.

풀이과정   **정답** ④

1. 결합원가 배부방법

배부방법	배부기준	단위당배부율	배부액
물량기준법	총물량	물량단위당 결합원가	단위당 배부율×물량
분리점판매가치	총판매가치	분리점 판매가치 결합원가율	단위당 배부율×판매가치
순실현가치법	총순실현가치	순실현가치 단위당 결합원가	단위당 배부율×순실현가치
균등이익률법	매출총이익률		총원가=추가가공원가

2. 지문분석

문항	지문분석
1	물량기준법 ⇒ 결합원가/물량 ⇒ 단위당 결합원가 ⇒ 연산품 물량×단위당 결합원가
2	분리점 판매가치법 ⇒ 결합원가/분리점 판매가치 ⇒ 연산품 분리점 판매가치×판매가치 단위당 결합원가
3	균등이익률법 ⇒ 매출총이익률 동일하도록 결합원가 배분 ⇒ 판매가치×매출원가율 ⇒ 총원가 ⇒ 결합원가 배부액=총원가=추가가공원가
4	*순실현가치법⇒ 분리점 이후 순실현가치 기준 배부 ⇒ 매출총이익률이 다르다*
5	균등이익률법 ⇒ 총원가=추가가공원가, 순실현가치법 ⇒ 최종판매가치=추가가공원가

• 세무사/2017/문28

16 ㈜세무는 결합원가 ₩15,000으로 제품 A와 제품 B를 생산한다. 제품 A와 제품 B는 각각 ₩7,000과 ₩3,000의 추가 가공원가(전환원가)를 투입하여 판매된다. 순실현가치법을 사용하여 결합원가를 배분하면 제품 B의 총제조원가는 ₩6,000이며 매출총이익률은 20%이다. 제품 A의 매출총이익률은?

① 23%   ② 24%   ③ 25%   ④ 26%   ⑤ 27%

풀이과정   정답 ②

1. 공정흐름도

```
                              A          7,000
결합원가      분리점    ┌─  12,000
 15,000               │
                      └─   B          3,000
                         3,000
```

2. 제품 B 원가분석

연산품	총원가	추가 가공원가	결합원가	매출 총이익률	매출 원가율	매출액	순실현가치
제품 A		7,000	*12,000*				18,000
제품 B	6,000	3,000	*3,000*	20%	80%	7,500	4,500
		10,000	*15,000*				22,500

3. 제품 A 매출총이익률 24.0%

연산품	순실현가치	추가 가공원가	판매가치	결합원가	총원가	매출 총이익	*매출 총이익률*
제품 A	18,000	7,000	25,000	12,000	19,000	6,000	*24.0%*
제품 B	4,500	3,000	7,500	3,000	6,000	1,500	*20.0%*
	22,500	10,000	32,500	15,000	25,000	7,500	*23.1%*

• 세무사/2018/문32

17 ㈜세무는 주산품 A, B와 부산물 S를 생산한다. 당기 중 발생한 결합원가는 ₩9,500이다. 결합원가는 분리점에서 순실현가능가치(NRV)를 기준으로 각 제품에 배부하며, 당기의 생산 및 원가자료는 다음과 같다.

제품	분리점 이후 추가가공원가(총액)	추가가공 후 단위당 판매가격	생산량	판매량
A	₩2,000	₩40	200단위	180단위
B	1,000	20	250	200
S	500	15	100	90

주산품B의 매출총이익은? (단, 기초 재고자산은 없으며, 부산품S는 생산시점에서 순실현가치로 인식한다)

① ₩480   ② ₩560   ③ ₩580   ④ ₩750   ⑤ ₩810

풀이과정   **정답** ①

1. 공정흐름도 작성

		추가가공원가	생산량	판매가격	판매량
	A	2,000	200	40	180
결합공정	B	1,000	250	20	200
9,500					
	S	500	100	15	90

2. 순실현가치법

연산품	생산량	판매가격	판매가치	추가 가공원가	순실현 가능가액	결합원가	총원가	단위당 원가
S	100	15	1,500	500	1,000	1,000	1,500	15.0
						8,500		
A	200	40	8,000	2,000	6,000	5,100	7,100	35.5
B	250	20	5,000	1,000	4,000	3,400	4,400	17.6
			13,000	3,000	10,000	8,500		

연산품	판매수량	판매가격	매출액	단위당 원가	매출원가	매출총이익
A	180	40	7,200	35.5	6,390	*810*
B	200	20	4,000	17.6	3,520	*480*
S	90	15	1,350	15.0	1,350	*0*

3. 균등매출총이익률법

연산품	생산량	판매가격	판매가치	추가 가공원가	결합원가	총원가	매출 원가율	매출 총이익률
A	200	40	8,000	2,000				
B	250	20	5,000	1,000				
			13,000	3,000	8,500	11,500	88.5%	11.5%
S	100	15	1,500	500	1,000			
					9,500			

연산품	판매가치	매출 총이익률	매출 원가율	총원가	추가 가공원가	결합원가
A	8,000	11.5%	88.5%	7,077	2,000	5,077
B	5,000	11.5%	88.5%	4,423	1,000	3,423
	13,000	11.5%	88.5%	11,500	3,000	8,500
S	1,500				500	1,000

• 세무사/2019/문30

18 ㈜세무는 결합공정에서 제품 A, B, C를 생산한다. 당기에 발생된 결합원가 총액은 ₩80,000이며 결합원가는 분리점에서의 상대적 판매가치를 기준으로 제품에 배분되며 관련 자료는 다음과 같다. 추가가공이 유리한 제품만을 모두 고른 것은? (단, 결합공정 및 추가가공 과정에서 공손과 감손은 발생하지 않고, 생산량은 모두 판매되며 기초 및 기말 재공품은 없다)

제품	분리점에서의 단위당 판매가격	생산량	추가 가공원가	추가가공후 단위당 판매가격
A	₩20	3,000단위	₩10,000	₩23
B	30	2,000단위	15,000	40
C	40	2,000단위	15,000	50

① A   ② A, B   ③ A, C   ④ B, C   ⑤ A, B, C

풀이과정   정답 ④

1. 공정흐름도

			생산량	최종판매가격
	A		3,000	23
	20	10,000		
결합공정	B	15,000	2,000	40
80,000	30			
	C	15,000	2,000	50
	40			

2. 추가가공 의사결정

제품	생산량	판매가치		추가 가공원가	추가가공시			의사결정
		분리점	추가 가공 후		증분수익	증분원가	증분이익	
A	3,000	20	23	10,000	9,000	10,000	-1,000	
B	2,000	30	40	15,000	20,000	15,000	5,000	*추가가공*
C	2,000	40	50	15,000	20,000	15,000	5,000	*추가가공*

• 세무사/2020/문32

19 ㈜세무는 20X1년 원재료 X를 가공하여 연산품 A와 연산품 B를 생산하는데 ₩36,000의 결합원가가 발생하였다. 분리점 이후 최종제품 생산을 위해서는 각각 추가가공원가가 발생한다. 균등매출총이익률법으로 결합원가를 연산품에 배부할 때, 연산품 B에 배부되는 결합원가는? (단, 공손 및 감손은 없으며, 기초 및 기말재공품은 없다)

제품	생산량	최종 판매단가	최종 판매가액	추가가공원가 (총액)
A	1,000리터	₩60	₩60,000	₩8,000
B	500리터	₩40	₩20,000	₩4,000
합계	1,500리터		₩80,000	₩12,000

① ₩4,000　② ₩8,000　③ ₩12,000　④ ₩18,000　⑤ ₩28,000

풀이과정　　　　　　　　　　　　　　　　　　　　　　　　　　**정답** ②

1. 공정흐름도

		추가가공원가	생산량	판매단가	판매가치
	연산품 A	8,000	1,000	60	60,000
결합공정 36,000					
	연산품 B	4,000	500	40	20,000

2. 매출총이익률 계산

연산품	생산량	판매단가	판매가치	추가가공원가	결합원가	총원가	원가율	매출총이익률
A	1,000	60	60,000	8,000				
B	500	40	20,000	4,000				
			80,000	12,000	36,000	48,000	60%	40%

3. 결합원가배분

연산품	판매가치	원가율	총원가	추가가공원가	결합원가배분
A	60,000	60%	36,000	8,000	*28,000*
B	20,000	60%	12,000	4,000	*8,000*
	80,000	60%	48,000	12,000	*36,000*

20 ㈜세무는 결합공정을 통하여 연산품 A, B를 생산한다. 제품 B는 분리점에서 즉시 판매되고 있으나, 제품 A는 추가가공을 거친 후 판매되고 있으며, 결합원가는 순실현가치에 의해 배분되고 있다. 결합공정의 직접재료는 공정 초에 전량 투입되며, 전환원가는 공정 전반에 걸쳐 균등하게 발생한다. 당기 결합공정에 기초재공품은 없었으며, 직접재료 5,000kg을 투입하여 4,000kg을 제품으로 완성하고 1,000kg은 기말 재공품(전환원가 완성도 30%)으로 남아 있다. 당기 결합공정에 투입된 직접재료원가와 전환원가는 ₩250,000과 ₩129,000이다. ㈜세무의 당기 생산 및 판매 자료는 다음과 같다.

구분	생산량	판매량	추가가공원가 총액	단위당 판매가격
제품 A	4,000단위	2,500단위	₩200,000	₩200
제품 B	1,000	800	—	200

제품 A의 단위당 제조원가는? (단, 공손 및 감손은 없다)

① ₩98　　② ₩110　　③ ₩120　　④ ₩130　　⑤ ₩150

풀이과정　　　　　　　　　　　　　　　　　　　　　　　　**정답** ②

1. 공정흐름도

	결합공정			추가가공원가	생산량	판매가격
			A	200,000	4,000	200
기초재공품	0	0	B	0	1,000	200
당기투입량	5,000	250,000				
계	5,000	129,000				
완성품	4,000	379,000				
기말재공품	1,000	30%				

2. 결합공정 종합원가계산

1. 물량흐름

구분	물량	완성도
기초재공품	0	
당기투입량	5,000	
계	5,000	
완성품	4,000	
기말재공품	1,000	30%
계	5,000	

2. 완성품환산량

	직접재료원가	가공원가
	4,000	4,000
	1,000	300
2. 완성품환산량	5,000	4,300

5. 원가배분

	직접재료원가	가공원가	계
	200,000	120,000	320,000
	50,000	9,000	59,000
	250,000	129,000	379,000

3. 제조원가

기초재공품	0	0
당기제조원가	250,000	129,000
총제조원가	250,000	129,000

4. 단위당 원가

	50	30

3. 결합원가 배분

연산품	생산량	판매가격	판매가치	추가가공원가	순실현가치	비율	결합원가배분	총원가	단위당원가
제품 A	4,000	200	800,000	200,000	600,000	75.0%	240,000	440,000	*110*
제품 B	1,000	200	200,000	0	200,000	25.0%	80,000	80,000	*80*
			1,000,000	200,000	800,000	100.0%	320,000	520,000	

• 세무사/2022/문29

21 ㈜세무는 원유를 투입하여 결합제품 A를 1,000단위, B를 1,500단위 생산하였다. 분리점 이전에 발생한 직접재료원가는 ₩1,690,000, 직접노무원가는 ₩390,000, 제조간접원가는 ₩520,000이다. 제품 A와 B는 분리점에 시장이 형성되어 있지 않아서 추가가공한 후에 판매하였는데, 제품 A는 추가가공원가 ₩850,000과 판매비 ₩125,000이 발생하며, 제품 B는 추가가공원가 ₩1,100,000과 판매비 ₩200,000이 발생하였다. 추가가공 후 최종 판매가치는 제품 A가 단위당 ₩2,000이며, 제품 B는 단위당 ₩3,000이다. 균등매출총이익률법에 따라 결합원가를 각 제품에 배부할 때, 제품 A에 배부되는 결합원가는?

① ₩525,000　　② ₩550,000　　③ ₩554,000

④ ₩600,000　　⑤ ₩604,000

풀이과정　　　　　　　　　　　　　　　　　　　　　　　　정답 ②

1. 공정흐름도

			추가가공원가	생산량	판매가격	판매비
		A	850,000	1,000	2,000	125,000
결합원가						
직접재료원가	1,690,000	B	1,100,000	1,500	3,000	200,000
직접노무원가	390,000					
제조간접원가	520,000					
합계	2,600,000					

2. 결합제품 전체 매출총이익률

결합제품	생산량	판매가격	판매가치	결합원가	추가가공원가	총제조원가	원가율	매출총이익률
A	1,000	2,000	2,000,000		850,000			
B	1,500	3,000	4,500,000		1,100,000			
			6,500,000	2,600,000	1,950,000	4,550,000	70%	30%

3. 결합원가 배부

결합제품	생산량	판매가격	판매가치	원가율	총원가	추가가공원가	결합원가	매출총이익률
A	1,000	2,000	2,000,000	70%	1,400,000	850,000	*550,000*	70%
B	1,500	3,000	4,500,000	70%	3,150,000	1,100,000	*2,050,000*	70%
			6,500,000	70%	4,550,000		*2,600,000*	70%

• 세무사/2023/문32

22 ㈜세무는 결합공정을 거쳐 분리점에서 주산물 A와 B, 부산물 C를 생산하고 있다. 20x1년 결합공정에 투입된 원재료는 2,200kg이며, 결합원가는 ₩31,960 발생하였다. 제품 A와 부산물 C는 추가가공을 필요로 하지 않지만, 제품 B는 추가가공하여 최종 완성된다. 부산물의 원가는 생산기준법(생산시점의 순실현가치법)을 적용하여 인식한다. 20x1년 생산 및 판매자료는 다음과 같다.

	생산량	추가가공원가	단위당 판매가격	결합원가 배분액
제품 A	1,350kg	–	₩100	₩13,950
제품 B	550	₩11,000	320	?
부산물 C	300	–	?	?
	2,200kg			₩31,960

순실현가치법으로 결합원가를 배분할 때 제품 A에는 ₩13,950이 배분되었다. 부산물 C의 단위당 판매가격은? (단, 재공품은 없다.)

① ₩3.0   ② ₩3.2   ③ ₩3.4   ④ ₩3.6   ⑤ ₩3.8

풀이과정   **정답** ②

1. 공정흐름도

		추가가공원가	생산량	판매가격	판매비
	A		1,350	100	
2,200	B	11,000	550	320	
31,960					
	C		300	?	

2. 결합원가 배분

결합제품	생산량	판매가격	판매가치	추가가공원가	순실현가치	비율	결합원가 배부
부산품 C	300				NRV		NRV
A	1,350	100	135,000	0	135,000	45%	31,960 − NRV
B	550	320	176,000	11,000	165,000	55%	
			311,000	11,000	300,000	100%	31,960

3. 주산품 순실현가치

주산품	생산량	판매가격	판매가치	추가가공원가	순실현가치	비율	결합원가 배부
A	1,350	100	135,000	0	135,000	45%	13,950
B	550	320	176,000	11,000	165,000	55%	17,050
			311,000	11,000	300,000	100%	31,000

4. 부산품 원가계산

결합제품	생산량	판매가격	판매가치	추가가공원가	순실현가치	비율	결합원가 배부
부산품 C	300				NRV		NRV
A	1,350	100	135,000	0	135,000	45%	13,950
B	550	320	176,000	11,000	165,000	55%	17,050
			311,000	11,000	300,000	100%	31,960

부산품 C

결합원가 배부액							960
순실현가치					960		
판매가치			960				
생산량	300						
단위당 판매가격		*3.2*					

• 세무사/2024/문31

23 ㈜세무는 결합공정을 통하여 주산품 X, Y와 부산품 B를 생산하고 있다. 당기 중 발생한 결합원가는 ₩20,000이며, 결합원가는 분리점에서 순실현가능가치(NRV)를 기준으로 각 제품에 배부한다. 부산품 B는 생산기준법(생산시점에서 순실현가능가치로 인식)을 적용하며, 부산품 B의 단위당 판매비는 ₩5이다. 당기의 생산 및 판매 자료는 다음과 같다.

제품	분리점 이후 추가가공원가(총액)	단위당 최종 판매가격	생산량	판매량
X	₩4,000	₩60	200단위	180단위
Y	2,000	40	250	200
B	–	15	200	150

㈜세무의 기말재고자산 금액은? (단, 기초재고와 기말재공품은 없다.)

① ₩3,500　② ₩3,750　③ ₩4,000　④ ₩4,100　⑤ ₩4,250

풀이과정　　　정답 ③

1. 공정흐름도

		추가가공원가	생산량	판매가격	판매량
	X	4,000	200	60	180
20,000	Y	2,000	250	40	200
	B		200	15	150

2. 결합원가 배분

결합제품	생산량	판매가격	판매가치	추가가공원가	판매비	순실현가치	결합원가배분	비율	배부
부산품 B	200	15	3,000	0	1,000	2,000	2,000		
X	200	60	12,000	4,000		8,000	18,000	50%	9,000
Y	250	40	10,000	2,000		8,000		50%	9,000
			22,000	6,000		16,000	20,000	100%	18,000

3. 주산품 순실현가치

결합제품	생산량	결합원가	추가가공원가	총원가	단위당원가	판매량	기말재고수량	기말재고원가
부산품 B	200	2,000	0	2,000	10	150	50	500
X	200	9,000	4,000	13,000	65	180	20	1,300
Y	250	9,000	2,000	11,000	44	200	50	2,200
								4,000

5. 공인회계사 기출문제 및 해설

• 회계사/2015/문42

24 ㈜한국은 결합생산공정으로부터 두 종류의 주산품 A, B와 부산품 C를 생산하며, 부산품 C의 회계처리에는 생산기준법하에서의 원가차감법을 사용한다. 당기의 결합원가 발생액은 ₩54,000이며, 각 제품에 관한 자료는 다음과 같다. (단, 기초재고와 기말재공품은 없다)

제품	분리점 이후 추가가공원가	생산량	최종판매가치
A	₩10,000	1,000단위	₩70,000
B	₩15,000	1,500단위	₩55,000
C	₩2,000	500단위	₩6,000

㈜한국이 순실현가능가치(net realizable value)를 기준으로 결합원가를 배부한다면, 주산품 A에 배부되는 결합원가는 얼마인가?

① ₩20,000　　　② ₩25,000　　　③ ₩30,000

④ ₩35,000　　　⑤ ₩40,000

풀이과정　　　　　　　　　　　　　　　　　　　　　　　　**정답** ③

1. 공정흐름도

```
                                        최종판매가치
              A          10,000          70,000
          1,000
  결합공정    B          15,000          55,000
  54,000  1,500
          4,000          2,000           6,000
            500
```

2. 순실현가치법기준 결합원가 배분

연산품	생산량	판매가치	추가가공원가	순실현가치	결합원가배분	총원가	매출총이익	매출총이익률
C	500	6,000	2,000	4,000	*4,000*	6,000	0	0.0%
A	1,000	70,000	10,000	60,000	*30,000*	40,000	30,000	42.9%
B	1,500	55,000	15,000	40,000	20,000	35,000	20,000	36.4%
		125,000	25,000	100,000	*50,000*			
		125,000	15,000	200,000	*54,000*	75,000		

• 회계사/2016/문46

25 ㈜한국화학은 20x1년 2월초 영업을 개시하여 당월에 제1공정에서 원재료 R을 가공하여 결합제품 A와 B를 생산한다. 제품 A는 제2공정에서 추가가공을 거쳐 판매되고, 제품 B는 제3공정에서 결합제품 C와 D로 분리된 후 각각 제4공정과 제5공정에서 추가가공을 거쳐 판매된다. 20x1년 2월의 각 공정에서 발생한 원가자료는 다음과 같다.

· 제1공정: 제품 A, B의 결합원가	₩100,000
· 제2공정: 제품 A의 개별원가(분리원가)	₩15,000
· 제3공정: 제품 C, D의 결합원가	₩70,000
· 제4공정: 제품 C의 개별원가(분리원가)	₩50,000
· 제5공정: 제품 D의 개별원가(분리원가)	₩20,000

20x1년 2월 ㈜한국화학의 제품별 생산량과 kg당 판매가격은 다음과 같다.

제품	생산량	kg당 판매가격
A	500kg	₩120
C	1,000kg	₩200
D	800kg	₩150

㈜한국화학이 순실현가능가치를 기준으로 결합원가를 배부하는 경우, 20x1년 2월 제품 D의 총제조원가는 얼마인가?

① ₩60,000 ② ₩70,000 ③ ₩80,000
④ ₩90,000 ⑤ ₩100,000

풀이과정 **정답** ③

1. 공정흐름도

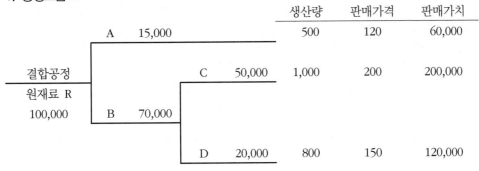

			생산량	판매가격	판매가치
	A	15,000	500	120	60,000
결합공정	C	50,000	1,000	200	200,000
원재료 R 100,000	B	70,000			
	D	20,000	800	150	120,000

2. 결합원가 배분

연산품	판매가치	추가가공원가	순실현가치	추가가공원가2	순실현가치2	결합원가1	결합원가2	**총원가**	매출총이익	매출총이익률
A	60,000			15,000	45,000	20,000		35,000	25,000	41.67%
C	200,000	50,000	150,000		180,000		90,000	140,000	60,000	30.00%
D	120,000	20,000	100,000	70,000		80,000	60,000	*80,000*	40,000	33.33%
		250,000			225,000	100,000	150,000	255,000		

26 ㈜한국은 결합생산공정을 통해 결합제품 A와 B를 생산하고 있으며, 균등매출총이익률법을 적용하여 결합원가를 배부한다. 각 결합제품은 분리점에서 즉시 판매될 수도 있으며, 필요하다면 추가가공한 후 판매될 수도 있다. 추가가공원가는 각 제품별로 추적가능하고 모두 변동원가이다. ㈜한국은 20x1년에 결합제품 A와 B를 모두 추가가공하여 전량 판매하였으며 20x1년 중 발생한 결합원가는 ₩300,000이다. ㈜한국의 20x1년 생산 및 판매 관련 자료는 다음과 같다.

구분	A	B
생산·판매량	3,000단위	5,000단위
분리점에서의 총판매가치	₩250,000	₩330,000
추가가공원가	₩45,000	₩60,000
추가가공 후 매출액	₩300,000	₩375,000

㈜한국의 20x1년도 생산 및 판매와 관련하여 옳은 설명은?

① 회사 전체의 매출총이익은 ₩250,000이다.

② 회사 전체의 매출총이익률은 35%이다.

③ A의 단위당 원가는 B의 단위당 원가보다 크다.

④ A에 배부되는 결합원가 금액은 B에 배부되는 결합원가 금액보다 크다.

⑤ 회사가 B를 추가가공하지 않고 분리점에서 즉시 판매하였다면, 이익은 ₩5,000 증가하였을 것이다.

풀이과정   **정답** ④

1. 공정흐름도

		분리점 판매가치	추가 가공원가	추가가공후 판매가치
	제품 A	250,000		300,000
결합공정	3,000		45,000	
300,000				
	제품 B	330,000		375,000
	5,000		60,000	

2. 결합원가 배분

연산품	최종 판매가치	추가 가공원가	결합원가	총원가	매출 총이익	매출 총이익률	총원가	추가 가공원가	*결합원가 배분액*
A	300,000	45,000				40%	180,000	45,000	*135,000*
B	375,000	60,000				40%	225,000	60,000	*165,000*
	675,000	105,000	300,000	405,000	270,000	40%			*300,000*

• 회계사/2019/문42

27 ㈜대한은 결합공정과 추가공정을 통해 제품을 생산하며, 분리점에서 순실현가능가치를 기준으로 결합원가를 배부한다. 20x1년의 생산 및 원가자료는 다음과 같다.

> **(1) 제1공정**
> 제1공정에서는 원재료를 투입하여 제품 A 100단위와 제품 B 300단위를 생산하였으며, 결합원가는 총 ₩40,000이었다. 제품 A는 단위당 ₩200에 판매되고, 제품 B는 제2공정에서 추가가공을 거쳐 제품 C로 판매된다.
>
> **(2) 제2공정**
> 당기에 제1공정으로부터 대체된 제품 B는 제품 C 280단위로 생산되었으며, 추가가공원가는 총 ₩12,400이었다. 제품 C의 단위당 판매가격은 ₩150이다. 제품 B를 제품 C로 추가가공하는 과정에서 부산물 20단위가 생산되었다. 부산물은 단위당 ₩20에 즉시 판매할 수 있다. 부산물은 생산시점에 순실현가능가치로 인식한다.

제품 C의 총제조원가는 얼마인가? (단, 각 공정의 기초 및 기말 재공품은 없다)

① ₩35,600   ② ₩36,000   ③ ₩36,400
④ ₩36,700   ⑤ ₩37,000

풀이과정   **정답** ②

1. 공정흐름도

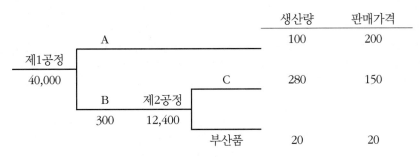

		생산량	판매가격
A		100	200
제1공정			
40,000		C	280	150
B 제2공정			
300 12,400			
	부산품	20	20

2. 결합원가 배부

연산품	생산량	판매가격	판매가치	추가가공원가	순실현가치	결합원가배분	**총원가**
A	100	200	20,000		20,000	16,000	*16,000*
C	280	150	42,000	12,400	30,000	24,000	23,600	*36,000*
부산품	20	20	400				400	*400*
			50,000		40,000	24,000	*52,400*

• 회계사/2020/문47

28 ㈜대한은 동일 공정에서 세 가지 결합제품 A, B, C를 생산한다. 제품 A, 제품 B는 추가가공을 거치지 않고 판매되며, 제품 C는 추가가공원및 판매한 모든 제품은 주산품이다. ㈜대한은 제품 A, 제품 B, 제품 C+를 각각 판매하였을 때 각 제품의 매출총이익률이 연산품 전체매출총이익률과 동일하게 만드는 원가배부법을 사용한다. 다음은 ㈜대한의 결합원가배부에 관한 자료이다. 제품 C+에 배부된 결합원가는 얼마인가?

제품	배부된 결합원가	판매(가능)액
A	?	₩96,000
B	₩138,000	?
C+	?	?
합계	₩220,000	₩400,000

① ₩10,000 ② ₩12,000 ③ ₩15,000
④ ₩20,000 ⑤ ₩30,000

풀이과정

정답 ①

1. 공정흐름도 작성

		추가가공원가			판매가치
	A			A	96,000
	B			B	?
220,000	138,000				
	C	80,000		C+	?
					400,000

2. 연산품 전체 매출총이익률

연산품	판매가치	결합원가	추가 가공원가	총원가	매출 총이익	매출 총이익률	원가율	결합 원가배부
A	96,000		0					
B			0					138,000
C+			80,000					
	400,000	220,000	80,000	300,000	100,000	25.0%	75.0%	

3. 결합원가 배부

연산품	판매가치	원가율	총원가	추가가공원가	결합원가
A	96,000	0.75	72,000		72,000
B	184,000	0.75	138,000		138,000
C+	120,000	0.75	90,000	80,000	10,000
	400,000	0.75	300,000	80,000	220,000

• 회계사/2022/문46

29 ㈜대한은 결합생산공정을 통해 결합제품 X와 Y를 생산 및 판매하고 있으며, 균등매출총이익률법을 적용하여 결합원가를 배부한다. ㈜대한은 20x1년에 결합제품 X와 Y를 모두 추가가공하여 전량 판매하였으며, 추가가공원가는 각 제품별로 추적가능하고 모두 변동원가이다. ㈜대한의 20x1년 생산 및 판매 관련 자료는 다음과 같다.

제품	생산량	추가가공원가	최종판매단가
X	6,000단위	₩30,000	₩50
Y	10,000	20,000	20

20x1년 중 발생한 결합원가가 ₩350,000일 경우, ㈜대한이 제품 X와 Y에 배부할 결합원가는 각각 얼마인가? (단, 공손 및 감손은 없으며, 기초 및 기말재공품은 없다)

	제품 X	제품 Y
①	₩200,000	₩150,000
②	₩210,000	₩140,000
③	₩220,000	₩130,000
④	₩230,000	₩120,000
⑤	₩240,000	₩110,000

풀이과정   **정답** ②

1. 공정흐름도

		추가가공원가	생산량	최종판매단가
	제품 X	30,000	6,000	50
결합원가				
350,000	제품 Y	20,000	10,000	20

2. 매출이익률 계산

결합제품	생산량	판매가격	판매가치	추가가공원가	결합원가	총원가	원가율	이익률
제품 X	6,000	50	300,000	30,000				
제품 Y	10,000	20	200,000	20,000				
			500,000	50,000	350,000	400,000	80%	20%

3. 결합원가 배분

결합제품	생산량	판매가격	판매가치	원가율	총원가	추가가공원가	결합원가	매출총이익
제품 X	6,000	50	300,000	80%	240,000	30,000	210,000	60,000
제품 Y	10,000	20	200,000	80%	160,000	20,000	140,000	40,000
			500,000	80%	400,000	50,000	350,000	100,000

Chapter 07 변동원가계산제도

1. 주요개념

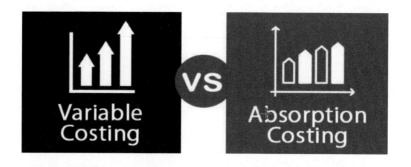

Cost Categories	Cost Classification	Absorption Costing	Variable Costing	Throughput Costing
Direct materials	Direct, variable costs			
Direct labor	Direct, variable costs			
Variable manufacturing overhead	Indirect, variable costs			
Fixed Manufacturing overhead	Indirect, fixed costs			

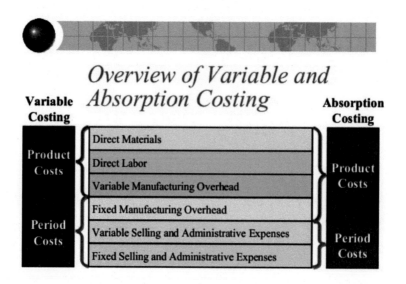

Overview of Variable and Absorption Costing

Variable Costing		Absorption Costing
Product Costs	Direct Materials	Product Costs
	Direct Labor	
	Variable Manufacturing Overhead	
Period Costs	Fixed Manufacturing Overhead	
	Variable Selling and Administrative Expenses	Period Costs
	Fixed Selling and Administrative Expenses	

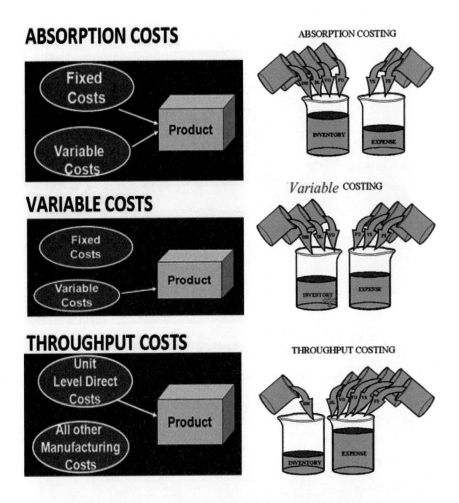

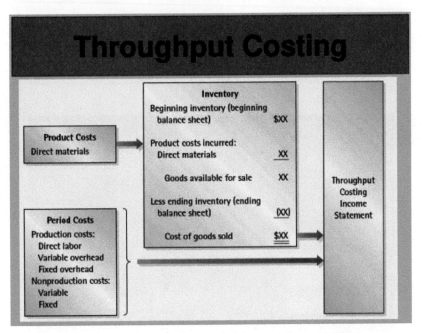

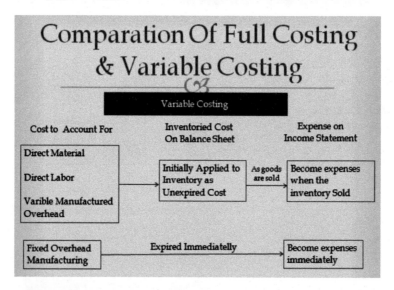

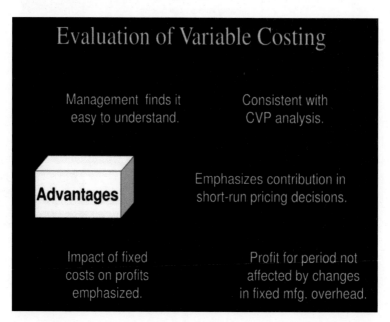

2. 관세사 기출문제 및 해설

• 관세사/2015/문73

01 단일제품을 생산·판매하고 있는 ㈜관세의 당기순이익은 전부원가계산하에서 ₩12,000 이고 변동원가계산하에서 ₩9,500이다. 단위당 제품원가는 전부원가계산하에서는 ₩40이고 변동원가계산하에서는 ₩35이며, 전기와 당기 각각에 대해 동일하다. 당기 기말제품재고 수량이 2,000단위일 경우 기초제품재고 수량은 몇 단위인가? (단, 기초 재공품과 기말재공품은 없다)

① 500단위 ② 800단위 ③ 1,000단위 ④ 1,200단위 ⑤ 1,500단위

풀이과정   **정답** ⑤

원가요소	원가	생산량	단위당원가	판매량	당기 비용 전부원가계산	당기 비용 변동원가계산	전부-변동
기초제품		B		B	40B	35B	5B
변동제조원가	35P	P	35	P-2,000	35P-70,000	35P-70,000	0
고정제조간접원가	5P	P	5	P-2,000	5P-10,000	5P	-10,000
변동판매관리비							
고정판매관리비							
당기 비용					40B	35B	5B
					40P-80,000	40P-70,000	-10,000
당기 비용 차액							5B-10,000
당기순이익					12,000	9,500	2,500
							5B-10,000=-2,500

기초제품   ***B***   ***B=1,500***

• 관세사/2016/문75

02 전부원가계산 및 변동원가계산에 관한 설명으로 옳은 것은?

① 변동원가계산은 고정제조간접원가를 제품원가에 포함시키므로 생산량의 변동에 따라 제품단위당 원가가 달라져서 경영자가 의사결정을 할 때 혼란을 초래할 수 있다.

② 전부원가계산은 영업이익이 판매량뿐만 아니라 생산량에 의해서도 영향을 받기 때문에 과다생산에 의한 재고과잉의 우려가 있다.

③ 전부원가계산은 원가를 변동원가와 고정원가로 분류하여 공헌이익을 계산하므로 경영의사결정, 계획수립 및 통제목적에 유용한 정보를 제공한다.

④ 변동원가계산은 외부보고용 재무제표를 작성하거나 법인세를 결정하기 위한 조세목적을 위해서 일반적으로 인정되는 원가계산방법이다.

⑤ 초변동원가계산은 직접재료원가와 직접노무원가만을 재고가능원가로 처리하므로 불필요한 재고자산의 보유를 최소화하도록 유인할 수 있다.

풀이과정   **정답** ②

1. 원가계산 모형

원가분류	원가요소		원가계산모형		
			전부원가계산	변동원가계산	초변동원가계산
제조원가	직접재료원가	DM	●	●	●
	직접노무원가	DL	●	●	×
	변동제조간접원가	VOH	●	●	×
	고정제조간접원가	FOH	●	×	×
판매관리원가	변동판매관리원가	VSA	×	×	×
	고정판매관리원가	FOH	×	×	×

● 제품원가
× 기간원가

2. 지문 분석

문항	지문분석
1	변동원가계산 → 전부원가계산
2	***변동원가계산의 핵심 이론***
3	전부원가계산 → 변동원가계산
4	변동원가계산 → 전부원가계산
5	직접노무원가 → 기간원가

• 관세사/2017/문80

03 ㈜관세는 2월 1일 영업을 개시하였으며 한 달 동안 제품 2,000단위를 생산하여 1,600 단위를 단위당 ₩10,000에 판매하였다. ㈜관세의 제조원가 및 판매관리비가 다음과 같을 때 전부원가계산과 변동원가계산에 의한 2월의 영업이익 차이는?

원가요소	고정원가	단위당 원가
직접재료원가	–	₩3,000
직접노무원가	–	₩500
제조간접원가	₩600,000	₩1,500
판매관리비	₩700,000	₩2,000

① 전부원가계산이 변동원가계산보다 ₩120,000 많다.
② 전부원가계산이 변동원가계산보다 ₩120,000 적다.
③ 전부원가계산이 변동원가계산보다 ₩140,000 많다.
④ 전부원가계산이 변동원가계산보다 ₩140,000 적다.
⑤ 차이가 없다.

풀이과정   **정답** ①

원가요소	원가	생산량	단위당 원가	판매량	전부 원가계산	변동 원가계산	초변동 원가계산	전부－변동
직접재료원가	6,000,000	2,000	3,000	1,600	4,800,000	4,800,000	4,800,000	0
직접노무원가	1,000,000	2,000	500	1,600	800,000	800,000	1,000,000	0
변동제조간접원가	3,000,000	2,000	1,500	1,600	2,400,000	2,400,000	3,000,000	0
고정제조간접원가	600,000	2,000	300	1,600	480,000	600,000	600,000	(120,000)
변동판매관리비	3,200,000		2,000	1,600	3,200,000	3,200,000	3,200,000	0
고정판매관리비	700,000			1,600	700,000	700,000	700,000	0
당기 비용					12,380,000	12,500,000	13,300,000	(120,000)
매출액			10,000	1,600	16,000,000	16,000,000	16,000,000	0
영업이익					**3,620,000**	**3,500,000**	2,700,000	**120,000**
단위당 제품원가					5,300	5,000	3,000	300
기말재고		400			2,120,000	2,000,000	1,200,000	120,000

04 20x1년 초에 설립된 ㈜관세는 단일제품을 생산·판매하며, 실제원가계산을 사용하고 있다. ㈜관세는 20x1년에 6,000단위를 생산하여 4,000단위를 판매하였고, 20x2년에는 6,000단위를 생산하여 7,000단위를 판매하였다. 연도별 판매가격과 원가구조는 동일하며 원가자료는 다음과 같다.

원가항목	단위당 원가	연간 총원가
직접재료원가	₩85	
직접노무원가	40	
변동제조간접원가	105	
변동판매관리비	50	
고정제조간접원가		₩120,000
고정판매관리비		350,000

20x2년 전부원가계산에 의한 영업이익이 ₩910,000일 경우, 20x2년 변동원가계산에 의한 영업이익은? (단, 기초 및 기말 재공품은 없는 것으로 가정한다)

① ₩890,000   ② ₩900,000   ③ ₩910,000

④ ₩920,000   ⑤ ₩930,000

풀이과정   **정답** ⑤

20X1년

원가요소	발생액	생산량	단위당 원가	판매량	전부 원가계산	변동 원가계산	초변동 원가계산	전부-변동
직접재료원가	510,000	6,000	85	4,000	340,000	340,000	340,000	0
직접노무원가	240,000	6,000	40	4,000	160,000	160,000	240,000	0
변동제조간접원가	630,000	6,000	105	4,000	420,000	420,000	630,000	0
고정제조간접원가	120,000	6,000	20	4,000	80,000	120,000	120,000	(40,000)
변동판매관리비	200,000		50	4,000	200,000	200,000	200,000	0
고정판매관리비	350,000			4,000	350,000	350,000	350,000	0
	2,050,000				1,550,000	1,590,000	1,880,000	(40,000)
단위당 제품원가					250	230	85	
기말제품재고	2,000				500,000	460,000	170,000	40,000

____20×2년____

원가요소	발생액	생산량	단위당 원가	판매량	전부 원가계산	변동 원가계산	초변동 원가계산	전부-변동
기초제품		2,000		2,000	500,000	460,000	170,000	40,000
직접재료원가	510,000	6,000	85	5,000	425,000	425,000	425,000	0
직접노무원가	240,000	6,000	40	5,000	200,000	200,000	240,000	0
변동제조간접원가	630,000	6,000	105	5,000	525,000	525,000	630,000	0
고정제조간접원가	120,000	6,000	20	5,000	100,000	120,000	120,000	(20,000)
변동판매관리비	350,000		50	7,000	350,000	350,000	350,000	0
고정판매관리비	350,000			7,000	350,000	350,000	350,000	0
	2,200,000				2,450,000	2,430,000	2,285,000	20,000
영업이익					_910,000_	_930,000_	1,075,000	(20,000)
매출액			480	7,000	3,360,000	3,360,000	3,360,000	0
단위당 제품원가					250	230	85	
기말재품재고		1,000			250,000	230,000	85,000	20,000

• 관세사/2020/문80

05 ㈜관세의 20x1년도 상반기 생산 및 판매 자료 일부이다.

구분	1분기	2분기
기초제품재고수량	1,000단위	?
당기 생산량	8,000단위	9,000단위
당기 판매량	7,000단위	?
직접노무원가	₩1,360,000	₩1,500,000
변동제조간접원가	800,000	885,000
고정제조간접원가	1,600,000	1,620,000

20x1년 2분기 변동원가계산의 영업이익이 초변동원가계산의 영업이익보다 ₩241,750
이 더 많았다. 2분기 말 제품재고수량은? (단, 선입선출법을 적용하며, 재공품은 없다)

① 2,950단위 ② 2,960단위 ③ 2,970단위

④ 2,980단위 ⑤ 2,990단위

풀이과정

정답 ①

1분기

원가요소	발생액	생산량	단위당 원가	판매량	전부 원가계산	변동 원가계산	초변동 원가계산	변동－초변동
기초제품		1,000	?	1,000	?	?	?	
직접재료원가	8,000×m	8,000	m	6,000	6,000×m	6,000×m	6,000×m	0
직접노무원가	1,360,000	8,000	170	6,000	1,020,000	1,020,000	1,360,000	(340,000)
변동제조간접원가	800,000	8,000	100	6,000	600,000	600,000	800,000	(200,000)
고정제조간접원가	1,600,000	8,000	200	6,000	1,200,000	1,600,000	1,600,000	0
당기비용					6,000×m	6,000×m	6,000×m	0
					2,820,000	3,220,000	3,760,000	(540,000)
단위당 제품원가					m＋470	m＋270	m	
기말재고		2,000			2,000×m	2,000×m	2,000×m	0
					940,000	540,000	0	540,000

2분기

원가요소	발생액	생산량	단위당 원가	판매량	전부 원가계산	변동 원가계산	초변동 원가계산	변동-초변동
기초제품		2,000		2,000	2,000×m	2,000×m	2,000×m	0
					940,000	540,000	0	540,000
직접재료원가	9,000×m2	9,000	m2	S	m2×S	m2×S	m2×S	0
직접노무원가	1,500,000	9,000	167	S	167×S	167×S	1,500,000	167×(S−9,000)
변동제조간접원가	885,000	9,000	98	S	98×S	98×S	885,000	98×(S−9,000)
고정제조간접원가	1,620,000	9,000	180	S	180×S	1,620,000	1,620,000	0
당기비용								540,000
								265×(S−9,000)
영업이익								(241,750)
		9,000		6,050				S=6,050
기말재고		2,950						

• 관세사/2021/문74

06 전부원가계산, 변동원가계산, 초변동원가계산에 관한 설명으로 <u>옳지 않은</u> 것은?

① 기초재고가 없다면, 당기 판매량보다 당기 생산량이 더 많을 때, 전부원가계산상의 당기영업이익보다 초변동원가계산상의 당기 영업이익이 더 작다.

② 변동원가계산은 전부원가계산에 비해 판매량 변화에 의한 이익의 변화를 더 잘 파악할 수 있다.

③ 초변동원가계산에서는 기초재고가 없고 판매량이 일정할 때 생산량이 증가하더라도 재료처리량 공헌이익(throughput contribution)은 변하지 않는다.

④ 일반적으로 인정된 회계원칙에서는 전부원가계산에 의해 제품원가를 보고하도록 하고 있다.

⑤ 전부원가계산은 변동원가계산에 비해 경영자의 생산과잉을 더 잘 방지한다.

풀이과정   **정답** ⑤

1. 원가계산 모형

원가요소	발생액	생산량	단위당 원가	판매량	전부 원가계산	변동 원가계산	초변동 원가계산	전부-변동	변동-초변동
직접재료원가	mP	P	m	S	mS	mS	mS	0	0
직접노무원가	lP	P	l	S	lS	lS	lP	0	
변동제조간접원가	vP	P	v	S	vS	vS	vP	0	
변동전환원가	vcP	P	vc	S	vcS	vcS	vcP	0	$vc \times (S-P)$
고정제조간접원가	$f \times P$	P	f	S	fS	$f \times P$	$f \times P$	$f \times (S-P)$	0
당기비용					$S \times (m+l+v+f)$	$S \times (m+l+v)$	$S \times m$	$f \times (S-P)$	$vc \times (S-P)$
						$f \times P$	$p \times (l+v+f)$		
단위당 제품원가					$m+l+v+f$	$m+l+v$	m		
기말제품재고		$P-S$			$P-S$	$P-S$	$P-S$	$P-S$	$P-S$
					$m+l+v+f$	$m+l+v$	m	f	$l+v$
영업이익								$f \times (P-S)$	$vc \times (P-S)$

2. 지문 5번 설명

전부원가계산은 재고 $(P-S)$가 클 수록, 영업이익이 $f \times (P-S)$ 만큼 증가하는데, 불필요한 생산량을 증가시켜 기말재고가 증가할수록, 영업이익이 증가하기 때문에, 불필요한 과잉생산 유인이 있다.

• 관세사/2022/문75

07 당기에 설립된 ㈜관세는 3,000단위를 생산하여 2,500단위를 판매하였으며, 영업활동 관련 자료는 다음과 같다.

구분	1분기	2분기
직접재료원가	₩250	
직접노무원가	150	
제조간접비	100	?
판매관리비	200	₩150,000

변동원가계산에 의한 영업이익이 전부원가계산에 의한 영업이익에 비해 ₩62,500이 적은 경우, 당기에 발생한 고정제조간접원가는? (단, 기말재공품은 없다)

① ₩312,500　　　　② ₩325,000　　　　③ ₩355,000

④ ₩375,000　　　　⑤ ₩437,500

풀이과정　　　　　　　　　　　　　　　　　　　　　　　　　　　**정답** ④

원가요소	발생액	생산량	단위당 원가	판매량	전부 원가계산	변동 원가계산	초변동 원가계산	전부－변동
직접재료원가	750,000	3,000	250	2,500	625,000	625,000	625,000	0
직접노무원가	450,000	3,000	150	2,500	375,000	375,000	450,000	0
변동제조간접원가	300,000	3,000	100	2,500	250,000	250,000	300,000	0
고정제조간접원가	3,000×f	3,000	f	2,500	2,500×f	3,000×f	3,000×f	−500×f
변동판매관리비	500,000		200	2,500	500,000	500,000	500,000	0
고정판매관리비	150,000			2,500	150,000	150,000	150,000	0
당기비용					1,900,000	1,900,000	2,025,000	0
					2,500×f	3,000×f	3,000×f	−500×f
단위당 제품원가					500＋f	500	250	f
기말재고		500			250,000	250,000	125,000	0
					500×f			500×f
영업이익								62,500
고정제조간접원가	**375,000**	**3,000**	**125**					**f＝125**

• 관세사/2024/문74

08 ㈜관세는 제품 A를 생산하고 있다. 제품 A의 단위당 판매가격은 ₩150이다. 제품 A 의 제조와 관련된 내용은 다음과 같다. 변동원가계산에 의한 영업이익이 ₩7,500일 때 전부원가계산에 의한 영업이익은?

제조간접원가 :		기초제품재고량	0단위
단위당변동원가	₩15	생산량	150단위
총 고정원가	6,000	판매량	100단위

① ₩8,250　　② ₩9,500　　③ ₩11,000　　④ ₩12,750　　⑤ ₩13,500

풀이과정　　　　　　　　　　　　　　　　　　　　　　　　　　　　　　　정답 ②

원가요소	발생액	생산량	단위당 원가	판매량	전부 원가계산	변동 원가계산	초변동 원가계산	전부 - 변동
직접재료원가	150×m	150	m	100	100×m	100×m	100×m	0
직접노무원가	150×L	150	L	100	100×L	100×L	150×L	0
변동제조간접원가	2,250	150	15	100	1,500	1,500	2,250	0
고정제조간접원가	6,000	150	40	100	4,000	6,000	6,000	(2,000)
변동판매관리비	VS&A			100	VS&A	VS&A	VS&A	0
고정판매관리비	FS&A			100	FS&A	FS&A	FS&A	0
합계								(2,000)
매출액		150		100	15,000	15,000	15,000	0
영업이익					**9,500**	**7,500**		**2,000**

| 단위당 제품원가 | | | | | m+L+55 | m+L+15 | m | |

3. 감정평가사 기출문제 및 해설

• 감정평가사/2015/문73

09 ㈜감평은 생활용품을 생산·판매하고 있다. 20x5년 생산량은 1,200단위이고 판매량은 1,000단위이다. 판매가격 및 원가 자료는 다음과 같다.

· 단위당 판매가격	₩8,000
· 단위당 변동제조원가	3,000
· 단위당 변동판매비와관리비	1,500
· 고정제조간접원가	2,400,000
· 고정판매비와관리비	1,000,000

전부원가계산방법으로 계산한 영업이익은 변동원가계산방법으로 계산한 영업이익에 비해 얼마만큼 증가 또는 감소하는가? (단, 기초재고자산과 기말재공품은 없다)

① ₩400,000 증가   ② ₩400,000 감소   ③ ₩600,000 증가

④ ₩600,000 감소   ⑤ ₩500,000 감소

풀이과정   **정답** ①

원가요소	발생액	생산량	단위당 원가	판매량	20x5년 비용 전부 원가계산	변동 원가계산	전부-변동
변동제조원가	3,600,000	1,200	3,000	1,000	3,000,000	3,000,000	0
고정제조원가	2,400,000	1,200	2,000	1,000	2,000,000	2,400,000	(400,000)
변동판매관리비	1,500,000		1,500	1,000	1,500,000	1,500,000	0
고정판매관리비	1,000,000				1,000,000	1,000,000	0
당기 비용					7,500,000	7,900,000	(400,000)
매출액			8,000	1,000	8,000,000	8,000,000	0
영업이익					*500,000*	*100,000*	*400,000*
단위당 제품원가					5,000	3,000	2,000
기말제품		200			1,000,000	600,000	400,000

• 감정평가사/2016/문74

10 ㈜감평은 20x6년도에 설립되었고, 당해연도에 A제품 25,000단위를 생산하여 20,000 단위를 판매하였다. ㈜감평의 20x6년도 A제품 관련 자료가 다음과 같을 때, 전부원가계산과 변동원가계산에 의한 20x6년도 기말재고자산의 차이는?

· 단위당 판매가격	₩250
· 단위당 변동제조원가	130
· 단위당 변동판매관리비	30
· 총고정제조원가	1,000,000
· 총고정판매비와관리비	500,000

① ₩50,000 　② ₩200,000 　③ ₩250,000

④ ₩350,000 　⑤ ₩400,000

풀이과정　　　　　　　　　　　　　　　　　　　　　　　　　　　　　　　　**정답** ②

					20x6년 비용		
원가요소	발생액	생산량	단위당원가	판매량	전부원가계산	변동원가계산	전부-변동
변동제조원가	3,250,000	25,000	130	20,000	2,600,000	2,600,000	0
고정제조원가	1,000,000	25,000	40	20,000	800,000	1,000,000	(200,000)
변동판매관리비	600,000		30	20,000	600,000	600,000	0
고정판매관라비	500,000				500,000	500,000	0
당기비용					4,500,000	4,700,000	(200,000)
매출액			250	20,000	5,000,000	5,000,000	0
영업이익					500,000	300,000	200,000
단위당 제품원가					170	130	40
기말제품		5,000			**850,000**	**650,000**	**200,000**

• 감정평가사/2017/문80

11 ㈜감평은 20x1년 1월 1일에 설립된 회사이다. 20x1년도 1월 및 2월의 원가자료는 다음과 같다.

구분	1월	2월
최대생산가능량	1,000단위	1,200단위
생산량	800단위	1,000단위
판매량	500단위	1,100단위
변동제조원가(총액)	₩40,000	₩50,000
고정제조간접원가(총액)	₩20,000	₩30,000
변동판매관리비(총액)	₩1,500	₩5,500
고정판매관리비(총액)	₩2,000	₩2,000

㈜감평은 실제원가계산을 적용하고 있으며, 원가흐름가정은 선입선출법이다. 20x1년 2월의 전부원가계산에 의한 영업이익이 ₩10,000이면, 2월의 변동원가계산에 의한 영업이익은? (단, 기초 및 기말 재공품재고는 없다)

① ₩10,500　　　　② ₩11,000　　　　③ ₩11,500

④ ₩12,000　　　　⑤ ₩12,500

풀이과정　　　　정답 ③

					1월 비용		
원가요소	발생액	생산량	단위당원가	판매량	전부 원가계산	변동 원가계산	전부-변동
변동제조원가	40,000	800	50	500	25,000	25,000	0
고정제조원가	20,000	800	25	500	12,500	20,000	(7,500)
변동판매관리비	1,500			500	1,500	1,500	0
고정판매관리비	2,000			500	2,000	2,000	0
당기비용					41,000	48,500	(7,500)
영업이익							7,500
단위당 제품원가					75	50	25
기말제품		300			22,500	15,000	7,500

원가요소	발생액	생산량	단위당원가	판매량	2월 비용		
					전부 원가계산	변동 원가계산	전부-변동
기초제품		300		300	22,500	15,000	7,500
변동제조원가	50,000	1,000	50	800	40,000	40,000	0
고정제조원가	30,000	1,000	30	800	24,000	30,000	(6,000)
변동판매관리비	5,500			1,100	5,500	5,500	0
고정판매관리비	2,000			1,100	2,000	2,000	0
당기비용					94,000	92,500	1,500
매출액					104,000	104,000	0
영업이익					*10,000*	*11,500*	*(1,500)*
단위당 제품원가					80	50	30
기말제품		200			24,000	15,000	9,000

• 감정평가사/2018/문71

12 제조기업인 ㈜감평이 변동원가계산방법에 의하여 제품원가를 계산할 때 제품원가에 포함되는 항목을 모두 고른 것은?

ㄱ. 직접재료원가	ㄴ. 직접노무원가
ㄷ. 본사건물 감가상각비	ㄹ. 월정액 공장임차료

① ㄱ, ㄴ   ② ㄱ, ㄹ   ③ ㄴ, ㄷ

④ ㄴ, ㄹ   ⑤ ㄱ, ㄷ, ㄹ

풀이과정   **정답** ①

원가요소	전부원가계산	변동원가계산	초변동원가계산
직접재료원가	●	●	●
직접노무원가	●	●	×
월정액 공장임차료	●	×	×
본사건물 감가상각비	×	×	×

●   제품원가

×   기간원가

• 감정평가사/2018/문76

13 정상원가계산을 사용하는 ㈜감평은 단일제품을 제조·판매하는 기업이다. 20x1년도의 고정제조간접원가 총예산액 및 실제 발생액은 ₩720,000이었다. 20x1년 제품의 생산 및 판매량은 다음과 같고, 기초 및 기말 재공품은 없다.

기초재고 40,000단위	생산량 140,000단위
판매량 160,000단위	

고정제조간접원가배부율은 120,000단위를 기준으로 산정하며, 이 배부율은 매년 동일하게 적용된다. 한편, 제조원가의 원가차이는 전액 매출원가에서 조정한다. 변동원가계산에 의한 영업이익이 ₩800,000인 경우, 전부원가계산에 의한 영업이익은?

① ₩680,000 　　　　② ₩700,000 　　　　③ ₩750,000

④ ₩830,000 　　　　⑤ ₩920,000

풀이과정　　　　　　　　　　　　　　　　　　　　　　　　　　　　**정답** ①

1. 고정제조간접원가 배부율

고정제조간접원가 예산	720,000
기준조업도	120,000
예정배부율	6

2. 원가계산

원가요소	발생액	생산량	배부액	단위당 원가	판매량	당기비용 전부 원가계산	당기비용 변동 원가계산	전부－변동
기초제품		40,000			40,000	$40,000 \times v$	$40,000 \times v$	0
						240,000	0	240,000
변동제조원가	$140,000 \times v$	140,000	$140,000 \times v$	v	120,000	$120,000 \times v$	$120,000 \times v$	0
고정제조간접원가	720,000	140,000	840,000	6	120,000	720,000	840,000	(120,000)
고정제조간접원가 과대배부액			120,000			(120,000)	(120,000)	0
당기비용						$160,000 \times v$	$160,000 \times v$	
						840,000	720,000	120,000
매출액						840,000	840,000	0
영업이익						**680,000**	**800,000**	**(120,000)**

• 감정평가사/2019/문75

14 20x1년 초 영업을 개시한 ㈜감평의 20x1년도와 20x2년도의 생산 및 판매와 관련된 자료는 다음과 같다.

	20x1년	20x2년
생산량	5,000개	10,000개
판매량	4,000개	10,000개
직접재료원가	₩500,000	₩1,000,000
직접노무원가	₩600,000	₩1,200,000
변동제조간접원가	₩400,000	₩800,000
고정제조간접원가	₩200,000	₩250,000
변동판매관리비	₩200,000	₩400,000
고정판매관리비	₩300,000	₩350,000

㈜감평의 20x2년도 전부원가계산에 의한 영업이익이 ₩100,000일 때, 변동원가계산에 의한 영업이익은? (단, 재공품은 없으며 원가흐름은 선입선출법을 가정한다)

① ₩85,000　　② ₩115,000　　③ ₩120,000
④ ₩135,000　　⑤ ₩140,000

풀이과정　　　　　정답 ②

원가요소	발생액	생산량	단위당 원가	판매량	전부 원가계산	변동 원가계산	초변동 원가계산	전부-변동
					\multicolumn{4}{|c|}{20x1년 비용}			
직접재료원가	500,000	5,000	100	4,000	400,000	400,000	400,000	0
직접노무원가	600,000	5,000	120	4,000	480,000	480,000	600,000	0
변동제조간접원가	400,000	5,000	80	4,000	320,000	320,000	400,000	0
고정제조간접원가	200,000	5,000	40	4,000	160,000	200,000	200,000	(40,000)
변동판매관리비	200,000			4,000	200,000	200,000	200,000	0
고정판매관리비	300,000			4,000	300,000	300,000	300,000	0
당기비용					1,860,000	1,900,000	2,100,000	
당기비용 차액								(40,000)
단위당 제품원가					340	300	100	
기말제품재고		1,000			340,000	300,000	100,000	40,000

원가요소	발생액	생산량	단위당 원가	판매량	20x2년 비용화			전부-변동
					전부 원가계산	변동 원가계산	초변동 원가계산	
기초제품		1,000		1,000	340,000	300,000	100,000	40,000
직접재료원가	1,000,000	10,000	100	9,000	900,000	900,000	900,000	0
직접노무원가	1,200,000	10,000	120	9,000	1,080,000	1,080,000	1,200,000	0
변동제조간접원가	800,000	10,000	80	9,000	720,000	720,000	800,000	0
고정제조간접원가	250,000	10,000	25	9,000	225,000	250,000	250,000	(25,000)
변동판매관리비	400,000			10,000	400,000	400,000	400,000	0
고정판매관리비	350,000			10,000	350,000	350,000	350,000	0
당기비용					4,015,000	4,000,000	4,000,000	
당기비용 차액					15,000			15,000
영업이익					*100,000*	*115,000*	*115,000*	*(15,000)*
단위당 제품원가					325	300	100	
기말제품재고		1,000			325,000	300,000	100,000	25,000

• 감정평가사/2020/문76

15 ㈜감평의 전부원가계산에 의한 영업이익은 ₩374,000이고, 변동원가계산에 의한 영업이익은 ₩352,000이며, 전부원가계산에 의한 기말제품재고액은 ₩78,000이다. 전부원가계산에 의한 기초제품재고액이 변동원가계산에 의한 기초제품재고액보다 ₩20,000이 많은 경우, 변동원가계산에 의한 기말제품재고액은? (단, 기초 및 기말 재공품은 없으며, 물량 및 원가흐름은 선입선출법을 가정한다)

① ₩36,000   ② ₩42,000   ③ ₩56,000

④ ₩58,000   ⑤ ₩100,000

풀이과정   **정답** ①

원가요소	발생액	생산량	단위당 원가	판매량	당기비용 전부원가계산	당기비용 변동원가계산	전부 − 변동	
기초제품		BI		BI	B + 20,000	B	20,000	
변동제조원가	$v \times P$	P	v	S	$v \times S$	$v \times S$	0	
고정제조원가	$f \times P$	P	f	S	$f \times S$	$f \times P$	$-f \times (P-S)$	
당기비용							$20,000 - f \times (P-S)$	$= -22,000$
당기이익					374,000	352,000	22,000	$f \times (P-S) = 42,000$
단위당 제품원가					v + f	v		
기말재고		$P-S$			$(P-S) \times (v+f)$	$(P-S) \times v$		

$(P-S) \times v + (P-S) \times f$

$(P-S) \times v + 42,000 = 78,000$

$(P-S) \times v = 36,000$

16 ㈜감평이 20x2년 재무제표를 분석한 결과 전부원가계산보다 변동원가계산의 영업이익이 ₩30,000 더 많았다. 20x2년 기초 재고수량은? (단, 20x1년과 20x2년의 생산·판매활동 자료는 동일하고, 선입선출법을 적용하며, 재공품은 없다)

당기생산량	5,000개
기초재고수량	?
기말재고수량	500개
판매가격	₩1,500
변동제조간접원가(개당)	500
고정제조간접원가(총액)	750,000

① 500개   ② 620개   ③ 660개   ④ 700개   ⑤ 740개

풀이과정

정답 ④

원가요소	발생액	생산량	단위당원가	판매량	20x2년도 비용 전부원가계산	20x2년도 비용 변동원가계산	전부-변동
기초제품				B	650×B	500×B	150×B
직접재료원가	5,000×m	5,000	m	4,500	4,500×m	4,500×m	0
직접노무원가	5,000×l	5,000	l	4,500	4,500×l	4,500×l	0
변동제조간접원가	2,500,000	5,000	500	4,500	2,250,000	2,250,000	0
고정제조간접원가	750,000	5,000	150	4,500	675,000	750,000	(75,000)
당기비용					650×B	500×B	30,000
					2,925,000	3,000,000	
단위당 제품원가					m+l+650	m+l+500	150
기말제품재고		500					
매출액			1,500	B+4,500	(B+4,500)×1,500	(B+4,500)×1,500	0
영업이익					(B+4,500)×1,500	(B+4,500)×1,500	
					650×B	500×B	-150×B
					2,925,000	3,000,000	75,000
							(30,000)

$150 \times B - 75,000 = 30,000$

기초제품   *700* $B = 700$

• 감정평가사/2022/문78

17 다음은 제품 A를 생산·판매하는 ㈜감평의 당기 전부원가 손익계산서와 공헌이익 손익계산서이다.

	전부원가 손익계산서		공헌이익 손익계산서
매출액	₩1,000,000	매출액	₩1,000,000
매출원가	650,000	변동원가	520,000
매출총이익	350,000	공헌이익	480,000
판매관리비	200,000	고정원가	400,000
영업이익	150,000	영업이익	80,000

제품의 단위당 판매가격 ₩1,000, 총고정판매관리비가 ₩50,000일 때, 전부원가계산에 의한 기말제품재고는? (단, 기초 및 기말 재공품, 기초제품은 없다)

① ₩85,000 ② ₩106,250 ③ ₩162,500
④ ₩170,000 ⑤ ₩212,500

풀이과정 **정답** ③

원가요소	발생액	생산량	단위당원가	판매량	당기비용 전부원가계산	당기비용 변동원가계산	당기비용 전부-변동
변동제조원가	462,500	1,250	370	1,000	370,000	370,000	0
고정제조간접원가	350,000	1,250	280	1,000	280,000	350,000	(70,000)
변동판매관리비	150,000			1,000	150,000	150,000	0
고정판매관리비	50,000			1,000	50,000	50,000	0
당기비용					850,000	920,000	(70,000)
단위당 제품원가					650	370	280
기말제품재고			250		*162,500*	*92,500*	*70,000*
매출액		1,000		1,000	1,000,000	1,000,000	0
영업이익					150,000	80,000	70,000

• 감정평가사/2023/문75

18 변동원가계산제도를 채택하고 있는 ㈜감평의 당기 기초재고자산과 영업이익은 각각 ₩64,000과 ₩60,000이다. 전부원가계산에 의한 ㈜감평의 당기 영업이익은 ₩72,000 이고, 기말재고자산이 변동원가계산에 의한 기말재고자산에 비하여 ₩25,000이 많은 경우, 당기 전부원가계산에 의한 기초재고자산은?

① ₩58,000   ② ₩62,000   ③ ₩68,000   ④ ₩77,000   ⑤ ₩89,000

풀이과정   **정답** ④

원가요소	금액	생산량	단위당 원가	판매량	전부 원가계산	변동 원가계산	전부-변동	
기초재고자산					*BI*	*64,000*	*13,000*	*77,000*
변동제조원가	v×P	P	v	S	v×S	v×S	0	
고정제조간접원가	f×P	P	f	S	f×S	f×P	(25,000)	f×(S−P)
변동판매관리비							0	
고정판매관리비							0	
당기비용							(12,000)	
매출액							0	
영업이익					72,000	60,000	12,000	
기말재고자산	(P−S)				(P−S)×(v+f)	(P−S)×v	25,000	f×(P−S)
단위당 제조원가					(v+f)	v	f	

• 감정평가사/2024/문75

19 ㈜감평은 20x1년 초 영업을 개시하였으며, 제품 X를 생산·판매하고 있다. 재고자산 평가방법은 선입선출법을 적용하고 있으며, 20x1년 1분기와 2분기의 영업활동 결과는 다음과 같다.

구분	1분기	2분기
생산량	500단위	800단위
전부원가계산에 의한 영업이익	₩7,000	₩8,500
변동원가계산에 의한 영업이익	5,000	6,000

1분기와 2분기의 판매량이 각각 400단위와 750단위일 때, 2분기에 발생한 고정제조간접원가는? (단, 각 분기별 단위당 판매가격, 단위당 변동원가는 동일하며, 재공품 재고는 없다.)

① ₩20,000 　② ₩22,000 　③ ₩24,000 　④ ₩26,000 　⑤ ₩30,000

풀이과정　　　　　　　　　　　　　　　　　　　　　　　　　　　　**정답** ③

1분기

원가요소	금액	생산량	단위당 원가	판매량	전부 원가계산	변동 원가계산	전부－변동
변동제조원가	$500 \times v$	500	v	400	$400 \times v$	$400 \times v$	0
고정제조간접원가	$500 \times f$	500	$f1$	400	$400 \times f1$	$500 \times f$	$-100 \times f1$
변동판매관리비	vSGA1				vSGA1	vSGA1	0
고정판매관리비	fSGA1				fSGA1	fSGA1	0
당기비용							$-100 \times f1$
매출액			P	400	$400 \times P$	$400 \times P$	0
영업이익					7,000	5,000	2,000
고정제조간접원가	**10,000**	**500**	**f1**				**20**
기말재고자산		100			$100 \times (v+f1)$	$100 \times v)$	2,000
단위당 제조원가					$(v+f)$	v	$f1$

2분기

원가요소	금액	생산량	단위당 원가	판매량	전부 원가계산	변동 원가계산	전부－변동
기초재고자산		100		100	$100 \times (v+20)$	$100 \times v$	2,000
변동제조원가	$800 \times v$	800	v	650	$650 \times v$	$650 \times v$	0
고정제조간접원가	$800 \times f2$	800	$f2$	650	$650 \times f2$	$800 \times f2$	$-150 \times f2$
변동판매관리비	vSGA2				vSGA2	vSGA2	0
고정판매관리비	fSGA2				fSGA2	fSGA2	0
당기비용						2,000	
							$-150 \times f2$
매출액			P	750	$750 \times P$	$750 \times P$	0
영업이익					8,500	6,000	2,500　$=150 \times f2 - 2,000$
고정제조간접원가	**24,000**	**800**	**f2**				**30**
기말재고자산		150			$150 \times (v+30)$	$150 \times v$	4,500
단위당 제조원가					$(v+30)$	v	30

4. 세무사 기출문제 및 해설

• 세무사/2015/문32

> **20** 전부원가계산과 변동원가계산에 대한 설명으로 옳은 것은?
> ① 변동원가계산의 영업이익은 판매량뿐만 아니라 생산량에 따라서도 좌우된다.
> ② 전부원가계산 하에서는 생산과잉으로 인한 바람직하지 못한 재고의 누적을 막을 수 있다.
> ③ 전부원가계산에 의해 매출원가가 표시되는 손익계산서는 성격별 포괄손익계산서라고 한다.
> ④ 초변동원가계산은 직접재료원가와 직접노무원가만 재고가능원가로 처리한다.
> ⑤ 변동원가계산은 정상원가계산, 표준원가계산, 개별원가계산, 종합원가계산을 사용하는 기업에 적용할 수 있다.

풀이과정   **정답** ⑤

1. 원가흐름

원가요소	금액	생산량	단위당원가	판매량	당기	차기
		당기 발생			비용화기간	
제품원가	MC	P	$u = MC/P$	S	$u \times S$	$(P-S) \times u$
기간원가	SA				SA	

2. 변동원가계산의 주요내용

구분	설명
원가계산에 의한 이익 측정방법	전부원가계산, 변동원가계산, 초변동원가계산
고정제조간접원가의 비용화 시점	발생시점
전부원가계산과의 이익차이 조정	고정제조간접원가의 기간별 비용화 금액 차이
초변동원가계산과의 이익차이	변동가공원가의 기간별 비용화 금액 차이
경영관리적 중요성	불필요한 과잉생산 유인 차단

3. 문항별 지문분석

문항	지문분석
1	**전부원가계산**의 이익은 판매량과 생산량에 따라서 좌우된다.
2	**변동원가계산**은 생산과잉으로 인한 불필요한 재고누적 방지
3	전부원가계산에 의한 매출원가는 **기능별**로 표시된다.
4	초변동원가계산은 **직접재료원가**만 재고가능원가로 처리한다.
5	**변동원가계산은 정상원가계산, 표준원가계산, 개별원가계산, 종합원가계산에 적용가능**

• 세무사/2015/문39

21 당기에 설립된 ㈜국세는 1,300단위를 생산하여 그중 일부를 판매하였으며, 관련 자료는 다음과 같다.

직접재료원가매입액:	₩500,000
직접노무원가:	기본원가(prime cost)의 30%
제조간접원가:	전환원가(가공원가)의 40%
매출액:	₩900,000
판매관리비:	₩200,000
직접재료 기말재고액:	₩45,000
재공품 기말재고액:	없음
제품 기말재고액 중 직접재료원가:	₩100,000

초변동원가계산(throughput costing)에 의한 당기 영업이익은?

① ₩20,000   ② ₩40,000   ③ ₩80,000

④ ₩150,000   ⑤ ₩220,000

풀이과정   **정답** ①

1. 직접재료원가

기초직접재료	0
당기매입	500,000
사용가능직접재료	500,000
기말직접재료	45,000
직접재료원가	455,000

2. 원가분류

원가요소		기본원가	가공원가	비고	
직접재료원가	455,000	455,000			
직접노무원가	DL	DL	195,000	195,000	(=650,000×0.3)
제조간접원가	OH		OH	130,000	(=325,000×0.4)
		650,000	325,000		
		(=455,000/0.7)	(=195,000/0.6)		

3. 원가계산모형별 영업이익

원가요소	발생액	생산량	단위당 원가	판매량	전부 원가계산	초변동 원가계산	전부-초변동
직접재료원가	455,000	1,300	350	1,014.3	355,000	355,000	0
직접노무원가	195,000	1,300	150	1,014.3	152,143	195,000	(42,857)
제조간접원가	130,000	1,300	100	1,014.3	101,429	130,000	(28,571)
판매관리비	200,000				200,000	200,000	0
당기비용					808,571	880,000	(71,429)
매출액			887	1,014.3	900,000	900,000	0
영업이익					**91,429**	**20,000**	**71,429**
단위당 원가					600	350	250
기말재고		285.7	350		171,429	100,000	71,429

22 ㈜세무는 전부원가계산방법을 채택하여 단일 제품 A를 생산·판매하며, 재고자산 계산은 선입선출법을 적용한다. 20x1년 제품 A의 생산·판매와 관련된 자료는 다음과 같다.

	수량	재고금액
기초제품	1,500단위	₩100,000(고정제조간접원가 ₩45,000 포함)
당기완성품	24,000단위	
당기판매	23,500단위	
기말제품	2,000단위	₩150,000(고정제조간접원가 포함)

20x1년 재공품의 기초와 기말재고는 없으며, 고정제조간접원가는 ₩840,000, 고정판매관리비는 ₩675,000이다. ㈜세무의 20x1년 전부원가계산에 의한 영업이익이 ₩745,000일 경우, 변동원가계산에 의한 영업이익과 기말제품재고액은?

	영업이익	기말제품재고액		영업이익	기말제품재고액
①	₩710,000	₩80,000	②	₩710,000	₩90,000
③	₩720,000	₩80,000	④	₩720,000	₩90,000
⑤	₩730,000	₩90,000			

풀이과정　　　　　　　　　　　　　　　　　　　　　　　　　　　　　　　**정답** ③

원가요소	발생액	생산량	단위당원가	판매량	당기비용 전부원가계산	당기비용 변동원가계산	전부−변동
기초제품		1,500		1,500	100,000	55,000	45,000
변동제조원가	960,000	24,000	40	22,000	880,000	880,000	0
고정제조원가	840,000	24,000	35	22,000	770,000	840,000	−70,000
고정판매관리비	675,000			23,500	675,000	675,000	0
당기비용					2,425,000	2,450,000	−25,000
매출액			135	23,500	3,170,000	3,170,000	
영업이익					**745,000**	**720,000**	**25,000**
단위당 제품원가					75	40	35
기말제품	2,000				**150,000**	**80,000**	**70,000**

• 세무사/2017/문30

23 다음은 ㈜세무의 공헌이익 손익계산서와 전부원가 손익계산서이다. 고정판매관리비가 ₩94,000이고 제품의 판매가격이 단위당 ₩1,500일 때, 전부원가계산에 의한 기말제품재고는? (단, 기초 및 기말재공품, 기초제품은 없다)

공헌이익 손익계산서	
매출액	₩1,200,000
변동원가	456,000
공헌이익	744,000
고정원가	766,000
영업이익(손실)	(22,000)

전부원가 손익계산서	
매출액	₩1,200,000
매출원가	937,600
매출총이익	262,400
판매관리비	150,000
영업이익(손실)	112,400

① ₩154,000 ② ₩171,300 ③ ₩192,000

④ ₩214,000 ⑤ ₩234,400

풀이과정 **정답** ⑤

1. 공헌이익 손익계산서 분해

		단위당	판매량	단위당	제조원가	판매관리비
매출액	1,200,000	1,500	800			
변동원가	456,000		800	570	500	70
공헌이익	744,000		800	930		
고정원가	766,000				672,000	94,000
영업이익	-22,000					

단위당 고정제조원가	672
생산량	1,000

2. 전부원가 손익계산서 분해

		단위당	판매량	단위당	변동원가	고정원가
매출액	1,200,000	1,500	800			
매출원가	937,600		800	1,172	400,000	537,600
매출총이익	262,400					
판매관리비	150,000		800	70	56,000	94,000
영업이익	112,400					

단위당 고정제조원가		672
단위당 변동판매관리비	70	

3. 원가계산모형별 영업이익 분석

원가요소	발생액	생산량	단위당 원가	판매량	당기비용 전부 원가계산	당기비용 변동 원가계산	전부-변동
변동제조원가	500,000	1,000	500	800	400,000	400,000	0
고정제조원가	672,000	1,000	672	800	537,600	672,000	(134,400)
변동판매관리비	56,000		70	800	56,000	56,000	0
고정판매관리비	94,000			800	94,000	94,000	0
당기비용					1,087,600	1,222,000	(134,400)
매출액			1,500	800	1,200,000	1,200,000	0
영업이익					112,400	(22,000)	134,400
단위당 제품원가					1,172	500	672
기말제품		*200*			*234,400*	*100,000*	*134,400*

• 세무사/2018/문26

24 ㈜세무는 20x1년 초에 영업을 개시하였다. 20x1년에는 4,000단위를 생산하였고, 20x2년에는 전부원가계산에 의한 영업이익이 변동원가계산에 의한 영업이익보다 ₩25,000 많았다. 20x2년의 생산 및 원가자료는 다음과 같다.

항목		수량/금액
기초제품 수량		( )단위
생산량		4,000 단위
기말제품 수량		1,200단위
제품 단위당	판매가격	₩250
	직접재료원가	80
	직접노무원가	40
	변동제조간접원가	30
	변동판매관리비	10
고정제조간접원가(총액)		₩200,000
고정판매관리비(총액)		100,000

㈜세무의 20x2년도 기초제품 수량은? (단, 20x1년과 20x2년의 제품 단위당 판매가격과 원가구조는 동일하고, 기초 및 기말 재공품은 없다)

① 500단위　　② 650단위　　③ 700단위　　④ 950단위　　⑤ 1,700단위

풀이과정　　　　　　　　　　　　　　　　　　　　　　　　　　　　　　　**정답** ③

원가요소	발생액	생산량	단위당 원가	판매량	전부 원가계산	변동 원가계산	초변동 원가계산	전부-변동
기초제품		B		B	200×B	150×B	80×B	50×B
직접재료원가	320,000	4,000	80	2,800	224,000	224,000	224,000	0
직접노무원가	160,000	4,000	40	2,800	112,000	112,000	160,000	0
변동제조간접원가	120,000	4,000	30	2,800	84,000	84,000	120,000	0
고정제조간접원가	200,000	4,000	50	2,800	140,000	200,000	200,000	(60,000)
변동판매관리비	28,000+10×B		10	2,800+B	28,000+10×B	28,000+10×B	28,000+10×B	0
고정판매관리비	100,000			2,800+B	100,000	100,000	100,000	0
당기비용					660,000	720,000	804,000	(60,000) = −25,000
					210×B	160×B	90×B	50×B　B=700
단위당 제품원가					200	150	80	
기말제품		1,200			240,000	180,000	96,000	60,000
매출액			250	B+2,800	250×B+700,000	250×B+700,000	250×B+700,000	0
영업이익								25,000
매출액				3,500	875,000	875,000	875,000	
당기비용				3,500	807,000	832,000	867,000	
영업이익					68,000	43,000	8,000	

25 ㈜세무는 20x1년 초에 영업을 개시하였다. 20x2년도 기초제품 수량은 100단위, 생산량은 2,000단위, 판매량은 1,800단위이다. 20x2년의 제품 판매가격 및 원가자료는 다음과 같다.

항목		수량/금액
	판매가격	₩250
	직접재료원가	30
제품 단위당	직접노무원가	50
	변동제조간접원가	60
	변동판매관리비	15
고정제조간접원가(총액)		₩50,000
고정판매관리비(총액)		10,000

20x2년도 변동원가계산에 의한 영업이익과 초변동원가계산(throughput costing)에 의한 영업이익의 차이금액은? (단, 20x1년과 20x2년의 제품 단위당 판매가격과 원가구조는 동일하고, 기초 및 기말 재공품은 없다)

① ₩10,000   ② ₩11,000   ③ ₩20,000
④ ₩22,000   ⑤ ₩33,000

풀이과정   정답 ④

원가요소	발생액	생산량	단위당 원가	판매량	전부 원가계산	변동 원가계산	초변동 원가계산	변동−초변동
기초제품	14,000	100		100	16,500	14,000	3,000	11,000
직접재료원가	60,000	2,000	30	1,700	51,000	51,000	51,000	0
직접노무원가	100,000	2,000	50	1,700	85,000	85,000	100,000	−15,000
변동제조간접원가	120,000	2,000	60	1,700	102,000	102,000	120,000	−18,000
고정제조간접원가	50,000	2,000	25	1,700	42,500	50,000	50,000	0
변동판매관리비	27,000		15	1,800	27,000	27,000	27,000	0
고정판매관리비	10,000				10,000	10,000	10,000	0
당기 비용					334,000	339,000	361,000	−22,000
단위당 제품원가					165	140	30	
기말제품		300			49,500	42,000	9,000	0
					7,500			
매출액			250	1,800	360,000	360,000	360,000	0
영업이익					*26,000*	*21,000*	*−1,000*	*22,000*
기초제품						*100*		
기말제품						*300*		
재고증가량						*200*	200	200
단위당 변동전환원가						*110*		
영업이익 차이						*22,000*		

• 세무사/2019/문32

26 ㈜세무의 기초 제품수량은 없고 당기 제품 생산수량은 500단위, 기말 제품수량은 100단위이다. 제품 단위당 판매가격은 ₩1,300이며, 당기에 발생한 원가는 다음과 같다. 변동원가계산에 의한 당기 영업이익은? (단, 기초 및 기말 재공품은 없다)

직접재료원가	₩250,000
직접노무원가	80,000
변동제조간접원가	160,000
변동판매관리비	40,000
고정제조간접원가	40,000
고정판매관리비	15,000

① ₩13,000 ② ₩23,000 ③ ₩33,000

④ ₩43,000 ⑤ ₩53,000

풀이과정 **정답** ③

원가요소	발생액	생산량	단위당 원가	판매량	전부 원가계산	변동 원가계산	초변동 원가계산	전부-변동	변동-초변동
						당기비용			
직접재료원가	250,000	500	500	400	200,000	200,000	200,000	0	0
직접노무원가	80,000	500	160	400	64,000	64,000	80,000	0	-16,000
변동제조간접원가	160,000	500	320	400	128,000	128,000	160,000	0	-32,000
고정제조간접원가	40,000	500	80	400	32,000	40,000	40,000	-8,000	0
변동판매관리비	40,000			400	40,000	40,000	40,000	0	0
고정판매관리비	15,000			400	15,000	15,000	15,000	0	0
당기 비용					479,000	487,000	535,000	-8,000	-48,000
매출액			1,300	400	520,000	520,000	520,000	0	0
영업이익					*41,000*	*33,000*	*-15,000*	*8,000*	*48,000*
단위당 제품원가					1,060	980	500	80	480
기말재품원가		100			106,000	98,000	50,000	8,000	48,000

• 세무사/2020/문36

27 ㈜세무는 단일제품을 생산·판매하고 있으며, 3년간의 자료는 다음과 같다.

구분	20X1년	20X2년	20X3년
기초재공품(단위)	–	20,000	10,000
당기생산량(단위)	60,000	30,000	50,000
당기판매량(단위)	40,000	40,000	40,000
기말재공품(단위)	20,000	10,000	20,000

3년간 판매가격과 원가구조의 변동은 없다. 20X1년 전부원가계산하의 영업이익은 ₩800,000이고, 고정원가가 ₩600,000일 때, 20X3년 전부원가계산하의 영업이익은? (단, 원가흐름은 선입선출법을 가정하며, 기초 및 기말 재공품은 없다)

① ₩640,000   ② ₩660,000   ③ ₩680,000

④ ₩700,000   ⑤ ₩720,000

풀이과정   **정답** ①

20X1년	발생액	생산량	단위당 원가	판매량	전부 원가계산	변동 원가계산	전부-변동
변동제조원가	60000×v	60,000	v	40,000	40,000×v	40,000×v	0
고정제조간접원가	600,000	60,000	10	40,000	400,000	600,000	−200,000
판매관리비	SA1			40,000	SA1	SA1	0
당기비용					40,000×v+SA1	40,000×v+SA1	0
					400,000	600,000	−200,000
영업이익					800,000	600,000	200,000
단위당 제품원가					v+10	v	10
기말재고		20,000			20,000×v	20,000×v	0
					200,000	0	200,000

20×2년	발생액	생산량	단위당 원가	판매량	전부 원가계산	변동 원가계산	전부-변동
기초제품		20,000		20,000	20,000×v	20,000×v	0
					200,000	0	200,000
변동제조원가	30000×v	30,000	v	20,000	20,000×v	20,000×v	0
고정제조간접원가	600,000	30,000	20	20,000	400,000	600,000	-200,000
판매관리비	SA2			40,000	SA2	SA2	0
당기비용					40,000×v+SA2	40,000×v+SA2	0
					600,000	600,000	0
영업이익					600,000	600,000	0
단위당 제품원가					v+10	v	10
기말재고		10,000			10,000×v	10,000×v	0
					200,000	0	200,000

20×3년	발생액	생산량	단위당 원가	판매량	전부 원가계산	변동 원가계산	전부-변동
기초제품		10,000		10,000	10,000×v	10,000×v	0
					200,000	0	200,000
변동제조원가	30000×v	50,000	v	30,000	30,000×v	30,000×v	0
고정제조간접원가	600,000	50,000	12	30,000	360,000	600,000	-240,000
판매관리비	SA3			40,000	SA3	SA3	0
당기비용					40,000×v+SA2	40,000×v+SA2	0
					560,000	600,000	-40,000
영업이익					*640,000*	*600,000*	*40,000*
단위당 제품원가					v+12	v	12
기말재고		20,000			20,000×v	20,000×v	0
					240,000	0	240,000

28 ㈜세무는 단일제품을 생산·판매하고 있으며, 선입선출법에 의한 종합원가계산을 적용하고 있다. 직접재료는 공정 초에 전량 투입되며, 전환원가는 공정 전반에 걸쳐 균등하게 발생한다. 당기 재고자산 관련 자료는 다음과 같다.

구분	기초재고	기말재고
재공품(전환원가 완성도)	1,500단위(40%)	800단위(50%)
제품	800	1,000

㈜세무는 당기에 8,500단위를 제조공정에 투입하여 9,200단위를 완성하였고, 완성품 환산량 단위당 원가는 직접재료원가 ₩50, 전환원가 ₩30으로 전기와 동일하다. ㈜ 세무의 당기 전부원가계산에 의한 영업이익이 ₩315,000일 경우, 초변동원가계산에 의한 영업이익은?

① ₩300,000　　　　② ₩309,000　　　　③ ₩315,000

④ ₩321,000　　　　⑤ ₩330,000

풀이과정　　　　　　　　　　　　　　　　　　　　　　　　**정답** ③

1. 종합원가계산

	1. 물량흐름			2. 당기완성품환산량		5. 원가배분			6. 완성품	
구분	물량	완성도		직접 재료원가	전환원가	직접 재료원가	전환원가	합계	전부 원가계산	초변동 원가계산
기초재공품	1,500	40%		1,500	600				93,000	75,000
당기투입량	8,500									
계	10,000									
완성품	9,200			9,200	9,200	385,000	258,000	643,000	643,000	385,000
기말재공품	800	50%		800	400	40,000	12,000	52,000		
계	10,000					425,000	270,000	695,000	736,000	460,000

2. 완성품환산량

가중평균법	8,500	9,000
기초재공품	1,500	600
선입선출법	7,000	8,400

3. 제조원가

기초재공품	75,000	18,000
당기제조원가	425,000	270,000
총제조원가	500,000	288,000

4. 단위당 원가

	50	30

2. 원가계산 모형별 영업이익 계산

원가요소	발생액	생산량	단위당 원가	판매량	전부 원가계산	초변동 원가계산	전부-초변동
기초재공품	93,000	1,500			93,000	75,000	18,000
직접재료원가	425,000	8,500			425,000	425,000	0
가공원가	270,000	8,500			270,000		270,000
총제조원가	788,000	10,000			788,000	500,000	288,000
기말재공품		800			52,000	40,000	
당기제품제조원가		9,200			736,000	460,000	
기초제품		800	80		64,000	40,000	24,000
판매가능제품		10,000			800,000	500,000	24,000
기말제품		1,000	80		80,000	50,000	
매출원가		9,000	80	9,000	720,000	450,000	270,000
가공원가						270,000	(270,000)
당기비용					720,000	720,000	0
매출액			115	9,000	1,035,000	1,035,000	0
영업이익					*315,000*	*315,000*	*0*

3. 영업이익 차이분석

	재공품		제품
	수량	환산량	
기초	1,500	600	800
기말	800	400	1,000
증감		(200)	200
단위당 변동전환원가		30	30
영업이익		(6,000)	6,000
전부원가계산하의 영업이익			315,000
초변동원가계산하의 영업이익			315,000

• 세무사/2021/문31

29 20x1년에 영업을 개시한 ㈜세무는 단일제품을 생산·판매하고 있으며, 전부원가계산제도를 채택하고 있다. ㈜세무는 20x1년 2,000단위의 제품을 생산하여 단위당 ₩1,800에 판매하였으며, 영업활동에 관한 자료는 다음과 같다.

· 제조원가	
단위당 직접재료원가:	₩400
단위당 직접노무원가:	300
단위당 변동제조간접원가:	200
고정제조간접원가:	250,000
· 판매관리비	
단위당 변동판매관리비:	₩100
고정판매관리비:	150,000

㈜세무의 20x1년 영업이익이 변동원가계산에 의한 영업이익보다 ₩200,000이 많을 경우, 판매수량은? (단, 기말재공품은 없다)

① 200단위   ② 400단위   ③ 800단위
④ 1,200단위   ⑤ 1,600단위

풀이과정   정답 ②

원가요소	발생액	생산량	단위당 원가	판매량	전부 원가계산	변동 원가계산	초변동 원가계산	전부-변동
직접재료원가	800,000	2,000	400	S	400×S	400×S	400×S	0
직접노무원가	600,000	2,000	300	S	300×S	300×S	600,000	0
변동제조간접원가	400,000	2,000	200	S	200×S	200×S	400,000	0
고정제조간접원가	250,000	2,000	125	S	125×S	250,000	250,000	125×(S−2,000)
변동판매관리비	100×S		100	S	100×S	100×S	100×S	0
고정판매관리비	150,000			S	150,000	150,000	150,000	0
당기비용					150,000	400,000	1,400,000	(250,000)
			1,125		1,125×S	1,000×S	500×S	125×S
매출액			1,800	S	1,800×S	1,800×S	1,800×S	0
당기비용					150,000	400,000	1,400,000	(250,000)
					1,125×S	1,000×S	500×S	125×S
영업이익					675×S	800×S	1,300×S	−125×S
					(150,000)	(400,000)	(1,400,000)	250,000
								200,000
				400	120,000	(80,000)	(880,000)	S=400

● 세무사/2023/문28

30 ㈜세무는 20x1년 초에 설립되었다. 20x1년 생산량과 판매량은 각각 3,200개와 2,900개이다. 동 기간동안 고정제조간접원가는 ₩358,400 발생하였고, 고정판매관리비는 ₩250,000 발생하였다. 전부원가계산을 적용하였을 때 기말제품의 단위당 제품원가는 ₩800이다. 변동원가계산을 적용하였을 때 기말제품재고액은? (단, 재공품은 없다.)

① ₩192,600 ② ₩198,000 ③ ₩206,400 ④ ₩224,000 ⑤ ₩232,800

풀이과정 　　　　　　　　　　　　　　　　　　　　　　　　　　　　　**정답** ③

원가요소	발생액	생산량	단위당원가	판매량	전부원가계산	변동원가계산
직접재료원가		3,200		2,900		
직접노무원가		3,200	688	2,900		
변동제조간접원가		3,200		2,900		
고정제조간접원가	358,400	3,200	112	2,900		
변동판매관리비				2,900		
고정판매관리비	250,000			2,900		
당기비용						
단위당 제품원가			800		800	688
기말제품		*300*			*240,000*	*206,400*

• 세무사/2024/문36

31 ㈜20x1년 초 설립된㈜세무의 20x1년부터 20x3년까지의 영업활동 결과는 다음과 같다.

구분	20×1년	20×2년	20×3년
생산량	2,000단위	2,400단위	2,200단위
판매량	?	?	?
변동원가계산에 의한 영업이익	₩44,000	₩50,000	₩46,000
전부원가계산에 의한 영업이익	80,000	42,000	54,000
고정제조간접원가	240,000	336,000	264,000

20x2년과 20x3년의 판매량은 각각 몇 단위인가? (단, ㈜세무는 기초 및 기말 재공품이 없고, 재고자산은 선입선출법에 의해 평가되며 세 기간의 단위당 판매가격, 단위당 변동제조원가, 단위당 변동판매관리비, 고정판매관리비는 동일하다.)

	20X2년	20X3년		20X2년	20X3년
①	1,700단위	2,100단위	②	1,700단위	2,500단위
③	2,100단위	2,500단위	④	2,500단위	2,100단위
⑤	2,500단위	2,400단위			

풀이과정

정답 ④

20X1년	발생액	생산량	단위당원가	판매량	전부원가계산	변동원가계산	전부－변동
변동제조원가	2000×v	2,000	v	S_1	$v×S_1$	$v×S_1$	0
고정제조간접원가	240,000	2,000	**120**	S_1	$120×S_1$	240,000	$120×S_1-240,000$
영업이익				**1,700**	80,000	44,000	**36,000**
기말재고		**300**			$300×(v+120)$	$300×v$	

20X2년	발생액	생산량	단위당원가	판매량	전부원가계산	변동원가계산	전부－변동
기초재고				**300**	$300×(v+120)$	$300×v$	36,000
변동제조원가	2400×v	2,400	v	S_2	$v×S_2$	$v×S_2$	0
고정제조간접원가	336,000	2,400	140	S_2	$140×S_2$	336,000	$140×S_2-336,000$
							$140×S_2-300,000$
영업이익				**2,200**	42,000	50,000	**(8,000)**
기말재고		**200**			$200×(v+140)$	$200×v$	

20X3년	발생액	생산량	단위당원가	판매량	전부원가계산	변동원가계산	전부－변동
기초재고				**200**	$200×(v+140)$	$200×v$	28,000
변동제조원가	2200×v	2,200	v	S_3	$v×S_3$	$v×S_3$	0
고정제조간접원가	264,000	2,200	120	S_3	$120×S_3$	264,000	$120×S_2-264,000$
							$120×S_2-236,000$
영업이익				**1,900**	54,000	46,000	**8,000**
기말재고		300			$300×(v+120)$	$300×v$	36,000

5. 공인회계사 기출문제 및 해설

• 회계사/2016/문43

32 20×1년초에 영업을 개시한 ㈜한국은 단일 제품 X를 생산하여 지역 A와 지역 B에 판매하고 있다. 회사는 20×1년 중 제품 X를 40,000단위 생산하여 그 중 35,000단위를 판매하였으며, 20×1년말 현재 직접재료 및 재공품 재고는 없다. 20×1년 중 제품 X의 단위당 판매가격과 생산·판매 관련 단위당 변동원가와 연간 고정원가는 다음과 같다.

단위당 판매가격	₩80
단위당 직접재료원가	₩24
단위당 직접노무원가	₩14
단위당 변동제조간접원가	₩2
단위당 변동판매관리비	₩4
연간 고정제조간접원가	₩800,000
연간 고정판매관리비	₩496,000

회사는 20×1년 판매량 35,000단위 중 지역 A와 지역 B에 각각 25,000단위와 10,000단위를 판매하였다. 20×1년 고정제조간접원가 ₩800,000은 각 지역별로 추적이 불가능한 공통원가이며, 20×1년 고정판매관리비 ₩496,000 중 지역 A와 지역 B에 추적가능한 금액은 각각 ₩150,000과 ₩250,000이며 나머지 ₩96,000은 각 지역별로 추적이 불가능한 공통원가이다. 다음 설명 중 옳은 것은?

① 변동원가계산에 의한 ㈜한국의 20×1년 단위당 제품원가는 ₩60이다.

② 변동원가계산에 의한 ㈜한국의 20×1년 영업손실은 ₩30,000이다.

③ 전부원가계산에 의한 ㈜한국의 20×1년 기말제품재고 금액은 ₩200,000이다.

④ 전부원가계산에 의한 ㈜한국의 20×1년 영업이익은 ₩60,000이다.

⑤ ㈜한국의 20×1년 지역별 부문손익계산서에 의하면, 지역 A의 부문이익(segment margin)은 ₩750,000이다.

풀이과정

1. 원가계산모형별 영업이익

원가요소	발생액	생산량	단위당 원가	판매량	전부 원가계산	변동 원가계산	초변동 원가계산	전부-변동
						당기비용		
직접재료원가	960,000	40,000	24	35,000	840,000	840,000	840,000	0
직접노무원가	560,000	40,000	14	35,000	490,000	490,000	560,000	0
변동제조간접원가	80,000	40,000	2	35,000	70,000	70,000	80,000	0
고정제조간접원가	800,000	40,000	20	35,000	700,000	800,000	800,000	-100,000
변동판매관리비	140,000		4	35,000	140,000	140,000	140,000	0
고정판매관리비	496,000			35,000	496,000	496,000	496,000	0
당기비용					2,736,000	2,836,000	2,916,000	-100,000
매출액			90	35,000	2,800,000	2,800,000	2,800,000	0
영업이익					64,000	-36,000	-116,000	100,000
단위당 제품원가					60	40	24	
기말재고				5,000	300,000	200,000	120,000	100,000

2. 부문 영업이익

	지역A	지역B	회사 전체
판매량	25,000	10,000	35,000
매출액	2,000,000	800,000	2,800,000
변동원가	1,100,000	440,000	1,540,000
공헌이익	900,000	360,000	1,260,000
추적가능고정원가	150,000	250,000	400,000
추적가능부문이익	*750,000*	110,000	860,000
공통원가 배분액			538,000
회사 전체 영업이익			322,000

• 회계사/2018/문41

33 ㈜대한은 20×1년 1월 1일에 처음으로 생산을 시작하였고, 20×1년과 20×2년의 영업 활동 결과는 다음과 같다.

구분	20×1년	20×2년
생산량	1,000단위	1,400단위
판매량	800단위	1,500단위
고정제조간접원가	?	?
전부원가계산에 의한 영업이익	₩8,000	₩8,500
변동원가계산에 의한 영업이익	₩4,000	₩10,000

㈜대한은 재공품 재고를 보유하지 않으며, 재고자산 평가방법은 선입선출법이다. 20×1년과 20×2년에 발생한 고정제조간접원가는 각각 얼마인가? (단, 두 기간의 단위당 판매가격, 단위당 변동제조원가와 판매관리비는 동일하였다)

	20×1년	20×2년		20×1년	20×2년
①	₩20,000	₩35,000	②	₩20,000	₩37,500
③	₩20,000	₩38,000	④	₩27,600	₩35,000
⑤	₩27,600	₩42,000			

풀이과정　　　　　　　　　　　　　　　　　　　　　　　　　　　　　　　**정답** ①

20×1년

원가요소	발생액	생산량	단위당 원가	판매량	전부 원가계산	변동 원가계산	전부-변동
변동제조원가	1,000×v	1,000	v	800	800×v	800×v	0
고정제조간접원가	1,000×f	1,000	f	800	800×f	1,000×f	−200×f
당기비용					800×v	800×v	
					800×f	1,000×f	−200×f
영업이익					8,000	4,000	4,000
고정제조간접원가	*20,000*	*1,000*	*20*				*f=20*
단위당 제품원가					v+20	v	20
기말제품재고				200	200×(v+20)	200×v	4,000

20×2년

원가요소	발생액	생산량	단위당 원가	판매량	전부 원가계산	변동 원가계산	전부-변동
기초제품				200	$200 \times (v+20)$	$200 \times v$	4,000
변동제조원가	$1,400 \times v$	1,400	v	1,300	$1,300 \times v$	$1,300 \times v$	0
고정제조간접원가	$1,400 \times f$	1,400	f	1,300	$1,300 \times f$	$1,400 \times f$	$-200 \times f$
당기비용					$200 \times (v+20)$	$200 \times v$	4,000
					$1,300 \times v$	$1,300 \times v$	0
					$1,300 \times v$	$1,400 \times f$	$-100 \times f$
							$4,000 - 100 \times f$
영업이익					8,500	10,000	1,500
고정제조간접원가	*35,000*	*1,400*	*25*				*f = 25*
단위당 제품원가					$v+15$	v	25
기말제품재고				100	$100 \times (v+f)$	$100 \times v$	2,500

• 회계사//2019/문43

34 ㈜대한은 20×1년 초에 설립되었으며 단일제품을 생산한다. 20×1년과 20×2년에 전부원가계산에 의한 영업활동 결과는 다음과 같다.

항목	20×1년	20×2년
생산량	100단위	120단위
판매량	80단위	110단위
매출액	₩24,000	₩33,000
매출원가	17,600	22,400
매출총이익	₩6,400	₩10,600
판매관리비	5,600	6,200
영업이익	₩800	₩4,400

㈜대한은 재공품 재고를 보유하지 않으며, 원가흐름 가정은 선입선출법이다. 20×2년도 변동원가계산에 의한 영업이익은 얼마인가? (단, 두 기간의 단위당 판매가격, 단위당 변동제조원가, 고정제조간접원가, 단위당 변동판매관리비, 고정판매관리비는 동일하다)

① ₩3,200 ② ₩3,400 ③ ₩3,600 ④ ₩3,800 ⑤ ₩4,200

풀이과정 정답 ④

1. 변동원가와 고정원가 분석

연도	판매량	판매관리비	변동원가	고정원가
20×1년	80	5,600	1,600	4,000
20×2년	110	6,200	2,200	4,000
	30	600		
단위당			20	

	판매량	매출원가	단위당 원가
20×1년	80	17,600	220
20×2년	110	22,400	
기초제품	20	4,400	
당기생산	90	18,000	200

	생산량	단위당원가	총원가	변동원가	고정원가
20×1년	100	220	22,000	10,000	12,000
20×2년	120	200	24,000	12,000	12,000
변동	20		2,000		
단위당 변동원가				100	

2. 원가계산 모형별 원가계산

20×1년 영업이익

원가요소	발생액	생산량	단위당 원가	판매량	전부 원가계산	변동 원가계산	전부-변동
변동제조원가	10,000	100	100	80	8,000	8,000	0
고정제조원가	12,000	100	120	80	9,600	12,000	-2,400
변동판매관리비	1,600		20	80	1,600	1,600	0
고정판매관리비	4,000			80	4,000	4,000	0
당기비용					23,200	25,600	-2,400
매출액			300	80	24,000	24,000	0
영업이익					800	-1,600	2,400
단위당 원가					220	100	120
기말제품		20			4,400	2,000	2,400

20×2년 영업이익

원가요소	발생액	생산량	단위당 원가	판매량	전부 원가계산	변동 원가계산	전부-변동
기초제품		20		20	4,400	2,000	2,400
변동제조원가	12,000	120	100	90	9,000	9,000	0
고정제조원가	12,000	120	100	90	9,000	12,000	-3,000
변동판매관리비	2,200		20	110	2,200	2,200	0
고정판매관리비	4,000				4,000	4,000	0
당기비용					28,600	29,200	-600
매출액			300	110	33,000	33,000	0
영업이익					*4,400*	*3,800*	*600*
단위당 원가					200	100	100
기말제품		30			6,000	3,000	3,000

• 회계사/2020/문44

35 전부원가계산, 변동원가계산, 초변동원가계산과 관련한 다음 설명 중 가장 옳은 것은? (단, 직접재료원가, 직접노무원가, 제조간접원가는 ₩0보다 크다고 가정한다)

① 변동원가계산은 초변동원가계산에 비해 경영자의 생산과잉을 더 잘 방지한다.

② 변동원가계산은 전환원가(가공원가)를 모두 기간비용으로 처리한다.

③ 기초재고가 없다면, 당기 판매량보다 당기 생산량이 더 많을 때 전부원가계산상의 당기 영업이익보다 초변동원가계산상의 당기 영업이익이 더 작다.

④ 변동원가계산상의 공헌이익은 주로 외부이용자를 위한 재무제표에 이용된다.

⑤ 제품의 재고물량이 늘어나면 변동원가계산의 공헌이익계산서상 영업이익은 전부원가계산의 손익계산서상 영업이익보다 항상 낮거나 같다.

풀이과정　　　　　　　　　　　　　　　　　　　　　　　　　　　　**정답** ⑤

| | | | 단위당 | | 당기비용 | | | | |
원가요소	발생액	생산량	원가	판매량	전부 원가계산	변동 원가계산	초변동 원가계산	전부- 변동	변동- 초변동
직접재료원가	DM	P	m	S	$m \times S$	$m \times S$	$m \times S$	0	0
직접노무원가	DL	P	c_1	S	$c_1 \times S$	$c_1 \times S$	$c_1 \times P$	0	$c_1 \times (S-P)$
변동제조간접원가	VOH	P	c_2	S	$c_2 \times S$	$c_2 \times S$	$c_2 \times P$	0	$c_2 \times (S-P)$
고정제조간접원가	FOH	P	f	S	$f \times S$	$f \times P$	$f \times P$	$f \times (S-P)$	0
변동판매관리비	VSA			S	VSA	VSA	VSA	0	0
고정판매관리비	FSA			S	FSA	FSA	FSA	0	0
목적					외부보고	손익분기분석	제약이론		

문항	지문분석
1	초변동원가계산이 생산과잉을 더 잘 방지한다.
2	전환원가중 고정제조간접원가만 기간비용으로 처리한다.
3	생산량이 판매량보다 많아 재고가 증가하면 전부원가계산의 영업이익이 더 크다.
4	공헌이익은 내부 경영관리 목적으로 이용된다.
5	*정답*

36 ㈜대한은 설립 후 3년이 경과되었다. 경영진은 외부보고 목적의 전부원가계산 자료와 경영의사결정 목적의 변동원가계산에 의한 자료를 비교분석하고자 한다. ㈜대한의 생산과 판매에 관련된 자료는 다음과 같다.

	1차년도	2차년도	3차년도
생 산 량(단위)	40,000	50,000	20,000
판 매 량(단위)	40,000	20,000	50,000

· 1단위당 판매가격은 ₩30이다.
· 변동제조원가는 1단위당 ₩10, 변동판매관리비는 1단위당 ₩4이다.
· 고정제조간접원가는 ₩400,000, 고정판매관리비는 ₩100,000이다.
· 과거 3년 동안 ㈜대한의 판매가격과 원가는 변하지 않았다.

위 자료에 대한 다음 설명 중 옳지 않은 것은?

① 3차년도까지 전부원가계산과 변동원가계산에 따른 누적영업손익은 동일하다.
② 3차년도 변동원가계산에 따른 영업이익은 ₩300,000이다.
③ 2차년도의 경우 전부원가계산에 의한 기말제품 원가가 변동원가계산에 의한 기말제품 원가보다 크다.
④ 변동원가계산에서 고정원가는 모두 당기비용으로 처리한다.
⑤ 3차년도 전부원가계산에 의한 매출원가는 ₩1,120,000이다.

풀이과정   정답 ⑤

연도	원가요소	발생액	생산량	단위당 원가	판매량	전부 원가계산	변동 원가계산	전부－변동
1	변동제조원가	400,000	40,000	10	40,000	400,000	400,000	0
	고정제조간접원가	400,000	40,000	10	40,000	400,000	400,000	0
	변동판매관리비	160,000		4	40,000	160,000	160,000	0
	고정판매관리비	100,000			40,000	100,000	100,000	0
	당기비용					1,060,000	1,060,000	0
	매출액			30	40,000	1,200,000	1,200,000	0
	영업이익					140,000	140,000	0

연도	원가요소	발생액	생산량	단위당 원가	판매량	전부 원가계산	변동 원가계산	전부-변동
2	변동제조원가	500,000	50,000	10	20,000	200,000	200,000	0
	고정제조간접원가	400,000	50,000	8	20,000	160,000	400,000	(240,000)
	변동판매관리비	80,000		4	20,000	80,000	80,000	0
	고정판매관리비	100,000			20,000	100,000	100,000	0
	당기비용					540,000	780,000	(240,000)
	매출액			30	20,000	600,000	600,000	0
	영업이익					60,000	(180,000)	240,000
	단위당 제품원가					18	10	8
	기말재고		30,000			540,000	300,000	240,000

연도	원가요소	발생액	생산량	단위당 원가	판매량	전부 원가계산	변동 원가계산	전부-변동
3	기초제품		30,000		30,000	540,000	300,000	240,000
	변동제조원가	200,000	20,000	10	20,000	200,000	200,000	0
	고정제조간접원가	400,000	20,000	20	20,000	400,000	400,000	0
	변동판매관리비	200,000		4	50,000	200,000	200,000	0
	고정판매관리비	100,000			50,000	100,000	100,000	0
	당기비용					1,440,000	1,200,000	240,000
	매출액			30	50,000	1,500,000	1,500,000	0
	영업이익					60,000	300,000	(240,000)
	기말재고			0		0	0	0
	매출원가					*1,140,000*	*500,000*	*640,000*

• 회계사/2022/문47

37 ㈜대한은 20x1년 1월 1일에 처음으로 생산을 시작하였고, 20x1년과 20x2년의 영업 활동 결과는 다음과 같다.

구분	20×1년	20×2년
생산량	2,000단위	2,800단위
판매량	1,600단위	3,000단위
변동원가계산에 의한 영업이익	₩16,000	₩40,000

㈜대한은 재공품 재고를 보유하지 않으며, 재고자산 평가방법은 선입선출법이다. 20x1년 전부원가계산에 의한 영업이익은 ₩24,000이며, 20x2년에 발생한 고정제조 간접원가는 ₩84,000이다. 20x2년 ㈜대한의 전부원가계산에 의한 영업이익은 얼마 인가? (단, 두 기간의 단위당 판매가격, 단위당 변동제조원가와 판매관리비는 동일하다)

① ₩26,000   ② ₩30,000   ③ ₩34,000

④ ₩36,000   ⑤ ₩38,000

풀이과정   **정답** ⑤

20X1년

원가요소	발생액	생산량	단위당 원가	판매량	전부 원가계산	변동 원가계산	초변동 원가계산	전부-변동
직접재료원가	2,000×m	2,000	m	1,600	1,600×m	1,600×m	1,600×m	0
직접노무원가 변동제조간접원가	2,000×v	2,000	v	1,600	1,600×v	1,600×v	2,000×v	0
고정제조간접원가	2,000×f	2,000	f	1,600	1,600×f	2,000×f	2,000×f	-400×f
당기비용								-400×f
영업이익					24,000	16,000		8,000
								$f=20$
고정제조간접원가	40,000	2,000	**20**		32,000	40,000	40,000	(8,000)
단위당 제품원가					m+v+20	m+v	m	20
기말재고				400	400×(m+v)	400×(m+v)	400×m	0
					8,000	0		8,000

20X2년

원가요소	발생액	생산량	단위당 원가	판매량	전부 원가계산	변동 원가계산	초변동 원가계산	전부-변동
기초제품		400		400	$400 \times (m+v)$	$400 \times (m+v)$	$400 \times m$	
					8,000	0	0	8,000
직접재료원가	$2,800 \times m$	2,800	m	2,600	$2.600 \times m$	$2.600 \times m$	$2.600 \times m$	0
직접노무원가 변동제조간접원가	$2,800 \times v$	2,800	v	2,600	$2600 \times v$	$2600 \times v$	$2,800 \times v$	0
고정제조간접원가	84,000	2,800	30	2,600	78,000	84,000	84,000	(6,000)
								2,000
영업이익					*38,000*	*40,000*		*(2,000)*
단위당 제품원가					$m+v+30$	$m+v$	m	30
기말재고				200	$200 \times (m+v)$	$200 \times (m+v)$	$200 \times m$	
					6,000	0	0	6,000

38 ㈜대한은 20x3년 초에 설립되었으며, 단일제품을 생산 및 판매하고 있다. ㈜대한의 20x3년 1월의 생산 및 판매와 관련된 자료는 다음과 같다.

- 생산량은 500개이며, 판매량은 300개이다.
- 제품의 단위당 판매가격은 ₩10,000이다.
- 판매관리비는 ₩200,000이다.
- 변동원가계산에 의한 영업이익은 ₩760,000이다.
- 초변동원가계산에 의한 영업이익은 ₩400,000이다.
- 제조원가는 변동원가인 직접재료원가와 직접노무원가, 고정원가인 제조간접원가로 구성되어 있으며, 1월에 발생한 총제조원가는 ₩3,000,000이다.
- 월말재공품은 없다.

20x3년 1월에 발생한 직접재료원가는 얼마인가?

① ₩600,000   ② ₩900,000   ③ ₩1,200,000
④ ₩1,500,000   ⑤ ₩1,800,000

풀이과정   **정답** ④

원가요소	발생액	생산량	단위당 원가	판매량	전부 원가계산	변동 원가계산	초변동 원가계산	전부− 변동	변동−초변동
직접재료원가	*500×m*	*500*	*m*	*300*	*300×m*	*300×m*	*300×m*	*0*	*0*
직접노무원가	500×l	500	l	300	300×l	300×l	500×l	0	*200×l*
변동제조간접원가	500×v	500	v	300	300×v	300×v	500×v	0	*200×v*
고정제조간접원가	500×f	500	f	300	300×f	500×f	500×f	200×f	*0*
계	3,000,000		6,000		300×(m+l+v) +300×f	300×(m+l+v) +500×f	300×m +500×(l+v+f)	200×f	*200×(l+v)*
					1,800,000	2,040,000	2,400,000	240,000	*360,000*
판매관리비	200,000				200,000	200,000	200,000	0	*0*
매출액			10,000	3,000,000	3,000,000	3,000,000	3,000,000	0	*0*
영업이익					1,000,000	760,000	400,000	240,000	*360,000*
			m+l+v+f=6,000					f=1,200	*(l+v) =1,800*
			m=3,000			2,040,000	2,400,000		
직접재료원가	*1,500,000*	*500*	*3,000*						

• 회계사/2024/문46

39 ㈜대한은 단일제품을 생산 및 판매하고 있다. ㈜대한은 20x1년 초에 영업을 개시하였으며, 한 해 동안 총 4,000단위를 생산하여 3,000단위를 판매하였고, 기초 및 기말 재공품은 없다. 단위당 판매가격은 ₩3,600이다. 그 외 20x1년에 발생한 원가정보는 다음과 같다.

구분	고정원가	변동원가
직접재료원가	–	단위당 ₩600
직접노무원가	–	단위당 ₩500
제조간접원가	₩ ?	단위당 ₩300
판매비와관리비	₩400,000	단위당 ₩400

㈜대한의 20x1년도 변동원가계산하의 순이익이 ₩4,400,000이라면, 20x1년도 전부원가계산하의 순이익은 얼마인가?

① ₩4,550,000 ② ₩4,600,000 ③ ₩4,650,000
④ ₩4,700,000 ⑤ ₩4,750,000

풀이과정   **정답** ③

원가요소	발생액	생산량	단위당 원가	판매량	전부 원가계산	변동 원가계산	전부 − 변동
직접재료원가	2,400,000	4,000	600	3,000	1,800,000	1,800,000	0
직접노무원가	2,000,000	4,000	500	3,000	1,500,000	1,500,000	0
변동제조간접원가	1,200,000	4,000	300	3,000	900,000	900,000	0
고정제조간접원가	4,000×f	4,000	f	3,000	3,000×f	4,000×f	−1,000×f
변동판매관리비	1,200,000		400	3,000	1,200,000	1,200,000	0
고정판매관리비	400,000			3,000	400,000	400,000	0
영업비용					5,800,000	5,800,000	0
					3,000×f	4,000×f	−1,000×f
매출액			3,600	3,000	10,800,000	10,800,000	0
영업이익					5,000,000	5,000,000	0
					−3,000×f	−4,000×f	1,000×f
변동원가계산하의 영업이익						4,400,000	
						4,000×f=	
						1,000,000	
고정제조간접원가 배부율			250			f=250	
고정제조간접원가	1,000,000	4,000	250				
전부원가계산하의 영업이익					4,650,000	4,400,000	250,000

P·A·R·T

2

관리회계

1. 주요개념

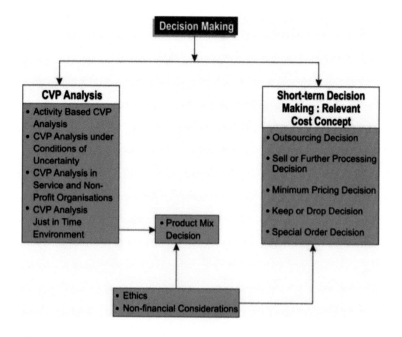

The Contribution Format

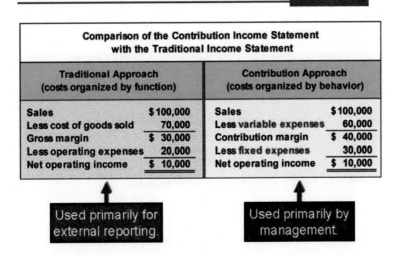

Comparison of the Contribution Income Statement with the Traditional Income Statement		
Traditional Approach (costs organized by function)		**Contribution Approach** (costs organized by behavior)
Sales	$100,000	Sales $100,000
Less cost of goods sold	70,000	Less variable expenses 60,000
Gross margin	$ 30,000	Contribution margin $ 40,000
Less operating expenses	20,000	Less fixed expenses 30,000
Net operating income	$ 10,000	Net operating income $ 10,000

Used primarily for external reporting.

Used primarily by management.

Cost-Volume-Profit (CVP) Analysis

- A very powerful decision making tool
  - Is what-if sensitive
- Helps explain interactions between
  - Selling prices of products
  - Volume or level of activity
  - Per unit variable costs
  - Total fixed costs
  - Mix of products sold
- Limitations
  - Companies often have multiple products with many different contribution margins
  - Sales mix may differ amongst periods
  - Calculations are estimates

Can be used to determine the sales volume needed to achieve breakeven, a target operating profit, or targeted net income

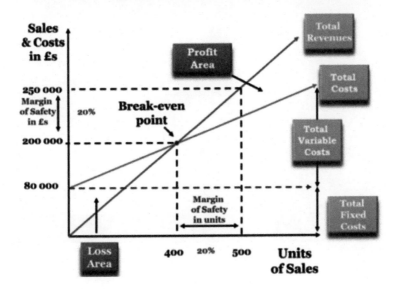

Margin of Safety

- Margin of Safety (MOS) is the difference between the actual sales and the sales at the break-even level.

  Margin of Safety = Actual Sales – Break-even Sales

  Or,

  $$MOS = \frac{Profit}{P/V\ Ratio} = \frac{Profit \times Sales}{Contribution}$$

- The size of MOS is a very important indicator of the soundness of a business.

- Common cause of lower MOS is higher fixed costs.

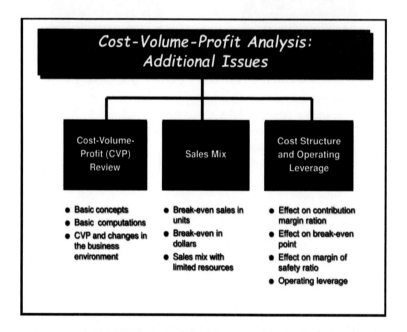

Operating Leverage

→ The relationship of a company's contribution margin to income from operations is measured by operating leverage. A company's operating leverage is computed as follows:

$$\text{Operating Leverage} = \frac{\text{Contribution Margin}}{\text{Income from Operations}}$$

Effect of sales mix on CVP analysis.

- Unit contribution margin is replaced with contribution margin for a composite unit.
- A composite unit is composed of specific numbers of each product in proportion to the product sales mix.
- Sales mix is the ratio of the volumes of the various products.

CVP and Income Taxes

- From time to time it is necessary to move back and forth between pre-tax profit (OI) and after-tax profit (NI), depending on the facts presented
- After-tax profit can be calculated by:
  - OI x (1-Tax Rate) = NI
- NI can substitute into the profit planning equation through this form:
  - $\text{OI} = \dfrac{\text{NI}}{\text{(1-Tax Rate)}}$

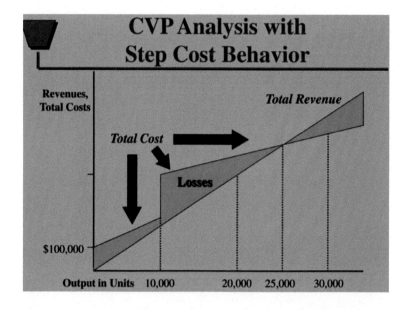

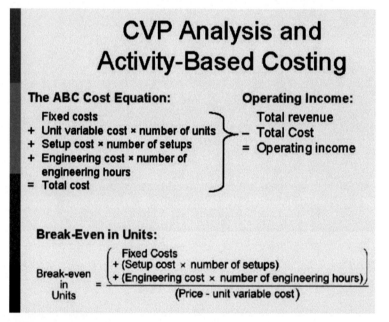

Trade-offs Between Fixed and Variable Costs

Management is considering a new piece of equipment that will reduce variable costs but also increase fixed costs by $2,500 per month. Annual sales are currently 2,700 units. How much will unit variable cost have to fall to maintain the current level of profit, assuming sales volume and other factors remain the same?

$$v = p - \frac{(f + N)}{Q}$$

$$v = \$75 - \frac{(\$87,000 + \$48,000)}{2,700} = \$25$$

CVP analysis and uncertainty

The output and information provided by the CVP model is only as good as its inputs. The model requires inputs such as likely sales mix, selling price levels, total fixed costs and variable cost per unit. These inputs are all estimated and thus will be subject to varying degrees of uncertainty.

Risk can simply be defined as the likelihood that what is expected to occur will not actually occur. Thus there is a strong possibility that the financial estimates and inputs for the CVP model will not turn out as expected. How do managers deal with this?

- Sensitivity analysis
- Use of probabilities
- Simulations

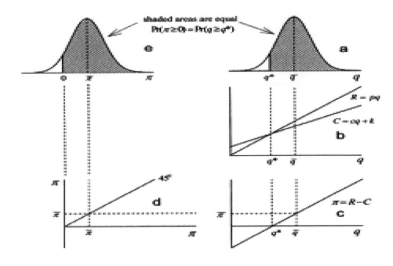

2. 관세사 기출문제 및 해설

• 관세사/2015/문72

01 ㈜관세의 전기 매출은 ₩1,000, 공헌이익은 ₩600, 영업레버리지도는 3이었다. 당기의 원가구조는 전기와 동일하다. 당기 총변동원가가 ₩500이라면 당기의 영업이익은 얼마인가?

① ₩320   ② ₩350   ③ ₩380

④ ₩400   ⑤ ₩420

풀이과정   **정답** ②

	전기	영업레버리지도	비율	당기
매출액	1,000			1,250
변동원가	400		40%	500
공헌이익	600	600	60%	750
고정원가				400
영업이익		*200*		*350*
영업레버리지도		3		

• 관세사/2016/문76

02 ㈜관세는 세 가지 제품 A, B, C를 생산하여 4 : 3 : 3의 비중으로 판매하고 있다. 각 제품의 단위당 판매가격 및 변동원가는 다음과 같다.

구분	단위당 판매가격	단위당 변동원가
제품 A	₩200	₩140
제품 B	₩150	₩120
제품 C	?	₩60

고정제조간접원가는 ₩1,700,000이고 고정판매관리비는 ₩1,000,000이다. 만약 제품 A의 손익분기점 판매량이 24,000단위라면, 제품 C의 단위당 판매가격은?

① ₩80 ② ₩100 ③ ₩120

④ ₩150 ⑤ ₩200

풀이과정   **정답** ③

구분	제품 A	제품 B	제품 C	합계	손익분기점
단위당 판매가격	200	150	?		
단위당 변동원가	140	120	60	104	
단위당 공헌이익	60	30	?		
매출배합	40%	30%	20%		
가중평균공헌이익	24	9	?	?	
고정제조간접원가				1,700,000	
고정판매관리비				1,000,000	
고정원가 합계				2,700,000	
손익분기판매량	24,000	18,000	18,000		60,000
손익분기공헌이익					2,700,000
가중평균 공헌이익	24	9	12		45
단위당 공헌이익	60	30	60		
단위당 판매가격			*120*		

• 관세사/2017/문73

03 ㈜관세는 제품 A를 제조·판매하는 회사이다. 제품 A의 고정원가는 ₩200,000이고 단위당 예산자료는 다음과 같다.

· 판매가격	₩200
· 직접재료원가	₩30
· 직접노무원가	₩20
· 변동제조간접원가	₩40
· 변동판매비	₩10

㈜관세가 세후목표이익 ₩30,000을 달성하기 위한 판매수량은? (단, 법인세율은 20%이고 생산량과 판매량은 동일하다)

① 2,075단위   ② 2,175단위   ③ 2,275단위

④ 2,375단위   ⑤ 2,475단위

풀이과정   **정답** ④

	금액	비율	손익분기점	세후목표이익	안전한계
판매가격	200		400,000	475,000	75,000
변동원가	100	50%			
공헌이익	100	50%	200,000	237,500	37,500
고정원가	200,000		200,000	200,000	
영업이익			0	37,500	37,500
법인세					
세후이익				30,000	30,000
판매수량			*2,000*	*2,375*	*375*

• 관세사/2018/문77

04 ㈜관세의 20×1년 자료는 다음과 같다. 다음 설명 중 옳은 것은?

매출액	₩50,000
변동원가	30,000
공헌이익	20,000
고정원가	5,000
영업이익	5,000

① 공헌이익률은 60%이다.

② 안전한계율(margin of safety percentage)은 30%이다.

③ 손익분기점 매출액은 ₩40,000이다.

④ 영업레버리지도는 5이다.

⑤ 판매량이 10% 증가하면 영업이익은 ₩2,000 증가한다.

풀이과정   **정답** ⑤

	금액	비율	손익분기점	안전한계	안전한계율	영업레버리지도	*판매량 증가*	
매출액	50,000		37,500	12,500	25%	4	*10%*	*5,000*
변동원가	30,000	60%						
공헌이익	20,000	40%	15,000		20,000	20,000		
고정원가	15,000		15,000					
영업이익	5,000		0		5,000	5,000	*40%*	*2,000*

• 관세사/2018/문79

05 ㈜관세는 제품 A와 B, C를 생산 및 판매하고 있으며, 20×1년의 예산 자료는 다음과 같다.

구분	제품 A	제품 B	제품 C	합계
매출액	₩900,000	₩2,250,000	₩1,350,000	₩4,500,000
변동원가	540,000	1,125,000	810,000	2,475,000
고정원가		₩810,000		

예산 매출배합이 일정하게 유지된다고 가정할 경우, 제품 A의 연간 손익분기점 매출액은?

① ₩360,000   ② ₩380,000   ③ ₩400,000

④ ₩405,000   ⑤ ₩540,000

풀이과정   정답 ①

구분	제품 A	제품 B	제품 C	합계	비율	손익분기점
매출액	900,000	2,250,000	1,350,000	4,500,000		
변동원가	540,000	1,125,000	810,000	2,475,000	55.0%	
공헌이익	360,000	1,125,000	540,000	2,025,000	45.0%	810,000
고정원가				810,000		
영업이익				1,215,000		
손익분기매출액	*360,000*	*900,000*	*540,000*			*1,800,000*

• 관세사/2019/문77

06 다음은 단일 제품을 생산·판매하는 ㈜관세의 20x1년 요약 공헌이익 손익계산서이다.

구분	금액	단위당 금액
매출액	₩80,000	₩250
변동원가	48,000	150
공헌이익	₩32,000	₩100
고정원가	15,000	
영업이익	₩17,000	

㈜관세는 20x2년에 고정원가를 ₩5,000 증가시키고 단위당 변동원가를 ₩20 감소시켜, ₩22,000의 영업이익을 달성하고자 한다. 20x2년의 판매단가가 20x1년과 동일하다면 20x2년의 판매량은 20x1년보다 몇 단위가 증가하여야 하는가? (단, 매년 생산량과 판매량은 동일하다)

① 10단위   ② 15단위   ③ 20단위   ④ 25단위   ⑤ 30단위

풀이과정 민감도 분석   **정답** ⑤

구분	20x1년 단위당	320	20x2년 단위당	350
매출액	250	80,000	250	
변동원가	150	48,000	130	
공헌이익	100	32,000	120	42,000
고정원가		15,000		20,000
영업이익		17,000		22,000
판매량		*320*		*350*

• 관세사/2020/문77

07 ㈜관세와 ㈜한국의 공헌이익손익계산서는 다음과 같다.

구분	㈜관세	㈜한국
매출액	₩100,000	₩100,000
변동원가	52,000	64,000
공헌이익	48,000	36,000
고정원가	28,000	16,000
영업이익	₩20,000	₩20,000

판매량이 증감한다고 할 때 다음 설명 중 옳은 것은? (단, 다른 조건은 동일하다)

① 두 기업 모두 판매량 증감률보다 영업이익 증감률이 더 낮다.

② ㈜관세보다 ㈜한국의 영업이익 증감률이 더 높다.

③ 두 기업의 영업이익 차이 원인은 각 기업의 변동원가율이 달라지기 때문이다.

④ 영업레버리지도는 손익분기점 부근의 판매량 수준에서 가장 높고, 판매량이 증가할수록 낮아지게 된다.

⑤ 판매량이 감소하는 경기침체 상황에서 ㈜관세보다 ㈜한국의 영업손실 발생 위험도가 더 커진다.

풀이과정   **정답** ④

	㈜관세	㈜한국		㈜관세	
매출액	100,000	100,000		120,000	80,000
공헌이익	48,000	36,000		57,600	38,400
공헌이익률	48.0%	36.0%			
고정원가	28,000	16,000		28,000	28,000
영업이익	20,000	20,000		29,600	10,400
매출액 변동(10%)	10%	10%		10%	10%
매출액 증가	10,000	10,000		12,000	8,000
공헌이익률	48%	36%			
공헌이익 증가	4,800	3,600		5,760	3,840
영업이익 증가	4,800	3,600		5,760	3,840
매출액 변동비율	10%	10%		10%	10%
영업이익 변동비율	24%	18%		19.5%	36.9%
영업레버리지도	2.40	1.80		1.95	3.69
공헌이익	48,000	36,000			
영업이익	20,000	20,000			
영업레버리지도	*2.40*	*1.80*			
고정원가	28,000	16,000			

• 관세사/2021/문75

08 ㈜관세는 제품 A, B, C를 생산 및 판매하고 있으며, 20x1년 3월 제품에 관한 자료는 다음과 같다.

구분	A제품	B제품	C제품
단위당 판매가격	₩150	₩1,000	₩250
단위당 변동원가	₩104	₩80	₩125
고정원가		₩18,000	

제품 A, B, C의 매출구성비(매출액기준)가 3 : 2 : 5이다. ㈜관세가 3월에 세후순이익 ₩12,000을 달성하기 위한 총매출액은? (단, 법인세율은 40%이다)

① ₩80,000   ② ₩100,000   ③ ₩120,000

④ ₩140,000   ⑤ ₩160,000

풀이과정   **정답** ②

구분	A제품	B제품	C제품	전체	손익분기점	목표이익
단위당 판매가격	150	100	250			
단위당 변동원가	105	80	125			
단위당 공헌이익	45	20	125			
공헌이익률	30%	20%	50%			
매출액구성비	30%	20%	50%			
매출액	0.3S	0.2S	0.5S	S		
공헌이익	0.09S	0.04S	0.25S	0.38S		
가중평균 공헌이익률				38%		
고정원가					18,000	
손익분기매출액					47,368	
세후순이익						*12,000*
법인세율						40%
세후이익률						60%
세전이익						20,000
안전한계 매출액						52,632
목표매출액						*100,000*

• 관세사/2022/문78

09 ㈜관세의 20x1년 매출액은 ₩5,000(판매수량 1,000단위)이고, 영업이익은 ₩2,000이다. 변동비율은 36%, 법인세율은 20%일 때, 안전한계율(가)과 법인세차감후 영업이익 ₩2,112을 달성하기 위한 매출액(나)은?

	(가)	(나)		(가)	(나)
①	57.5%	₩5,250	②	57.5%	₩6,000
③	62.5%	₩6,000	④	62.5%	₩6,250
⑤	64%	₩6,250			

풀이과정　　　　　　　　　　　　　　　　　　　　　　　　　　**정답** ③

구분	비율	1,000단위	손익분기점	안전한계	목표이익
매출액		5,000	1,875	3,125	**6,000**
변동원가	36%				
공헌이익	64%	3,200	1,200		3,840
고정원가		1,200	1,200		1,200
세전영업이익		2,000	0		2,640
법인세(20%)		400			
세후영업이익(80%)		1,600			**2,112**
안전한계율				62.5%	

• 관세사/2023/문76

10 ㈜관세는 제품 X와 Y를 생산·판매한다. 두 제품의 20x1년도 예산자료는 다음과 같다.

구분	제품 X	제품 Y
생산 및 판매량	1,000단위	2,000단위
단위당 판매가격	₩200	₩150
공헌이익률	25%	40%

총고정비는 ₩102,000이고, 예상 법인세율은 30%이다. 손익분기점 분석과 관련하여 **옳지 않은** 것은? (단, 예산 매출배합은 일정하게 유지된다.)

① 제품 X와 제품 Y의 매출액기준 배합비율은 각각 40%와 60%이다.

② 회사전체 손익분기점 매출액은 ₩300,000이다.

③ 회사전체 세전목표이익 ₩85,000을 얻기 위해서는 제품 Y의 매출액이 ₩330,000이어야 한다.

④ 회사전체의 예산판매량이 10% 증가하면 세후영업이익은 25% 증가한다.

⑤ 회사전체의 20x1년도 실제 판매량이 2,700단위라면, 세후영업이익은 ₩51,000으로 예상된다.

풀이과정　　　　　　　　　　　　　　　　　　　　　　　　　　　　　　　　　　　　　　**정답** ⑤

	제품 X	제품 Y	매출배합	제품전체	손익분기점	목표이익	민감도분석	*실제판매량*
지문			①		②	③	④	⑤
생산 판매량	1,000	2,000	1:2	3,000	*1,800*		3,000	
매출액	200,000	300,000	*2:3*	500,000	*300,000*	550,000	500,000	
총공헌이익	50,000	120,000		170,000	102,000	187,000		
단위당 가중평균공헌이익				56.67	56.67		56.67	
가중평균 공헌이익률				34%	34%	34%	34%	
고정원가				102,000	102,000	102,000		
세전 영업이익				68,000	0	85,000		
법인세(30%)				20,400				
세후 영업이익				47,600				
제품 Y 목표매출액						*330,000*		
예산판매량 증가율							*10%*	
판매량 증가	100	200					*300*	
매출액 증가	20,000	30,000					*50,000*	
세전 영업이익 증가	5,000	12,000					*17,000*	
세후 영업이익 증가				47,600			*11,900*	
세후이익 증가율							*25.0%*	
실제판매량								2,700
손익분기판매량					1,800			
안전한계판매량								900
단위당 가중평균공헌이익								56.67
세전영업이익								51,000
세후영업이익(70%)								*35,700*

• 관세사/2024/문78

11 ㈜관세의 20x1년 영업활동에 관한 자료이다. 법인세율이 20%일 때 현금흐름분기점 판매수량은? (단, 감가상각비를 제외한 모든 비용과 수익은 현금거래이며, 손실이 발생할 경우 법인세가 환급된다고 가정한다.)

단위당 판매가격	₩500
단위당 변동원가	200
총고정원가(감가상각비 ₩10,000 포함)	50,000
판매수량	600단위

① 100단위 ② 125단위 ③ 150단위 ④ 175단위 ⑤ 200단위

풀이과정 **정답** ②

	손익분기분석			현금흐름분기분석			
	단위당	600단위	손익분기점	세전	법인세	세후	손익분기점
매출액	500			500			
변동원가	200			200			
공헌이익	*300*	*180,000*	*300*	*300*	*60*	*240*	*240*
현금수반 고정원가		40,000		40,000	(8,000)	32,000	
비현금 고정원가		10,000			(2,000)	(2,000)	
세전영업이익		130,000					
세후영업이익		104,000					
손익분기 공헌이익			50,000				
발생주의 손익분기점			167				
현금분기 세후공헌이익							*30,000*
현금흐름분기점							*125*
세후현금이익							0
감가상각비							(10,000)
세후영업이익							(10,000)
공헌이익	300						37,500
고정원가		50,000					50,000
세전영업이익							(12,500)
세후영업이익							(10,000)

3. 감정평가사 기출문제 및 해설

• 감정평가사/2015/문76

12 다음 자료를 이용하여 계산한 ㈜감평의 20x5년 손익분기점 매출액은?

· 단위당 판매가격	₩2,000
· 단위당 변동제조원가	700
· 단위당 변동판매비와관리비	300
· 연간 고정제조간접원가	1,350,000
· 연간 고정판매비와관리비	1,250,000

① ₩2,500,000　　　② ₩2,700,000　　　③ ₩4,000,000

④ ₩5,200,000　　　⑤ ₩5,400,000

풀이과정　　　　　　　　　　　　　　　　　　　　　　　　　　**정답** ④

		단위당	비율	고정원가	손익분기점
매출액		2,000			
변동원가					
	변동제조원가	700			
	변동판관비	300	50%		
공헌이익		1,000	50%		2,600,000
고정원가					
	고정제조원가			1,350,000	
	고정판관비			1,250,000	2,600,000
영업이익					0
손익분기매출액					**5,200,000**

• 감정평가사/2015/문71

13 전년도에 ㈜감평의 변동원가는 매출액의 60%였고, 고정원가는 매출액의 10%이었다. 당해연도에 경영자가 단위당 판매가격을 10% 인상하였을 경우, 전년대비 당해연도의 공헌이익 증가율은? (단, 판매량과 단위당 변동원가 및 고정원가는 변하지 않는다)

① 5%   ② 10%   ③ 15%   ④ 20%   ⑤ 25%

풀이과정   정답 ⑤

구분	비율	금액	판매가격인상	증가율
매출액		S	$1.1 \times S$	10%
변동원가	60%	$0.6 \times S$	$0.6 \times S$	
공헌이익	40%	$0.4 \times S$	$0.5 \times S$	25%
고정원가	10%	$0.1 \times S$		
영업이익		$0.3 \times S$		

• 감정평가사/2016/문75

14 다음은 ㈜감평의 20x6년도 예산자료이다. 손익분기점을 달성하기 위한 A제품의 예산판매수량은? (단, 매출배합은 변하지 않는다고 가정한다)

구분	A제품	B제품
총매출액	₩2,100,000	₩2,900,000
총변동원가	1,470,000	1,740,000
총고정원가	1,074,000	
판매량	600개	400개

① 240개　　② 300개　　③ 360개　　④ 420개　　⑤ 480개

풀이과정　　　　　　　　　　　　　　　　　　　　　　　　　　　**정답** ③

구분	A제품	B제품	묶음	가중평균	손익분기점
판매수량	600	400	200	1	
매출배합	3	2			
매출액	2,100,000	2,900,000	5,000,000	25,000	
변동원가	1,470,000	1,740,000	3,210,000	16,050	
공헌이익	630,000	1,160,000	1,790,000	8,950	1,074,000
고정원가					1,074,000
손익분기판매량	*360*	*240*	*120*		*120*

• 감정평가사/2016/문79

15 ㈜감평의 20x6년도 제품에 관한 자료가 다음과 같을 때 안전한계율은?

· 단위당 판매가격	₩5,000
· 공헌이익률	35%
· 총고정원가	₩140,000
· 법인세율	30%
· 세후이익	₩208,250

① 68%   ② 70%   ③ 72%   ④ 74%   ⑤ 76%

풀이과정   정답 ①

구분	단위당	비율	총액	세전	손익분기점	안전한계	*안전한계율*
매출액	5,000			1,250,000	400,000	850,000	68%
변동원가		65%					
공헌이익		35%		437,500	140,000	297,500	68%
고정원가			140,000	140,000	140,000		
세전이익				297,500		297,500	
법인세		30%					
세후이익		70%	208,250	208,250		208,250	

• 감정평가사/2017/문73

16 다음은 ㈜대한의 20x1년도 예산자료이다.

구분	A제품	B제품	C제품
판매수량	1,000단위	500단위	1,500단위
단위당 판매가격	₩150	₩100	₩200
공헌이익률	20%	30%	25%

연간 고정원가 총액은 ₩156,000이다. ㈜대한의 20x1년도 예상 매출액이 ₩700,000 이라면, 회사전체의 예상 영업이익은? (단, 매출배합은 불변)

① ₩10,000 ② ₩10,400 ③ ₩11,200

④ ₩12,000 ⑤ ₩12,400

풀이과정　　　　　　　　　　　　　　　　　　　　　　　　　　　　　**정답** ④

구분	A제품	B제품	C제품	전체	가중평균	손익분기점	예상매출액
판매수량	1,000	500	1,500	3,000	1	3,900	4,200
단위당 판매가격	150	100	200				
매출액	150,000	50,000	300,000	500,000	167	650,000	700,000
공헌이익률	20%	30%	25%		24%		
공헌이익	30,000	15,000	75,000	120,000	40	156,000	168,000
고정원가				156,000		156,000	156,000
영업이익				(36,000)		*0*	*12,000*

• 감정평가사/2018/문75

17 다음은 ㈜감평의 20×1년도 매출관련 자료이다.

매출액	₩282,000	총변동원가	₩147,000
총고정원가	₩ 30,000	판매량	3,000단위

20×2년도에 광고비 ₩10,000을 추가로 지출한다면, 판매량이 300단위 증가할 확률이 60%이고, 200단위 증가할 확률이 40%로 될 것으로 예상된다. 이 때 증가될 것으로 기대되는 이익은? (단, 20×2년도 단위당 판매가격, 단위당 변동원가, 광고비를 제외한 총고정원가는 20×1년도와 동일하다고 가정한다)

① ₩700 ② ₩800 ③ ₩1,200
④ ₩1,700 ⑤ ₩2,700

풀이과정   정답 ④

1. 예상판매량

판매량	확률	기대평균
300	60%	180
200	40%	80
		260

2. 손익분석

	20×1년		20×2년
판매량	3,000	단위당	260
매출액	282,000		
변동원가	147,000		
공헌이익	135,000	45	11,700
고정원가	30,000		10,000
영업이익	**105,000**		**1,700**

• 감정평가사/2019/문78

18 ㈜감평의 총변동원가가 ₩240,000, 총고정원가가 ₩60,000, 공헌이익률이 40%이며, 법인세율은 20%이다. 이에 관한 설명으로 **옳지 않은** 것은? (단, 기초재고와 기말재고는 동일하다)

① 매출액은 ₩400,000이다.

② 안전한계율은 62.5%이다.

③ 영업레버리지도는 1.2이다.

④ 세후 영업이익은 ₩80,000이다.

⑤ 손익분기점 매출액은 ₩150,000이다.

풀이과정   **정답** ③

구분	자료	비율	금액	손익분기점	안전한계	매출액 10% 증가	영업 레버리지도
매출액			400,000		400,000	40,000	*10%*
변동원가	240,000	60%	240,000				
공헌이익		40%	*160,000*	60,000		16,000	
고정원가	60,000		60,000	60,000			
세전이익			*100,000*	0		16,000	*16%*
법인세(20%)			20,000				
세후이익(80%)			80,000				
손익분기매출액				150,000	150,000		
안전한계매출액					250,000		
안전한계율					62.5%		
영업레버리지도			*1.6*		1/62.5%		*1.6*

19 ㈜감평은 단위당 판매가격이 ₩300이고, 단위당 변동원가가 ₩180인 단일제품을 생산 및 판매하고 있다. ㈜감평의 최대조업도는 5,000단위이고, 고정원가는 조업도 수준에 따라 변동하며 이와 관련된 자료는 다음과 같다.

연간 조업도	고정원가
0 ~ 2,000단위	₩300,000
2,001 ~ 4,000단위	450,000
4,001 ~ 5,000단위	540,000

㈜감평이 달성할 수 있는 최대 영업이익은?

① ₩12,000   ② ₩15,000   ③ ₩24,000

④ ₩30,000   ⑤ ₩60,000

풀이과정   **정답** ⑤

	단위당	0~2,000	2,001~4,000	4,001~5,000
			조업도	
단위당 판매가격	300			
단위당 변동원가	180			
단위당 공헌이익	120			
최대 판매수량		2,000	4,000	5,000
최대 공헌이익		240,000	480,000	600,000
고정원가		300,000	450,000	540,000
최대 영업이익		(60,000)	30,000	*60,000*

• 감정평가사/2020/문77

20 ㈜감평은 단일 제품 A를 생산·판매하고 있다. 제품 A의 단위당 판매가격은 ₩2,000, 단위당 변동비는 ₩1,400, 총고정비는 ₩90,000이다. ㈜감평이 세후목표이익 ₩42,000을 달성하기 위한 매출액과, 이 경우의 안전한계는? (단, 법인세율은 30%이다)

	매출액	안전한계		매출액	안전한계
①	₩300,000	₩100,000	②	₩440,000	₩140,000
③	₩440,000	₩200,000	④	₩500,000	₩140,000
⑤	₩500,000	₩200,000			

풀이과정

정답 ⑤

	단위당	비율	손익분기점	목표매출액	세금	세후	세후매출액	*세전매출액*	*안전한계*
매출액	2,000		300,000	500,000	600	1,400	350,000	*500,000*	*200,000*
변동원가	1,400	70%			420	980			
공헌이익	600	30%	90,000	150,000	180	420	105,000		
고정원가	90,000		90,000	90,000	27,000		63,000		
세전이익			0	60,000			42,000		
법인세 등(30%)									
세후이익(70%)				42,000					

• 감정평가사/2021/문78

21 ㈜감평의 20x1년 매출 및 원가자료는 다음과 같다.

매출액	?
변동원가	₩700,000
공헌이익	500,000
고정원가	300,000
영업이익	₩200,000

20x2년에는 판매량이 20% 증가할 것으로 예상된다. ㈜감평의 20x2년 예상영업이익은? (단, 판매량 이외의 다른 조건은 20x1년과 동일하다)

① ₩260,000 ② ₩280,000 ③ ₩300,000

④ ₩340,000 ⑤ ₩380,000

풀이과정   정답 ③

	20x1년		20x2년	
매출액	1,200,000		240,000	1,440,000
변동원가	700,000	58.3%		
공헌이익	500,000	41.7%	100,000	600,000
고정원가	300,000			
영업이익	**200,000**		**100,000**	**300,000**

• 감정평가사/2021/문79

22 ㈜감평은 제품 A와 제품 B를 생산·판매하고 있다. 20x1년 ㈜감평의 매출액과 영업이익은 각각 ₩15,000,000과 ₩3,000,000이며, 고정원가는 ₩2,250,000이다. 제품 A와 제품 B의 매출배합비율이 각각 25%와 75%이며, 제품 A의 공헌이익률은 23%이다. 제품 B의 공헌이익률은?

① 29.25%　　　　② 34.4%　　　　③ 35%

④ 37.4%　　　　⑤ 39%

풀이과정　　　　　　　　　　　　　　　　　　　　　　　　　　　　**정답** ⑤

구분	합계	제품 A	제품 B	가중평균
매출액	15,000,000	3,750,000	11,250,000	100%
변동원가	9,750,000			65%
공헌이익	5,250,000	862,500	4,387,500	35%
고정원가	2,250,000			
영업이익	3,000,000			
매출배합비율		25%	75%	100%
공헌이익률		*23%*	*39.0%*	*35%*

23 ㈜감평의 20x1년 제품 A의 생산·판매와 관련된 자료는 다음과 같다.

단위당 판매가격	₩25
단위당 변동제조원가	10
단위당 변동판매관리비	6
연간 총고정제조간접원가	1,500 (감가상각비 ₩200 포함)
연간 총고정판매관리비	2,500 (감가상각비 ₩300 포함)

㈜감평은 변동원가계산을 채택하고 있으며, 감가상각비를 제외한 모든 수익과 비용은 발생 시점에서 현금으로 유입되고 지출된다. 법인세율이 25%일 때, ㈜감평의 세후현금흐름분기점 판매량은?

① 180단위 ② 195단위 ③ 360단위

④ 375단위 ⑤ 390단위

풀이과정 정답 ④

구분	단위당	손익 분기점	세전 현금흐름	세금	세후 현금흐름	현금흐름 분기점
단위당 판매가격	25					
단위당 변동제조원가	10					
단위당 변동판매관리비	6					
단위당 공헌이익	9	4,000	9	1.80	7.20	2,700
고정원가						2,700
현금성 고정원가		3,500	3,500	700	2,800	
비현금성 고정원가		500		100	(100)	
영업이익		0				0
판매수량		444.44				375

• 감정평가사/2023/문72

24 ㈜감평은 제품 X, Y, Z를 생산·판매하고 있으며, 각 제품 관련 자료는 다음과 같다.

구분	제품 X	제품 Y	제품 Z
매출배합비율(매출수량기준)	20%	60%	20%
단위당 공헌이익	₩12	₩15	₩8
손익분기점 매출수량	?	7,800단위	?

㈜감평은 제품 Z의 생산중단을 고려하고 있다. 제품 Z의 생산을 중단하는 경우에, 고정비중 ₩4,000원을 회피할 수 있으며, 제품 X와 Y의 매출배합비율(매출수량기준)은 60%와 40%로 예상된다. ㈜감평이 제품 Z의 생산을 중단할 경우, 목표이익 ₩33,000을 달성하기 위한 제품 X의 매출수량은?

① 6,900단위 ② 7,800단위 ③ 8,400단위 ④ 8,700단위 ⑤ 9,000단위

풀이과정   **정답** ⑤

	제품 X	제품 Y	제품 Z	전체
매출배합비율	20%	60%	20%	100%
손익분기점 매출수량	?	7,800	?	
	2,600	7,800	2,600	13,000
단위당 공헌이익	12	15	8	
손익분기점 공헌이익	31,200	117,000	20,800	169,000
고정원가				169,000

제품 Z 생산중단

	제품 X	제품 Y	제품 Z	전체
매출배합비율	60%	40%		
판매수량	0.6×Q	0.4×Q		Q
단위당 공헌이익	12	15		
가중평균공헌이익	7.2×Q	6×Q		13.2×Q
고정원가				165,000
목표이익				33,000
목표공헌이익				198,000
목표판매수량	**9,000**	**6,000**		**15,000**

25 단일 제품을 생산·판매하는 ㈜가평의 당기 생산 및 판매에 관한 자료는 다음과 같다.

단위당 판매가격	₩1,000
단위당 변동제조원가	600
연간 고정제조간접원가	600,000
단위당 변동판매관리비	100
연간 고정판매관리비	120,000

㈜감평은 단위당 판매가격을 10% 인상하고, 변동제조간접원가 절감을 위한 새로운 기계장치 도입을 검토하고 있다. 새로운 기계장치를 도입할 경우, 고정제조간접원가 ₩90,000이 증가할 것으로 예상된다. ㈜감평이 판매가격을 인상하고 새로운 기계장치를 도입할 때, 손익분기점 판매수량 1,800단위를 달성하기 위하여 절감해야 하는 단위당 변동제조원가는?

① ₩50 ② ₩52.5 ③ ₩70 ④ ₩72.5 ⑤ ₩75

풀이과정   정답 ①

	변경 이전 단위당	변경 이전 전체	변경 이후 단위당	변경 이후 전체
판매가격	1,000		1,100	
변동제조원가	600		vc	
변동판매관리비	100		100	
공헌이익	300			
고정제조간접원가		600,000		690,000
고정 판매관리비		120,000		120,000
고정원가 합계		720,000		810,000
손익분기점 판매수량		2,400		1,800
손익분기 공헌이익				810,000
단위당 공헌이익			450	
판매가격			1,100	
단위당 변동원가			650	
단위당 변동판매관리비			100	
단위당 변동제조원가		600	550	
단위당 변동제조간접원가 절감액			*50*	

4. 세무사 기출문제 및 해설

• 세무사/2015/문28

26 ㈜국세는 다음과 같이 3가지 제품을 생산·판매할 계획이다.

구분	제품 A	제품 B	제품 C
단위당 판매가격	₩10	₩12	₩14
단위당 변동비	₩6	₩4	₩8
예상판매량	100개	150개	250개

고정비는 총 ₩2,480으로 전망된다. 예상판매량 배합비율이 유지된다면, 제품 C의 손익분기점 매출액은?

① ₩800 ② ₩1,200 ③ ₩1,440

④ ₩2,000 ⑤ ₩2,800

풀이과정   **정답** ⑤

구분	제품 A	제품 B	제품 C	전체	가중평균	손익분기점
단위당 판매가격	10	12	14			
단위당 변동비	6	4	8			
단위당 공헌이익	4	8	6			
예상판매량	100	150	250	500	1.00	
매출액	1,000	1,800	3,500	6,300	12.60	
공헌이익	400	1,200	1,500	3,100	6.20	2,480
가중평균공헌이익률					49.21%	
고정원가						2,480
영업이익						0
손익분기매출액						5,040
매출액 배합비율	15.9%	28.6%	55.6%			
손익분기매출액	*800*	*1,440*	*2,800*			*5,040*

• 세무사/2016/문27

27 ㈜세무는 제품 A(공헌이익률 50%)와 제품 B(공헌이익률 30%) 두 제품만을 생산·판매하는데, 두 제품 간 매출액의 상대적 비율은 일정하게 유지된다. ㈜세무의 20x1년 매출액 총액은 ₩7,000,000, 총고정비는 ₩1,750,000으로 예측하고 있으며, 예상 영업이익은 ₩700,000으로 설정하였다. ㈜세무가 20x1년의 예상 영업이익을 달성하기 위한 제품 A와 제품 B의 매출액은?

	제품 A	제품 B		제품 A	제품 B
①	₩700,000	₩6,300,000	②	₩840,000	₩6,160,000
③	₩1,750,000	₩5,250,000	④	₩2,800,000	₩4,200,000
⑤	₩3,150,000	₩3,850,000			

풀이과정   정답 ③

1. 목표매출액 분석

구분	제품 A	제품 B	합계	비율
매출액	A	B	7,000,000	
변동원가			4,550,000	65.0%
공헌이익			2,450,000	35.0%
고정비			1,750,000	
예상영업이익			700,000	
공헌이익률	50%	30%	35.0%	
총공헌이익	0.5×A	0.3×B	2,450,000	

$$A + B = 7,000,000$$
$$0.5 \times A + 0.3 \times B = 2,450,000$$

$$A = 1,750,000$$
$$B = 5,250,000$$

매출액	*1,750,000*	*5,250,000*	*7,000,000*
	25.0%	75.0%	

2. 손익분기분석

구분	합계	비율	손익분기점	안전한계	안전한계율	영업레버리지도
매출액	7,000,000		5,000,000	2,000,000	29%	3.5
변동원가	4,550,000	65.0%				
공헌이익	2,450,000	35.0%	1,750,000	700,000	29%	3.5
고정비	1,750,000		1,750,000			
예상영업이익	700,000		0	700,000		

• 세무사/2016/문28

28 ㈜세무는 20x1년에 제품 A를 생산하기로 결정하였다. 제품 A의 20x1년 생산량과 판매량은 일치하며, 기초 및 기말재공품은 없다. 제품 A는 노동집약적 방법 또는 자본집약적 방법으로 생산 가능하며, 생산방법에 따라 품질과 판매가격의 차이는 없다. 각 생산방법에 의한 예상 제조원가는 다음과 같다.

	노동집약적 생산방법	자본집약적 생산방법
단위당 변동제조원가	₩300	₩250
연간 고정제조간접원가	₩2,100,000	₩3,100,000

㈜세무는 제품 A 판매가격을 단위당 ₩600으로 책정하고, 제조원가 외에 단위당 변동판매관리비 ₩50과 고정판매관리비 ₩1,400,000이 발생될 것으로 예상하였다. ㈜세무가 20x1년에 노동집약적 생산방법을 택할 경우 손익분기점 판매량(A)과 두 생산방법 간에 영업이익의 차이가 발생하지 않는 판매량(B)은 각각 얼마인가?

	A	B		A	B
①	8,400단위	20,000단위	②	10,000단위	15,000단위
③	10,000단위	20,000단위	④	14,000단위	15,000단위
⑤	14,000단위	20,000단위			

풀이과정　　　　　　　　　　　　　　　　　　　　　　　　　　　　**정답** ⑤

	생산방법		
	노동집약적	자본집약적	차액
판매가격	600	600	
변동제조원가	300	250	
변동판관비	50	50	
단위당 공헌이익	250	300	50
고정제조원가	2,100,000	3,100,000	
고정판관비	1,400,000	1,400,000	
계	3,500,000	4,500,000	1,000,000
손익분기점	*14,000*	*15,000*	*20,000*
무차별 판매수량	*20,000*	*20,000*	
안전한계	6,000	5,000	
영업이익	1,500,000	1,500,000	

* 고정원가 차액 ₩1,000,000 ÷ 단위당 공헌이익 차액 ₩50 = 무차별 판매량 ₩20,000

• 세무사/2016/문31

29 원가-조업도-이익 분석과 관련된 설명으로 **옳지 않은** 것은? (단, 답지항에서 변동되는 조건 외의 다른 조건은 일정하다고 가정한다)

① 계단원가(준고정비)가 존재하면 손익분기점은 반드시 계단 수(구간 수)만큼 존재한다.

② 법인세율이 증가하면 같은 세후 목표이익을 달성하기 위한 판매량이 많아진다.

③ 단위당 변동원가가 작아지면 손익분기점이 낮아진다.

④ 공헌이익률이 증가하면 목표이익을 달성하기 위한 매출액이 작아진다.

⑤ 법인세율이 증가해도 손익분기점은 바뀌지 않는다.

풀이과정　　　　　　　　　　　　　　　　　　　　　　　　　　　　　**정답** ①

	단위당	지문1 구간1	지문1 구간2	지문2 법인세율	지문3 변동원가	지문4 공헌이익률	지문5 법인세율
매출액	p						
변동원가	v						
공헌이익	c ($=p-v$)	c	c	$F+NI/(1-t)$	$p-v$	$NIBT+F$	F
고정원가		F1	F2	F	F	F	F
세전이익				$NI/(1-t)$		NIBT	0
법인세(t)	t						
세후이익(1-t)	(1-t)			NI			

손익분기점	$F1/c$	$F2/c$
구간별 실현가능	*구간내 손익분기점?*
목표판매량	$[F+NI/(1-t)]/c$
손익분기점	$F/(p-v)$
공헌이익률	c/p
목표매출액	$(NIBT+F)/공헌이익률$
손익분기점	$F/(p-v)$

문항	지문분석
1	*계단원가별 고정원가 ⇒ 손익분기점=고정원가 / 단위당 공헌이익 ⇒ 구간별 손익분기점 존재 ⇒ 구간별 실현가능 손익분기점은 달라진다.*
2	법인세율 증가 ⇒ 세후이익률 감소 ⇒ 세후이익/세후이익률 ⇒ 세전 목표이익 높아짐 ⇒ 목표 판매량 높아짐
3	단위당 변동원가 감소 ⇒ 단위당 공헌이익 증가 ⇒ 고정원가/단위당 공헌이익 ⇒ 손익분기점 감소
4	공헌이익률 증가 ⇒ 고정원가/공헌이익률 ⇒ 손익분기매출액 감소
5	손익분기점 ⇒ 세전이익=0 ⇒ 법인세율 경향없음

• 세무사/2016/문36

30 ㈜세무는 단일 제품 C를 생산하며, 변동원가계산을 적용한다. 20x2년 제품 C의 생산량과 판매량은 1,000개로 동일하고, 기초 및 기말재공품은 없다. 20x2년 제품 C의 생산 및 판매와 관련된 자료는 다음과 같다. 감가상각비를 제외하고, 수익발생과 현금유입 시점은 동일하며 원가(비용)발생과 현금유출 시점도 동일하다.

· 단위당 판매가격	₩6,000
· 단위당 변동제조원가	3,200
· 단위당 변동판매관리비	1,600
· 연간 고정제조간접원가	242,000 (기계 감가상각비 ₩72,000 포함)
· 연간 고정판매관리비	206,800 (매장건물 감가상각비 ₩64,800 포함)
· 법인세율	25%
· 기계와 매장건물은 20x0년에 취득하였다.	

㈜세무의 세후현금흐름분기점 판매량(A)과 판매량이 1,000개인 경우의 세후영업이익(B)은?

	A	B		A	B
①	222단위	₩563,400	②	444단위	₩563,400
③	222단위	₩666,000	④	444단위	₩666,000
⑤	666단위	₩666,000			

풀이과정　　　　　　　　　　　　　　　　　　　　　　　　　　**정답** ①

구분	손익분기분석			현금흐름분기분석				
	단위당	1,000단위	손익분기점	세전현금	세금	세후현금	**현금흐름분기점**	**222단위**
단위당 판매가격	6,000							
단위당 변동제조원가	3,200							
단위당 변동판매관리비	1,600							
단위당 공헌이익	1,200	1,200,000	448,800	1,200	300	*900*	*199,800*	*199,800*
고정원가								
현금고정원가		312,000		312,000	78,000	234,000		*234,000*
비현금고정원가		136,800			(34,200)	(34,200)		*(34,200)*
계		448,800	448,800	312,000	43,800	199,800	*199,800*	*199,800*
세전영업이익		751,200	0					
법인세(25%)		187,800						
세후영업이익(75%)		*563,400*						0
손익분기점			374					374
현금흐름분기점			1,000				*222*	222
안전한계판매량			626					(152)
세전영업이익	1,200							(182,400)
법인세환급								45,600
세후영업이익(75%)								*(136,800)*
비현금고정원가		136,800						*136,800*

• 세무사/2017/문38

31 3월에 ㈜세무의 매출액은 ₩700,000이고, 공헌이익률은 54%이며 영업레버리지도는 3이다. 4월에 고정원가인 광고비를 3월보다 ₩30,000 증가시키면 매출이 3월보다 10% 증가하며 공헌이익률의 변화는 없다. ㈜세무가 광고비를 ₩30,000 증가시킬 때, 4월의 영업이익은?

① ₩98,000   ② ₩102,000   ③ ₩115,800

④ ₩128,500   ⑤ ₩133,800

풀이과정   정답 ⑤

구분	3월 비율	3월 금액	3월 총액	영업레버리지도			4월 변동액
매출액		700,000	700,000	10%	70,000	700,000	70,000
변동원가	46%		322,000				
공헌이익	54%	378,000	378,000		37,800	378,000	37,800
고정원가			252,000				30,000
영업이익			126,000	30%	37,800	126,000	7,800
영업이익							133,800

영업레버리지도	3	
영업이익	126,000	
고정원가		252,000

• 세무사/2018/문28

32 ㈜세무는 원가행태를 추정하기 위해 고저점법을 적용한다. ㈜세무의 경영자는 추정된 원가함수를 토대로 7월의 목표이익을 ₩167,500으로 설정하였다. 목표이익을 달성하기 위한 추정 목표매출액은? (단, 당월 생산된 제품은 당월에 전량 판매되고, 추정 목표매출액은 관련범위 내에 있다)

월	총원가	총매출액
3월	₩887,000	₩980,000
4월	791,000	855,000
5월	985,500	1,100,000
6월	980,000	1,125,000

① ₩1,160,000   ② ₩1,165,000   ③ ₩1,170,000
④ ₩1,180,000   ⑤ ₩1,200,000

풀이과정   **정답** ⑤

1. 원가추정

월	조업도	매출액	원가	변동원가	고정원가
6월	고점	1,125,000	980,000	787,500	192,500
4월	저점	855,000	791,000	598,500	192,500
	차액	270,000	189,000		
	변동원가율			70.0%	
	공헌이익률			30.0%	

2. 목표 매출액

구분	비율	목표이익	**목표매출액**
매출액			*1,200,000*
변동원가	70%		
공헌이익	30%	360,000	
고정원가		192,500	
영업이익		*167,500*	

33 ㈜세무는 직접재료를 투입하여 두 개의 공정을 거쳐 제품을 생산하고 있다. 제1공정에서는 직접재료 1톤을 투입하여 제품 A 400kg과 중간제품 600kg을 생산하며, 제2공정에서는 중간제품 M을 가공하여 제품 B 600kg을 생산한다. 직접재료는 제1공정 초기에 전량 투입되고, 전환원가는 공정 전반에 걸쳐 균등하게 발생하며, 모든 공정에서 공손 및 감손은 발생하지 않는다. 제1공정에서는 변동전환원가가 ₩200/톤, 고정원가는 ₩70,000이 발생하였으며, 제2공정에서는 변동전환원가가 ₩1,200/톤, 고정원가는 ₩58,000이 발생하였다. 직접재료 구입원가는 ₩2,000/톤이며, 제품 A와 제품 B의 판매가격은 각각 ₩3,000/톤, ₩5,000/톤이다. 생산된 모든 제품이 전량 판매되었다고 가정할 경우, 각 제품의 손익분기점 판매량은?

	제품 A	제품 B		제품 A	제품 B		제품 A	제품 B
①	40톤	60톤	②	48톤	72톤	③	50톤	75톤
④	60톤	90톤	⑤	80톤	120톤			

풀이과정   **정답** ①

1. 공정흐름도 작성

					판매가격	판매가치
		제품 A			3,000	1,200
		0.4				
제1공정						
1톤	200					
2,000	70,000	중간제품 M	1,200	720	5,000	3,000
		0.6		58,000		

2. 손익분기분석

	제1공정	제품 A	제품 B	묶음당	전체
판매가격		1,200	3,000	4,200	
직접재료원가	2,000			2,000	
변동전환원가	200		720	920	
묶음당 공헌이익				1,280	
고정제조간접원가	70,000		58,000		128,000
손익분기묶음수량					100
손익분기판매수량		*40*	*60*		*100*

• 세무사/2018/문37

34 ㈜세무는 20x1년 초에 설립되어 인공지능을 이용한 스피커를 생산하고 있다. 스피커의 단위당 변동원가는 ₩6,000이며 연간 고정원가 총액은 ₩1,500,000이다. ㈜세무는 당기에 국내시장에서 스피커 300단위를 판매하고, 국내시장에서 판매하고 남는 스피커를 해외시장에서 판매할 계획이다. 스피커의 국내 판매가격은 단위당 ₩10,000이며, 해외 판매가격은 단위당 ₩9,000이다. 해외시장에 판매하더라도 원가구조에는 변함이 없으며, 국내시장에 미치는 영향은 없다. 법인세율이 20%일 경우 손익분기점 판매량은?

① 350단위 ② 375단위 ③ 400단위 ④ 450단위 ⑤ 500단위

풀이과정   **정답** ③

	국내시장	해외시장	**합계**
생산량			Q
판매량	300	Q-300	
판매가격	10,000	9,000	
변동원가	6,000	6,000	
단위당 공헌이익	4,000	3,000	
총공헌이익	1,200,000	(Q-300)×3,000	**1,500,000**
		=300,000	
고정원가			**1,500,000**
영업이익			**0**
		Q-300=100	
			Q=400

• 세무사/2019/문31

35 ㈜세무는 단일 제품을 생산·판매하는데 단위당 변동원가는 ₩225이고 공헌이익률은 40%이다. 당기 예상 판매량은 2,000단위부터 6,000단위 사이에서 균등분포(uniform distribution)를 이룬다. 당기 총고정원가가 ₩630,000일 때 ₩120,000 이상의 이익을 얻을 확률은?

① 25%　　　② 45%　　　③ 55%　　　④ 60%　　　⑤ 75%

풀이과정　　　　　　　　　　　　　　　　　　　　　　　　　　　　　　　정답 ①

구분	비율	단위당	손익분기점	목표이익
매출액		375		
변동원가	60%	225		
공헌이익	40%	150	630,000	120,000
고정원가			630,000	
영업이익			0	120,000
손익분기판매수량			4,200	
안전한계판매수량				800
목표판매수량				5,000
판매가능수량 범위			4,000	4,000
초과판매수량			1,800	1,000
확률			*45.0%*	*25.0%*

• 세무사/2019/문33

36 ㈜세무는 단일 제품을 생산하여 단위당 ₩150에 판매한다. 연간 생산가능 수량 2,000단위에 근거한 제품 단위당 원가는 다음과 같다.

직접재료원가	₩10
직접노무원가	15
단위수준 활동원가	25
제품수준 활동원가	14
설비수준 활동원가	6
	₩70

위 원가 항목 중 제품수준 활동원가와 설비수준 활동원가는 고정원가로, 나머지는 변동원가로 가정한다. 총고정원가 중 ₩10,000은 세법상 손금(비용)으로 인정되지 않으며, 이 회사에 적용되는 세율은 20%이다. 세후순이익 ₩16,000을 얻기 위한 제품 판매수량은?

① 2,460단위 ② 520단위 ③ 550단위 ④ 600단위 ⑤ 625단위

풀이과정   정답 ⑤

구분		단위당	2,000단위	세금	세후	목표이익
매출액		150		30	120	
변동원가	직접재료원가	10		2	8	
	직접노무원가	15		3	12	
	단위수준활동원가	25		5	20	
공헌이익		100		20	80	50,000
고정원가	제품수준 활동원가	14	28,000			
	설비수준 활동원가	6	12,000			
			40,000	6,000	34,000	34,000
영업이익						16,000
목표판매수량						**625**
목표매출액		150				93,750

• 세무사/2020/문34

37 ㈜세무는 외부 판매대리점을 통해 건강보조식품을 판매하고 있는데, 20x1년 손익계산서 자료는 다음과 같다.

매출액	₩100,000
변동매출원가	₩45,000
고정매출원가	₩15,000
변동판매비와관리비(판매대리점 수수료)	₩18,000
고정판매비와관리비	₩4,000
영업이익	₩18,000

㈜세무는 20x1년에 판매대리점에게 매출액의 18%를 판매대리점 수수료로 지급하였는데, 20x2년에는 판매대리점 대신 회사 내부판매원을 통해 판매하려고 한다. 이 경우, 내부판매원에게 매출액의 15%에 해당하는 수수료와 고정급여 ₩8,000이 지출될 것으로 예상된다. ㈜세무가 20x2년에 내부판매원을 통해 20x1년과 동일한 영업이익을 얻기 위해 달성해야 할 매출액은?

① ₩75,000   ② ₩81,818   ③ ₩90,000
④ ₩100,000   ⑤ ₩112,500

풀이과정   정답 ⑤

판매대리점	매출원가	판매관리비	계	비율
매출액			100,000	
변동원가	45,000	18,000	63,000	63%
공헌이익			37,000	37%
고정원가	15,000	4,000	19,000	
영업이익			18,000	

내부 판매원	매출원가	판매관리비	계
매출액			*112,500*
변동원가	45%	15%	*60%*
공헌이익			45,000 *40%*
고정원가	15,000	12,000	27,000
영업이익			18,000

• 세무사/2021/문27

38 ㈜세무의 20x1년 매출액은 ₩3,000,000이고 세후이익은 ₩360,000이며, 연간 고정비의 30%는 감가상각비이다. 20x1년 ㈜세무의 안전한계율은 40%이고 법인세율이 25%일 경우, 법인세를 고려한 현금흐름분기점 매출액은? (단, 감가상각비를 제외한 수익발생과 현금유입시점은 동일하고, 원가(비용)발생과 현금유출시점도 동일하며, 법인세 환수가 가능하다)

① ₩1,080,000　　　② ₩1,200,000　　　③ ₩1,260,000

④ ₩1,800,000　　　⑤ ₩2,100,000

풀이과정　　　　　　　　　　　　　　　　　　　　　　　　　　　　　**정답** ①

구분	발생기준			현금기준		현금흐름분기점	
	금액		비율	현금흐름	세후 현금흐름	세후	세전
매출액	3,000,000	3,000,000 3,000,000		3,000,000	2,250,000	810,000	1,080,000
변동원가		1,800,000	60.0%	1,800,000	1,350,000		
공헌이익		1,200,000 1,200,000	40.0%	1,200,000	900,000	324,000	432,000
고정원가		720,000					
현금고정원가		504,000		504,000	378,000	378,000	504,000
비현금고정원가		216,000			(54,000)	(54,000)	
세전이익		480,000 480,000		696,000			(72,000)
법인세(25%)		120,000 120,000		120,000			
세후이익(75%)	360,000	360,000 360,000		576,000	576,000	0	
세후이익		(216,000)				0	
세전이익		(288,000)					(72,000)
손익분기공헌이익		432,000				324,000	432,000
손익분기매출액		1,080,000				810,000	1,080,000

39 ㈜세무는 단일제품을 생산·판매하고 있다. 제품 단위당 판매가격은 ₩7,500으로 매년 일정하게 유지되고, 모든 제품은 생산된 연도에 전량 판매된다. 최근 2년간 생산량과 총제조원가에 관한 자료는 다음과 같다. 20x2년 1월 1일에 인력조정 및 설비투자가 있었고, 이로 인해 원가구조가 달라진 것으로 조사되었다.

기간		생산량	총제조원가
20x1년	상반기	200단위	₩1,200,000
	하반기	300	1,650,000
20x2년	상반기	350	1,725,000
	하반기	400	1,900,000

다음 중 옳은 것은? (단, 20x2년 초의 인력조정 및 설비투자 이외에 원가행태를 변화시키는 요인은 없으며, 고저점법으로 원가함수를 추정한다)

① 20x2년의 영업레버리지도는 2.5이다.

② 20x2년의 안전한계율은 약 33%이다.

③ 20x1년에 비해 20x2년의 영업레버리지도는 증가하였다.

④ 20x1년에 비해 20x2년에 연간 총고정제조원가는 ₩200,000 증가하였다.

⑤ 20x1년에 비해 20x2년의 연간 손익분기점 판매량은 50단위 증가하였다.

풀이과정   정답 ④

1. 고저점법

20x1년	생산량	총제조원가	변동제조원가	고정제조원가
저점	200	1,200,000	900,000	*300,000*
고점	300	1,650,000	1,350,000	*300,000*
변동	100	450,000		
단위당 변동제조원가			4,500	

20x2년	생산량	총제조원가	변동제조원가	**고정제조원가**
저점	350	1,725,000	1,225,000	*500,000*
고점	400	1,900,000	1,400,000	*500,000*
변동	50	175,000		
단위당 변동제조원가			3,500	

2. 손익분기분석

구분	20×1년	20×2년
단위당 판매가격	7,500	7,500
단위당 변동원가	4,500	3,500
단위당 공헌이익	3,000	4,000
생산/판매량	500	750
매출액	3,750,000	5,625,000
변동원가	2,250,000	2,625,000
공헌이익	1,500,000	3,000,000
고정원가	*300,000*	*500,000*
영업이익	1,200,000	2,500,000
안전한계판매수량	*400*	*625*
손익분기판매수량	*100*	*125*
손익분기율	*20%*	*17%*
안전한계율	*80%*	*83%*
영업레버리지도	*1.25*	*1.20*

40 ㈜세무는 제품 A와 B를 생산·판매하고 있다. 제품별 판매 및 원가에 관한 자료는 다음과 같다.

구분	제품 A	제품 B	합계
판매량	?	?	100단위
매출액	₩200,000	₩300,000	₩500,000
변동비	?	?	₩375,000
고정비			₩150,000

제품 A의 단위당 판매가격은 ₩4,000이다. 손익분기점에 도달하기 위한 제품 B의 판매량은? (단, 매출배합은 일정하다고 가정한다)

① 55단위   ② 60단위   ③ 80단위   ④ 85단위   ⑤ 90단위

풀이과정   정답 ②

구분	제품 A	제품 B	합계	가중평균	손익분기점
판매량	50	50	100	단위당	120
판매가격	4,000	6,000		5,000	
매출액	200,000	300,000	500,000		
변동원가			375,000	3,750	
공헌이익			125,000	1,250	150,000
고정원가			150,000		
영업이익			(25,000)		
손익분기점	60	60			120

• 세무사/2023/문34

41 ㈜세무는 단일 제품을 생산·판매한다. 제품 단위당 판매가격은 ₩100, 단위당 변동원가는 ₩60으로 일정하나, 고정원가는 제품 생산범위에 따라 상이하다. 제품 생산범위가 첫 번째 구간(1~1,000단위)에서 두 번째 구간(1,001~2,000단위)으로 넘어가면 고정원가가 ₩17,600 증가한다. 첫 번째 구간의 손익분기점이 860단위인 경우, 두 번째 구간의 손익분기점은 몇 단위인가?

① 1,150단위 ② 1,200단위 ③ 1,250단위 ④ 1,300단위 ⑤ 1,440단위

풀이과정 정답 ④

1. 계단식 고정원가

	첫째 구간	둘째 구간
생산범위	1~1,000단위	1,001~2,000단위
고정원가		17,600 증가

2. 손익분기분석

구분	첫째 구간	둘째 구간
단위당 판매가격	100	100
단위당 변동원가	60	60
단위당 공헌이익	40	40
손익분기점	860	
손익분기점 공헌이익	34,400	
고정원가	34,400	52,000
손익분기점 공헌이익		52,000
단위당 공헌이익		40
손익분기점		**1,300**

• 세무사/2023/문39

42 ㈜세무는 단일 제품을 생산하여 판매한다. 제품 단위당 판매가격은 ₩1,000, 단위당 변동원가는 ₩600, 총 고정원가는 ₩1,900,000으로 예상된다. 세법에 의할 경우 총 고정원가 중 ₩100,000과 단위당 변동원가 중 ₩50은 세법상 손금(비용)으로 인정되지 않을 것으로 예상된다. ㈜세무에 적용될 세율이 20%인 경우 세후순이익 ₩41,000을 얻기 위한 제품의 판매수량은?

① 4,050단위   ② 4,450단위   ③ 4,750단위   ④ 5,000단위   ⑤ 5,100단위

풀이과정   정답 ⑤

	세전	세금(20%)	세후	목표이익
단위당 판매가격	1,000	200	800	
단위당 변동원가				
손금인정	550	110	440	
손금불인정	50	0	50	
	600		490	
공헌이익	450		310	
고정원가				
손금인정	1,800,000	360,000	1,440,000	
손금불인정	100,000	0	100,000	
	1,900,000		1,540,000	
세후순이익				41,000
세후고정원가				1,540,000
세후공헌이익				1,581,000
단위당 공헌이익				310
목표판매수량				**5,100**

• 세무사/2023/문40

43 ㈜세무는 당기에 영업을 처음 시작하였으며, 실제원가계산을 사용한다. 당기 제품 생산량은 2,000단위이다. 제품 단위당 판매가격은 ₩1,000, 단위당 직접재료원가는 ₩280, 단위당 직접노무원가는 ₩320이고, 당기 총 고정제조간접원가는 ₩200,000, 총 고정판매관리비는 ₩300,000이다. 변동제조간접원가와 변동판매관리비는 존재하지 않는다. 변동원가계산에 의한 손익분기점은 전부원가계산에 의한 손익분기점보다 몇 단위 더 많은가?

① 100단위   ② 150단위   ③ 200단위   ④ 250단위   ⑤ 300단위

풀이과정   **정답** ④

구분	원가	생산량	단위당 원가	판매량	전부 원가계산	변동 원가계산	*전부 − 변동*
직접재료원가	560,000	2,000	280	Q	280 Q	280 Q	
직접노무원가	640,000	2,000	320	Q	320 Q	320 Q	
변동제조간접원가	0						
고정제조간접원가	200,000	2,000	100	Q	100 Q	200,000	
고정판매관리비	300,000				300,000	300,000	
단위당 제품원가					700	600	
단위당 판매가격					1,000	1,000	
단위당 공헌(영업)이익					300	400	
당기 비용 고정원가					300,000	500,000	
손익분기 판매수량					*1,000*	*1,250*	*250*

44 ㈜세무는 제품 X와 Y를 생산 및 판매하고 있으며, 제품에 관한 자료는 다음과 같다.

	제품 X	제품 Y
판매량 배합비율	20%	80%
단위당 공헌이익	₩300	₩200
손익분기점 판매량	600단위	2,400단위

㈜세무는 신제품 Z를 개발하여 생산 및 판매할 계획을 수립하고 있다. 제품 Z의 단위당 공헌이익은 ₩220이며 제품 X, Y, Z의 판매량 배합비율은 각각 30%, 20%, 50%일 것으로 예상된다. 제품 Z를 추가 생산할 경우 제품 Y의 손익분기점 판매량은? (단, 제품 Z를 생산하더라도 제품 X와 제품 Y의 단위당 공헌이익, 고정원가 총액은 변하지 않는다.)

① 550단위 ② 825단위 ③ 1,375단위 ④ 2,400단위 ⑤ 2,750단위

풀이과정 정답 ①

	제품 X	제품 Y	제품 Z	결합	
단위당 판매가격					
단위당 변동원가					
단위당 공헌이익	300	200			
판매량 배합	20%	80%		100%	
가중평균 공헌이익	60	160		220	
손익분기 공헌이익					660,000
고정원가				*660,00*	
손익분기점	600	2,400		3,000	
단위당 공헌이익	300	200	220		
판매량 배합비율	30%	20%	50%	100%	
가중평균 공헌이익	90	40	110	*240*	*660,000*
고정원가				660,000	
손익분기 판매량	*825*	*550*	*1,375*	*2,750*	

• 세무사/2024/문35

45 ㈜세무는 고급생수를 단위당 ₩2,000에 판매하려 한다. 단위당 변동원가는 ₩1,000이며, 월간 고정원가는 ₩3,000,000이다. 고급생수의 수요량은 불확실하지만 월간 기대판매량이 4,200개, 표준편차는 800개의 정규분포를 따른다고 가정할 때, 월간 목표영업이익이 ₩400,000 이상 발생할 확률은? (단, 다음의 표준정규분포표를 이용하여 계산한다.)

z	P (Z ≤ z)	z	P (Z ≤ z)	z	P (Z ≤ z)
0.5	0.691	1.0	0.841	1.5	0.933
2.0	0.977	2.5	0.994	3.0	0.999

① 69.1%   ② 84.1%   ③ 93.3%   ④ 97.7%   ⑤ 99.4%

풀이과정

정답 ②

	단위당	목표판매량
단위당 판매가격	2,000	
단위당 변동원가	1,000	
단위당 공헌이익	1,000	
고정원가		3,000,000
목표영업이익		400,000
목표공헌이익		3,400,000
목표판매량		3,400
기대판매량		4,200
편차		−800
표준편차		800
표준화 Z값		1
확률		*0.841*

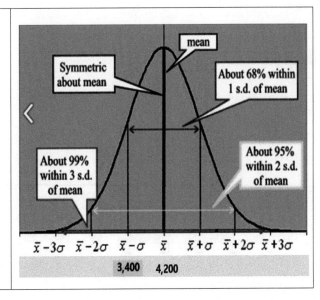

5. 공인회계사 기출문제 및 해설

• 회계사/2016/문45

46 ㈜스키리조트는 매년 11월 중순부터 다음 해 3월말까지 총 20주 동안만 객실을 임대하고, 나머지 기간 중에는 임대를 하지 않고 있다. ㈜스키리조트는 각 객실의 하루 임대료가 ₩400인 100개의 객실을 구비하고 있다. 이 회사는 회계연도가 매년 4월 1일에 시작하여 다음 해 3월 31일에 종료되며, 회계기간 동안 연간 관리자급여와 감가상각비는 ₩1,370,000이다. 임대가능기간인 총 20주 동안만 채용되는 관리보조원 1명의 주당 급여는 ₩2,500이다. 임대가능기간 중 100개의 객실 각각에 대한 보수유지 및 관리비는 하루에 ₩125씩 발생한다. 총 객실 중 고객에게 임대한 객실은 청소 및 소모품비로 객실당 하루에 ₩30이 추가로 발생한다. ㈜스키리조트가 동 회계연도 동안 손익분기점에 도달하기 위해 임대가능기간인 총 20주 동안의 객실임대율은 얼마인가? (단, 임대율(%)은 가장 근사치를 선택한다)

① 59.8%　　② 60.5%　　③ 61.2%　　④ 63.4%　　⑤ 65.3%

풀이과정　　　　　　　　　　　　　　　　　　　　　　　　　　**정답** ③

		단위당	1일	주당	20주간	손익분기점
판매가격	객실임대료	400				
변동원가	객실 소모품 등	30				
공헌이익		370			3,170,000	
고정원가	보수유지 및 관리비	125×100			1,750,000	(=125×100×7×20)
	관리보조원 급여			2,500	50,000	(=2,500×20)
	관리자급여 등				1,370,000	
	계				3,170,000	3,170,000
영업이익						0
손익분기점						8,568
연간 최대 임대객실수		100			14,000	(=100×20×7)
손익분기율					**61.2%**	

● 회계사/2018/문48

47 ㈜대한은 20x1년도 예산을 다음과 같이 편성하였다.

구분	제품 A	제품 B	회사전체
매출액	₩125,000	₩375,000	₩500,000
변동원가	75,000	150,000	225,000
공헌이익			₩275,000
고정원가			220,000
세전이익			₩55,000
법인세비용			11,000
세후이익			₩44,000

경영자는 예산을 검토하는 과정에서 20x1년에 제품 C의 판매를 추가하기로 하였다. 20x1년도 제품 C의 예상매출액은 ₩125,000이고 변동 원가율은 30%이다. ㈜대한의 고정원가는 회사전체 매출액 구간별로 다음과 같은 행태를 갖는다.

회사전체 매출액	고정원가
₩0 ~ ₩500,000	₩220,000
₩500,001 ~ ₩1,000,000	₩300,000

상기 예산손익계산서에 제품 C를 추가함으로써 나타나는 변화에 대한 설명으로 옳은 것은? (단, ㈜대한에 적용되는 법인세율은 20%이다)

① 회사전체 평균공헌이익률은 55%에서 60%로 높아진다.
② 제품 C의 매출액이 회사전체 매출액에서 차지하는 비중은 25%이다.
③ 손익분기점에 도달하기 위한 회사전체 매출액은 ₩100,000만큼 증가한다.
④ 회사전체의 영업레버리지도(degree of operating leverage)는 5에서 5.8로 높아진다.
⑤ 회사전체 세후이익은 ₩8,000만큼 증가한다.

풀이과정

구분	제품 A	제품 B	합계	비율	제품 C	비율	합계	비율
매출액	125,000	375,000	500,000		125,000		625,000	
변동원가	75,000	150,000	225,000	45.0%	37,500	30.0%	262,500	42.0%
공헌이익	50,000	225,000	275,000	55.0%	87,500	70.0%	362,500	58.0%
고정원가			220,000		80,000		300,000	
세전이익			55,000		7,500		62,500	
법인세비용(20%)			11,000		1,500		12,500	
세후이익(80%)			44,000		6,000		50,000	

	도입 전	도입 후
평균공헌이익률	55.0%	58.0%
제품 C 매출액 비중		20%

손익분기매출액		
고정원가	220,000	300,000
공헌이익률	55%	58%
손익분기매출액	400,000	517,241

영업레버리지도		
매출액	10% 증가	10% 증가
매출액 증가액	50,000	62,500
영업이익 증가	27,500	36,250
영입이익 증가율	50.0%	58.0%
영업레버리지도	**5.0**	**5.80**

공헌이익	275,000	362,500
세전이익	55,000	62,500
영업레버리지도	5.00	5.80

세후이익	44,000	50,000

• 회계사/2019/문50

48 ㈜대한은 단일제품을 생산하며 20x1년의 판매가격 및 원가자료는 다음과 같다.

항목	단위당 금액
판매가격	₩50
변동제조원가	20
변동판매비	5

고정제조원가와 고정판매비는 각각 ₩20,000과 ₩10,000이다. ㈜대한의 경영자는 판매촉진을 위해 인터넷 광고를 하려고 한다. 인터넷 광고물 제작에는 ₩5,000의 고정판매비가 추가로 지출된다. 인터넷 광고를 하지 않을 경우 판매량은 1,200단위와 1,800단위 사이에서 균등분포(uniform distribution)를 이루고, 인터넷 광고를 하면 판매량은 1,500단위와 2,000단위 사이에서 균등하게 분포한다. ㈜대한이 인터넷 광고를 함으로써 기대영업이익은 얼마나 증가 또는 감소하는가?

① ₩0   ② ₩1,250 증가   ③ ₩1,250 감소

④ ₩2,250 증가   ⑤ ₩2,250 감소

풀이과정   정답 ②

구분	단위당	인터넷광고 안할 경우	인터넷광고 할 경우
판매가격	50		
변동원가	25		
공헌이익	25	30,000	35,000
고정원가		30,000	35,000
손익분기점		1,200	1,400
평균판매량		1,500	1,750
안전한계수량		300	350
평균영업이익		*7,500*	*8,750*
증분이익			*1,250*

• 회계사/2021/문44

49 원가 · 조업도 · 이익(CVP) 분석에 대한 다음 설명 중 <u>옳지 않은</u> 것은? (단, 아래의 보기에서 변동되는 조건 외의 다른 조건은 일정하다고 가정한다)

① 생산량과 판매량이 다른 경우에도 변동원가계산의 손익분기점은 변화가 없다.

② 영업레버리지도가 3이라는 의미는 매출액이 1% 변화할 때 영업이익이 3% 변화한다는 것이다.

③ 법인세율이 인상되면 손익분기 매출액은 증가한다.

④ 안전한계는 매출액이 손익분기 매출액을 초과하는 금액이다.

⑤ 단위당 공헌이익이 커지면 손익분기점은 낮아진다.

풀이과정　　　　　　　　　　　　　　　　　　　　　　　　　　　　　　　**정답** ③

구분	단위당	비율	Q_a	손익 분기점	**법인세**	안전한계	영업 레버리지도
매출액	p		$p \times Q_a$	$p \times Q_{bep}$		$p \times (Q_a - Q_{bep})$	$0.01 \times p \times Q$
변동원가	v	v/p	$v \times Q_a$				
공헌이익	(p-v)	(p-v)/p	$(p-v) \times Q_a$	F			$0.1 \times Q \times (p-v)$
고정원가			F	F			
세전이익			NIBT	0	*0*		$0.03 \times NIBT$
법인세(t)			T		*영향*		
세후이익(1-t)			NI		*영향*		
손익분기점				F/(p-v)	*무영향*		
안전한계 매출액						$p \times (Q_a - Q_{bep})$	
안전한계 판매수량						$Q_a - Q_{bep}$	

• 회계사/2022/문48

50 ㈜대한은 제품 A, 제품 B, 제품 C를 생산 및 판매한다. ㈜대한은 변동원가계산제도를 채택하고 있으며, 20x1년도 예산을 다음과 같이 편성하였다.

구분	제품 A	제품 B	제품 C
판매수량	2,500단위	5,000단위	2,500단위
단위당 판매가격	₩100	₩150	₩100
단위당 변동원가	60	75	30

㈜대한은 20x1년도 영업레버리지도(degree of operating leverage)를 5로 예상하고 있다. 세 가지 제품의 매출액 기준 매출구성비율이 일정하다고 가정할 때, ㈜대한의 20x1년 예상 손익분기점을 달성하기 위한 제품 C의 매출액은 얼마인가?

① ₩160,000   ② ₩180,000   ③ ₩200,000

④ ₩220,000   ⑤ ₩250,000

풀이과정   정답 ③

구분	제품 A	제품 B	제품 C	합계	영업레버리지도	손익분기점
판매수량	2,500	5,000	2,500	10,000		
단위당 판매가격	100	150	100	1,250,000	10%	125,000
단위당 변동원가	60	75	30	600,000		
단위당 공헌이익	40	75	70	650,000		65,000
공헌이익률				52%		
영업레버리지도					5	
영업이익				130,000	50%	65,000
고정원가				520,000		
손익분기 공헌이익						520,000
공헌이익률						52.0%
손익분기 매출액	*200,000*	*600,000*	*200,000*			*1,000,000*

51 ㈜대한은 정상원가계산을 사용하고 있으며, 20x3년 2월의 생산 및 판매와 관련된 자료는 다음과 같다.

기초재고수량	600단위
기말재고수량	400단위
실제판매량	4,200단위
단위당 판매가격	₩10,000
고정제조간접원가	₩2,000,000
고정판매관리비	₩3,000,000
단위당 직접재료원가	₩3,000
단위당 직접노무원가	₩2,500
단위당 변동제조간접원가	₩2,000

기초 및 기말재고는 모두 완성품이며, 재공품 재고는 없다. 전부원가계산하에서 2월의 손익분기점을 구하면 얼마인가? 단, 단위당 판매가격과 단위당 변동원가는 일정하고 제품 단위 원가는 외부보고용 원가를 의미한다.

① 1,500단위 ② 1,600단위 ③ 1,700단위 ④ 1,800단위 ⑤ 2,000단위

풀이과정

정답 ①

1. 당기 생산수량

기초재고	600	
당기생산		4,000
판매가능		4,600
기말재고	400	
실제 판매량	4,200	

2. 원가계산모형별 영업이익

원가요소	발생액	생산량	단위당 원가	판매량	전부원가계산	변동원가계산
직접재료원가	12,000,000	4,000	3,000	4,200	12,600,000	12,600,000
직접노무원가	10,000,000	4,000	2,500	4,200	10,500,000	10,500,000
변동제조간접원가	8,000,000	4,000	2,000	4,200	8,400,000	8,400,000
고정제조간접원가	*2,000,000*	*4,000*	*500*	*4,200*	*2,100,000*	*2,000,000*
계	32,000,000		8,000		33,600,000	33,500,000
매출액			10,000	4,200	42,000,000	42,000,000
고정판매비	3,000,000			4,200	3,000,000	3,000,000
영업이익					5,400,000	5,500,000

3. 손익분기점

	전부원가계산	변동원가계산
단위당 판매가격	10,000	10,000
단위당 변동원가	8,000	7,500
단위당 이익	*2,000*	2,500
고정제조간접원가	0	2,000,000
고정판매비	3,000,000	3,000,000
고정원가	*3,000,000*	5,000,000
손익분기점	*1,500*	2,000

4. 원가계산모형별 영업이익

	전부원가계산	변동원가계산
손익분기점	*1,500*	*2,000*
단위당 이익	2,000	2,500
고정원가 차감전 이익	3,000,000	5,000,000
고정원가	3,000,000	5,000,000
영업이익	0	0

• 회계사/2024/문48

52 원가−조업도−이익(CVP)분석과 영업레버리지도(DOL)에 대한 다음 설명 중 **옳지 않은** 것은? 단, 아래의 보기에서 변동되는 조건 외의 다른 조건은 일정하다고 가정한다.

① 단위당 공헌이익이 커지면 손익분기점은 낮아진다.

② 공헌이익이 총고정원가보다 클 경우에는 이익이 발생한다.

③ 생산량과 판매량이 다른 경우에도 변동원가계산의 손익분기점은 변화가 없다.

④ 영업이익이 0보다 클 때, 고정원가가 감소하면 영업레버리지도는 낮아진다.

⑤ 영업이익이 0보다 클 때, 안전한계율이 높아지면 영업레버리지도는 높아진다.

풀이과정 　　**정답** ⑤

	지문 1		지문 2	지문 3	지문 4		지문 5
	단위당	판매량	영업이익	변동 원가계산	영업레버리지도		안전 한계율
매출액							
변동원가							
공헌이익	커지면	감소	공헌이익	단위당	분자	일정	분모
고정원가	일정		고정원가	기간원가		감소	
영업이익	0				분모	증가	분자
손익분기공헌이익	일정						
영업이익			발생				
손익분기점		감소		일정			
영업레버리지						감소	*역수관계*

특수의사결정과 관련원가분석

1. 주요개념

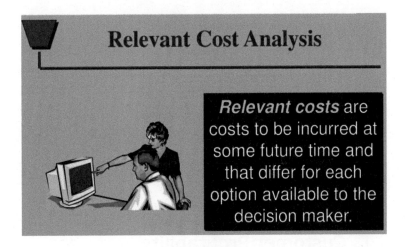

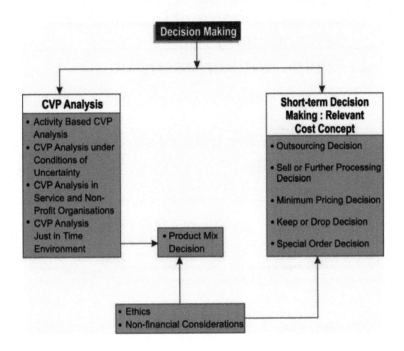

Relevant Costs for Nonroutine Operating Decisions

Key Topics:
- **Factors that affect decisions:**
  - Opportunity costs
  - Avoidable/unavoidable fixed costs
  - Qualitative factors
  - Uncertainties
- **Nonroutine operating decisions:**
  - Accept/reject special order
  - Make/buy or insource/outsource
  - Keep/drop product, segment, business
  - Manage scarce resources
  - Product emphasis

Types of Decisions

- ☐ One-Time-Only Special Orders
- ☐ Insourcing vs. Outsourcing
- ☐ Make or Buy
- ☐ Product-Mix
- ☐ Customer Profitability
- ☐ Branch / Segment: Adding or Discontinuing
- ☐ Equipment Replacement

Relevant Cost Analysis
A Two Step Process

STEP 1

Eliminate cost and benefit that do not differ from alternatives.

STEP 2

Use the remaining cost and benefit that differ between alternatives in decision-making. The cost that remains is the differential and avoidable cost.

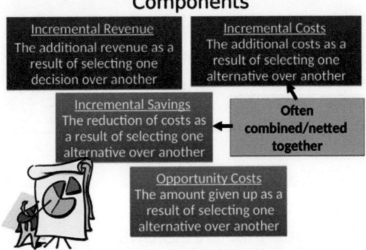

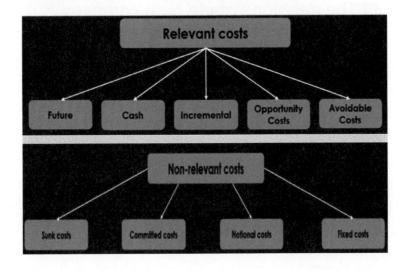

One-Time-Only Special Orders

- If idle capacity exists
  - Minimum selling price of the special order is the incremental cost
  - Opportunity cost is zero
- If idle capacity does not exist
  - Minimum selling price of the special order is the incremental cost plus the opportunity cost
  - Opportunity cost
    - Contribution margin of the sales to regular customers that must be given up in order to accept the special order

Accept or Reject a Special Order

With excess capacity . . .

- Relevant costs usually will be the variable costs associated with the special order.

Decision rule: YES if CMg > 0

Without excess capacity . . .

- Same as above but opportunity cost of using the firm's facilities for the special order are also relevant.

Decision rules: YES if CMg – Opportunity cost > 0
YES if not the worst CMg

Product-Mix Decisions

☐ The decisions made by a company about which products to sell and in what quantities

☐ Decision Rule (with a constraint): choose the product that produces the highest contribution margin per unit of the constraining resource

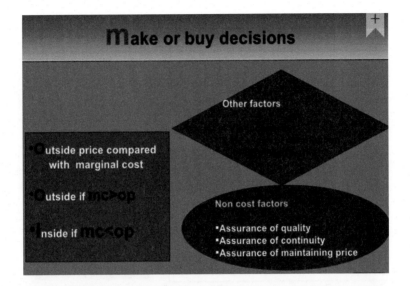

Optimal Use of Limited Resources

- A limiting factor or scarce resource restricts or constrains the production or sale of a product or service.
- The order to be accepted is the one that makes the   total profit contribution per unit of the limiting factor.

Eliminate an Unprofitable Segment

- Management sometimes needs to decide whether to **eliminate an unprofitable business segment.**
- Again, the key is to focus on the data that change under the alternative courses of action.
- Often fixed costs allocated to the unprofitable segment must be absorbed by the other segments. It is possible, therefore, for net income to **decrease** when an unprofitable segment is eliminated.
- In deciding whether to eliminate an unprofitable segment, management should choose the alternative which results in the highest net income for the company as a whole.

Levels of Segmented Statements

Our approach to segment reporting uses the contribution format.

Income Statement Contribution Margin Format Television Division	
Sales	$ 300,000
Variable COGS	120,000
Other variable costs	30,000
Total variable costs	150,000
Contribution margin	150,000
Traceable fixed costs	90,000
Division margin	$ 60,000

Contribution margin is computed by taking sales minus variable costs.

Segment margin is Television's contribution to profits.

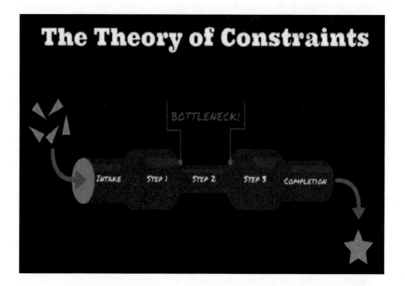

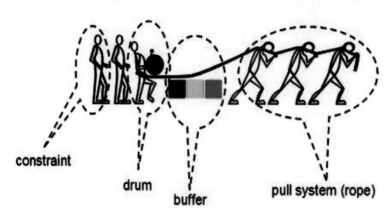

constraint

drum

buffer

pull system (rope)

2. 관세사 기출문제 및 해설

• 관세사/2015/문78

01 ㈜관세는 현재 제품 A, B, C를 생산·판매하고 있다. 각 제품에 대한 월별 생산 및 판매와 관련된 자료는 다음과 같다.

구분	제품 A	제품 B	제품 C
단위당 판매가격	₩200	₩150	₩300
단위당 변동원가	₩140	₩100	₩180
단위당 기계사용시간	2시간	1시간	3시간
최대시장수요량	300단위	500단위	100단위
총고정원가		₩100,000	

이 회사의 월 최대 사용가능한 기계시간이 1,000시간으로 제약되어 있는 경우, 영업이익을 극대화할 수 있는 최적제품배합으로 옳은 것은?

	제품 A	제품 B	제품 C		제품 A	제품 B	제품 C
①	100단위	500단위	100단위	②	300단위	100단위	100단위
③	250단위	500단위	0단위	④	300단위	250단위	50단위
⑤	300단위	400단위	0단위				

풀이과정   **정답** ③

	제품 A	제품 B	제품 C	
판매가격	200	150	300	
단위당 변동원가	140	100	180	
단위당 공헌이익	60	50	120	
단위당 기계시간	2	1	3	
기계시간당 공헌이익	30	50	40	
생산우선순위	3순위	1순위	2순위	
시장수요량	300	500	100	
기계시간 할당	500	500		1,000
생산량	*250*	*500*	*0*	
공헌이익	15,000	25,000	0	40,000

• 관세사/2016/문77

02 ㈜관세는 제품 A와 제품 B를 생산하여 판매하고 있으며, 두 제품에 대한 시장수요는 무한하다. 제품 A와 제품 B의 생산에 사용되는 재료는 연간 총 2,400kg, 기계사용시간은 연간 총 3,000시간으로 제한되어 있다. 제품의 생산 및 판매와 관련된 자료가 다음과 같을 때, ㈜관세가 달성할 수 있는 연간 최대 공헌이익은?

구분	제품 A	제품 B
단위당 판매가격	₩1,000	₩1,500
단위당 변동제조원가	₩500	₩800
단위당 변동판매관리비	₩200	₩300
단위당 재료소요량	2kg	2kg
단위당 기계사용시간	2시간	3시간

① ₩360,000 ② ₩400,000 ③ ₩420,000

④ ₩600,000 ⑤ ₩720,000

풀이과정   **정답** ③

1. 제약자원 우선순위 분석

	제품 A	제품 B	
판매가격	1,000	1,500	
단위당 변동제조원가	500	800	
단위당 변동판매관리비	200	300	
단위당 공헌이익	300	400	
재료소요량	2	2	2,400
재료 단위당 공헌이익	150	200	
생산우선순위	2순위	1순위	
기계사용시간	2	3	3,000
기계시간당 공헌이익	150	133	
생산우선순위	1순위	2순위	

2. 도표를 이용한 최적 제품배합

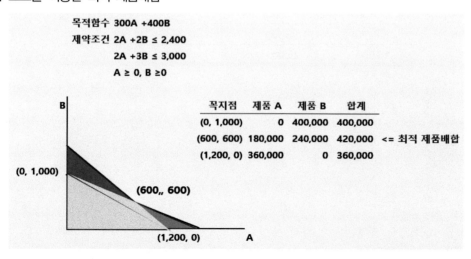

목적함수 300A +400B
제약조건 2A +2B ≤ 2,400
         2A +3B ≤ 3,000
         A ≥ 0, B ≥0

꼭지점	제품 A	제품 B	합계	
(0, 1,000)	0	400,000	400,000	
(600, 600)	180,000	240,000	420,000	<= 최적 제품배합
(1,200, 0)	360,000	0	360,000	

• 관세사/2016/문80

03 ㈜관세의 20x1년도 부문별 예산손익계산서는 다음과 같다.

구분	사업부 A	사업부 B	사업부 C	합계
매출액	₩20,000	₩30,000	₩50,000	₩100,000
변동원가	(₩8,000)	(₩21,000)	(₩35,000)	(₩64,000)
공헌이익	₩12,000	₩9,000	₩15,000	₩36,000
추적가능고정원가	(₩6,000)	(₩8,000)	(₩10,000)	(₩24,000)
공통고정원가	(₩2,000)	(₩3,000)	(₩5,000)	(₩10,000)
영업이익	₩4,000	(₩2,000)	₩0	₩2,000

각 사업부문이 폐쇄되면 각 사업부의 추적가능고정원가의 70%는 회피가능하며, 공통고정원가는 매출액 기준으로 각 사업부문에 배부한다. 20x1년 현재 경영자는 사업부 B를 폐쇄하면 사업부 A의 매출액이 20% 증가할 것으로 예상한다. 만약 ㈜관세가 사업부 B를 폐쇄하기로 결정한다면, 20x1년도 예산상의 영업이익은?

① ₩6,600 감소   ② ₩3,400 감소   ③ ₩1,000 감소

④ ₩2,400 증가   ⑤ ₩5,600 증가

풀이과정   **정답** ③

구분	사업부 A	사업부 B	사업부 C	합계	사업부 A	사업부 B	사업부 C	합계
						증분분석		
매출액	20,000	30,000	50,000	100,000	4,000	(30,000)		(26,000)
변동원가	8,000	21,000	35,000	64,000	1,600	(21,000)		(19,400)
공헌이익	12,000	9,000	15,000	36,000	2,400	(9,000)		(6,600)
추적가능고정원가	6,000	8,000	10,000	24,000		(5,600)		(5,600)
공통고정원가	2,000	3,000	5,000	10,000				
영업이익	**4,000**	**(2,000)**	**0**	**2,000**				**(1,000)**

• 관세사/2017/문78

04 ㈜관세는 완제품 생산에 필요한 부품 A 1,000단위를 자체생산하고 있다. 부품 A의 총고정제조간접원가는 ₩40,000이고 단위당 변동원가는 다음과 같다.

직접재료원가	₩80
직접노무원가	₩24
변동제조간접원가	₩16

㈜대한은 ㈜관세에게 부품 A를 단위당 ₩140에 1,000단위를 판매하겠다는 제의를 했다. ㈜관세가 ㈜대한의 제의를 수락한다면 총고정제조간접원가의 25%를 회피할 수 있으며, 유휴설비는 외부에 임대되어 총 ₩30,000의 임대료 수익이 발생할 것으로 기대된다. ㈜대한의 제의를 받아들일 경우 ㈜관세의 이익에 미치는 영향은?

① ₩10,000 감소 ② ₩10,000 증가 ③ ₩20,000 감소
④ ₩20,000 증가 ⑤ ₩30,000 증가

풀이과정 정답 ④

구분	자체생산	외부구입
생산/구입수량	1,000	1,000
직접재료원가	80,000	
직접노무원가	24,000	
변동제조간접원가	16,000	
회피가능 고정제조간접원가	10,000	
구입원가		140,000
임대료수익		30,000
관련원가	130,000	110,000
차액원가		**20,000**

• 관세사/2019/문76

05 다음은 ㈜관세가 생산·판매하는 제품 A에 관한 자료이다.

구분	자료 내용
최대 생산가능 수량	10,000단위
현재 생산·판매수량	8,000단위
단위당 외부 판매가격	₩300
단위당 변동제조원가	₩100
단위당 변동판매비	₩40
단위당 고정제조간접원가	₩90(최대 생산가능 수량 기준)

㈜한국은 ㈜관세에게 제품 A에 특수장치를 부착한 제품 B를 제작하여, 단위당 ₩220에 1,500단위를 공급해줄 것을 제안하였다. ㈜관세는 제품 A의 생산라인에서 제품 B를 생산할 수 있으며, ㈜한국의 주문으로 기존 판매 및 원가구조는 영향을 받지 않는다.

㈜관세는 제품 A에 단위당 ₩30의 특수장치를 추가하여 제품 B를 생산하며, 제품 B의 단위당 변동판매비는 ₩30이 된다. ㈜관세가 ㈜한국의 특별주문을 수락하는 경우 이익에 미치는 영향은?

① ₩90,000 감소 ② ₩90,000 증가 ③ ₩120,000 감소

④ ₩120,000 증가 ⑤ ₩150,000 증가

풀이과정 **정답** ②

최대생산능력	10,000	
현재 생산량	8,000	
여유 생산능력	2,000	
단위당 판매가격	300	
단위당 변동제조원가	100	
단위당 변동판매비	40	
단위당 공헌이익	160	

	제품 B	
특별주문수량	1,500	
추가생산량	단위당	1,500
주문대체량		
증분수익	220	330,000
증분원가		
제품 A	100	150,000
특수장치	30	45,000
변동판매비	30	45,000
기회원가		
증분이익		**90,000**

06 ㈜관세는 제품 A 100단위를 생산·판매하고 있으며, 제조원가와 판매관리비는 각각 50%가 고정비이다. 신규 고객으로부터 단위당 ₩1,800에 500단위를 공급해 달라는 특별주문을 받았다. 특별주문 수량에 대해 단위당 변동판매관리 중 20%는 발생하지 않는다. 특별주문을 수락할 경우 ㈜관세의 영업이익에 미치는 영향은? (단, 특별주문 수량을 생산하는데 필요한 여유생산설비를 충분히 확보하고 있다)

	제품 A
매출액	₩400,000
제조원가	240,000
판매관리비	60,000

① ₩38,000 감소 ② ₩18,000 감소 ③ ₩12,000 증가

④ ₩18,000 증가 ⑤ ₩38,000 증가

풀이과정

정답 ④

구분	총액	변동원가	고정원가
매출액	400,000		
제조원가	240,000	120,000	120,000
판매관리비	60,000	30,000	30,000

구분	정규시장		특별주문	
판매량	100	단위당	단위당	50
매출액	400,000	4,000	1,800	
변동제조원가	120,000	1,200	1,200	
변동판매관리비	30,000	300	240	
공헌이익	250,000	2,500	360	18,000
고정제조원가	120,000			
고정판매관리비	30,000			
영업이익	100,000			*18,000*

• 관세사/2024/문76

07 ㈜관세가 생산·판매하고 있는 제품 A와 B의 연간 최대 판매가능수량은 각각 2,000단위와 1,000단위이다. 제품 A의 단위당 공헌이익은 ₩15이고, 단위당 노무시간은 1시간이다. 제품 B의 단위당 공헌이익은 ₩20이고, 노무시간당 공헌이익은 ₩10이다. 연간 최대노무시간이 3,000시간일 때 달성할 수 있는 최대공헌이익은?

① ₩20,000　　② ₩25,000　　③ ₩30,000　　④ ₩35,000　　⑤ ₩40,000

풀이과정　　　　　　　　　　　　　　　　　　　　　　　　　　　　　　　　　　**정답** ⑤

	제품 A	제품 B	합계
단위당 공헌이익	15	20	
단위당 노무시간	1	2	
노무시간당 공헌이익	15	10	
생산우선순위	*1순위*	*2순위*	
시장수요량	2,000	1,000	
생산수량	2,000		
노무시간 할당	**2,000**	**1,000**	**3,000**
생산수량	2,000	500	
총공헌이익	**30,000**	**10,000**	**40,000**

3. 감정평가사 기출문제 및 해설

• 감정평가사/2016/문80

08 ㈜감평은 A제품을 주문생산하고 있다. 월간 최대 생산가능수량은 10,000개이며, 현재 7,500개를 생산·판매하고 있다. A제품의 개당 판매가격은 ₩150이며, 현재 조업도 수준하의 원가정보는 다음과 같다.

구분	금액
직접재료원가	₩262,500
직접노무원가	300,000
배치(batch) 수준의 변동원가	75,000
고정제조간접원가	275,000
고정광고비	175,000
계	1,087,500

배치 수준의 변동원가는 공정초기화비용(set-up cost), 품질검사비 등을 포함하고 있으며, 1배치에 50개의 A제품을 생산할 수 있다. 최근 ㈜감평은 ㈜대한으로부터 A제품 2,500개를 개당 ₩120에 구매하겠다는 특별주문을 제안받았다. 이 특별주문을 수락하게 되면 배치를 조정하여 배치당 100개의 A제품을 생산하는 형식으로 변경해야 하고(배치변경에 따른 추가비용은 없음), 기존 고객들에게 개당 ₩10의 할인혜택을 부여해야 한다. 특별주문을 수락한다면 이익에 미치는 영향은?

① ₩25,000 이익 ② ₩50,000 이익 ③ ₩25,000 손실

④ ₩50,000 손실 ⑤ ₩75,000 손실

풀이과정 특별주문   **정답** ①

최대 생산능력	10,000
현재 판매수량	7,500
여유 생산능력	2,500

구분	특별주문		정규시장	
판매수량	단위당	2,500	7,500	단위당
매출액	120		1,125,000	150
직접재료원가	35		262,500	35
직접노무원가	40		300,000	40
공헌이익	45	112,500	562,500	75
배치생산횟수		25	150	
배치수준고정원가		12,500	75,000	500
고정제조간접원가			275,000	
고정광고비			175,000	
기존고객 할인액		75,000		
영업손익		**25,000**	37,500	

• 감정평가사/2017/문75

09 ㈜대한은 X, Y, Z제품을 생산·판매하고 있으며, 20X1년도 제품별 예산손익계산서는 다음과 같다.

구분		X제품	Y제품	Z제품
매출액		₩100,000	₩200,000	₩150,000
매출원가	변동원가	40,000	80,000	60,000
	고정원가	30,000	70,000	50,000
매출총이익		₩30,000	₩50,000	₩40,000
판매관리비	변동원가	20,000	10,000	10,000
	고정원가	20,000	20,000	20,000
영업이익(손실)		(₩10,000)	₩20,000	₩10,000

㈜대한의 경영자는 영업손실을 초래하고 있는 X제품의 생산을 중단하려고 한다. X제품의 생산을 중단하면, X제품의 변동원가를 절감하고, 매출원가에 포함된 고정원가의 40%와 판매관리비에 포함된 고정원가의 60%를 회피할 수 있다. 또한, 생산중단에 따른 여유생산능력을 임대하여 ₩10,000의 임대수익을 얻을 수 있다. X제품의 생산을 중단할 경우, 20X1년도 회사 전체의 예산 영업이익은 얼마나 증가(또는 감소)하는가? (단, 기초 및 기말 재고자산은 없다)

① ₩4,000 감소 ② ₩5,000 증가 ③ ₩6,000 감소
④ ₩7,000 증가 ⑤ ₩8,000 증가

풀이과정 정답 ③

구분	유지				중단			
	X제품	Y제품	Z제품	전체	X제품	Y제품	Z제품	전체
매출액	100,000	200,000	150,000	450,000	(100,000)			
변동원가								
제조원가	40,000	80,000	60,000	180,000	(40,000)			
판매관리비	20,000	10,000	10,000	40,000	(20,000)			
공헌이익	40,000	110,000	80,000	230,000	(40,000)			
고정원가								
제조원가	30,000	70,000	50,000	150,000	(12,000)			
판매관리비	20,000	20,000	20,000	60,000	(12,000)			
임대수익					10,000			
영업이익	(10,000)	20,000	10,000	20,000	**(6,000)**			

• 감정평가사/2017/문79

10 ㈜감평은 A제품을 생산·판매하고 있다. 20x1년에는 기존고객에게 9,000단위를 판매할 것으로 예상되며, A제품 관련 자료는 다음과 같다.

연간 최대생산량	10,000단위
단위당 판매가격	₩2,000
단위당 변동제조원가	₩1,000
단위당 변동판매비	₩200
연간 총고정제조원가	₩2,500,000

20x1년 중에 ㈜감평은 새로운 고객인 ㈜대한으로부터 A제품 2,000단위를 구매하겠다는 특별주문을 제안 받았다. 특별주문을 수락하면 기존고객에 대한 판매량 중 1,000단위를 감소시켜야 하며, 특별주문에 대해서는 단위당 변동판매비 ₩200이 발생하지 않는다. ㈜감평이 특별주문으로부터 받아야 할 단위당 최소판매가격은? (단, 특별주문은 일부분만 수락할 수 없음)

① ₩1,300   ② ₩1,350   ③ ₩1,400   ④ ₩1,450   ⑤ ₩1,500

풀이과정   **정답** ③

최대생산능력	10,000
기존고객 판매	9,000
여유생산능력	1,000

구분	특별주문		기존고객
판매량	단위당	2,000	(1,000)
판매가격	*1,400*	2,800,000	2,000
변동제조원가	1,000	2,000,000	1,000
변동판매비			200
단위당 공헌이익			800
총공헌이익		800,000	(800,000)
고정원가			0
기회원가	*400*	*800,000*	
영업이익	0	0	(800,000)

• 감정평가사/2018/문78

11 ㈜감평은 세 종류의 제품 A, B, C를 독점 생산 및 판매하고 있다. 제품생산을 위해 사용되는 공통설비의 연간 사용시간은 총 40,000시간으로 제한되어 있다. 20×1년도 예상 자료는 다음과 같다. 다음 설명 중 옳은 것은?

구분	제품 A	제품 B	제품 C
단위당 판매가격	₩500	₩750	₩1,000
단위당 변동원가	₩150	₩300	₩600
단위당 공통설비사용시간	5시간	10시간	8시간
연간 최대 시장수요량	2,000단위	3,000단위	2,000단위

① 제품단위당 공헌이익이 가장 작은 제품은 C이다.

② 공헌이익을 최대화하기 위해 생산할 제품 C의 설비 사용시간은 12,000시간이다.

③ 공헌이익을 최대화하기 위해 생산할 총제품수량은 5,000단위이다.

④ 공헌이익을 최대화하기 위해서는 제품 C, 제품 B, 제품 A의 순서로 생산한 후 판매해야 한다.

⑤ 획득할 수 있는 최대공헌이익은 ₩2,130,000이다.

풀이과정 자원제약하의 최적 제품배합 　　　　　　　　　　　　　　　　**정답** ⑤

구분	제품 A	제품 B	제품 C	합계
단위당 판매가격	500	750	1,000	
단위당 변동원가	150	300	600	
단위당 공헌이익	350	450	400	
단위당 사용시간	5	10	8	
제약자원 단위당 공헌이익	70	45	50	
생산우선순위	1 순위	3 순위	2 순위	
시장 수요량	2,000	3,000	2,000	
생산량	2,000		2,000	
연간 사용가능시간				40,000
설비사용 시간	10,000	14,000	16,000	
제품 B 생산량		1,400		
공헌이익	*700,000*	*630,000*	*800,000*	*2,130,000*

• 감정평가사/2019/문77

12 ㈜감평은 단일제품 8,000단위를 생산 및 판매하고 있다. 제품의 단위당 판매가격은 ₩500, 단위당 변동원가는 ₩300이다. ㈜감평은 ㈜한국으로부터 단위당 ₩450에 1,500단위의 특별주문을 받았다. 이 특별주문을 수락하는 경우, 별도의 포장 작업이 추가로 필요하여 단위당 변동원가가 ₩20 증가하게 된다. ㈜감평의 연간 최대생산 능력이 9,000단위라면, 이 특별주문을 수락하는 경우, 증분손익은?

① 손실 ₩105,000   ② 손실 ₩75,000   ③ 손실 ₩55,000

④ 이익 ₩95,000   ⑤ 이익 ₩195,000

풀이과정   **정답** ④

최대생산능력	9,000
기존시장판매량	8,000
여유생산능력	1,000

특별주문물량	1,500

구분	특별주문	기존시장 대체량
	1,500	500
판매가격	450	500
단위당 변동비	300	300
추가 변동비	20	
단위당 공헌이익	130	200
총공헌이익	195,000	100,000
기회원가	100,000	
증분손익	**95,000**	

• 감정평가사/2020/문80

13 레저용 요트를 전문적으로 생산·판매하고 있는 ㈜감평은 매년 해당 요트의 주요 부품인 자동제어센서 2,000단위를 자가제조하고 있으며, 관련 원가자료는 다음과 같다.

구분	총원가	단위당원가
직접재료원가	₩700,000	₩350
직접노무원가	500,000	250
변동제조간접원가	300,000	150
고정제조간접원가	800,000	400
합계	₩2,300,000	₩1,150

㈜감평은 최근 외부업체로부터 자동제어센서 2,000단위 전량을 단위당 ₩900에 공급하겠다는 제안을 받았다. ㈜감평이 동 제안을 수락할 경우, 기존설비를 임대하여 연간 ₩200,000의 수익을 창출할 수 있으며, 고정제조간접원가의 20%를 회피할 수 있다. ㈜감평이 외부업체로부터 해당 부품을 공급받을 경우, 연간 영업이익에 미치는 영향은?

① ₩0   ② ₩60,000 감소   ③ ₩60,000 증가

④ ₩140,000 감소   ⑤ ₩140,000 증가

풀이과정   정답 ③

구분	자가제조	외부구입
직접재료원가	700,000	
직접노무원가	500,000	
변동제조간접원가	300,000	
회피가능 고정제조간접원가	160,000	
외부구입원가		1,800,000
기회원가(임대료수익)	200,000	
	1,860,000	1,800,000

증분이익   60,000

• 감정평가사/2021/문73

14 ㈜감평은 제품라인 A, B, C부문을 유지하고 있다. 20x1년 각 부문별 손익계산서는 다음과 같다.

구분	A부문	B부문	C부문	합계
매출액	₩200,000	₩300,000	₩500,000	₩1,000,000
변동원가	100,000	200,000	220,000	520,000
공헌이익	100,000	100,000	280,000	480,000
고정원가				
급여	30,000	50,000	80,000	160,000
광고선전비	10,000	60,000	70,000	140,000
기타 배부액	20,000	30,000	50,000	100,000
영업이익	₩40,000	(₩40,000)	₩80,000	₩80,000

㈜감평의 경영자는 B부문의 폐쇄를 결정하기 위하여 각 부문에 관한 자료를 수집한 결과 다음과 같이 나타났다.

- 급여는 회피가능원가이다.
- 광고선전비는 각 부문별로 이루어지기 때문에 B부문을 폐쇄할 경우 B부문의 광고선전비는 더 이상 발생하지 않는다.
- 기타 배부액 총 ₩100,000은 각 부문의 매출액에 비례하여 배부한 원가이다.
- B부문을 폐쇄할 경우 C부문의 매출액이 20% 감소한다.

㈜감평이 B부문을 폐쇄할 경우 ㈜감평 전체 이익의 감소액은? (단, 재고자산은 없다)

① ₩36,000　　　　② ₩46,000　　　　③ ₩66,000

④ ₩86,000　　　　⑤ ₩96,000

풀이과정　　　　　　　　　　　　　　　　　　　　　　　정답 ⑤

구분	A부문	B부문	C부문	증분분석 A부문	증분분석 B부문	증분분석 C부문	증분분석 합계
매출액	200,000	300,000	500,000		(300,000)	(100,000)	(400,000)
변동원가	100,000	200,000	220,000		(200,000)	(44,000)	(244,000)
공헌이익	100,000	100,000	280,000		(100,000)	(56,000)	(156,000)
추적가능 고정원가							
급여							
광고선전비	10,000	60,000	70,000		(60,000)		(60,000)
기타배부액							
부문이익	90,000	40,000	210,000		(40,000)	(56,000)	(96,000)

• 감정평가사/2023/문71

15 범용기계장치를 이용하여 제품 X와 Y를 생산·판매하는 ㈜감평의 당기 자료는 다음과 같다.

구 분	제품 X	제품 Y
단위당 판매가격	₩1,500	₩1,000
단위당 변동원가	1,200	800
단위당 기계가동시간	2시간	1시간
연간 정규시장 판매수량	300단위	400단위
연간 최대기계가동시간	1,000시간	

㈜감평은 신규거래처로부터 제품 Z 200단위의 특별주문을 요청받았다. 제품 Z의 생산에는 단위당 ₩900의 변동원가가 발생하며, 단위당 1.5 기계가동시간이 필요하다. 특별주문 수락시 기존 제품의 정규시장 판매를 이부 포기해야 하는 경우, ㈜감평이 제시할 수 있는 단위당 최소판매가격은? (단, 특별주문은 전량 수락하든지 기각해야 한다.)

① ₩900   ② ₩1,125   ③ ₩1,150   ④ ₩1,200   ⑤ ₩1,350

풀이과정   정답 ②

	제품 X	제품 Y	합계	제품 Z
단위당 판매가격	1,500	1,000		
단위당 변동원가	1,200	800		
단위당 공헌이익	300	200		
단위당 기계시간	2	1		
기계시간당 공헌이익	150	200		
우선순위	2	1		
정규시장 예상 판매량	300	400		
기계시간 할당	600	400	1,000	
생산판매량	300	400		
공헌이익	90,000	80,000	170,000	
특별주문 수량				200
단위당 기계시간	2			1.5
기계시간	(300)			300
판매 포기량	(150)			
공헌이익	(45,000)			45,000
단위당 공헌이익				225
단위당 변동원가				900
단위당 최소 판매가격				**1,125**

4. 세무사 기출문제 및 해설

• 세무사/2015/문30

16 ㈜국세는 부품 A를 자가제조하며, 관련된 연간 생산 및 원가자료는 다음과 같다.

직접재료원가	₩10,000
직접노무원가	20,000
변동제조간접원가	10,000
고정제조간접원가	20,000
생산량	250단위

최근에 외부업체로부터 부품 A 250단위를 단위당 ₩200에 공급하겠다는 제안을 받았다. 부품 A를 전량 외부에서 구입하면 고정제조간접원가 중 ₩10,000이 절감되며, 기존 설비를 임대하여 연간 ₩15,000의 수익을 창출할 수 있다. 외부업체의 제안을 수용하면, 자가제조보다 연간 얼마나 유리(또는 불리)한가?

① ₩15,000 유리 ② ₩15,000 불리 ③ ₩25,000 유리

④ ₩25,000 불리 ⑤ ₩35,000 유리

풀이과정
정답 ①

구분	자가제조	외부구입
생산량/구입량	250	250
직접재료원가	10,000	
직접노무원가	20,000	
변동제조간접원가	10,000	
회피가능 고정제조간접원가	10,000	
기회원가(설비임대수익)	15,000	
구입원가		50,000
합계	**65,000**	**50,000**

• 세무사/2015/문31

17 ㈜국세의 제품 생산과 관련된 자료는 다음과 같다.

구분	제품 A	제품 B
연간 최대 판매가능 수량	3,000단위	4,500단위
단위당 공헌이익	₩25	₩30
단위당 소요노무시간	1시간	1.5시간

연간 최대노무시간이 6,000시간일 때, 달성할 수 있는 최대공헌이익은?

① ₩75,000   ② ₩95,000   ③ ₩105,000

④ ₩120,000   ⑤ ₩135,000

풀이과정   **정답** ⑤

구분	제품 A	제품 B	합계
단위당 공헌이익	25	30	
단위당 소요노무시간	1.0	1.5	
노무시간당 공헌이익	25	20	
생산 우선순위	1 순위	2 순위	
최대 판매가능 수량	3,000	4,500	
제품 A 생산량	3,000		
노무시간 할당	3,000	3,000	6,000
제품 B 생산량		2,000	
공헌이익	*75,000*	*60,000*	*135,000*

• 세무사/2016/문26

18 ㈜세무는 단일 제품 A를 생산·판매하며, 관련범위 내 연간 최대생산능력은 10,000 단위이다. ㈜세무는 현재 제품 A 7,500단위를 생산하여 단위당 판매가격 ₩400으로 정규시장에 모두 판매한다. 최근 ㈜세무는 ㈜한국으로부터 단위당 가격 ₩350에 제품 A 3,000단위를 구입하겠다는 특별주문을 받았다. ㈜한국의 특별주문은 전량 수락하든지 기각하여야 하며, 특별주문 수락시 정규시장 판매를 일부 포기하여야 한다. 제품 A의 단위당 직접재료원가는 ₩80, 단위당 직접노무원가는 ₩120, 단위당 변동판매관리비는 ₩0이며, 조업도 수준에 따른 총제조간접원가는 다음과 같다.

조업도 수준	총제조간접원가
최대생산능력의 55%	₩1,755,000
최대생산능력의 65%	1,865,000
최대생산능력의 75%	1,975,000
최대생산능력의 80%	2,030,000

㈜세무가 ㈜한국의 특별주문을 수락한다면, 증가 또는 감소할 영업이익은? (단, 변동제조간접원가의 추정은 고저점법을 이용한다)

① ₩30,000 감소   ② ₩45,000 감소   ③ ₩75,000 증가

④ ₩90,000,000 증가   ⑤ ₩120,000 증가

풀이과정   **정답** ③

1. 원가추정_고저점법

구분	조업도	총제조간접원가	변동제조원가	고정제조원가
최대	8,000	2,030,000	880,000	1,150,000
최소	5,500	1,755,000	605,000	1,150,000
차액	2,500	275,000		
단위당 변동제조간접원가			110	

2. 생산능력 분석

최대생산능력	10,000
정규시장 판매량	7,500
여유생산능력	2,500

3. 특별주문분석

구분	특별주문	정규시장
판매량	3,000	(500)
판매가격	350	400
직접재료원가	80	80
직접노무원가	120	120
변동제조간접원가	110	110
변동판매관리비	0	0
단위당 공헌이익	40	90
총공헌이익	120,000	(45,000)
고정원가		
기회원가	45,000	
영업이익	*75,000*	

• 세무사/2016/문34

19 ㈜세무는 제품 A와 제품 B를 생산·판매하고 있으며, 두 제품의 단위당 연간 자료는 다음과 같다. 변동제조간접원가는 제품생산에 소요되는 기계시간을 기준으로 계산한다.

구분	제품 A	제품 B
판매가격	₩200,000	₩240,000
직접재료원가	85,000	95,000
직접노무원가	10,000	10,000
변동제조간접원가(기계시간당 ₩5,000)	20,000	30,000
변동판매관리비	5,000	15,000
고정제조간접원가	15,000	25,000
고정판매관리비	30,000	20,000
단위당 원가 계	165,000	195,000

㈜세무가 제품 A와 제품 B의 생산에 사용할 수 있는 최대 기계시간은 연간 3,700시간이다. ㈜세무가 제품을 외부로 판매할 경우 시장의 제한은 없으나, 연간 외부 최대 수요량은 제품 A 700개, 제품 B 400개이다. ㈜세무가 영업이익을 최대화할 수 있는 제품배합은?

	제품 A	제품 B		제품 A	제품 B		제품 A	제품 B
①	700개	100개	②	700개	150개	③	700개	400개
④	250개	400개	⑤	325개	400개			

풀이과정   정답 ②

구분	제품 A	제품 B	합계
판매가격	200,000	210,000	
변동원가	120,000	150,000	
공헌이익	80,000	60,000	
기계시간	4	6	
기계시간당공헌이익	20,000	10,000	
우선순위	1순위	2순위	
수요량	700	400	
생산량	700		
기계시간배분	2,800	900	3,700
생산량	*700*	*150*	
총공헌이익	56,000,000	9,000,000	65,000,000

• 세무사/2017/문32

20 ㈜세무는 기존 제품에 추가하여 새로운 제품 F(단위당 변동제조원가 ₩34)를 생산·판매하려고 한다. 이 경우 기존 제품의 총공헌이익이 연간 ₩80,000 감소할 것으로 예상된다. 제품 F를 생산하면, 연간 총고정제조간접원가 중 ₩55,000이 제품 F에 배부되며, 기존에 납부하던 연간 유휴토지부담금 ₩25,000이 전액 면제된다. 제품 F를 판매할 경우, 판매 대리점에 지급하는 기존 제품에 대한 연간 고정판매비를 ₩35,000만큼 줄이는 대신에 제품 F의 판매비를 단위당 ₩4씩 지급하게 된다. 제품 F의 연간 판매량이 4,000단위로 예상될 때, ㈜세무의 연간 총손익에 변화가 없으려면 제품 F의 단위당 판매가격은?

① ₩13   ② ₩23   ③ ₩35   ④ ₩43   ⑤ ₩55

풀이과정   **정답** ④

	증분원가분석		
구분	기존시장	신제품	
판매량		단위당	4,000
변동원가		34	136,000
총공헌이익	-80,000		
유휴토지부담금	25,000		
고정판매비	35,000		
증분판매비		4	16,000
계	-20,000		152,000
매출액			172,000
판매가격			*43*

• 세무사/2017/문33

21 ㈜세무는 흠집이 있는 제품 C를 5개 보유하고 있다. 흠집이 없는 정상적 제품 C의 판매가격은 ₩300이다. 제품 C의 생산에는 단위당 변동제조원가 ₩80과 단위당 고정제조원가 ₩20이 투입되었다. 흠집이 있는 제품 C를 외부에 단위당 ₩150에 처분하려면 단위당 판매관리비가 ₩12이 소요될 것으로 추정된다. 이 의사결정에 고려될 관련 항목은?

① 단위당 판매관리비   ₩12　　　② 단위당 변동제조원가 ₩80
③ 단위당 고정제조원가 ₩20　　　④ 단위당 제조원가   ₩100
⑤ 정상 판매가격   ₩300

풀이과정   **정답** ①

과거		제품 C	미래	
판매가격	300	현재시점	150	처분가액
변동제조원가	80	(불합격품처분)	12	추가판매비
단위당 고정제조원가	20			

비관련항목		관련항목
300	정상판매가격	
80	단위당 변동제조원가	
20	단위당 고정제조원가	
100	단위당 제조원가	
	처분가액	*150*
	처분판매관리비	*12*

• 세무사/2017/문35

22 ㈜세무는 제품 A, 제품 B 및 제품 C를 생산하여 판매한다. 이 세 제품에 공통으로 필요한 재료 K를 품귀현상으로 더 이상 구입할 수 없게 되었다. ㈜세무의 재료 K 보유량은 3,000kg이며, 재료 K가 소진되면 제품 A, 제품 B 및 제품 C는 더 이상 생산할 수 없다. ㈜세무는 각 제품의 사전계약 물량을 의무적으로 생산하여야 하며, 사전계약 물량과 별도로 추가 최대수요량까지 각 제품을 판매할 수 있다. ㈜세무의 관련 자료가 다음과 같을 때, 최대의 공헌이익 총액(사전계약 물량 포함)은?

구분	제품 A	제품 B	제품 C
사전계약 물량	100단위	100단위	300단위
추가 최대수요량	400단위	100단위	1,500단위
단위당 판매가격	₩100	₩80	₩20
공헌이익률	24%	25%	60%
단위당 재료 K 사용량	3kg	5kg	2kg

① ₩19,000   ② ₩19,500   ③ ₩20,000

④ ₩20,500   ⑤ ₩21,000

풀이과정   **정답** ③

구분	제품 A	B	C	합계
단위당 판매가격	100	80	20	
공헌이익률	24%	25%	60%	
단위당 공헌이익	24	20	12	
단위당 재료 K 사용량	3	5	2	
제약자원 단위당 공헌이익	8	4	6	
생산우선순위	1 순위	3 순위	2 순위	
사전계약물량	100	100	300	500
사전계약물량 재료 K 사용량	300	500	600	1,400
추가 최대수요량	400	100	1,500	
추가 수요량 재료 K 배정량	1,200		400	1,600
추가 수요량 생산량	400		200	
생산량 총액	500	100	500	
총공헌이익	*12,000*	*2,000*	*6,000*	*20,000*

• 세무사/2018/문31

23 ㈜세무는 보조부문 A, B와 제조부문 P, Q를 운영하고 있으며, 각 부문의 용역수수 관계와 각 보조부문에서 발생한 원가는 다음과 같다.

사용부문 제공부문	보조부문		제조부문		용역생산량
	A	B	P	Q	
A	10%	40%	20%	30%	1,000단위
B	20%	10%	40%	30%	2,000단위

· 보조부문 A의 원가: ₩50,000 + ₩70 × 1,000단위
· 보조부문 B의 원가: ₩30,000 + ₩150 × 2,000단위

㈜세무는 현재 운영하고 있는 보조부문을 폐쇄하는 방안을 고려하던 중, ㈜한국으로부터 보조부문 A가 생산하던 용역을 단위당 ₩150에, ㈜대한으로부터는 보조부문 B가 생산하던 용역을 단위당 ₩200에 공급하겠다는 제의를 받았다. ㈜세무가 보조부문의 용역을 외부에서 구입하더라도 각 보조부문에서 발생하는 고정원가를 회피할 수 없다. 다음 설명 중 옳은 것은?

① ㈜세무는 보조부문 A와 B를 계속해서 유지하는 것이 유리하다.

② ㈜세무가 보조부문 A를 폐쇄하고 ㈜한국의 제의를 수락할 경우, 영업이익이 ₩7,000 증가한다.

③ ㈜세무가 보조부문 B를 폐쇄하고 ㈜대한의 제의를 수락할 경우, 영업이익이 ₩20,000 감소한다.

④ ㈜세무가 보조부문 A의 용역을 외부로부터 구입할 경우, 사용할 수 있는 최대가격은 단위당 ₩120이다.

⑤ ㈜세무가 보조부문 B의 용역을 외부로부터 구입할 경우, 지불할 수 있는 최대가격은 단위당 ₩170이다.

풀이과정

1. 용역수수관계

보조부문	보조부문		제조부문		용역 생산량
	A	B	P	Q	
A	10%	40%	20%	30%	1,000
B	20%	10%	40%	30%	2,000

변동원가	70,000	300,000	
고정원가	50,000	30,000	⇐ 회피불가능원가
계	120,000	330,000	
용역생산량	1,000	2,000	
단위당 원가	120	165	
공급제안액	150	200	

2. 용역구입량

보조부문	보조부문		제조부문		용역 사용량	용역 구입량
	A	B	P	Q		
A	0	400	200	300	900	
		-80			-80	820
B	400	0	800	600	1,800	
	-160				-160	1,640

3. 관련원가분석

		보조부문 A		보조부문 B	
		자체운영	외부구입	자체운영	외부구입
용역생산량		1,000		2,000	2,000
변동원가	A 부문원가	70,000		28,000	
	B 부문원가	60,000		300,000	
용역구입량			820		1,640
공급제안액			150		200
외부구입원가			123,000		328,000
계		130,000	123,000	328,000	328,000
의사결정			*외부구입*		*무차별*
	증분이익		*7,000*		
	최대구입가격		*159*		*200*

• 세무사/2018/문35

24 ㈜세무는 두 종류의 제품 A와 제품 B를 생산·판매한다. 두 제품의 월간 예상판매 및 원가자료는 다음과 같다.

항목		제품 A	제품 B
제품 단위당	판매가격	₩50	₩45
	변동제조원가	32	25
	고정제조간접원가	5	7
	변동판매관리비	8	5
	고정판매관리비	2	2
기계시간당 생산량		4단위	2단위
월간 예상수요량		120단위	80단위

㈜세무의 월간 최대 사용가능한 기계시간은 50시간이다. ㈜세무가 영업이익을 극대화할 수 있는 월 최적 제품배합은? (단, 월간 고정원가 총액은 일정하다)

	제품 A	제품 B		제품 A	제품 B		제품 A	제품 B
①	40개	80개	②	60개	70개	③	80개	60개
④	100개	50개	⑤	120개	40개			

풀이과정   **정답** ⑤

		제품		
구분		A	B	합계
판매가격		50	45	
변동원가	제조원가	32	25	
	판관비	8	5	
공헌이익		10	15	
단위당 제약자원		0.25	0.50	
제약자원당공헌이익		40.0	30.0	
우선순위		1 순위	2 순위	
월간 예상수요량		120	80	
월간 생산량		120		
제약자원배분		30	20	50
월간 생산량		*120*	*40*	
공헌이익		1,200	600	1,800

• 세무사/2018/문36

25 ㈜세무는 20x1년에 제품 A를 5,000단위 생산하여 전량 국내시장에 판매할 계획이다. 제품 A의 단위당 판매가격은 ₩10,000, 단위당 변동제조원가는 ₩7,000, 단위당 변동판매관리비는 ₩1,000이다. ㈜세무는 20x1년 초에 해외 거래처로부터 제품 A 3,000단위를 단위당 ₩8,000에 구입하겠다는 특별주문을 받았다. 해외 거래처의 주문을 수락하기 위해서는 제품 A 1단위당 부품B (단위당 외부구입가격: ₩500) 1단위를 추가로 투입해야 하고, 20x1년도 국내시장 판매량을 350단위 감소시켜야 한다. 특별주문과 관련된 판매관리비는 주문수량에 관계없이 ₩300,000 발생한다. ㈜세무가 특별주문을 수락할 경우, 20x1년도 예산이익의 증가(또는 감소)금액은? (단, 특별주문은 전량 수락하든지 기각해야 한다)

① ₩300,000 증가 ② ₩420,000 증가 ③ ₩500,000 증가
④ ₩550,000 감소 ⑤ ₩800,000 감소

풀이과정   **정답** ③

1. 생산능력 분석

최대생산능력	7,650
현재 생산량	5,000
초과생산능력	2,650
특별주문	3,000
여유 생산능력	−350

2. 관련원가 분석

구분	특별주문	판매감소량
판매량	3,000	(350)
판매가격	8,000	10,000
단위당 변동제조원가	7,500	7,000
단위당 변동판관비		1,000
단위당 공헌이익	500	2,000
공헌이익	1,500,000	(700,000)
고정원가	300,000	
기회원가	700,000	
영업이익	**500,000**	

26 ㈜세무는 결합공정에서 제품 A, B, C를 생산한다. 당기에 발생된 결합원가 총액은 ₩80,000이며 결합원가는 분리점에서의 상대적 판매가치를 기준으로 제품에 배분되며 관련 자료는 다음과 같다. 추가가공이 유리한 제품만을 모두 고른 것은? (단, 결합공정 및 추가가공 과정에서 공손과 감손은 발생하지 않고, 생산량은 모두 판매되며 기초 및 기말 재공품은 없다)

제품	분리점에서의 단위당 판매가격	생산량	추가 가공원가	추가가공 후 단위당 판매가격
A	₩20	3,000단위	₩10,000	₩23
B	30	2,000단위	15,000	40
C	40	2,000단위	15,000	50

① A   ② A, B   ③ A, C   ④ B, C   ⑤ A, B, C

풀이과정   정답 ④

1. 공정흐름도

			생산량	판매가격 분리점	판매가격 최종
	A	10,000	3,000	20	23
결합공정	B	15,000	2,000	30	40
80,000					
	C	15,000	2,000	40	50

2. 관련원가 분석

제품	생산량	판매가치 분리점	판매가치 추가가공 후	추가 가공원가	추가가공시 증분수익	추가가공시 증분원가	추가가공시 증분이익	의사결정
A	3,000	20	23	10,000	9,000	10,000	-1,000	
B	2,000	30	40	15,000	20,000	15,000	5,000	추가가공
C	2,000	40	50	15,000	20,000	15,000	5,000	추가가공

• 세무사/2019/문37

27 ㈜세무의 최대생산능력은 5,000개이다. 정규시장에 1개당 ₩200에 4,000개 판매할 것으로 예상된다. 한 번에 50개씩 묶음(batch) 생산하며, 4,000개를 생산하는 경우 원가는 다음과 같다.

생산량에 따라 변하는 변동원가	₩240,000
묶음수에 따라 변하는 변동원가	80,000
고정원가	400,000
	₩720,000

1개당 ₩130에 1,500개를 구입하겠다는 특별주문을 받았다. 특별주문에 대해서는 100개씩 묶음 생산하며, 특별주문은 전량을 수락하거나 거절해야 한다. 이 특별주문을 수락하는 경우 ㈜세무의 이익은 얼마나 증가 또는 감소하는가?

① ₩76,000 증가   ② ₩30,000 증가   ③ ₩20,000 증가

④ ₩20,000 감소   ⑤ ₩75,000 감소

풀이과정   **정답** ②

최대생산능력	5,000
정규시장 판매	4,000
여유생산능력	1,000

	특별주문	정규시장
판매수량	1,500	(500)
판매가격	130	200
생산량변동원가	60	60
단위당 공헌이익	70	140
총공헌이익	105,000	(70,000)
묶음수변동원가	15,000	(10,000)
고정원가		
기회원가	60,000	
영업이익	**30,000**	(60,000)

	정규시장		특별주문
생산량	4,000	(500)	1,500
묶음당 수량	50	50	100
묶음수	80	(10)	15
묶음당 변동원가	1,000	1,000	1,000
묶음 변동원가	80,000	(10,000)	15,000

28 ㈜세무는 20x1년 연간 최대생산량이 8,000단위인 생산설비를 보유하고 있다. ㈜세무는 당기에 제품 7,000단위를 단위당 ₩1,000에 판매할 것으로 예상하며, 단위당 변동제조원가는 ₩500, 단위당 변동판매관리비는 ₩100이다. ㈜세무는 거래처로부터 제품 2,000단위를 판매할 수 있는 특별주문을 받았으며, 단위당 변동제조원가와 단위당 변동판매관리비는 변화가 없다. 이 특별주문을 수락한다면, 예산 판매량 중 1,000단위를 포기해야 한다. 이 때, 특별주문 제품의 단위당 최저 판매가격은?

① ₩500　　② ₩600　　③ ₩800　　④ ₩900　　⑤ ₩1,000

풀이과정 특별주문　　　　　　　　　　　　　　　　　　　　　　**정답** ③

	8,000
최대생산량	8,000
예상판매량	7,000
여유생산능력	1,000

	특별주문	대체물량
	2,000	(1,000)
판매가격		1,000
단위당 변동제조원가	500	500
단위당 변동판관비	100	100
단위당 공헌이익		400
총공헌이익		(400,000)
기회원가	(400,000)	
단위당 기회원가	200	
최저 판매가격	*800*	

• 세무사/2020/문35

29 ㈜세무는 제약자원인 특수기계를 이용하여 제품 A, 제품 B, 제품 C를 생산·판매한다. 제품의 생산·판매와 관련된 자료는 다음과 같다.

구분	제품 A	제품 B	제품 C
단위당 판매가격	₩50	₩60	₩120
단위당 변동원가	₩20	₩36	₩60
단위당 특수기계 이용시간	2시간	1시간	3시간

특수기계의 최대이용가능시간은 9,000시간이고, 각각의 제품에 대한 시장수요가 1,000단위(제품 A), 3,000단위(제품 B), 2,000단위(제품 C)로 한정되어 있을 때, ㈜세무가 달성할 수 있는 최대공헌이익은?

① ₩181,250　　　　② ₩192,000　　　　③ ₩196,250

④ ₩200,000　　　　⑤ ₩211,250

풀이과정　　　　　　　　　　　　　　　　　　　　　　　　　**정답** ②

자원제약하의 최적 제품배합 결정

구분	제품 A	제품 B	제품 C	계
단위당 판매가격	50	60	120	
단위당 변동원가	20	36	60	
단위당 공헌이익	30	24	60	
단위당 기계시간	2	1	3	
기계시간당 공헌이익	15	24	20	
생산우선순위	3 순위	1 순위	2 순위	
시장수요량	1,000	3,000	2,000	
기계 시간 할당		3,000	6,000	9,000
생산량	0	3,000	2,000	
공헌이익	*0*	*72,000*	*120,000*	*192,000*

30 ㈜세무는 20×1년에 오토바이를 생산·판매하고 있다. 오토바이 1대당 판매가격은 ₩200이며, 단위당 제조원가 내역은 다음과 같다.

직접재료원가	₩86
직접노무원가	45
변동제조간접원가	9
고정제조간접원가	42
단위당 제조원가	₩182

㈜세무는 경찰청으로부터 순찰용 오토바이 100대를 1대당 ₩180에 공급해 달라는 특별주문을 받았다. 특별주문에 대해서는 오토바이를 순찰용으로 변경하기 위해 네비게이션을 장착하는데 1대당 ₩10의 원가가 추가적으로 발생한다. 또한 경찰청 로고 제작을 위해 디자인 스튜디오에 ₩1,200을 지급해야 한다. 현재 ㈜세무의 생산능력은 최대생산능력에 근접해 있으므로 특별주문을 수락하면 기존 오토바이 10대의 생산을 포기해야 한다. ㈜세무가 경찰청의 특별주문을 수락할 때, 증분이익은?

① ₩0   ② 증분이익 ₩800   ③ 증분이익 ₩1,000

④ 증분이익 ₩1,200   ⑤ 증분이익 ₩1,400

풀이과정 특별주문   **정답** ④

구분	단위당	특별주문	포기수량
판매수량		100	(10)
판매가격	200	180	200
단위당 변동원가	140	150	140
단위당 공헌이익	60	30	60
총공헌이익		3,000	(600)
고정원가		1,200	
영업이익		1,800	
기회원가		(600)	
증분이익		**1,200**	

• 세무사/2021/문37

31 ㈜세무는 제품 A와 제품 B를 생산하고 있는데, ㈜대한으로부터 제품 A 전량을 단위당 ₩18에 공급하는 제안을 받았다. 이 제안을 검토하기 위해 ㈜세무의 회계부서에서 분석한 제품 A에 대한 원가자료는 다음과 같다.

구분	단가	1,000단위
직접재료원가	₩5	₩5,000
직접노무원가	4	4,000
변동제조간접원가	1	1,000
감독자급여	3	3,000
특수기계감가상각비	2	2,000
공통간접원가배분액	5	5,000
제조원가 합계	₩20	₩20,000

제품 A를 생산하지 않을 경우 제품 A 감독자는 추가비용 없이 해고가능하고, 특수기계는 제품 A 제조에만 사용되는 전용기계이다. 공통간접원가는 공장임대료 등으로 제품 A 생산라인을 폐쇄하더라도 감소하지 않는다. 제품 A를 생산하지 않을 경우 그에 대한 여유생산 능력으로 제품 B를 추가 생산할 수 있는데, 이로 인해 증가되는 수익은 ₩5,000이고 증가되는 원가는 ₩3,000이다. ㈜세무가 ㈜대한의 제안을 받아들이면 자가생산하는 것보다 얼마나 유리(불리)한가?

① ₩3,000 유리   ② ₩3,000 불리   ③ ₩4,000 유리
④ ₩4,000 불리   ⑤ ₩5,000 불리

풀이과정   정답 ②

구분	단위당원가	관련원가	
		자가제조	외부구입
생산/구입수량		1,000	1,000
직접재료원가	5	5,000	
직접노무원가	4	4,000	
변동제조간접원가	1	1,000	
감독관급여	3	3,000	
특수기계 감가상각비	2		
공통간접원가	5		
구입원가			18,000
제품 B 기회원가		2,000	
합계		15,000	18,000
증분원가			*3,000*

32 ㈜세무는 제품 A와 B를 생산하고 있으며, 제품 생산에 관한 자료는 다음과 같다.

구분	제품 A	제품 B
제품 단위당 공헌이익	₩30	₩50
제품 단위당 기계시간	0.5시간	1시간
제품 단위당 노무시간	1.5시간	2시간

월간 이용가능한 기계시간은 1,000시간, 노무시간은 2,400시간으로 제한되어 있다. 월간 고정원가는 ₩20,000으로 매월 동일하고, 제품 A와 B의 시장수요는 무한하다. ㈜세무가 이익을 극대화하기 위해서는 제품 A와 B를 각각 몇 단위 생산해야 하는가?

	제품 A	제품 B		제품 A	제품 B		제품 A	제품 B
①	0단위	1,000단위	②	800단위	500단위	③	800단위	600단위
④	900단위	500단위	⑤	1,600단위	0단위			

풀이과정　　　　　　　　　　　　　　　　　　　　　　　　　　　　　　정답 ③

구분	제품 A	제품 B
단위당 공헌이익	30	50
단위당 기계시간	0.5	1.0
기계사간당 공헌이익	60	50
제조 우선순위	1 순위	2 순위
단위당 노무시간	1.5	2.0
노무시간당 공헌이익	20	25
제조우선순위	2 순위	1 순위

생산량	A	B	
목적함수; 최대화	30×A	50×B	
제약식	0.5×A	B	≤ 1,000
	1.5×A	2×B	≤ 2,400
비음수조건	A ≥ 0	B ≥ 0	

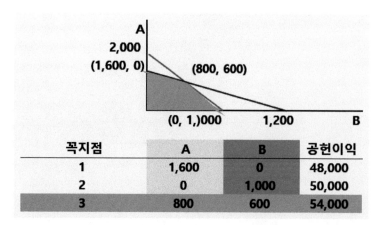

꼭지점	A	B	공헌이익
1	1,600	0	48,000
2	0	1,000	50,000
3	800	600	54,000

• 세무사/2023/문35

33 ㈜세무는 A, B, C 세 종류의 제품을 생산·판매하고 있으며, 관련 자료는 다음과 같다.

	제품 A	제품 B	제품 C
매출액	₩100,000	₩200,000	₩150,000
변동원가	70,000	110,000	130,000
고정원가	20,000	40,000	30,000
이익	10,000	50,000	(10,000)

각 제품별 고정원가는 회사 전체적으로 발생하는 고정원가 ₩90,000을 각 제품의 매출액에 비례하여 배분한 것으로, 제품 생산 여부나 생산 및 판매 수량에 관계없이 일정하게 발생한다. 손실이 발생하고 있는 제품 C의 생산을 중단하는 경우 제품 A의 매출액은 50% 증가하고, 제품 B의 매출액은 변화 없을 것으로 예상된다. 제품 C의 생산을 중단하면 회사 전체 이익은 얼마나 감소하는가?

① ₩1,000 ② ₩3,000 ③ ₩5,000 ④ ₩7,000 ⑤ ₩9,000

풀이과정   정답 ③

구분	제품 A	제품 B	제품 C	합계
매출액	100,000	200,000	150,000	
변동원가	70,000	110,000	130,000	
공헌이익	30,000	90,000	20,000	
회피가능 고정원가				
회피가능 영업이익	30,000	90,000	20,000	
회피불가능 고정원가	20,000	40,000	30,000	90,000
영업이익	10,000	50,000	(10,000)	

제품라인 C 중단				
매출액	50,000		(150,000)	(100,000)
변동원가	35,000		(130,000)	(95,000)
공헌이익	*15,000*		*(20,000)*	*(5,000)*

• 세무사/2023/문37

34 ㈜세무는 두 공정을 거쳐 제품을 생산·판매하며, 각 공정별 자료는 다음과 같다.

	제1공정	제2공정
최대생산능력	8,000단위	10,000단위
총 고정원가	₩400,000	₩200,000
단위당 변동원가	₩20	₩10

제1공정 완성품은 외부 판매시장이 존재하지 않지만, 제2공정에서 추가가공 하여 완제품(양품)을 생산한 후 단위당 ₩120에 모두 판매할 수 있다. 제1공정에서는 공손이 발생하지 않지만, 제2공정 투입량의 5%는 제2공정 종점에서 공손이 되며, 공손품의 처분가치는 없다. ₩80,000을 추가 투입하여 제1공정의 최대생산능력을 1,000단위 증가시킬 수 있다면, 회사 이익은 얼마나 증가하는가?

① ₩4,000　　② ₩4,500　　③ ₩10,000　　④ ₩10,500　　⑤ ₩14,500

풀이과정　　　　　　　　　　　　　　　　　　　　　　　　　**정답** ①

	제1공정	제2공정	공정 전체
최대생산능력	8,000	10,000	
공정성격	애로공정	여유공정	
단위당 판매가격			120
단위당 변동원가	20	10	30
단위당 공헌이익			90

	제1공정	제2공정	공정 전체
투입	8,000	8,000	
산출량		7,600	7,600
공손품			400
매출액			912,000
변동원가	160,000	80,000	240,000
공헌이익			672,000
고정원가	400,000	200,000	600,000
영업이익			72,000

	제1공정	제2공정	공정 전체
생산능력 증가	9,000	10,000	
투입량	9,000	9,000	
산출량		8,550	8,550
매출액			1,026,000
변동원가	180,000	90,000	270,000
공헌이익			756,000
고정원가	480,000	200,000	680,000
영업이익			76,000

증분원가분석			
	제1공정	제2공정	공정 전체
생산능력	1,000	0	
투입량	1,000	1,000	
산출량			950
매출액			114,000
변동원가	20,000	10,000	30,000
공헌이익			84,000
고정원가			80,000
영업이익			***4,000***

35 ㈜세무는 계산기를 생산하여 판매하고 있으며, 최대생산능력은 10,000대이다. ㈜세무는 정규시장에 계산기 1대당 ₩200에 8,000대를 판매하고 있다. 한 번에 50대씩 묶음(batch) 생산하며, 8,000대 생산에 대한 원가는 다음과 같다.

생산량에 따라 변하는 변동원가	₩480,000
묶음수에 따라 변하는 변동원가	160,000
고정원가	800,000
	₩1,440,000

㈜세무는 특별주문에 대해 전량을 수락하거나 거절해야 하며, 특별주문 수락시 정규시장 판매를 일부 포기하여야 한다. ㈜세무는 ㈜대한으로부터 계산기 3,000대를 구입하겠다는 특별주문을 받았으며, 이 특별주문에 대해서는 100대씩 묶음 생산한다. ㈜세무가 이 특별주문과 관련하여 손실을 발생시키지 않기 위해 요구해야 하는 계산기 1대당 최소금액은?

① ₩110　　② ₩115　　③ ₩120　　④ ₩125　　⑤ ₩130

풀이과정　　　　　　　　　　　　　　　　　　　　　　**정답** ①

1. 생산능력

최대생산능력	10,000
정규시장 판매량	8,000
여유생산능력	2,000

2. 정규시장 판매량 분석

	단위당	묶음 크기	묶음 횟수	묶음당	합계
판매량					8,000
단위당 판매가격	200				1,600,000
단위당 변동원가	60				480,000
묶음당 변동원가		50	160	1,000	160,000
공헌이익					960,000
고정원가					800,000
영업이익					160,000

3. 특별주문 분석

	정규시장 판매 포기					특별주문				
	단위당	묶음 크기	묶음 횟수	묶음당	합계	단위당	묶음 크기	묶음 횟수	묶음당	*합계*
판매량					1,000					*3,000*
단위당 판매가격	200				200,000					
단위당 변동원가	60				60,000	60				*180,000*
묶음당 변동원가		50	20	1,000	20,000		*100*	*30*	*1,000*	*30,000*
공헌이익					*120,000*					
기회원가										*120,000*
관련원가										*330,000*
최소 특별주문가격										*110*

5. 공인회계사 기출문제 및 해설

• 회계사/2015/문50

36 ㈜한국은 두 개의 보조부문(부문 S_1과 부문 S_2)과 두 개의 제조부문(부문 P_1과 부문 P_2)을 사용하여 제품을 생산하고 있다. 20x1 회계연도에 각 보조부문이 생산하여 타 부문에 제공할 용역의 양과 보조부문의 원가에 관한 예산자료는 다음과 같다.

(1) 보조부문의 용역생산량과 타부문에 제공할 용역량

보조부문	보조부문의 용역생산량	각 보조부문이 타부문에 제공할 용역량			
		S_1	S_2	P_1	P_2
S_1	200단위	–	40단위	100단위	60단위
S_2	200단위	100단위	–	20단위	80단위

(2) 보조부문의 원가

	부문 S_1	부문 S_2
· 간 접 재 료 원 가 (변동비)	₩560,000	₩80,000
· 감 독 자 급 여 (고정비)	80,000	80,000
· 감 가 상 각 비 (고정비)	200,000	240,000
계	₩840,000	₩400,000

20x0년말 ㈜한국은 ㈜대한으로부터 현재 부문 S_2에서 제공하고 있는 용역을 단위당 ₩1,400에 공급해 주겠다는 제안을 받았다. 만약 이 제안을 20x1년초에 수락할 경우 ㈜한국은 부문 S_2의 간접재료원가를 회피할 수 있으며 부문 S_2의 감독자급여를 50%만큼 절감할 수 있다. 그리고 부문 S_2의 설비는 타사에 임대하여 연간 ₩24,000의 수익을 얻을 수 있다. 만약 20x1년초에 ㈜한국이 ㈜대한의 제안을 수락함으로써 부문 S_2를 폐쇄하고 ㈜대한으로부터 용역을 구입하기로 결정하는 경우, 이러한 결정은 ㈜한국의 20x1 회계연도 이익에 어떠한 영향을 미치게 될 것인가?

① ₩1,000 증가   ② ₩2,000 감소   ③ ₩3,000 감소

④ ₩4,000 증가   ⑤ ₩5,000 증가

풀이과정

1. 용역수수관계

제공부문		사용부문			
	S_1	S_2	P_1	P_2	합계
S_1		40	100	60	200
S_2	100		20	80	200
간접재료원가	560,000	80,000			
감독자급여	80,000	80,000			
감가상각비	200,000	240,000			
계	840,000	400,000			

2. 용역구입량 분석

폐쇄부문		사용부문			
	S_1	S_2	P_1	P_2	합계
S_1		40	100	60	200
		(20)			(20)
S_2	100		20	80	200
	(20)				(20)

3. 관련원가분석

제공부문	자체생산			외부구입	증분원가
	S_1	S_2	합계		
변동원가	112,000	80,000	192,000		
감독자급여		40,000	40,000		
계			232,000		232,000
용역구입량				180	
단위당 구입원가				1,400	
외부 구입원가				252,000	
설비 임대수익				(24,000)	
계				228,000	228,000
증분원가					*4,000*

• 회계사/2016/문50

37 ㈜한국은 동일한 직접재료 M을 사용하여 세 가지 제품 A, B, C를 생산·판매한다. 다음은 ㈜한국이 생산·판매하고 있는 각 제품의 단위당 판매가격, 변동원가 및 공헌이익에 관한 자료이다.

구분	제품 A	제품 B	제품 C
단위당 판매가격	₩900	₩1,350	₩1,200
단위당 변동원가			
직접재료원가	160	320	200
기타변동원가	480	590	700
계	640	910	900
단위당 공헌이익	₩260	₩440	₩300

㈜한국은 공급업체로부터 직접재료 M을 매월 최대 4,000kg까지 구입가능하며, 직접재료 M의 구입가격은 kg당 ₩40이다. ㈜한국의 각 제품에 대한 매월 최대 시장수요량은 400단위이다. ㈜한국이 이익을 최대화하기 위해 각 제품을 매월 몇 단위씩 생산·판매하여야 하는가?

	제품 A	제품 B	제품 C
①	400단위	50단위	400단위
②	400단위	300단위	0단위
③	200단위	400단위	0단위
④	0단위	400단위	160단위
⑤	0단위	250단위	400단위

풀이과정　　　　　　　　　　　　　　　　　　　　　　　　　　　　　　**정답** ①

구분	제품 A	제품 B	제품 C	합계
판매가격	900	1,350	1,200	
변동원가	640	910	900	
공헌이익	260	440	300	
단위당 원재료	4	8	5	
원재료공헌이익	65	55	60	
우선순위	1순위	3순위	2순위	
시장수요량	400	400	400	
생산수량 A	*400*			
원재료소요량	1,600	400	2,000	4,000
생산수량 C			*400*	
생산수량 B		*50*		
총공헌이익	104,000	22,000	120,000	246,000

• 회계사/2017/문45

38 ㈜한국은 사업부 A와 사업부 B를 운영하는 유통기업이다. ㈜한국의 회계담당자는 20x1년도 회사 전체 손익계산서와 각 사업부의 부문별 손익계산서를 다음과 같이 작성하였다.

구분	회사전체	사업부 A	사업부 B
매출액	₩200,000	₩80,000	₩120,000
매출원가	₩130,000	₩40,000	₩90,000
매출총이익	₩70,000	₩40,000	₩30,000
판매관리비	₩62,000	₩24,800	₩37,200
영업이익(손실)	₩8,000	₩15,200	₩(7,200)

위의 주어진 자료를 이용하여, ㈜한국은 경영관리 의사결정목적으로 원가행태에 입각한 공헌이익 접근법에 따라 회사 전체 손익계산서와 각 사업부에 대한 부문손익계산서를 작성하고자 한다. 이를 위해 ㈜한국이 추가로 수집한 자료는 다음과 같다. ㈜한국의 20x1년도 매출원가는 변동원가이며, 판매관리비에 포함된 판매수수료는 매출액의 10%에 해당하며 변동원가이다. 나머지 원가 및 비용항목은 모두 고정원가이다. 다음은 20x1년도 고정원가의 구성내역이다.

사업부 A 혹은 사업부 B의 운영을 중단하더라도 계속해서 발생할 것으로 예상되는 원가	₩14,000
사업부 A의 운영을 중단하게 되면 회피가능한 원가	₩22,000
사업부 B의 운영을 중단하게 되면 회피가능한 원가	₩6,000
계	₩42,000

다음 중 **옳지 않은** 설명은?

① 사업부 A의 부문이익(segment margin)은 ₩10,000이다.

② 사업부 B의 부문이익(segment margin)은 ₩12,000이다.

③ 회사전체의 공헌이익률은 25%이며 손익분기 매출액은 ₩168,000이다.

④ 사업부 A의 공헌이익률은 40%이며 손익분기 매출액은 ₩42,000이다.

⑤ 사업부 B의 공헌이익률은 15%이며 손익분기 매출액은 ₩40,000이다.

풀이과정

구분	사업부 A	사업부 B	회사전체
매출액	80,000	120,000	200,000
변동원가			
매출원가	40,000	90,000	130,000
판관비	8,000	12,000	20,000
공헌이익	32,000	18,000	50,000
추적가능고정원가	22,000	6,000	28,000
사업부 영업이익	10,000	12,000	22,000
추적불가능고정원가			14,000
영업이익			8,000
공헌이익률	40.0%	15.0%	25.0%
손익분기공헌이익	22,000	6,000	42,000
손익분기매출액	**55,000**	**40,000**	**168,000**

• 회계사/2017/문48

39 ㈜한국은 제품 A와 제품 B를 생산·판매하고 있다. 제품 A와 제품 B 각각에 대한 연간최대조업도 100,000단위의 활동수준에서 예상되는 20x1년도 생산 및 판매와 관련된 자료는 다음과 같다.

구분	제품 A	제품 B
단위당 판매가격	₩120	₩80
단위당 변동원가:		
직접재료원가	₩30	₩12
직접노무원가	₩20	₩15
변동제조간접원가	₩ 7	₩ 5
변동판매관리비	₩12	₩ 8
단위당 고정원가:		
추적가능 고정제조간접원가	₩16	₩18
공통고정비	₩15	₩10
단위당 총원가	₩100	₩68
연간최대생산능력	100,000단위	100,000단위

제품별 추적가능 고정제조간접원가는 해당 제품의 생산을 중단하면 회피가능하나, 공통고정비는 제품 A 혹은 제품 B의 생산을 중단해도 계속해서 발생한다. ㈜한국은 20x1년초에 향후 1년 동안 제품 A 80,000단위와 제품 B 60,000단위를 생산·판매하기로 계획하였다. 그런데 ㈜한국이 기존의 계획을 변경하여 20x1년에 제품 B를 생산하지 않기로 한다면, 제품 A의 20x1년도 연간 판매량은 원래 계획한 수량보다 15,000단위 증가할 것으로 예측된다.

㈜한국이 20x1년에 제품 B의 생산을 전면 중단할 경우, 이익에 미치는 영향은?

① ₩165,000 감소　　　② ₩165,000 증가　　　③ ₩240,000 증가

④ ₩265,000 감소　　　⑤ ₩265,000 증가

풀이과정　　　　　　　　　　　　　　　　　　　　　　　　　　　　　　**정답** ②

구분	계획			변경		
	제품 A	제품 B	계	제품 A	제품 B	계
판매량	80,000	60,000	140,000	15,000	(60,000)	
판매가격	120	90				
단위당 변동원가	69	40				
단위당 공헌이익	51	50		51		
공헌이익	4,080,000	2,400,000	6,480,000	765,000	(2,400,000)	(1,635,000)
추적가능고정비	1,600,000	1,800,000	3,400,000		(1,800,000)	(1,800,000)
제품별 영업이익	2,480,000	600,000	3,080,000	765,000	(600,000)	165,000
공통고정원가			2,500,000			
전체 영업이익			*580,000*			*165,000*

• 회계사/2019/문46

40 ㈜대한은 제품 A를 생산하며, 연간 최대생산능력은 10,000단위이다. ㈜대한은 20x1년 초에 제품 A의 예상수요량인 9,500단위를 생산·판매하기로 하고 종합예산을 편성하였다. 제품 A의 단위당 판매가격과 원가 예산은 다음과 같다.

항목	단위당 금액
판매가격	₩40
직접재료원가	12
직접노무원가	5
제조간접원가	8
변동판매비	2

단위당 제조간접원가에는 단위당 변동원가 ₩5와 단위당 고정원가 ₩3(10,000단위 기준)이 포함되어 있다. 예산편성 직후에 ㈜대한은 ㈜민국으로부터 제품 A 1,000단위를 단위당 ₩30에 공급해 달라는 특별주문을 받았다. ㈜민국의 특별주문량 1,000단위는 전량 수락하거나 거절해야 한다. ㈜대한이 ㈜민국에 제품 A를 판매할 경우에는 단위당 변동판매비의 50%를 절감할 수 있다. 한편, ㈜대한은 ㈜만세로부터 제품 A와 동일한 제품을 단위당 ₩25에 필요한 만큼 공급받을 수 있다. ㈜대한이 ㈜민국의 주문을 수락하면 ㈜대한의 예산영업이익은 얼마나 증가 또는 감소하는가? (단, ㈜대한은 이익을 극대화 하고자 한다)

① ₩4,000 감소　　② ₩4,000 증가　　③ ₩5,500 감소

④ ₩5,500 증가　　⑤ ₩6,000 증가

풀이과정　　　　　　　　　　　　　　　　　　　　　　　　정답 ④

최대생산능력	10,000
예상수요량	9,500
여유생산능력	500

구분	특별주문	정규시장	추가생산	외부구입
판매수량	1,000	(500)	500	500
판매가격	30	40	30	30
단위당 직접재료원가	12	12	12	
단위당 직접노무원가	5	5	5	
단위당 변동제조간접원가	5	5	5	
단위당 변동판매비	1	2	1	1
단위당 구입원가				25
단위당 공헌이익	7	16	7	4
총공헌이익	7,000	(8,000)	3,500	2,000
기회원가	(8,000)			
영업이익	**(1,000)**			**5,500**

• 회계사/2021/문49

41 ㈜대한은 제품에 사용되는 부품 A를 자가제조하고 있으나, 외부 공급업체로부터 부품 A와 동일한 제품을 구입하는 방안을 검토 중이다. ㈜대한의 회계팀은 아래의 자료를 경영진에게 제출하였다.

구분	부품 A 1단위당 금액
직접재료원가	₩38
직접노무원가	35
변동제조간접원가	20
감독관 급여	40
부품 A 전용제조장비 감가상각비	39

· 매년 10,000개의 부품 A를 생산하여 모두 사용하고 있다.
· 만일 외부에서 부품 A를 구입한다면 감독관 급여는 회피가능하다.
· 부품 A 전용제조장비는 다른 용도로 사용하거나 외부 매각이 불가능하다.
· 공통관리비는 회사 전체의 비용이므로 외부 구입 여부와 관계없이 회피가 불가능하다.
· 만일 부품 A를 외부에서 구입한다면, 제조에 사용되던 공장부지는 다른 제품의 생산을 위해서 사용될 예정이며, 연간 ₩240,000의 공헌이익을 추가로 발생시킨다.

㈜대한의 경영진은 부품 A를 자가제조하는 것이 외부에서 구입하는 것과 영업이익에 미치는 영향이 무차별하다는 결론에 도달하였다. 이 경우 외부 공급업체가 제시한 부품 A의 1단위당 금액은 얼마인가?

① ₩93 ② ₩117 ③ ₩133
④ ₩157 ⑤ ₩196

풀이과정 | **정답** ④

구분	단위당	관련원가 자가제조	관련원가 외부구입
생산/구입수량		10,000	10,000
직접재료원가	38	380,000	
직접노무원가	35	350,000	
변동제조간접원가	20	200,000	
감독관급여	40	400,000	
전용설비 감가상각비	39		
공통관리비	41		
구입원가			1,570,000
기회원가		240,000	
합계		1,570,000	*1,570,000*
단위당 구입원가			*157.0*

42 ㈜대한은 A필터와 B필터를 생산 및 판매하고 있으며, 이익극대화를 추구한다. ㈜대한의 최대조업도는 월 12,000기계시간이며, ㈜대한이 20x1년 2월에 대해 예측한 A필터와 B필터의 자료는 다음과 같다.

구분	A필터	B필터
시장수요량	2,500단위	1,500단위
단위당 직접재료원가	₩290	₩400
단위당 직접노무원가	100	150
단위당 변동제조간접원가(기계시간당 ₩40)	80	160
단위당 변동판매관리비	50	90
단위당 고정원가	20	20
단위당 판매가격	840	1,280

㈜대한은 20x1년 2월의 판매예측에 포함하지 않았던 ㈜민국으로부터 B필터 500단위를 구입하겠다는 일회성 특별주문을 받았다. ㈜대한이 ㈜민국의 특별주문을 수락하더라도 해당 제품의 단위당 변동원가는 변하지 않는다. ㈜대한이 ㈜민국의 특별주문을 수락하여 20x1년 2월 영업이익을 ₩180,000 증가시키고자 할 경우에 특별주문의 단위당 판매가격은 얼마인가? (단, 특별주문과 관련하여 생산설비의 증설은 없다)

① ₩1,300   ② ₩1,350   ③ ₩1,400

④ ₩1,450   ⑤ ₩1,500

풀이과정   **정답** ③

1. 자원제약하의 최적 제품배합

구분	A필터	B필터	전체
단위당 판매가격	840	1,280	
단위당 직접재료원가	290	400	
단위당 직접노무원가	100	150	
단위당 변동제조간접원가	80	160	
단위당 변동판매관리비	50	90	
단위당 변동원가	520	800	
단위당 공헌이익	320	480	
단위당 기계시간	2	4	
기계시간당 공헌이익	160	120	
생산우선순위	1 순위	2 순위	
시장수요량	2,500	1,500	
기계시간 할당	5,000	6,000	12,000
생산량	2,500	1,500	
공헌이익	800,000	720,000	1,520,000

2. 특별주문분석

구분	A필터	B필터	전체
최대생산능력			12,000
실제사용능력			11,000
여유생산능력			1,000
특별주문량		500	
기계소요시간			2,000
초과생산능력			1,000

구분	A필터	B필터
특별주문		500
기계시간 소요량		2,000
기계시간 부족량		1,000
판매대체수량		250
증분원가	400,000	
기회원가		120,000
영업이익 증가액	180,000	
관련원가	700,000	
단위당 특별주문 가격	*1,400*	

43 ㈜대한은 보조부문 S_1과 S_2, 제조부문 P_1과 P_2를 사용하여 제품을 생산하고 있다. 20x3년도에 각 보조부문이 생산하여 타부문에 제공할 용역의 양과 보조부문의 원가에 관한 예산자료는 다음과 같다.

보조부문	보조부문의 용역생산량	각 보조부문이 타부문에 제공할 용역량			
		S_1	S_2	P_1	P_2
S_1	400단위	–	80단위	200단위	120단위
S_2	400단위	160단위	40단위	40단위	160단위

• 보조부문의 용역생산량과 타부문에 제공할 용역량

• S_1과 S_2의 변동원가는 각각 ₩260,000과 ₩40,000이다.
• S_1과 S_2의 고정원가는 각각 ₩40,000과 ₩40,000이다.

20x2년 말 ㈜대한은 ㈜민국으로부터 현재 부문 S_2에서 제공하고 있는 용역을 단위당 ₩400에 공급해 주겠다는 제안을 받았다. 이 제안을 20x3년 초에 수락할 경우, ㈜대한은 부문 S_2의 고정원가를 50%만큼 절감할 수 있다. 그리고 부문 S_2의 설비는 타사에 임대하여 연간 ₩20,000의 수익을 얻을 수 있다. 20x3년 초에 ㈜대한이 ㈜민국의 제안을 수락하여 부문 S_2를 폐쇄하고 ㈜민국으로부터 용역을 구입하기로 결정하는 경우, 이러한 결정이 ㈜대한의 20x3년도 이익에 미치는 영향은 얼마인가?

① ₩800 증가
② ₩1,000 증가
③ ₩1,200 증가
④ ₩1,400 증가
⑤ ₩1,600 증가

풀이과정   정답 ①

1. 부문간 용역수수관계

공급부문	보조부문		제조부문		계
	S_1	S_2	P_1	P_2	
S_1	0	80	200	120	400
S_2	160	40	40	160	400
변동원가	260,000	40,000			300,000
고정원가	40,000	40,000			80,000

2. 구입해야 할 용역량 분석

제공부문	보조부문		제조부문		계
	S_1	S_2	P_1	P_2	
S_1		(32)			*(32)*
S_2	160	0	40	160	*360*
계	160	(32)	40	160	*328*

3. 관련원가 분석

	원가절감액			외부구입
	S_1	S_2	계	
변동원가	52,000	40,000	92,000	
회피가능 고정원가		20,000	20,000	
임대료수익		20,000	20,000	
구입수량				328
구입단가				400
구입원가				131,200
계	52,000	80,000	132,000	131,200
증분손익				*800*

44 ㈜대한은 동일한 직접재료 X를 사용하여 두 가지 제품 A와 B를 생산 및 판매한다. 다음은 ㈜대한이 생산 및 판매하고 있는 각 제품의 단위당 판매가격, 변동원가 및 공헌이익에 관한 자료이다.

구분	제품 A	제품 B
단위당 판매가격	₩1,800	₩2,400
단위당 변동원가		
직접재료원가	₩320	₩400
기타변동원가	₩960	₩1,400
계	₩1,280	₩1,800
단위당 공헌이익	₩520	₩600

㈜대한은 공급업체로부터 직접재료 X를 매월 최대 4,000kg까지 구입가능하며, 직접재료 X의 구입가격은 kg당 ₩80이다. ㈜대한의 각 제품에 대한 매월 최대 시장수요량이 800단위(제품 A)와 400단위(제품 B)일 경우, ㈜대한이 달성할 수 있는 최대공헌이익은 얼마인가?

① ₩240,000 ② ₩416,000 ③ ₩448,000 ④ ₩512,000 ⑤ ₩656,000

풀이과정   정답 ④

	제품 A	제품 B	
단위당 판매가격	1,800	2,400	
단위당 직접재료원가	320	400	
단위당 기타변동원가	960	1,400	
단위당 변동원가	1,280	1,800	
단위당 공헌이익	520	600	
직접재료 Kg당 구입가격	80	80	
단위당 직접재료 소요량	4	5	
제약자원 Kg당 공헌이익	130	120	
생산우선순위	1순위	2순위	
시장수요량	800	400	
생산수량	800		
직접재료 할당량	3,200	800	4,000
생산수량	800	160	
총공헌이익	**416,000**	**96,000**	**512,000**

1. 주요개념

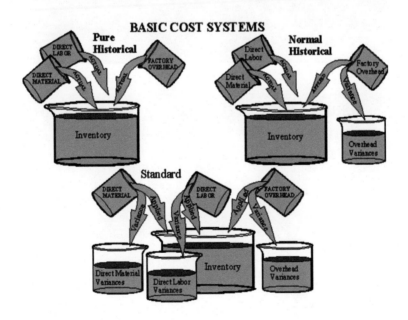

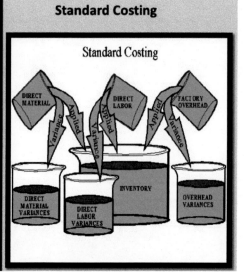

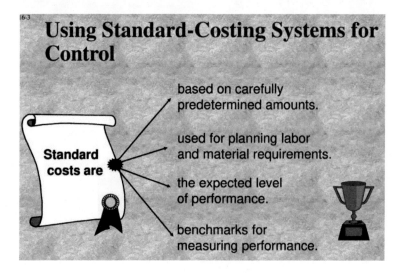

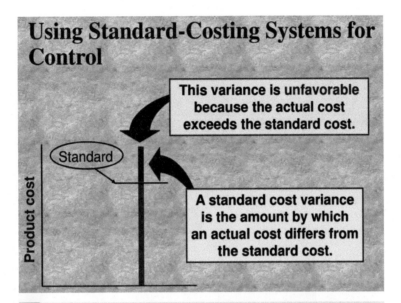

Developing Unit Input Standards

- **Ideal standards** demand maximum efficiency and can be achieved only if everything operates perfectly.
- **Currently attainable standards** can be achieved under efficient operating conditions.
- **Kaizen standards** reflect a planned improvement and are a type of currently attainable standard.

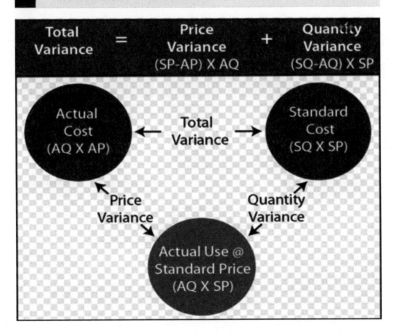

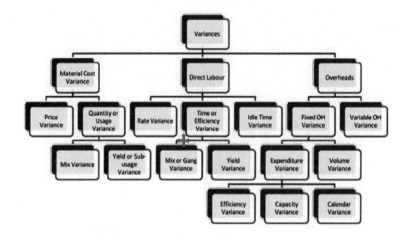

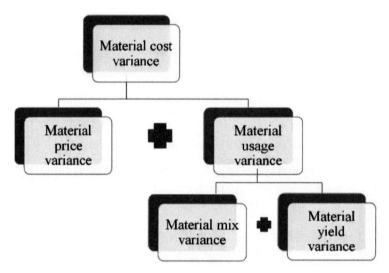

4-, 3-, & 2-way Variance Analysis

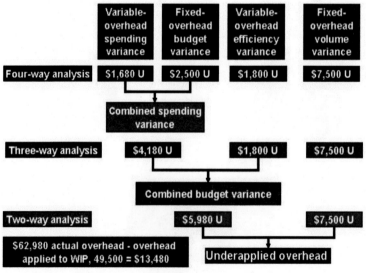

Year-End Treatment of Variances

Immaterial—Adjust Cost of Goods Sold
Material—Prorate variances to:

- **Material Price Variances**
  - Raw Materials
  - WIP
  - Finished Goods
  - Cost of Goods Sold

- **All other variances**
  - WIP
  - Finished Goods
  - Cost of Goods Sold

Process Costing with Standard Costs

- Simplify costing process
- Eliminate periodic cost recomputations
- Same as FIFO computations
  - emphasize current period costs and production
- Inventories are stated at standard cost
- Variances are calculated for material, labor, and overhead

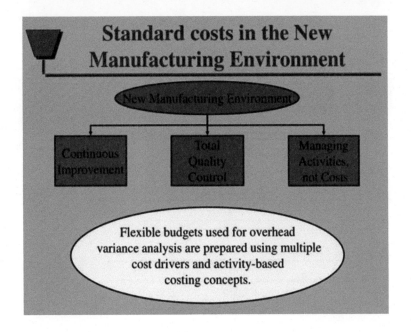

Standard costs in the New Manufacturing Environment

New Manufacturing Environment

- Continuous Improvement
- Total Quality Control
- Managing Activities, not Costs

Flexible budgets used for overhead variance analysis are prepared using multiple cost drivers and activity-based costing concepts.

2. 관세사 기출문제 및 해설

• 관세사/2015/문75

01 ㈜관세는 표준원가를 이용한 전부원가계산제도를 적용하며, 20x1년 3월 1일에 생산 및 영업을 개시하였다. 20x1년 3월 중 900단위를 생산에 착수하여 당월에 모두 완성하였으며, 이 중 800단위를 판매하였다. 20x1년 3월 중 직접재료 2,000kg을 ₩130,000에 구입하였으며, 직접재료의 당월말 재고량은 100kg이다. 당월말 제품계정에 포함된 표준직접재료원가는 ₩10,000이며, 제품 단위당 표준직접재료소비량은 2kg이다. 20x1년 3월의 직접재료원가의 가격차이와 수량차이는 각각 얼마인가? (단, 직접재료원가의 가격차이는 구입시점에 계산하며, 월말재공품은 없다)

	가격차이	수량차이		가격차이	수량차이
①	₩20,000 불리	₩3,000 불리	②	₩20,000 유리	₩3,000 유리
③	₩20,000 불리	₩3,000 유리	④	₩30,000 불리	₩5,000 불리
⑤	₩30,000 유리	₩5,000 유리			

풀이과정   **정답** ④

생산량	900
판매량	800
기말제품	100
표준배부액	10,000
단위당 표준원가	100
표준수량	2
표준구입가격	50

직접재료	실제원가	변동예산	표준배부액	원가차이	
구입가격	65.0	50.0			
구입수량	2,000	2,000			
원가	130,000	100,000			
구입가격차이	*130,000*	*100,000*		*30,000*	*불리*

직접재료	실제원가	변동예산	표준배부액	원가차이	
생산량	900	900	900		
구입가격		50.0	50.0		
투입수량		1,900	1,800		
원가		95,000	90,000		
수량(능률)차이		*95,000*	*90,000*	*5,000*	*불리*

• 관세사/2016/문78

02 표준원가계산에 관한 설명으로 옳은 것을 모두 고른 것은?

> ㄱ. 표준원가를 설정하면 실제원가와 표준원가를 비교해서 그 차이를 분석할 수 있으므로 예외에 의한 관리가 가능하다.
>
> ㄴ. 표준원가는 제품의 수량에 단위당 표준원가를 곱해서 원가계산이 이루어지므로 매출원가나 기말재고자산의 금액을 산정하는데 용이하다.
>
> ㄷ. 표준원가계산에서 고정제조간접원가 배부액은 정상원가계산의 고정제조간접원가 예정배부액과 같이 실제조업도에 예정배부율을 곱한 금액이다.
>
> ㄹ. 표준원가로 회계처리하게 되면 재공품계정과 제품계정은 모두 표준원가로 기록되므로 신속한 원가계산과 효율적인 원가통제가 가능하다.

① ㄱ, ㄴ   ② ㄷ, ㄹ   ③ ㄱ, ㄴ, ㄹ
④ ㄴ, ㄷ, ㄹ   ⑤ ㄱ, ㄴ, ㄷ, ㄹ

풀이과정   **정답** ③

표준원가계산제조의 이점	표준원가계산제도의 한계
· 표준이 미리 설정되어, 원가계산이 간편하다.	· 표준이 진부화되기 쉬움
· 표준원가는 실제원가의 비교기준	· 원가차이에 많은 요인이 영향을 미침
· 원가차이는 성과평가에 도움이 된다.	· 원가차이가 잘못 해석될 수 있음
· 종업원에게 동기를 부여한다.	· 통제권한이 없는 관리자에 대한 원가차이는 분권적 자율권을 저해함
· 경영자의 예외관리가 가능함	· 불리한 원가차이를 강조하면 종업원의 의욕을 저하함
· 낭비와 비능률을 최소화시킴	· 지속적 개선이 표준 달성보다 더 중요할 수 있음
· 가격정책과 생산정책의 수립 지침	· 과잉생산의 유인을 제공함
· 계획수립과 예산편성에 유용함	· 표준을 강조하면 다른 중요한 목표를 간과할 위험이 있음

문항	지문분석
ㄱ.	*표준원가회계의 목적* ⇒ *원가통제* ⇒ *원가차이분석* ⇒ *예외관리*
ㄴ.	*표준원가계산* → *생산량(완성품 환산량×단위당 표준원가)*
ㄷ.	고정제조간접원가 표준배부액＝표준허용조업도×표준배부율 실제조업도 ⇒ 표준허용조업도
ㄹ.	*표준원가회계의 목적* ⇒ *원가통제* ⇒ *예외관리* ⇒ *신속한 원가계산*

• 관세사/2017/문77

03 ㈜관세의 고정제조간접원가는 기계시간을 기준으로 배부한다. 기준조업도는 9,000시간이며 표준기계시간은 제품 단위당 3시간이다. 제품의 실제생산량은 3,200단위이고 고정제조간접원가의 실제발생액은 ₩1,100,000이다. 고정제조간접원가의 조업도차이가 ₩60,000(유리)일 경우 소비차이는?

① ₩200,000 불리   ② ₩100,000 불리   ③ ₩140,000 유리

④ ₩100,000 유리   ⑤ ₩200,000 유리

풀이과정   **정답** ①

구분	고정예산	실제원가	변동예산	표준배부액	원가차이	
생산량		3,200	3,200	3,200		
배부율						
기계시간	9,000			9,600		
원가		1,100,000				
조업도차이	9,000		9,000	9,600	600	유리
					60,000	
배부율	100		100	100	100	
원가	900,000		900,000	960,000		
소비차이		*1,100,000*	*900,000*		*200,000*	**불리**

• 관세사/2018/문80

04 ㈜관세는 표준원가계산제도를 채택하고 있으며, 20x1년 제품 2,000단위를 기준으로 제조간접원가에 대한 표준을 다음과 같이 설정하였다.

> 제조간접원가예산 = ₩720,000 + 직접노동시간 × ₩100
> 제품단위당 표준직접노동시간 5시간

20x1년 실제직접노동시간은 20,400시간이고, 실제생산량은 4,000단위이다. 변동제조간접원가 능률차이와 고정제조간접원가 조업도차이는?

	능률차이	조업도차이		능률차이	조업도차이
①	₩40,000(불리)	₩720,000(유리)	②	₩40,000(유리)	₩720,000(불리)
③	₩40,000(불리)	₩1,280,000(유리)	④	₩40,000(유리)	₩1,280,000(불리)
⑤	차이 없음	₩1,280,000(불리)			

풀이과정　　　　　　　　　　　　　　　　　　　　　　　　　　　　　　**정답** ①

구분	예산	기준조업도	표준배부율
변동제조간접원가		10,000	100
고정제조간접원가	720,000	10,000	72
합계			172

변동제조간접원가	실제원가	변동예산	표준배부액	원가차이
생산량	4,000	4,000	4,000	
배부율		100	100	
직접노동시간	20,400	20,400	20,000	
원가		2,040,000	2,000,000	
소비차이				
능률차이		2,040,000	2,000,000	40,000	불리

고정제조간접원가	실제원가	변동예산	표준배부액	원가차이
생산량	4,000	4,000	4,000	
배부율			72	
직접노동시간	20,400	20,400	20,000	
원가		720,000	1,440,000	
소비차이				
조업도차이		720,000	1,440,000	720,000	유리(과대배부)
조업도		2,000	4,000	2,000	

• 관세사/2019/문78

05 ㈜관세는 단일 제품을 생산하며, 실제산출물에 허용된 표준직접노무시간을 기초로 제조간접원가를 제품에 배부하는 표준원가계산시스템을 사용한다. 20x1년 고정제조간접원가와 관련된 자료는 다음과 같다.

구분	자료 내용
연간 예산(예상) 고정제조간접원가	₩500,000
예산 표준직접 노무시간(기준조업도)	25,000단위×직접 노무시간 2시간/단위= 50,000시간
연간 실제고정제조간접원가	₩508,000
실제직접노무시간	54,000시간

㈜관세가 20x1년에 제품을 26,000단위 생산하였을 경우, 고정제조간접원가 조업도 차이는?

① ₩20,000(유리)　　② ₩20,000(불리)　　③ ₩32,000(유리)

④ ₩32,000(불리)　　⑤ ₩40,000(유리)

풀이과정　　　　　　　　　　　　　　　　　　　　　　　　　　　**정답** ①

고정제조간접원가 차이분석

예산	500,000
기준조업도	50,000
표준배부율	10

구분	실제원가	변동예산	표준배부액	원가차이
생산량	26,000	26,000	26,000	
배부율		10	10	
직접노무시간	54,000		52,000	
원가	508,000	500,000	520,000	

	실제원가	변동예산	표준배부액	원가차이	
총차이	508,000		520,000	12,000	유리(과대배부)
예산차이	508,000	500,000		8,000	불리
조업도차이		*500,000*	*520,000*	*20,000*	*유리*
조업도		50,000	52,000		
		기준조업도	표준조업도		

• 관세사/2020/문76

06 ㈜관세는 기준조업도로 연 48,000시간의 직접노무시간을 적용하고 있다. 변동제조간접원가와 고정제조간접원가 연간 예산은 각각 ₩144,000과 ₩192,000이다. 제품단위당 표준직접노무시간은 2시간이며, 예산차이는 ₩4,000(불리), 조업도차이는 ₩6,000(유리)으로 나타났다. 실제생산량은 몇 단위인가? (단, 재공품은 없다)

① 23,250단위　　　　② 23,400단위　　　　③ 23,800단위

④ 24,500단위　　　　⑤ 24,750단위

풀이과정　　　　　　　　　　　　　　　　　　　　　　　　　　　　　　　　**정답** ⑤

구분	고정예산	실제원가	변동예산	표준배부액	원가차이	
생산량		Q	Q	Q		
직접노무시간	48,000			2Q		
시간당 변동제조간접원가	3			3		
시간당 고정제조간접원가	4			4		
변동제조간접원가	144,000			6Q		
고정제조간접원가	192,000		192,000	8Q		
합계	336,000			14Q		
조업도차이	192,000	.	192,000	**198,000**	6,000	유리
표준 고정제조간접원가율				4		
표준허용시간				49,500		
단위당 표준직접노무시간				2		
실제생산량				**24,750**		
예산차이		196,000	192,000		4,000	불리

• 관세사/2024/문71

07 ㈜관세는 표준원가계산제도를 사용하고 있으며 3월과 4월의 표준은 동일하다. 3월에는 1,000단위의 제품을 생산하였으며 고정제조간접원가의 조업도차이는 ₩500(불리)이고, 소비차이는 ₩200(유리)이었다. 4월에는 1,500단위의 제품을생산하였고 고정제조간접원가는 조업도차이가 ₩500(유리)이고, 소비차이는 ₩300(불리)이다. 4월의 고정제조간접원가 실제발생액은?

① ₩1,800 ② ₩2,200 ③ ₩2,300 ④ ₩2,800 ⑤ ₩3,200

풀이과정   정답 ④

	기준조업도	실제조업도		표준조업도		원가차이	
		실제원가	변동예산	변동예산	표준배부액		
3월							
생산량	Q	1,000	1,000	1,000	1,000		
고정제조간접원가배부율	f						
고정제조간접원가	Q×f		Q×f	Q×f	1000×f		
소비차이		실제원가	Q×f			200	유리
조업도차이				Q×f	1000×f	500	불리

$$Q \times f - 1000 \times f = 500$$
$$Q \times f = 1000 \times f + 500$$

	기준조업도	실제원가	변동예산	변동예산	표준배부액		
4월							
생산량	Q	1,500	1,500	1,500	1,500		
고정제조간접원가배부율	f						
고정제조간접원가	Q×f		Q×f	Q×f	1500×f		
소비차이		실제원가	Q×f			300	불리
조업도차이				Q×f	1500×f	500	유리

$$Q \times f - 1500 \times f = -500$$
$$Q \times f = 1500 \times f - 500$$

$$500 \times f = 1,000$$
$$f = 2$$

Q = 1.250   Q×f = 2,500

고정제조간접원가		실제원가	2,500			300	불리
	4월	**2,800**					
	3월	2,300	2,500			200	유리

3. 감정평가사 기출문제 및 해설

• 감정평가사/2015/문79

08 표준원가계산제도를 채택하고 있는 ㈜감평의 20x5년 6월의 제조간접원가 예산과 실제발생액은 다음과 같다.

구분	예산	실제발생액
변동제조간접원가:		
간접재료원가	₩4,480	₩4,310
간접노무원가	3,360	3,630
고정제조간접원가:		
공장임대료	10,640	10,630
감가상각비	14,280	14,260
총 제조간접원가	₩32,760	₩32,830

㈜감평은 고정제조간접원가의 예산을 월간 2,800기계시간을 기준으로 수립하였다. 20x5년 6월 실제 기계시간은 2,730시간이다. 만약 실제생산량에 허용된 표준 기계시간이 2,860시간이라면, 6월의 고정제조간접원가 조업도차이는?

① ₩534 불리   ② ₩623 불리   ③ ₩702 불리
④ ₩534 유리   ⑤ ₩623 유리

풀이과정   정답 ④

변동제조간접원가	고정예산	실제원가	변동예산	표준배부액	원가차이	
배부율	2.80		2.80	2.80		
기계시간	2,800	2,730	2,730	2,860		
제조원가	7,840	7,940	7,644	8,008		
총차이		7,940		8,008	68	유리
소비차이		7,940	7,644		296	불리
능률차이			7,644	8,008	364	유리

고정제조간접원가	고정예산	실제원가	변동예산	표준배부액	원가차이	
배부율	8.90			8.90		
기계시간	2,800	2,730		2,860		
제조원가	24,920	24,890	24,920	25,454		
총차이		24,890		25,454	564	유리
소비차이		24,890	24,920		30	유리
조업도차이			*24,920*	*25,454*	*534*	*유리*

• 감정평가사/2016/문78

09 ㈜감평은 표준원가계산을 적용하고 있으며, 직접노무시간을 기준으로 제조간접원가를 배부하고 있다. 고정제조간접원가 조업도차이는?

· 당기 실제 발생 총제조간접원가	₩700,000
· 실제 직접노무시간	70,000시간
· 기준조업도	80,000시간
· 실제 직접노무시간에서의 제조간접원가 변동예산	₩770,000
· 기준조업도에서의 제조간접원가 예산	₩820,000
· 당기 실제 발생 직접노무원가	₩200,000
· 직접노무원가 임률차이	₩25,000(불리)
· 직접노무원가 능률차이	₩15,000(유리)
· 표준 직접노무원가 시간당	₩2.5

① ₩21,000(유리) ② ₩21,000(불리) ③ ₩31,500(유리)
④ ₩31,500(불리) ⑤ ₩52,500(유리)

풀이과정   **정답** ②

직접노무원가	실제발생액	변동예산	표준배부액	원가차이
생산량	Q	Q	Q	
직접노무원가				
단위당 임률	2.86	2.50	2.50	
단위당 노무시간				
총노무시간	70,000	70,000	76,000	
총원가	200,000	175,000		
임률차이	200,000	175,000		25,000 불리
능률차이		175,000	*190,000*	15,000 유리

제조간접원가	고정예산	실제발생액	변동예산	표준배부액	원가차이
생산량		Q	Q	Q	
노무시간	80,000	70,000	70,000	76,000	10,000
배부율	10.25		11.00		
제조간접원가	820,000	700,000	770,000		50,000
시간당 예산 변동제조간접비	5.00				5.00
시간당 예산 고정제조간접비	5.25				
변동제조간접원가 예산	400,000		350,000		
고정제조간접원가 예산	420,000		420,000		

제조간접원가	고정예산	실제발생액	변동예산	표준배부액	원가차이	
생산량		Q	Q	Q		
노무시간	80,000	70,000	70,000	76,000		
변동제조간접원가	400,000		350,000	380,000		
고정제조간접원가	420,000		*420,000*	*399,000*		
제조간접원가	820,000	700,000	770,000	779,000		
소비차이		700,000	770,000		70,000	유리
능률차이			350,000	380,000	30,000	유리
조업도차이			*420,000*	*399,000*	*21,000*	**불리**

• 감정평가사/2017/문72

10 표준원가계산제도를 채택하고 있는 ㈜대한의 20x1년도 직접노무원가와 관련된 자료는 다음과 같다. 20x1년도의 실제생산량은?

실제직접노무시간	101,500시간
직접노무원가 실제발생액	₩385,700
직접노무원가 능률차이	₩14,000(유리)
직접노무원가 임률차이	₩20,300(유리)
단위당 표준직접노무시간	2시간

① 51,000단위 ② 51,500단위 ③ 52,000단위
④ 52,500단위 ⑤ 53,000단위

풀이과정   정답 ④

직접노무원가	실제발생액	변동예산	표준배부액	원가차이
생산량	Q	Q	Q	
시간당 임률	3.8		SP	
단위당 노무시간			2.0	
총노무시간	101,500	101,500	2×Q	
총노무원가	385,700		2×SP×Q	
임률차이	385,700	406,000		20,300 유리
표준임률		4.0	4.0	
표준배부액			*8×Q*	
능률차이		406,000	*420,000*	14,000 유리
생산량			*52,500*	

• 감정평가사/2019/문76

11 표준원가계산에 관한 설명으로 옳은 것을 모두 고른 것은?

> ㄱ. 표준원가계산제도는 전부원가계산에서 적용할 수 있으나 변동원가계산에서는 적용할 수 없다.
> ㄴ. 표준원가계산제도는 종합원가계산제도에 적용이 가능하다.
> ㄷ. 직접재료원가 가격차이를 구입시점에서 분리하든 사용시점에서 분리하든 직접재료원가 능률차이는 동일하다.
> ㄹ. 고정제조간접원가의 예산차이는 실제투입량 변동예산과 실제산출량 변동예산의 차이를 의미한다.

① ㄱ, ㄴ　　　　② ㄱ, ㄷ　　　　③ ㄴ, ㄷ
④ ㄴ, ㄹ　　　　⑤ ㄷ, ㄹ

풀이과정　　　　　　　　　　　　　　　　　　　　　　**정답** ③

직접재료 구입시점 분리	실제투입량		생산량	표준배부액	원가차이	
	발생액	변동예산			가격차이	수량차이
구입시점	AP×AQp	SP×AQp				
사용시점		SP×AQu	P	SP×SQa		
가격차이	AP×AQp	SP×AQp			AQp×(AP−SP)	
수량차이		SP×AQu		SP×SQa		SP×(AQu−SQa)

직접재료 사용시점 분리	실제투입량		생산량	표준배부액	원가차이	
	발생액	변동예산			가격차이	수량차이
구입시점	AP×AQp	AP×AQp				
사용시점		AP×AQu			AQu×(AP−SP)	
		SP×AQu				
가격차이		AP×AQu				
		SP×AQu			AQu×(AP−SP)	
수량차이		SP×AQu	P	SP×SQa		SP×(AQu−SQa)

고정제조간접원가	고정예산	실제투입량		생산량	표준배부액	원가차이	
		발생액	변동예산			예산차이	조업도차이
	Fb	Fa	Fb				
			−Fb	P	P×f		
소비차이		Fa	Fb			Fa−Fb	
조업도차이			Fb		P×f		P×f−Fb

문항	지문분석
ㄱ.	표준원가계산은 표준원가로 원가를 집계하는 방법 ⇒ 전부원가계산/변동원가계산/초변동원가계산에서 적용가능
ㄴ.	**표준원가계산은 표준원가로 원가를 집계하는 방법 ⇒ 개별원가계산, 종합원가계산제도에 적용 가능**
ㄷ.	**직접재료원가 가격차이는 분리시점에 따라 다르지만 ⇒ 능률차이는 사용시점에서 동일하게 분리됨**
ㄹ.	고정제도간접원가 예산차이는 실제 발생 제조간접원가와 고정제조간접원가와의 차이 실제투입량과 실제산출량의 변동예산은 동일함

• 감정평가사/2020/문75

12 ㈜감평은 표준원가계산제도를 채택하고 있다. 20x1년 직접노무원가와 관련된 자료가 다음과 같을 경우, 20x1년 실제 직접노무시간은?

· 실제생산량	25,000단위
· 직접노무원가 실제임률 시간당	₩10
· 직접노무원가 표준임률 시간당	₩12
· 표준 직접노무시간	단위당 2시간
· 직접노무원가 임률차이	₩110,000(유리)
· 직접노무원가 능률차이	₩60,000(불리)

① 42,500시간   ② 45,000시간   ③ 50,000시간
④ 52,500시간   ⑤ 55,000시간

풀이과정   **정답** ⑤

직접노무원가	실제발생액	변동예산	표준배부액	원가차이	
실제생산량	25,000	25,000	25,000		
임률	10	12	12		
직접노무시간			50,000		
직접노무원가			600,000		
능률차이		660,000	600,000	60,000	불리
시간당 임률차이	10	12		2	유리
임률차이	550,000	660,000		110,000	유리
직접노무시간	*55,000*	*55,000*			
총차이	550,000		600,000	50,000	유리

13 ㈜감평은 표준원가제도를 도입하고 있다. 변동제조간접원가의 배부기준은 직접노무시간이며, 제품 1개를 생산하는데 소요되는 표준직접노무시간은 2시간이다. 20x1년 3월 실제 발생한 직접노무시간은 10,400시간이고, 원가자료는 다음과 같다.

변동제조간접원가 실제 발생액	₩23,000
변동제조간접원가 능률차이	2,000(불리)
변동제조간접원가 총차이	1,000(유리)

㈜감평의 20x1년 3월 실제 제품생산량은?

① 4,600개   ② 4,800개   ③ 5,000개

④ 5,200개   ⑤ 5,400개

풀이과정   **정답** ②

변동제조간접원가	실제원가	변동예산	표준배부액	원가차이	
생산량	Q	Q	Q		
변동원가율	2.21	SP	SP		
노무시간	10,400	10,400	2×Q		
원가	23,000	SP×10,400	SP×2×Q		
총차이	23,000		24,000	1,000	유리
능률차이		26,000	24,000	2,000	불리
소비차이	23,000	26,000		3,000	유리
표준변동원가율		2.50	2.50		
표준배부액			*2.5×2×Q*	*=24,000*	
생산량			*Q*	*= 4,800*	

• 감정평가사/2022/문80

14 ㈜감평은 표준원가제도를 채택하고 있으며, 20x1년도 직접노무원가에 관련된 자료는 다음과 같다. 20x1년도 실제 총직접노무원가는?

실제생산량	100단위
직접노무원가 실제임률	시간당 ₩8
직접노무원가 표준임률	시간당 ₩10
실제생산량에 허용된 표준 직접작업시간	생산량 단위당 3시간
직접노무원가 임률차이	₩700(유리)
직접노무원가 능률차이	₩500(불리)

① ₩1,800　　　　② ₩2,500　　　　③ ₩2,800

④ ₩3,500　　　　⑤ ₩4,200

풀이과정　　　　　　　　　　　　　　　　　　　　　　　　　　　**정답** ③

직접노무원가	실제원가	변동예산	표준배부액	원가차이	
생산량	100	100	100		
시간당 임률	8	10	10		
노무시간			300		
원가			3,000		
능률차이		3,500	3,000	500	불리
임률차이	*2,800*	3,500		700	유리
실제 노무시간	350	350			

• 감정평가사/2023/문73

15 ㈜감평은 표준원가계산제도를 채택하고 있으며, 직접노무시간을 기준으로 제조간접원가를 배부한다. 당기 제조간접원가 관련 자료는 다음과 같다.

고정제조간접원가 표준배부율	₩100/시간
변동제조간접원가 표준배부율	₩300/시간
기준조업도(직접노무시간)	5,000시간
실제직접노무시간	4,850시간
실제생산량에 허용된 표준 직접노무시간	4,800시간
제조간접원가 배부차이	₩20,000 과소배부

㈜감평의 당기 제조간접원가 실제발생액은?

① ₩1,900,000　　② ₩1,920,000　　③ ₩1,940,000
④ ₩1,960,000　　⑤ ₩1,980,000

풀이과정　　　　　　　　　　　　　　　　　　　　**정답** ③

제조간접원가	고정예산	실제원가	변동예산		표준배부액	원가차이	
생산량		Q	Q	Q	Q		
조업도	5,000	4,850	4,850	4,800	4,800		
변동제조간접원가 표준배부율	300		300	300	300		
고정제조간접원가 표준배부율	100				100		
변동제조간접원가	1,500,000		1,455,000	1,440,000	1,440,000		
고정제조간접원가	500,000		500,000	500,000	480,000		
합계		1,940,000	1,955,000	1,940,000	1,920,000		
제조간접원가 총차이	*1,940,000*				*1,920,000*	*20,000*	*과소배부*
제조간접원가 예산차이	1,940,000		1,940,000			0	
제조간접원가 조업도차이			1,940,000		1,920,000	20,000	불리
소비차이(지급차이)	1,940,000	1,955,000				15,000	유리
변동제조간접원가 능률차이		1,955,000	1,940,000			15,000	불리
고정제조간접원가 조업도차이			1,940,000		1,920,000	20,000	불리

• 감정평가사/2024/문74

16 ㈜감평은 20x1년 초 영업을 개시하였으며, 표준원가계산제도를 채택하고 있다. 직접 재료 kg당 실제 구입가격은 ₩5, 제품 단위당 직접재료 표준원가는 ₩6(2kg× ₩3/kg)이다. 직접재료원가에 대한 차이 분석결과 구입가격차이가 ₩3,000(불리), 능률차이가 ₩900(유리)이다. 20x1년 실제 제품 생산량이 800단위일 때, 기말 직접재료 재고수량은? (단, 기말재공품은 없다.)

① 50kg　　　② 100kg　　　③ 130kg　　　④ 200kg　　　⑤ 230kg

풀이과정　　　　　　　　　　　　　　　　　　　　　　　　　　　　　　　정답 ④

	고정예산	구입시점		사용시점		
		실제	표준	실제	표준	원가차이
직접재료원가						
단위당 구입가격	3	5	3	3	3	
단위당 구입가격차이			2			
구입가격차이			3,000			3,000
구입수량			1,500			불리
생산량				800	800	
단위당 표준투입수량	2				2	
표준허용투입수량					1,600	
허용된표준원가					4,800	
능률차이				900		900
변동예산				3,900		유리
실제투입수령				1,300		
직접재료 기말재고수량			*1,500*	*1,300*		*200*

4. 세무사 기출문제 및 해설

• 세무사/2015/문29

17 ㈜국세는 표준원가계산제도를 채택하고 있다. 20x1년 직접재료의 표준원가와 실제원가는 다음과 같을 때, 직접재료원가 수량차이는?

표준원가	제품 단위당 직접재료 표준투입량	20 kg
	실제원가	₩30/kg
실제원가	실제 생산량	50개
	직접재료원가	₩35,000
	직접재료 구입가격	₩28/kg

① ₩5,500 유리 ② ₩5,500 불리 ③ ₩7,500 유리
④ ₩7,500 불리 ⑤ ₩0 차이 없음

풀이과정   **정답** ④

원가요소	실제원가	변동예산	표준배부액	원가차이	
생산량	50	50	50		
구입가격	28	30	30		
투입수량	1,250	1,250	1,000		
직접재료원가	35,000	37,500	30,000		
총차이	35,000		30,000	5,000	불리
가격차이	35,000	37,500		2,500	유리
수량차이(능률차이)		*37,500*	*30,000*	*7,500*	*불리*

• 세무사/2015/문36

18 표준원가계산제도를 사용하는 ㈜국세는 직접노무시간을 기준으로 제조간접원가를 배부한다. 20x1년도 기준조업도는 20,000 직접노무시간이나, 실제 직접노무시간은 22,500시간이다. 변동제조간접원가의 표준배부율은 직접노무시간당 ₩6이다. 다음은 20x1년도의 제조간접원가와 관련된 자료이다.

· 변동제조간접원가	
실제발생액:	₩110,000
배 부 액:	₩138,000
· 고정제조간접원가	
소비차이:	₩30,000(불리)
조업도차이:	₩27,000(유리)

20x1년도의 고정제조간접원가 실제발생액은?

① ₩150,000　　② ₩170,000　　③ ₩190,000

④ ₩210,000　　⑤ ₩246,000

풀이과정　　　　정답 ④

제조간접원가	기준조업도 고정예산	실제조업도 실제발생액	변동예산	표준조업도 변동예산 표준배부액	원가차이
직접노무시간	20,000	22,500	22,500		
변동제조간접원가 배부율				6	
고정제조간접원가 배부율					
변동제조간접원가		110,000		138,000	
고정제조간접원가					
제조간접원가					

직접노무시간	20,000			23,000	
고정제조간접원가 조업도차이	20,000		20,000	23,000	3,000시간 유리
					27,000 유리
고정제조간접원가 배부율	9			9	9
고정제조간접원가	180,000			207,000	
고정제조간접원가 소비차이	180,000	*210,000*	180,000		30,000 불리

• 세무사/2017/문29

19 표준원가를 사용하는 ㈜세무의 20x1년 직접노무원가에 대한 자료가 다음과 같을 때, 20x1년 예상 제품생산량은?

직접노무원가 고정예산	₩896,400
직접노무원가 실제발생액	₩1,166,400
단위당 표준 직접노무시간	83시간
단위당 실제 직접노무시간	81시간
실제 제품생산량	300개
임률차이	₩437,400 (불리)

① 300개　　② 350개　　③ 360개　　④ 400개　　⑤ 450개

풀이과정　　　　　　　　　　　　　　　　　　　　　　　정답 ③

직접노무원가	고정예산	실제원가	변동예산	표준배부액	원가차이	
생산량	Q	300	300	300		
임률		48.0				
단위당 직접노무시간		81.0	81.0	83.0		
직접노무시간		24,300	24,300	24,900		
직접노무원가	896,400	1,166,400				
임률차이		1,166,400	729,000		437,400	불리
표준임률	30		30.0	30		
예산 직접노무시간	29,880					
단위당 표준 직접노무시간	83					
예산 생산량	*360*					
직접노무원가		1,166,400	729,000	747,000		
직접노무원가 총차이		1,166,400		747,000	419,400	불리
직접노무원가 능률차이			729,000	747,000	18,000	유리

• 세무사/2018/문39

20 ㈜세무는 표준원가계산제도를 도입하고 있다. 20x1년의 변동제조간접원가예산은 ₩300,000이고, 고정제조간접원가 예산은 ₩800,000이다. ㈜세무는 제조간접원가 배부기준으로 직접노무시간을 사용하고 있다. 기준조업도는 직접노무시간 1,000시간이고, 20x1년에 실제로 투입된 직접노무시간은 850시간이다. 20x1년의 고정제조간접원가 조업도차이가 ₩80,000(불리)할 경우 변동제조간접원가 능률차이는?

① ₩15,000(유리) ② ₩45,000(유리) ③ ₩10,000(불리)

④ ₩15,000(불리) ⑤ ₩45,000(불리)

풀이과정 정답 ①

제조간접원가	고정예산	실제노무시간		표준노무시간		원가차이
		실제원가	변동예산	변동예산	표준배부액	
생산량						
변동제조간접원가배부율	300		300	300	300	
고정제조간접원가배부율	800				800	
직접노무시간	1,000	850	850			
변동제조간접원가	300,000	A				
고정제조간접원가	800,000	B	800,000	800,000		
합계	1,100,000					
고정제조간접원가						
조업도차이	800,000		800,000	800,000	720,000	80,000 불리
표준직접노무시간				900	900	
소비차이		B	800,000			B-800,000
변동제조간접원가						
능률차이			*255,000*	*270,000*		*15,000* **유리**
소비차이		A	255,000			A-255,000

• 세무사/2019/문35

21 ㈜세무는 당기에 영업을 개시하였으며 표준원가계산제도를 채택하고 있다. 직접재료와 관련된 자료는 다음과 같다.

· 제품 단위당 직접재료 표준원가	3kg×₩10/kg=₩30
· 직접재료 kg당 실제 구입가격	₩12
· 직접재료 구입가격차이	₩12,600(불리)
· 직접재료 능률차이	₩4,000(유리)

당기 실제 제품 생산량이 2,000단위일 때 기말 직접재료 재고량은? (단, 기말 재공품은 없다)

① 300kg   ② 400kg   ③ 500kg

④ 600kg   ⑤ 700 kg

풀이과정   정답 ⑤

직접재료원가	실제원가	변동예산	표준배부액	원가차이	
생산량	2,000	2,000	2,000		
구입가격	12	10	10		
투입수량			6,000		
제조원가			60,000		
능률차이		56,000	60,000	4,000	유리
투입수량	*5,600*	5,600	6,000		
단위당 가격차이	12	10		2	
구입가격차이	75,600	63,000		12,600	불리
구입수량	*6,300*				
기말 재고량	*700*				

• 세무사/2019/문36

22 ㈜세무는 표준원가계산제도를 채택하고 있으며 기계작업시간을 기준으로 고정제조 간접원가를 배부한다. 다음 자료에 의할 경우 기준조업도 기계작업시간은? (단, 기초 및 기말 재공품은 없다)

· 실제 제품 생산량	700단위
· 제품 단위당 표준기계작업시간	2시간
· 실제 발생고정제조간접원가	₩12,000
· 고정제조간접원가 예산차이	₩2,000(불리)
· 고정제조간접원가 조업도차이	₩4,000(유리)

① 600 ② 800 ③ 1,000

④ 1,200 ⑤ 1,400

풀이과정 정답 ③

고정제조간접원가	고정예산	실제발생액	변동예산	표준배부액	원가차이	
생산량		700	700	700		
배부율						
기계시간				1,400		
제조원가		12,000				
예산차이		12,000	10,000		2,000	불리
조업도차이	10,000		10,000	14,000	4,000	유리
표준배부율	10		10	10		
기준조업도	*1,000*					

• 세무사/2020/문37

23 ㈜세무는 표준원가계산제도를 채택하고 있으며, 직접노무시간을 기준으로 제조간접원가를 배부한다. 20x1년의 생산 및 원가자료가 다음과 같을 때, 변동제조간접원가 소비차이는?

변동제조간접원가 실제발생액	₩130,000
실제총직접노무시간	8,000시간
당기제품생산량	3,600단위
제품당 표준직접노무시간	2시간
변동제조간접원가 능률차이	₩8,000(불리)

① ₩25,000(유리) ② ₩25,000(불리) ③ ₩50,000(유리)

④ ₩50,000(불리) ⑤ ₩75,000(불리)

풀이과정   정답 ④

변동제조간접원가	실제원가	변동예산	표준배부액	원가차이	
생산량	3,600	3,600	3,600		
배부율	16.25				
제품당 직접노무시간			2		
직접노무시간	8,000	8,000	7,200		
원가	130,000				
능률차이(시간)		8,000	7,200	800	
시간당 표준배부율		10	10	8,000	불리
원가		80,000	72,000		
총차이	130,000		72,000	58,000	불리
소비차이	**130,000**	**80,000**		**50,000**	**불리**

• 세무사/2021/문26

24 다음 표준원가계산과 관련된 원가차이조정에 관한 설명으로 **옳지 않은** 것은? (단, 모든 재고자산의 기말잔액과 원가차이계정은 0이 아니다)

① 직접재료원가 가격차이를 원재료 사용(투입)시점에 분리하는 경우, 직접재료원가 가격차이는 원가차이조정시 원재료계정에 영향을 미치지 않는다.

② 직접재료원가 가격차이를 원재료 구입시점에 분리하는 경우, 직접재료원가 능률차이는 실제 구입량이 아니라 실제 사용량(투입량)을 기초로 계산한다.

③ 총원가비례배분법에 의해 원가차이조정을 하는 경우, 직접재료원가 구입가격차이는 직접재료원가 능률차이계정에 영향을 미친다.

④ 직접재료원가 가격차이를 원재료 구입시점에 분리하는 경우, 원재료계정은 표준원가로 기록된다.

⑤ 원가요소별비례배분법에 의해 원가차이조정을 하는 경우, 직접재료원가 구입가격차이는 원재료계정 기말잔액에 영향을 미친다.

풀이과정 　　　　　　　　　　　　　　　　　　　　　　　　　　　　**정답** ③

구입시점 분리	실제구입액	변동예산	표준배부액	원가차이
원재료 구입				
구입가격	AP	SP		
구입수량	AQp	AQp		구입가격차이
원가	$AP \times AQp$	$SP \times AQp$		$AQp \times (AP-SP)$
원재료 사용				
구입가격		SP	SP	
투입수량		AQu	SQa	수량차이
원가		$SP \times AQu$	$SP \times SQa$	$SP \times (AQu-SQa)$

재고자산		*원재료*	*기말재공품* *기말제품* *매출원가*
구입가격차이		기말조정	기말조정
능률차이			기말조정

사용시점 분리	실제구입액	변동예산	표준배부액	원가차이
원재료 구입				
구입가격	AP			
구입수량	AQp			
원가	AP×AQp	AP×AQp		
원재료 사용				
구입가격	AP	SP		
구입수량	AQu	AQu		구입가격차이
원가	AP×AQu	SP×Au		AQp×(AP−SP)
구입가격		AP	SP	
투입수량		AQu	SQa	능률차이
원가		SP×AQu	SP×SQa	SP×(AQu−SQa)

재고자산		*원재료*	*기말재공품*	
			기말제품	
			매출원가	
구입가격차이 기말조정			기말조정	
능률차이			기말조정	

문항	지문분석
1	사용시점 분리 ⇒ 재공품/ 제품/ 매출원가
	구입시점 분리 ⇒ 직접재료/ 능률차이/ 재공품/ 제품/ 매출원가
2	구입시점 분리 ⇒ (실제사용량−표준허용사용량) * 표준구입가격
3	*총원가비례배분법 ⇒ 능률차이/ 재공품/ 제품/ 매출원가*
4	원재료계정 ⇒ 실제구입수량 * 표준구입가격
5	원가요소별비례배분법 ⇒ (원재료계정/ 능률차이/ 기말재공품/ 기말제품/ 매출원가)

• 세무사/2022/문35

25 ㈜세무는 표준원가계산제도를 사용하고 있으며, 매월 동일한 표준원가를 적용한다. 20x1년 5월과 6월의 실제 제품 생산량은 각각 100단위와 120단위이었고, 다음과 같은 조업도차이가 발생했다.

기간	조업도차이
5월	₩1,000(불리)
6월	₩600(불리)

㈜세문의 고정제조간접원가 월간 예산은?

① ₩3,000   ② ₩3,200   ③ ₩4,800

④ ₩5,400   ⑤ ₩6,000

풀이과정   **정답** ①

5월	고정예산	실제원가	변동예산	표준배부액	원가차이
생산량	Q	100	100	100	
고정제조간접원가 배부율	fs			fs	
고정제조간접원가	$Q \times fs$		$Q \times fs$	$100 \times fs$	
조업도차이			$Q \times fs$	$100 \times fs$	$fs \times (Q-100) = 1,000$
					$Q \times fs = 1,000 + fs \times 100$

6월	고정예산	실제원가	변동예산	표준배부액	원가차이
생산량	Q	120	120	120	
고정제조간접원가 배부율	fs			fs	
고정제조간접원가	$Q \times fs$		$Q \times fs$	$120 \times fs$	
조업도차이			$Q \times fs$	$120 \times fs$	$fs \times (Q-120) = 600$
					$Q \times fs = 600 + fs \times 120$
기준조업도	*150*				$Q \times fs = 1,000 + fs \times 100$
고정제조간접원가 표준배부율	*20*				$20 \times fs = 400$
고정제조간접원가 예산	*3,000*				$fs = 20$
					$Q - 100 = 50$
					$Q = 150$
					$Q \times fs = 3,000$

• 세무사/2022/문39

26 ㈜세무는 표준원가계산제도를 채택하고 있으며, 상호대체가능한 원재료 A와 B를 이용하여 제품을 생산한다. 원재료 투입량과 표준가격은 다음과 같다.

원재료	실제투입량	표준투입량	kg당 표준가격
A	150kg	120kg	₩30
B	150kg	180kg	₩20

재료원가차이분석에 관한 설명으로 옳은 것은? (단, 표준투입량은 실제생산량에 허용된 원재료 투입량을 의미하며, 원가차이의 유리(혹은 불리) 여부도 함께 판단할 것)

① 원재료 A와 B에서 발생한 수량차이(능률차이)는 총 ₩300 유리하다.

② 재료차이로 인해 재료원가가 예상보다 ₩600 더 발생한다.

③ 배합차이로 인해 원재료 A의 원가는 예상보다 ₩900 적게 발생한다.

④ 수율차이(순수수량차이)는 발생하지 않았다.

⑤ 원재료 A와 B의 실제투입량 합계가 300kg에서 400kg으로 증가하면 유리한 수율차이가 발생한다.

풀이과정

정답 ④

직접재료원가	실제			변동예산			표준배부액			
원가요소	A	B	합계	A	B	합계	A	B	합계	원가차이
구입가격				30	20		30	20		
투입수량	150	150	300	150	150	300	120	180	300	
직접재료원가			A	4,500	3,000	7,500	3,600	3,600	7,200	
총원가			A						7,200	A-7,200
가격차이			A			7,500				A-7,500
수량차이						7,500			7,200	*300* 불리
배합비율	50%	50%	300	50%	50%	300	40%	60%	300	

	실제배합비율			표준배합비율			표준배부액		
	A	B	합계	A	B	합계	A	B	합계
표준가격	30	20		30	20		30	20	
배합비율	50%	50%		40%	60%		40%	60%	
투입수량	150	150	300	120	180	300	120	180	300
원가	4,500	3,000	7,500	3,600	3,600	7,200	3,600	3,600	7,200

수량차이			7,500						7,200	300 불리
배합차이			7,500			7,200				300 불리
수율차이						_7,200_			_7,200_	_0_

지문 5번 설명:

	실제배합비율			표준배합비율			표준배부액		
	A	B	합계	A	B	합계	A	B	합계
가격	30	20		30	20		30	20	
배합비율				40%	60%		40%	60%	
투입수량				160	240	**_400_**	120	180	300
원가				4,800	4,800	**_9,600_**	3,600	3,600	7,200

수율차이						_9,600_			7,200	_2,400_ 불리

27 ㈜세무는 표준원가계산제도를 적용하고 있다. 20x1년 변동제조간접원가와 고정제조간접원가 예산은 각각 ₩540,000과 ₩625,000이다. 20x1년 기준조업도는 1,000직접노무시간이며, 실제직접노무시간은 900시간이다. 제조간접원가의 조업도차이가 ₩110,000(불리)이라면 제조간접원가의 능률차이는?

① ₩20,820(불리) ② ₩41,040(불리) ③ ₩62,680(불리)
④ ₩86,680(불리) ⑤ ₩95,040(불리)

풀이과정 정답 ②

20x1년	고정예산	실제원가	변동예산	표준배부액	원가차이
조업도	1,000	900		표준조업도	
변동제조간접원가	540,000				
고정제조간접원가	625,000		625,000		
변동제조간접원가 배부율	540		540	540	
고정제조간접원가 배부율	625			625	
총차이		실제원가		표준배부액	
예산차이		실제원가	변동예산		
조업도차이			변동예산	표준배부액	
고정제조간접원가 조업도차이	625,000		625,000	표준배부액	110,000	불리
고정제조간접원가 표준배부액				515,000	
표준허용조업도				824	
조업도		900	900	824	76
변동제조간접원가 표준배부율			540	540	540
변동제조간접원가 능률차이			**486,000**	**444,960**	**41,040**	**불리**

• 세무사/2024/문32

28 ㈜세무는 표준원가계산제도를 도입하고 있으며, 직접노무시간을 기준으로 제조간접원가를 배부하고 있다. 변동제조간접원가 고정예산은 ₩12,750,000, 고정제조간접원가 고정예산은 ₩17,100,000이고 기준조업도는 3,000직접노무시간이다. 당기에 실제 투입된 직접노무시간은 3,200시간이고 변동제조간접원가 능률차이가 ₩1,275,000 불리한 것으로 계산되었다면, 고정제조간접원가 조업도차이는?

① ₩425,000(유리)   ② ₩425,000(불리)   ③ ₩570,000(유리)

④ ₩570,000(불리)   ⑤ ₩1,140,000(불리)

풀이과정   정답 ④

원가요소	고정예산	실제원가	변동예산		표준배부액	원가차이
조업도	기준조업도	실제조업도	실제조업도	표준조업도	표준조업도	
	3,000	3,200	3,200			
변동제조간접원가	12,750,000		13,600,000			
고정제조간접원가	17,100,000		17,100,000	17,100,000		
변동제조간접원가 배부율	4,250		4,250	4,250	4,250	
고정제조간접원가 배부율	5,700				5,700	
제조간접원가 총액	29,850,000	A	30,700,000	B	C	

총차이	A			C	총차이
예산차이	A		B		A−B
조업도차이			B	C	B−C

총차이	A			C	총차이	
소비차이	A	30,700,000			A−30,700,000	
능률차이		30,700,000	29,425,000		1,275,000	불리
조업도차이			29,425,000	28,955,000	570,000	불리

고정제조간접원가 변동예산		17,100,000	17,100,000		
변동제조간접원가 변동예산		13,600,000	12,325,000		
변동제조간접원가 표준배부율			4,250	4,250	
표준허용노무시간			2,900	2,900	

조업도차이						
변동제조간접원가			12,325,000	12,325,000		
고정제조간접원가			17,100,000	16,530,000	570,000	**불리**
	3,000			2,900	100	불리

5. 공인회계사 기출문제 및 해설

• 회계사/2017/문49

29 단일의 제품을 생산·판매하고 있는 ㈜한국은 20x1년초에 영업을 개시하였으며, 표준원가계산제도를 채택하고 있다. 표준은 연초에 수립되어 향후 1년 동안 그대로 유지된다. ㈜한국은 활동기준원가계산을 이용하여 변동제조간접원가예산을 설정한다. 변동제조간접원가는 전부 기계작업준비활동으로 인해 발생하는 원가이며, 원가동인은 기계작업준비시간이다. 기계작업준비활동과 관련하여 20x1년초 설정한 연간 예산자료와 20x1년말 수집한 실제자료는 다음과 같다.

구분	예산자료	실제결과
생산량(단위수)	144,000단위	138,000단위
뱃치규모(뱃치당 단위수)	60단위	50단위
뱃치당 기계작업준비시간	5시간	4시간
기계작업준비시간당 변동제조간접원가	₩50	₩55

㈜한국의 20x1년도 변동제조간접원가에 대해서 옳은 설명은?

① 변동제조간접원가 고정예산은 ₩575,000이다.

② 투입량기준 변동제조간접원가예산은 ₩542,000이다.

③ 변동제조간접원가 소비차이는 ₩45,200이다.

④ 변동제조간접원가 능률차이는 ₩21,000 유리하다.

⑤ 변동제조간접원가 배부차이(총차이)는 ₩32,200 불리하다.

풀이과정　　　　　　　　　　　　　　　　　　　　　　　　　**정답** ⑤

변동제조간접원가	고정예산	실제결과	변동예산	표준배부액	원가차이	
생산량	144,000	138,000	138,000	138,000		
뱃치규모	60	50	50	60		
뱃치횟수	2,400	2,760	2,760	2,300		
뱃치당 준비시간	5	4	4	5		
	12,000	11,040	11,040	11,500		
원가율	50	55	50	50		
원가/예산	*600,000*	607,200	*552,000*	575,000		
총차이		*607,200*		*575,000*	*32,200*	**불리**
소비차이		607,200	552,000		55,200	불리
능률차이			552,000	575,000	23,000	유리

• 회계사/2018/문46

30 ㈜대한은 20x1년도 고정예산과 실제결과를 비교하기 위해 다음과 같은 손익계산서를 작성하였다.

구분	고정예산	실제결과
판매량	10,000단위	12,000단위
매출액	₩500,000	₩624,000
변동원가		
제조원가	₩250,000	₩360,000
판매관리비	50,000	84,000
공헌이익	₩200,000	₩180,000
고정원가		
제조원가	₩15,000	₩19,000
판매관리비	25,000	25,000
영업이익	₩160,000	₩136,000

㈜대한의 경영자는 20x1년도 실제 판매량이 고정예산 판매량보다 20% 증가하였으나, 영업이익은 오히려 15% 감소한 원인을 파악 하고자 한다. 다음 설명 중 **옳지 않은** 것은? (단, ㈜대한은 20x1년도에 12,000단위를 생산·판매할 수 있는 용량(capacity)을 확보하고 있다)

① 매출조업도차이(sales-volume variance)는 ₩40,000만큼 유리하다.

② 변동예산차이(flexible-budget variance)는 ₩84,000만큼 불리하다.

③ 매출가격차이(selling-price variance)는 ₩24,000만큼 유리하다.

④ 고정원가 소비차이(fixed overhead spending variance)는 ₩4,000만큼 불리하다.

⑤ 고정예산차이(static-budget variance)는 ₩24,000만큼 불리하다.

풀이과정　　　　　　　　　　　　　　　　　　　　　　　　　　　　　　**정답** ②

구분	고정예산		실제결과 변동예산	실제이익	이익차이	
판매량	10,000	단위당	12,000	12,000		
매출액	500,000	50	600,000	624,000		
변동원가	300,000	30	360,000	444,000		
공헌이익	200,000	20	240,000	180,000		
고정원가	40,000		40,000	44,000		
영업이익	160,000		200,000	136,000		
고정예산차이	160,000			136,000	24,000	불리
변동예산차이			*200,000*	*136,000*	*64,000*	*불리*
매출조업도차이	160,000		200,000		40,000	유리
매출가격차이			600,000	624,000	24,000	유리
변동원가차이			360,000	444,000	84,000	불리
고정원가차이			40,000	44,000	4,000	불리

31 ㈜대한은 표준원가계산제도를 채택하고 있으며, 20x1년도 생산 및 제조와 관련된 자료는 다음과 같다.

직접재료 구매량	3,100kg
직접재료 실제사용량	2,900kg
직접재료 단위당 표준사용량	3kg
직접재료 단위당 표준가격	₩50/kg
직접재료 단위당 실제가격	₩60/kg
예상(기준)생산량	800개
실제생산량	1,000개
제조간접원가예산액(Y)	Y = ₩700,000 + ₩500 × 기계시간
제품단위당 표준기계시간	7시간
실제총기계시간	8,000시간
기계시간당 실제변동제조간접원가	₩470/기계시간
실제고정제조간접원가	₩820,000

㈜대한의 20x1년도 직접재료원가 가격차이(구매량기준), 직접재료원가 수량차이, 변동제조간접원가 소비차이, 변동제조간접원가 능률차이, 고정제조간접원가 조업도차이 중 **옳지 않은** 것은?

① 직접재료원가 가격차이(구매량기준): ₩31,000(불리한 차이)

② 직접재료원가 수량차이: ₩5,000(유리한 차이)

③ 변동제조간접원가 소비차이: ₩240,000(유리한 차이)

④ 변동제조간접원가 능률차이: ₩500,000(불리한 차이)

⑤ 고정제조간접원가 조업도차이: ₩120,000(불리한 차이)

풀이과정   **정답** ⑤

원가요소 직접재료원가	고정예산	실제조업도 실제원가	실제조업도 변동예산	표준조업도 변동예산	표준조업도 표준배부액	원가차이
생산량				1,000	1,000	
구입(투입)수량		3,100	3,100			
단위당 구입가격		60	50	50	50	
원가		186,000	155,000			
직접재료 구입가격차이		186,000	155,000			*31,000* 불리
단위당 투입수량				3	3	
투입수량			2,900	3,000	3,000	
원가			145,000	150,000	150,000	
수량차이(능률차이, 사용차이)			145,000	150,000		*5,000* 유리

원가요소		실제조업도		표준조업도		
제조간접원가	고정예산	실제원가	변동예산	변동예산	표준배부액	원가차이
생산량	800	1,000	1,000	1,000	1,000	
단위당 기계시간	7			7	7	
총기계시간	5,600	8,000	8,000	7,000	7,000	
변동제조간접원가	2,800,000	3,760,000	4,000,000	3,500,000	3,500,000	
고정제조간접원가	700,000	820,000	700,000	700,000	875,000	
변동제조간접원가 배부율	500	470	500	500	500	
고정제조간접원가 배부율	125				125	
제조간접원가	3,500,000	4,580,000	4,700,000	4,200,000	4,375,000	

제조간접원가 총차이		4,580,000			4,375,000	205,000	불리
2분법:							
통제가능차이(변동예산차이)		4,580,000		4,200,000		380,000	불리
통제불가능차이(고정제조간접원가 조업도차이)				*4,200,000*	*4,375,000*	*175,000*	*유리*
	700,000			*700,000*	*875,000*	*175,000*	
3분법:							
소비차이(지출차이)		4,580,000	4,700,000			(120,000)	유리
능률차이(사용차이, 수량차이)			4,700,000	4,200,000		500,000	불리
고정제조간접원가 조업도차이				*700,000*	*875,000*	*175,000*	*유리*
4분법:							
변동제조간접원가 소비차이		3,760,000	4,000,000			(240,000)	유리
고정제조간접원가 소비차이		820,000	700,000			120,000	불리
능률차이(사용차이, 수량차이)			4,700,000	4,200,000		500,000	불리
고정제조간접원가 조업도차이				*700,000*	*875,000*	*175,000*	*유리*

32 ㈜대한은 표준원가계산을 적용하고 있다. 20x1년 1월과 2월에 실제로 생산된 제품 수량과 차이분석 자료는 다음과 같다.

월	실제 생산된 제품 수량	고정제조간접원가 소비차이(예산차이)	고정제조간접원가 조업도차이
1월	1,500단위	₩500 불리	₩1,000 불리
2월	2,000단위	₩500 유리	₩500 유리

㈜대한이 20x1년 1월과 2월에 동일한 표준배부율을 적용하고 있다면, 제품 1단위당 고정제조간접원가 표준배부율은 얼마인가? (단, 고정제조간접원가의 배부기준은 제품 생산량이다)

① ₩3 ② ₩4 ③ ₩5 ④ ₩6 ⑤ ₩7

풀이과정

정답 ①

1월

원가요소	고정예산	실제조업도 실제원가	실제조업도 변동예산	표준조업도 변동예산	표준조업도 표준배부액	원가차이	
조업도	기준조업도	1,500	1,500	1,500	1,500		
고정제조간접원가배부율	f				f		
고정제조간접원가	F		F	F	1,500×f		
조업도차이	1,500×f+1,000				1,500×f	1,000	불리

2월

	고정예산	실제조업도 실제원가	실제조업도 변동예산	표준조업도 변동예산	표준조업도 표준배부액	원가차이	
조업도	기준조업도	2,000	2,000	2,000	2,000		
고정제조간접원가배부율	f				f		
고정제조간접원가	F		F	F	2,000×f		
조업도차이	*2,000×f-500*				*2,000×f*	*500*	*유리*

$$1,500 \times f + 1,000 = 2,000 \times f - 500$$
$$500 \times f = 1,500$$
$$f = 3$$

1월

원가요소	고정예산	실제조업도		표준조업도			
		실제원가	변동예산	변동예산	표준배부액		
조업도	기준조업도	1,500	1,500	1,500	1,500		
고정제조간접원가배부율	3				3		
고정제조간접원가	F		F	F	4,500		
조업도차이	5,500				4,500	1,000	불리
소비차이		6,000	5,500			500	불리

2월

	고정예산	실제원가	변동예산	변동예산	표준배부액		
조업도	기준조업도	2,000	2,000	2,000	2,000		
고정제조간접원가배부율	3				3		
고정제조간접원가	F		F	F	6,000		
조업도차이	5,500				6,000	500	유리
소비차이		5,000	5,500			500	유리

33 ㈜대한은 단일제품을 생산 및 판매하고 있다. ㈜대한은 20x3년 초에 영업을 개시하였으며, 표준원가계산제도를 채택하고 있다. 표준은 연초에 수립되어 향후 1년 동안 그대로 유지된다. ㈜대한은 활동기준원가계산을 이용하여 변동제조간접원가예산을 설정한다. 변동제조간접원가는 전부 기계작업준비활동으로 인해 발생하는 원가이며, 원가동인은 기계작업준비시간이다. 기계작업준비활동과 관련하여 20x3년 초 설정한 연간 예산자료와 20x3년 말 수집한 실제결과는 다음과 같다.

구분	예산자료	실제결과
생산량(단위수)	600,000단위	500,000단위
뱃치규모(뱃치당 단위수)	250단위	400단위
뱃치당 기계작업준비시간	4시간	6시간
기계작업준비시간당 변동제조간접원가	₩?	₩55

㈜대한의 20x3년도 변동제조간접원가 소비차이가 ₩37,500(불리)일 경우, 변동제조간접원가 능률차이는 얼마인가?

① ₩12,500(불리) ② ₩12,500(유리) ③ ₩25,000(불리)
④ ₩25,000(유리) ⑤ ₩0(차이 없음)

풀이과정

정답 ④

	고정예산	실제원가	변동예산	표준원가	원가차이
생산량	600,000	500,000	500,000	500,000	
뱃치규모	250	400	400	250	
뱃치 수	2,400	1,250	1,250	2,000	
뱃치당 기계시간	4	6	6	4	
기계시간	9,600	7,500	7,500	8,000	
기계시간당 변동제조간접원가	SP	55.00	SP	SP	
변동제조간접원가		412,500		표준배부액	
변동제조간접원가 총차이		412,500		표준배부액	총차이
소비차이		412,500			37,500 불리
변동제조간접원가			375,000		
기계시간당 변동제조간접원가			50.00	50.00	
변동제조간접원가				400,000	
능률차이			*375,000*	*400,000*	*25,000* 유리

● 회계사/2024/문45

34 표준원가계산제도를 사용하고 있는 ㈜대한은 직접노무시간을 기준으로 제조간접원가를 배부하며, 20x1년도 표준 및 예산수립에 관한 자료는 다음과 같다.

> · 제품 단위당 표준직접노무시간은 2시간이며, 표준임률은 시간당 ₩2,000이다.
> · 제조간접원가예산액 = ₩60,000 + ₩1,200 × 표준직접노무시간
> · 고정제조간접원가 배부를 위한 연간 기준조업도는 제품생산량 300단위이다.

한편, 20x1년 말에 원가차이를 분석한 결과는 다음과 같다.

> · 변동제조간접원가 능률차이: ₩12,000 불리
> · 고정제조간접원가 조업도차이: ₩4,000 유리

직접노무원가 능률차이는 얼마인가?

① ₩20,000 유리   ② ₩20,000 불리   ③ 차이 없음

④ ₩30,000 유리   ⑤ ₩30,000 불리

풀이과정   정답 ②

	고정예산	실제원가	변동예산 실제조업도	표준조업도	표준배부액	원가차이
생산량	300					
단위당 노무시간	2					
직접노무시간 예산	600					
고정제조간접원가	60,000		60,000	60,000		
시간당 고정제조간접원가	100				100	
시간당 변동제조간접원가	1,200					
제조간접원가 총차이		실제원가			표준배부액	총차이
제조간접원가 예산차이		실제원가		변동예산		예산차이
고정제조간접원가 조업도차이				60,000	64,000	4,000 유리
표준허용노무시간					640	
단위당 표준노무시간					2	
예산(실제)생산량	300				320	20
조업도/노무시간				640		
시간당 변동제조간접원가			1,200	1,200		
변동제조간접원가 능률차이			780,000	768,000		12,000 불리
실제 노무시간			650			
직접노무시간 능률차이(시간)			650	640		10 불리
시간당 표준임률					2,000	
직접노무원가 능률차이(원가)						*20,000* **불리**

종합예산과 투자의사결정

1. 주요개념

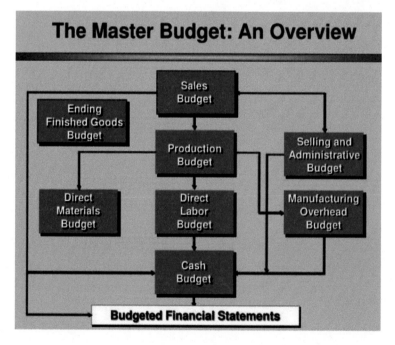

What is capital budgeting?

- Analysis of potential additions to fixed assets.
- Long-term decisions; involve large expenditures.
- Very important to firm's future.

Capital budgeting

(Summary of formula and structure)

- ❑ **Net present value (NPV)**
- ❑ **Internal rate of return (IRR)**
- ❑ **Payback period (PBP)**
- ❑ **Discounted payback period (DPBP)**
- ❑ **Profitability index (PI)**

Typical Cash Outflows

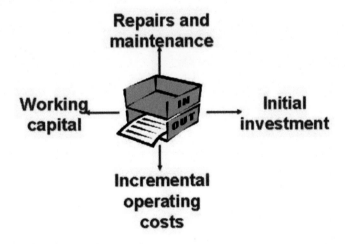

2. 관세사 기출문제 및 해설

• 관세사/2017/문76

01 20x1년 1월 초에 1분기 현금예산을 편성 중인 ㈜관세의 월별 매출예상액은 다음과 같다.

구분	1월	2월	3월
매출예상액	₩600,000	₩450,000	₩900,000
매출총이익률		30%	

매출액 중 40%는 판매한 달에, 55%는 판매한 다음 달에 현금으로 회수되며, 5%는 대손으로 예상된다. 상품매입대금은 매입한 다음 달에 전액 현금으로 지급한다. 1월 초 상품재고액은 ₩60,000이고 매월 말 상품재고액은 다음 달 매출원가의 10%로 유지한다. 2월 한 달간 예상되는 현금유입액과 현금유출액의 차이는?

① ₩112,500 ② ₩118,500 ③ ₩121,200
④ ₩126,300 ⑤ ₩132,300

풀이과정 현금예산 **정답** ②

	1월	2월	3월
판매예산	600,000	*450,000*	900,000
매출총이익률	30%	30%	30%
매출원가	420,000	315,000	630,000
기말상품재고	31,500	63,000	
판매가능상품	451,500	378,000	
기초상품재고	60,000	31,500	
상품매입예산	391,500	346,500	
매출회수액			
1월	240,000	330,000	
2월		180,000	247,500
3월			360,000
상품매입유출액		*391,500*	346,500
순현금유입액	*240,000*	*118,500*	*261,000*

● 관세사/2018/문78

02 ㈜관세는 20x1년의 분기별 현금예산을 편성 중이며, 관련 매출 자료는 다음과 같다.

구분	1분기	2분기	3분기	4분기
예상 매출액	₩250,000	₩300,000	₩200,000	₩275,000

분기별 예상 매출액 중 현금매출은 40%이며, 외상매출은 60%이다. 외상매출은 판매된 분기(첫 번째 분기)에 60%, 두 번째 분기에 30%, 세 번째 분기에 10%가 현금으로 회수된다. 20x1년 매출과 관련하여 3분기에 예상되는 현금유입액은?

① ₩152,000 ② ₩206,000 ③ ₩218,000

④ ₩221,000 ⑤ ₩267,000

풀이과정 현금예산 **정답** ④

	1분기	2분기	3분기	4분기	계
판매예산	250,000	300,000	200,000	275,000	1,025,000
현금매출	100,000	120,000	80,000	110,000	410,000
외상매출	150,000	180,000	120,000	165,000	615,000
현금매출	100,000	120,000	80,000	110,000	410,000
외상매출회수액					
1분기	60,000	45,000	15,000		120,000
2분기		108,000	54,000	18,000	180,000
3분기			72,000	36,000	108,000
4분기				99,000	99,000
계	*160,000*	*273,000*	*221,000*	*263,000*	*917,000*

• 관세사/2019/문79

03 다음은 제품 A를 생산·판매하는 ㈜관세의 20x1년 분기별 판매계획이다.

구분	1분기	2분기	3분기	4분기
예상판매수량	1,000단위	1,000단위	1,200단위	1,300단위
분기 말 예상재고수량	400단위	480단위	520단위	450단위

㈜관세의 20x1년 제품 A의 기초재고수량이 300단위라면, 20x1년 제품 A의 연간 예상 생산수량은?

① 4,350단위　　　　② 4,550단위　　　　③ 4,650단위

④ 4,700단위　　　　⑤ 4,750단위

풀이과정　　　　　　　　　　　　　　　　　　　　　　　　**정답** ③

	1분기	2분기	3분기	4분기	계
판매예산	1,000	1,000	1,200	1,300	4,500
기말제품재고	400	480	520	450	1,850
판매가능제품	1,400	1,480	1,720	1,750	6,350
기초제품재고	300	400	480	520	1,700
생산예산	*1,100*	*1,080*	*1,240*	*1,230*	*4,650*

• 관세사/2020/문74

04 ㈜관세의 20X1년 분기별 예산자료 일부이다.

구분	1분기	2분기	3분기
목표판매량	550단위	650단위	600단위
분기말 목표재료재고	120g	100g	110g

제품은 단일 공정을 통해 생산되며, 재료는 공정 초에 전량 투입된다. 제품 1단위를 생산하기 위하여 재료 2g이 투입된다. 1분기 말 재공품 수량은 40단위(완성도 30%)이다. 다음 분기 목표판매량의 10%를 제품재고로 보유한다. 선입선출법을 적용할 때 2분기의 재료구입량은? (단, 공손과 감손은 발생하지 않는다)

① 1,150g   ② 1,190g   ③ 1,210g

④ 1,270g   ⑤ 1,330g

풀이과정 재료구입예산   **정답** ④

구분	1분기	2분기	3분기
판매예산	550	650	600
기말제품재고	65	60	
판매가능제품재고	615	710	
기초제품재고	55	65	
생산예산	560	645	
직접재료사용예산	1,120	1,290	
분기말 목표재료재고	120	100	110
사용가능재료예산	1,240	1,390	110
분기초 재료재고		120	100
재료매입예산		*1,270*	

05 ㈜관세의 20x1년도의 2분기 직접재료예산 관련 자료이다. 5월의 직접재료구입예산은? (단, 매월 말 재공품 재고는 무시한다)

· 제품 예상생산량은 4월 1,000단위, 5월 1,200단위, 6월 1,500단위이다.
· 월말 직접재료의 목표재고량은 다음 달 생산량에 필요한 직접재료량의 5%이다.
· 제품 1단위로 생산하는데 직접재료 2kg이 투입되며, 직접재료의 구입단가는 kg당 ₩10이다.

① ₩22,800   ② ₩23,700   ③ ₩24,300
④ ₩25,200   ⑤ ₩25,500

풀이과정   **정답** ③

구분	4월	5월	6월
판매예산			
생산예산	1,000	1,200	1,500
직접재료 사용예산	2,000	2,400	3,000
월말 직접재료예산	120	150	
사용가능 직접재료 예산	2,120	2,550	
월초 직접재료 예산	100	120	
직접재료 구입수량 예산	2,020	2,430	
직접재료 구입단가	10	10	
직접재료 구입예산	*20,200*	*24,300*	

• 관세사/2023/문77

06 상품매매기업인 ㈜관세는 20X1년도 1월과 2월의 매출액을 다음과 같이 예상하고 있다.

구분	1월	2월
예상매출액	₩120,000	₩150,000

㈜관세의 전기 말 재무상태표에 표시된 상품재고액은 ₩25,500, 매입채무는 ₩34,000 이었다. ㈜관세는 상품원가의 120%로 판매가격을 책정하며, 월말재고는 다음 달 매출원가의 30%를 보유한다. 매월 구입한 상품의 70%는 현금매입이고, 나머지 30%는 외상매입이다. 외상매입 대금은 구입한 달의 다음 달에 전부 지급한다. ㈜관세가 상품매입과 관련하여 20X1년도 1월에 지급할 금액은? (단, 매입에누리, 매입환출, 매입할인은 발생하지 않는다.)

① ₩110,000 ② ₩110,200 ③ ₩112,000

④ ₩112,400 ⑤ ₩113,400

풀이과정   **정답** ④

구분		1월	2월
판매예산		120,000	150,000
매출원가 예산		100,000	125,000
월말 재고예산		37,500	
판매가능 상품예산		137,500	
월초 상품예산		25,500	
상품 매입 예산		112,000	

현금예산				
현금매입		78,400	*(78,400)*	
매입채무	12월	34,000	*(34,000)*	
	1월	33,600		(33,600)
현금지출예산			*(112,400)*	(33,600)

• 관세사/2024/문77

07 ㈜관세는 단위당 2kg의 재료를 사용하여 제품 A를 생산한다. 재료의 kg당 가격은 ₩3이며, 다음 분기 목표재료사용량의 20%를 분기말 재고로 유지한다. 20x1년 제품 A의 1분기와 2분기 생산량이 각각 3,000단위와 5,000단위일 때 1분기 재료구입예산 액은?

① ₩14,400   ② ₩18,000   ③ ₩20,400   ④ ₩24,000   ⑤ ₩27,600

풀이과정   정답 ③

구분	1분기	2분기
판매예산		
생산예산	3,000	5,000
단위당 재료사용량	2	2
재료 사용예산	6,000	10,000
분기말 재료재고 예산	2,000	
분기별 사용가능 재료 예산	8,000	
분기초 재료재고예산	1,200	2,000
분기별 재료구입에산(수량)	6,800	
Kg당 구입가격	3	
분기별 재료구입에산(금액)	*20,400*	

3. 감정평가사 기출문제 및 해설

• 감정평가사/2015/문78

08 ㈜감평은 향후 6개월의 월별 매출액을 다음과 같이 추정하였다.

월	매출액
1월	₩350,000
2월	300,000
3월	320,000
4월	400,000
5월	450,000
6월	470,000

㈜감평의 모든 매출은 외상거래이다. 외상매출 중 70%는 판매한 달에, 25%는 판매한 다음 달에 현금회수될 것으로 예상되고, 나머지 5%는 회수가 불가능할 것으로 예상된다. ㈜감평은 당월 매출액 중 당월에 현금회수된 부분에 대해 2%를 할인해주는 방침을 가지고 있다. ㈜감평이 예상하는 4월의 현금유입액은?

① ₩294,400   ② ₩300,400   ③ ₩354,400

④ ₩380,400   ⑤ ₩406,400

풀이과정 현금예산   **정답** ③

구분		1월	2월	3월	4월	5월	6월
매출액 예산		350,000	300,000	320,000	400,000	450,000	470,000
현금유입예산							
매출채권							
1월	350,000	245,000	87,500				
		−4,900					
2월	300,000		210,000	75,000			
			−4,200				
3월	320,000			224,000	80,000		
				−4,480			
4월	400,000				280,000	100,000	
					−5,600		
5월	450,000					315,000	112,500
						−6,300	
6월	470,000						329,000
							−6,580
현금유입액		240,100	293,300	294,520	354,400	408,700	434,920

09 ㈜감평은 매입원가의 130%로 매출액을 책정한다. 모든 매입은 외상거래이다. 외상 매입액 중 30%는 구매한 달에, 70%는 구매한 달의 다음 달에 현금으로 지급된다. ㈜감평은 매월 말에 다음 달 예상 판매량의 25%를 안전재고로 보유한다. 20x1년도 예산자료 중 4월, 5월, 6월의 예상 매출액은 다음과 같다.

구분	4월	5월	6월
예상 매출액	₩1,300,000	₩3,900,000	₩2,600,000

20x1년 5월에 매입대금 지급으로 인한 예상 현금지출액은? (단, 4월, 5월, 6월의 판매 단가 및 매입단가는 불변)

① ₩1,750,000
② ₩1,875,000
③ ₩2,050,000
④ ₩2,255,000
⑤ ₩2,500,000

풀이과정

정답 ②

구분		4월	5월	6월
매출액 예산		1,300,000	3,900,000	2,600,000
매출원가 예산		1,000,000	3,000,000	2,000,000
기말재고 예산		750,000	500,000	
판매가능상품		1,750,000	3,500,000	
기초재고 예산		250,000	750,000	
매입예산		1,500,000	2,750,000	

현금지출예산				
4월 매입	1,500,000	450,000	1,050,000	
5월 매입	2,750,000		825,000	1,925,000
현금지출예산			**1,875,000**	

• 감정평가사/2019/문80

10 20x1년 초 영업을 개시한 상품매매기업인 ㈜감평의 20x1년 1분기 월별 매출액 예산은 다음과 같다.

구분	1월	2월	3월
매출액	₩2,220,000	₩2,520,000	₩2,820,000

㈜감평은 매출원가의 20%를 이익으로 가산하여 상품을 판매하고, 월말재고로 그 다음 달 매출원가의 40%를 보유하는 재고정책을 실시하고 있다. ㈜감평의 매월 상품매입 중 50%는 현금매입이고, 50%는 외상매입이다. 외상매입대금 중 80%는 매입한 달의 1개월 후에, 20%는 매입한 달의 2개월 후에 지급된다. 상품매입과 관련하여 ㈜감평의 20x1년 2월 예상되는 현금지출액은? (단, 매입에누리, 매입환출, 매입할인 등은 발생하지 않는다)

① ₩1,076,000 ② ₩1,100,000 ③ ₩1,345,000
④ ₩2,176,000 ⑤ ₩2,445,000

풀이과정 현금예산　　　　　　　　　　　　　　　　　　　　　**정답** ④

1. 상품매입예산

	1월	2월	3월
매출액 예산	2,220,000	2,520,000	2,820,000
원가이익률	20%	20%	20%
매출원가 예산	1,850,000	2,100,000	2,350,000
기말재고예산	840,000	940,000	
판매가능상품	2,690,000	3,040,000	
기초재고	0	840,000	940,000
당기매입예산	2,690,000	2,200,000	

2. 현금지출예산

	1월	2월	3월
현금매입	1,345,000	1,100,000	
1월 매입채무		1,076,000	269,000
2월 매입채무			880,000
계	*1,345,000*	*2,176,000*	*1,149,000*

• 감정평가사/2020/문78

11 ㈜감평의 20X1년 4월 초 현금잔액은 ₩450,000이며, 3월과 4월의 매입과 매출은 다음과 같다.

구분	매입액	매출액
3월	₩600,000	₩800,000
4월	500,000	700,000

매출은 모두 외상으로 이루어지며, 매출채권은 판매한 달에 80%, 그 다음 달에 20%가 현금으로 회수된다. 모든 매입 역시 외상으로 이루어지고, 매입채무는 매입액의 60%를 구입한 달에, 나머지 40%는 그 다음 달에 현금으로 지급한다. ㈜감평은 모든 비용을 발생하는 즉시 현금으로 지급하고 있으며, 4월 중에 급여 ₩20,000, 임차료 ₩10,000, 감가상각비 ₩15,000이 발생하였다. ㈜감평의 4월 말 현금잔액은?

① ₩540,000   ② ₩585,000   ③ ₩600,000

④ ₩630,000   ⑤ ₩720,000

풀이과정 현금예산   **정답** ③

구 분	3월	4월
매출액예산	800,000	700,000
매입예산	600,000	500,000
현금예산		
기초잔액		450,000
매출채권회수액		
3월 매출채권	640,000	160,000
4월 매출채권		560,000
매입채무 지급액		
3월 매입채무	360,000	240,000
4월 매입채무		300,000
급여지급액		20,000
임차료		10,000
감가상각비		0
기말잔액		***600,000***

• 감정평가사/2022/문77

12 다음은 ㈜감평의 20x1년 상반기의 종합예산을 작성하기 위한 자료의 일부이다. 4월의 원재료 구입예산액은?

- 예산판매량
  - 3월: 2,000단위   4월: 2,500단위   5월: 2,400단위   6월: 2,700단위

- 재고정책
  - 제품: 다음 달 예산판매량의 10%를 월말재고로 보유한다
  - 원재료: 다음 달 생산량에 소요되는 원재료의 5%를 월말재고로 보유한다.

- 제품 1단위를 생산하는데 원재료 2kg이 투입되며, kg당 구입단가는 ₩10이다.

---

① ₩49,740   ② ₩49,800   ③ ₩49,860

④ ₩52,230   ⑤ ₩52,290

풀이과정   정답 ①

구분	3월	4월	5월	6월
판매예산	2,000	2,500	2,400	2,700
월말제품재고예산	250	240	270	
판매가능제품예산	2,250	2,740	2,670	
월초제품재고예산	200	250	240	
제조예산	2,050	2,490	2,430	
원재료사용예산	4,100	4,980	4,860	
기말원재료재고예산	249	243	0	
사용가능원재료예산	4,349	5,223		
월초원재료재고예산	205	249		
원재료구입예산(수량)	4,144	4,974		
kg당 구입단가	10	10		
원재료구입예산	41,440	*49,740*		

• 감정평가사/2024/문79

13 ㈜감평의 20x1년 말 재무상태표 매출채권 잔액은 ₩35,000이며, 이 중 ₩5,000은 11월 판매분이다. 매출채권은 판매한 달에 60%, 그 다음 달에 30%, 그 다음 다음 달에 10%가 회수되며, 판매한 달에 회수한 매출채권에 대해 5%를 할인해준다. 20x2년 1월 판매예산이 ₩100,000일 때, 1월 말의 예상 현금유입액은? (단, 매출은 전액 신용매출로 이루어진다.)

① ₩27,500 ② ₩52,000 ③ ₩62,500 ④ ₩79,500 ⑤ ₩84,500

풀이과정   정답 ⑤

1. 판매예산

	매출	11월	12월	1월	2월
			매출채권		
11월	50,000		5,000		
12월	75,000		30,000		
1월	100,000				
			35,000		

2. 현금예산

	매출	11월	12월	1월	2월	3월
				현금		
11월	50,000	28,500	25,000	5,000		
12월	75,000		42,750	22,500	7,500	
1월	100,000			57,000	30,000	10,000
			67,750	84,500	37,500	10,000

4. 세무사 기출문제 및 해설

• 세무사/2015/문32

14 ㈜국세의 월별 상품 매출액 예산은 다음과 같다.

월	매출액 예산
1월	₩5,000
2월	10,000
3월	20,000
4월	40,000

매출액에 대한 매출원가의 비율은 80%이고, 월말재고는 다음 달 예상 매출원가의 20%이다. 3월에 예상되는 상품 매입액은?

① ₩12,000   ② ₩16,000   ③ ₩18,400

④ ₩19,200   ⑤ ₩20,800

풀이과정   **정답** ④

구분	1월	2월	3월	4월
매출액	5,000	10,000	20,000	40,000
매출원가	4,000	8,000	16,000	32,000
월말재고	1,600	3,200	6,400	
판매가능제품	5,600	11,200	22,400	
월초재고	800	1,600	3,200	6,400
당월매입	4,800	9,600	*19,200*	

• 세무사/2015/문38

15 ㈜국세는 올해 초에 신제품 생산을 위한 전용기계 도입여부를 순현재가치법으로 결정하려고 한다. 신제품의 판매가격은 단위당 ₩500이며, 생산 및 판매와 관련된 단위당 변동비는 ₩300, 그리고 현금유출을 수반하는 고정비를 매년 ₩600,000으로 예상한다. 전용기계의 구입가격은 ₩1,000,000이고, 정액법으로 감가상각한다(내용연수 5년, 잔존가치 없음). 할인율은 10%이며 법인세율이 40%이고, 매출액, 변동비, 현금유출 고정비, 법인세는 전액 해당년도 말에 현금으로 회수 및 지급된다. 전용기계 도입이 유리하기 위해서는 신제품을 매년 최소 몇 단위를 생산 판매해야 하는가? (단, 10%, 5년의 단일금액의 현가계수는 0.621이고, 정상연금의 현가계수는 3.791이다)

① 4,198단위   ② 4,532단위   ③ 5,198단위

④ 5,532단위   ⑤ 6,652단위

풀이과정   **정답** ②

	현금흐름					
	0	1	2	3	4	5
		세전	세금	세후		
판매가격		500	200	300		
변동원가		300	120	180		
공헌이익		200	80	120		
현금고정비		600,000	240,000	360,000		
감가상각비		200,000	80,000	80,000		
고정현금유출				280,000		
현금 유출	1,600,000					
현금유입액						
공헌이익		120	120	120	120	120
고정원가		280,000	280,000	280,000	280,000	280,000
현재가치						
구입원가	1,000,000					
고정현금원가	1,061,480	(=280,000×3.791)				
계	2,061,480					
단위당 공헌이익	455	(=120×3.791)				
최소 판매량	*4,532*					

• 세무사/2016/문29

16 ㈜세무는 단일 제품 A를 생산하는데 연간 최대생산능력은 70,000단위이며, 20x1년에 제품 A를 45,000단위 판매할 계획이다. 원재료는 공정 초에 전량 투입(제품 A 1단위 생산에 4kg 투입)되며, 제조과정에서 공손과 감손 등으로 인한 물량 손실은 발생하지 않는다. 20x1년 초 실제재고와 20x1년 말 목표재고는 다음과 같다.

	20x1년 초	20x1년 말
원재료	4,000kg	5,000kg
재공품	1,500단위(완성도 60%)	1,800단위(완성도 30%)
제 품	1,200단위	1,400단위

재공품 계산에 선입선출법을 적용할 경우, ㈜세무가 20x1년에 구입해야 하는 원재료(kg)는?

① 180,000kg   ② 182,000kg   ③ 183,000kg

④ 184,000kg   ⑤ 184,000kg

풀이과정   정답 ③

구분	판매예산	제품	재공품	원재료
판매예산	45,000	45,000		
기말 제품재고		1,400		
판매가능제품		46,400		
기초제품재고		1,200		
생산예산		45,200	45,200	
기말재공품			1,800	
재공품합계			47,000	
기초재공품			1,500	
당기착수량			45,500	182,000 (=45,000×4)
기말원재료				5,000
사용가능원재료				187,000
기초원재료				4,000
매입원재료				*183,000*

• 세무사/2017/문39

17 ㈜세무의 외상매출대금은 판매 당월(첫째 달)에 60%, 둘째 달에 35%, 셋째 달에 5% 회수된다. 20x1년 12월 31일 재무상태표의 매출채권 잔액은 ₩70,000이며, 이 중 ₩60,000은 20x1년 12월 판매분이고, ₩10,000은 20x1년 11월 판매분이다. 20x2년 1월에 현금매출 ₩80,000과 외상매출 ₩350,000이 예상될 때, 매출과 관련된 20x2년 1월의 현금유입액과 1월말 매출채권 잔액은?

	현금유입액	매출채권 잔액		현금유입액	매출채권 잔액
①	₩335,000	₩145,000	②	₩335,000	₩145,000
③	₩345,000	₩147,500	④	₩352,500	₩145,000
⑤	₩352,500	₩147,500			

풀이과정   **정답** ⑤

		현금매출/매출채권				현금회수			1월말
월	구분	잔액	발생월	총액	11월	12월	1월	2월	매출채권
12월	외상매출	10,000	11월	200,000	120,000	70,000	10,000		0
	외상매출	60,000	12월	150,000		90,000	52,500	7,500	7,500
		70,000							
1월	현금매출			80,000			80,000		
	외상매출			350,000			210,000	122,500	140,000
				780,000		160,000	*352,500*		*147,500*

• 세무사/2020/문38

18 다음은 ㈜세무의 20x1년도 2/4분기 판매량 예산이다. 월말 제품재고는 다음 달 판매량의 10%를 보유하는 정책을 유지하고 있으며, 제품 단위당 직접노무시간은 4월 3시간, 5월 3시간, 6월 4시간 소요될 것으로 예상하고 있다. 시간당 임금이 4월에 ₩50, 5월부터 매월 ₩5씩 상승한다고 할 때, 6월의 직접노무원가예산은?

4월: 3,000단위	5월: 4,000단위	6월: 4,000단위

① ₩780,000   ② ₩960,000   ③ ₩984,000

④ ₩1,080,000   ⑤ ₩1,200,000

풀이과정   정답 ③

1. 판매예산	4월	5월	6월	7월
	3,000	4,000	4,000	5,000

2. 제조예산	4월	5월	6월	7월
판매량	3,000	4,000	4,000	5,000
기말재고	400	400	500	
판매가능제품	3,400	4,400	4,500	
기초재고	300	400	400	
당기생산	3,100	4,000	4,100	

3. 직접노무원가예산	4월	5월	6월	7월
당기생산량	3,100	4,000	4,100	
단위당 노무시간	3	3	4	
총노무시간	9,300	12,000	16,400	
시간당 임률	50	55	60	
직접노무원가예산	*465,000*	*660,000*	*984,000*	

• 세무사/2021/문35

19 ㈜세무는 온라인 교육을 확대하기 위해 새로운 온라인 강의설비를 ₩280,000에 구입할 것을 검토하고 있다. 이 설비는 향후 5년에 걸쳐서 강사료, 시설관리비 등에서 ₩330,000의 현금절감효과를 가진다. 현금절감액은 연중 균일하게 발생하지만, 연도별 현금흐름은 다음과 같이 균일하지 않다. 이러한 상황에서 설비투자에 대한 회수기간은?

연도	1	2	3	4	5
현금절감액	₩100,000	₩80,000	₩60,000	₩50,000	₩40,000

① 3.2년 ② 3.4년 ③ 3.5년 ④ 3.6년 ⑤ 3.8년

풀이과정 정답 ⑤

	투자기간						누적
	0	1	2	3	4	5	
현금흐름							
현금유출	(280,000)						(280,000)
현금유입		100,000	80,000	60,000	50,000	40,000	330,000
누적현금흐름	(280,000)	(180,000)	(100,000)	(40,000)	10,000	50,000	50,000

3 + 0.80

• 세무사/2021/문36

20 손세정제를 제조하는 ㈜세무의 20x1년도 직접재료예산과 관련된 자료는 다음과 같다. 이를 바탕으로 구한 2분기의 직접재료구매예산액은?

	1분기	2분기	3분기	4분기
· 판매예산에 따른 각 분기별 제품판매량				
	1,000통	3,000통	5,000통	2,000통

· 각 분기별 기말목표 제품재고량은 다음 분기 판매량의 20%로 한다.
· 각 분기별 기말목표 재료재고량은 다음 분기 제품생산량에 필요한 재료량의 10%로 한다.
· 손세정제 1통을 만드는데 20kg의 재료가 필요하다.
· 재료의 구입단가는 kg당 ₩2이다.

① ₩106,000   ② ₩124,000   ③ ₩140,000
④ ₩152,000   ⑤ ₩156,000

풀이과정   **정답** ③

	1분기	2분기	3분기	4분기
판매예산	1,000	3,000	5,000	2,000
기말제품재고예산	600	1,000	400	
판매가능제품예산	1,600	4,000	5,400	
기초제품재고예산	200	600	1,000	
생산예산	1,400	3,400	4,400	
직접재료예산	28,000	68,000	88,000	
기말재료예산	6,800	8,800		
사용가능재료예산	34,800	76,800		
기초재료예산		6,800		
직접재료구매예산(kg)		70,000		
직접재료구매예산(금액)		**140,000**		

21 ㈜세무는 상품매매업을 영위하고 있으며, 20x2년 1분기의 매출액 예산은 다음과 같다.

구분	1월	2월	3월
매출액	₩100,000	₩120,000	₩150,000
매출원가율	80%	75%	70%

㈜세무의 20x1년 말 재무상태표에 표시된 상품재고는 ₩10,000이고, 매입채무는 ₩42,400이다. ㈜세무는 20x2년에 매월 기말재고로 다음 달 예상 매출원가의 10%를 보유한다. 매월 상품매입은 현금매입 40%와 외상매입 60%로 구성되며, 외상매입 대금은 그 다음 달에 모두 지급한다. 상품매입으로 인한 2월의 현금지출예산은?

① ₩74,000   ② ₩84,000   ③ ₩85,500

④ ₩91,500   ⑤ ₩95,000

풀이과정

정답 ②

구분		1월	2월	3월
매출액예산		100,000	120,000	150,000
매출원가율		80%	75%	70%
매출원가예산		80,000	90,000	105,000
월말상품예산		9,000	10,500	
판매가능상품예산		89,000	100,500	
월초상품예산		10,000	9,000	
상품매입예산		79,000	91,500	
현금지출예산				
현금매입예산		31,600	*36,600*	
외상매입예산				
12월	42,400	42,400		
1월	47,400		*47,400*	
2월	54,900			54,900
		74,000	*84,000*	

• 세무사/2024/문38

22 ㈜세무는 신제품 생산을 위해 새로운 기계를 구입하려고 한다. 새로운 기계와 관련된 자료는 다음과 같다.

· 구입원가: ₩1,200,000	· 추정내용연수: 5년
· 추정잔존가액: ₩200,000	· 감가상각방법: 정액법

새로운 기계로부터 예상되는 세전영업현금흐름은 매년 ₩300,000이다. 다음 설명으로 옳은 것은? (단, 법인세율은 30%이다.)

① 매년 예상되는 순현금유입액은 ₩210,000이다.

② 회수기간은 3.84년이다.

③ 평균투자액은 ₩600,000이다.

④ 매년 예상되는 법인세차감전순이익은 ₩70,000이다.

⑤ 평균투자액에 대한 회계적이익률은 10%이다.

풀이과정 **정답** ⑤

1. 현금흐름 분석

	투자기간					
	0	1	2	3	4	5
투자액	1,200,000					
세전영업현금흐름		300,000	300,000	300,000	300,000	300,000
감가상각비		200,000	200,000	200,000	200,000	200,000
세전영업이익		100,000	100,000	100,000	100,000	100,000
법인세		30,000	30,000	30,000	30,000	30,000
세후이익		70,000	70,000	70,000	70,000	70,000
잔존가액						200,000
세후영업현금흐름		270,000	270,000	270,000	270,000	270,000

지문

	0	1	2	3	4	5	
1. 연간 순현금유입액		270,000	270,000	270,000	270,000	470,000	
2. 회수기간							
미회수현금잔액		930,000	660,000	390,000	120,000	(150,000)	
회수기간						0.56	4.56년
3. 평균투자액							
초기투자액	1,200,000						
잔존가액						200,000	
총투자액						1,400,000	
평균투자액						700,000	
4. 법인세차감전순이익		100,000	100,000	100,000	100,000	100,000	
5. 회계적이익률							
세후이익		70,000	70,000	70,000	70,000	70,000	
평균투자액		700,000	700,000	700,000	700,000	700,000	
회계적이익률		*10.0%*	*10.0%*	*10.0%*	*10.0%*	*10.0%*	

23 ㈜세무는 상품매매기업으로 20x4년 3분기 월별 매출액 예산은 다음과 같다.

매출액	7월	8월	9월
	₩300,000	₩400,000	?

㈜세무는 월말재고로 그 다음 달 매출원가의 20%를 보유하는 정책을 실시하고 있다. ㈜세무의 월별 예상매출총이익률은 30%이다. ㈜세무의 매월 상품매입 중 40%는 현금매입이며, 60%는 외상매입이다. 외상매입대금은 매입한 달의 다음 달에 전액 지급된다. 매입에누리, 매입환출, 매입할인 등은 발생하지 않는다. ㈜세무의 20x4년 8월 상품매입과 관련하여 예상되는 현금지출액이 ₩254,800일 때, 9월 예상되는 매출액은?

① ₩450,000 ② ₩475,000 ③ ₩500,000 ④ ₩525,000 ⑤ ₩550,000

풀이과정   **정답** ⑤

1. 상품매입예산

	7월	8월	9월
매출예산	300,000	400,000	?
매출총이익률	30%	30%	30%
매출원가율	70%	70%	70%
매출원가예산	210,000	280,000	
월말재고예산	56,000		
판매가능제품예산	266,000		
월초재고예산	42,000	56,000	
상품매입예산	**224,000**		

2. 현금지출예산

	매입액	현금지출예산 7월	현금지출예산 **8월**	현금지출예산 9월
7월 매입	224,000	89,600	**134,400**	
8월 매입	**301,000**		**120,400**	180,600
9월 매입				
합계			**254,800**	

3. 상품매입예산

	7월	8월	**9월**
매출예산	300,000	400,000	**550,000**
매출총이익률	30%	30%	30%
매출원가율	70%	70%	70%
매출원가예산	210,000	280,000	385,000
월말재고예산	56,000	77,000	
판매가능제품예산	266,000	357,000	
월초재고예산	42,000	56,000	
상품매입예산	224,000	**301,000**	

5. 공인회계사 기출문제 및 해설

• 회계사/2015/문48

24 ㈜한국제조의 판매부서는 분기별 예산판매량을 다음과 같이 보고하였다.

분기	분기별 예산판매량
20×1년 1분기	8,000단위
20×1년 2분기	6,500단위
20×1년 3분기	7,000단위
20×1년 4분기	7,500단위
20×2년 1분기	8,000단위

㈜한국제조의 20×1년 1분기초 제품의 재고량은 1,600단위이며, 제품의 각 분기말 재고량은 다음 분기 예산판매량의 20% 수준을 유지하고 있다. ㈜한국제조는 제품 한 단위를 생산하는데 0.35 직접노무시간이 소요될 것으로 예상하고 있으며, 직접노무인력에게 시간당 ₩10의 정규 임금을 지급할 계획이다. ㈜한국제조는 직접노무인력을 정규직원으로 고용하고 있어 매분기마다 최소한 2,600 직접노무시간에 해당하는 임금을 보장하여야 한다. 즉, 이 회사는 직접노무인력을 신축성 있게 조정할 수 없기 때문에 매분기마다 필요한 직접노무시간이 2,600시간 미만이 되더라도 2,600시간에 해당하는 임금을 지급해야 한다. 그러나 분기에 필요한 직접노무시간이 2,600시간을 초과하면 초과시간에 대해서는 정규 임금의 1.5배를 지급하여야 한다. ㈜한국제조의 20×1 회계연도 직접노무원가 예산금액은 얼마인가?

① ₩105,870   ② ₩106,325   ③ ₩107,175

④ ₩108,350   ⑤ ₩109,450

풀이과정

1. 제조(생산)예산	1/4분기	2/4분기	3/4분기	4/4분기	1/4/2분기
판매예산	8,000	6,500	7,000	7,500	8,000
기말재고	1,300	1,400	1,500	1,600	
판매가능제품	9,300	7,900	8,500	9,100	
기초제품	1,600	1,300	1,400	1,500	1,600
당기생산	7,700	6,600	7,100	7,600	

2. 직접노무원가예산	1/4분기	2/4분기	3/4분기	4/4분기	1/4/2분기
단위당 시간	0.35	0.35	0.35	0.35	0.35
생산량	7,700	6,600	7,100	7,600	
투입노무시간	2,695	2,310	2,485	2,660	
정규노무시간	2,600	2,600	2,600	2,600	
초과노무시간	95	−290	−115	60	
시간당 임률	10	10	10	10	10
초과시간당임률	15	15	15	15	
정규노무원가	26,000	26,000	26,000	26,000	
초과노무원가	1,425			900	
총노무원가	*27,425*	*26,000*	*26,000*	*26,900*	
			106,325		

• 회계사/2016/문41

25 예산에 관한 다음 설명 중 **옳지 않은** 것은?

① 고정예산(정태예산)은 단 하나의 조업도수준에 근거하여 작성되므로 성과평가목적으로 적합한 것이 아니다.

② 변동예산은 일정범위의 조업도수준에 관한 예산이며 성과평가목적을 위해 실제원가를 실제조업도수준에 있어서의 예산원가와 비교한다.

③ 원점기준예산이란 과거의 예산에 일정비율만큼 증가 또는 감소한 예산을 수립하는 것이 아니라 예산을 원점에서 새로이 수립하는 방법이다.

④ 예산과 관련된 종업원들이 예산편성과정에 참여하는 참여예산의 문제점 중 하나는 예산슬랙(budgetary slack)이 발생할 가능성이 높다는 것이다.

⑤ 종합예산은 조직의 각 부문활동에 대한 예산이 종합된 조직전체의 예산이며 변동예산의 일종이다.

풀이과정   **정답** ⑤

예산	추진 계획을 계량화시킨 것 계획대로 추진 되었을 때의 미래의 모습, 청사진, 조감도 계획실행과 부문간 조정의 도구
고정예산	기준조업도하의 예산
변동예산	실제조업도하의 예산
영기준예산	과거예산을 고려하지 않고 원점에서 예산을 편성
증분예산	과거 예산에 일정 비율만큼 증가 감소하여 편성
종합예산	기업 전체를 총괄한 예산, 운영예산, 재무예산으로 구성
기능별 예산	기업의 특정 기능에 대한 예산
참여예산	예산에 관련된 사람들이 예산편성과정에 참여하는 예산
협상예산	본사와 예산에 관련된 사람들이 예산편성과정에서 협의하여 편성
하향식예산	예산에 관련된 사람들이 예산편성과정에 참여없이 본사에서 편성

26 ㈜대한의 20x2년 1월부터 4월까지의 예상 상품매출액은 다음과 같다.

월	예상 매출액
1월	₩4,000,000
2월	5,000,000
3월	6,000,000
4월	7,000,000

㈜대한은 20x1년 동안 월말 재고액을 다음 달 예상 매출원가의 10%(이하 재고비율)로 일정하게 유지하였다. 만약 20x2년 초부터 재고비율을 20%로 변경·유지한다면, 20x2년 3월 예상 상품매입액은 재고비율을 10%로 유지하는 경우에 비해 얼마나 증가하는가? (단, ㈜대한의 매출총이익률은 30%로 일정하다고 가정한다)

① ₩50,000　　　　② ₩60,000　　　　③ ₩70,000

④ ₩80,000　　　　⑤ ₩90,000

풀이과정　상품매입예산　　　　　　　　　　　　　　　　　　**정답** ③

구분	1월	2월	3월	4월
매출예산	4,000,000	5,000,000	6,000,000	7,000,000
매출총이익률	30%	30%	30%	30%
매출원가율	70%	70%	70%	70%
매출원가 예산	2,800,000	3,500,000	4,200,000	4,900,000
월말재고(10%)	350,000	420,000	490,000	
판매가능상품	3,150,000	3,920,000	4,690,000	
월초재고	280,000	350,000	420,000	
상품매입예산	2,870,000	3,570,000	4,270,000	

구분	1월	2월	3월	4월
매출예산	4,000,000	5,000,000	6,000,000	7,000,000
매출총이익률	30%	30%	30%	30%
매출원가율	70%	70%	70%	70%
매출원가 예산	2,800,000	3,500,000	4,200,000	4,900,000
월말재고(20%)	700,000	840,000	980,000	
판매가능상품	3,500,000	4,340,000	5,180,000	
월초재고	560,000	700,000	840,000	
상품매입예산	2,940,000	3,640,000	4,340,000	

증감액			70,000	

분권화와 성과평가 및 대체가격결정

1. 주요개념

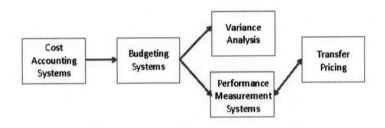

Management Accounting Systems

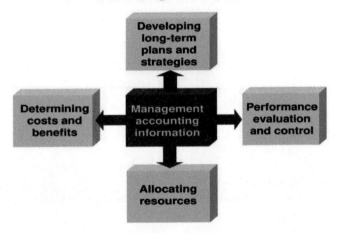

Management decisions requiring management accounting information

Responsibility Accounting in Decentralized Operations

- Responsibility accounting is the process of measuring/reporting operating data by responsibility center.
- A responsibility center is the area for which a unit manager is responsible.

Types of Responsibility Centers

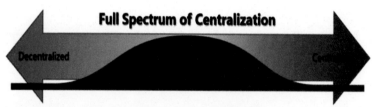

Organizations (and parts thereof) exist somewhere on the spectrum at any given time.

DECENTRALIZED	CENTRALIZED
Middle and Low Level Managers have decision making power	A few upper management members have decision making power
Authority is given to those who are closer to stakeholders	Authority is given to those who are at the top of the chain of command
Organizations are self-sufficient	More standardization
Faster decision making	More control
More expensive	Less expensive
More creativity	Limited creativity

Responsibility Accounting

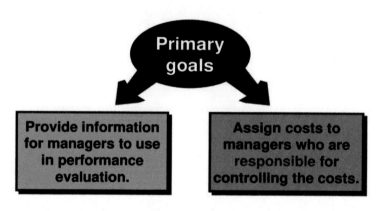

Cost, Profit, and Investments Centers

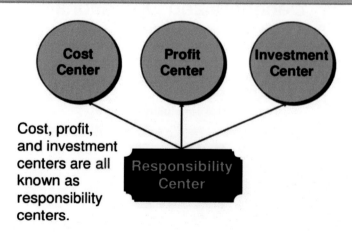

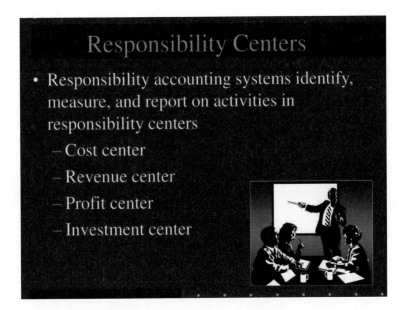

Performance measurement

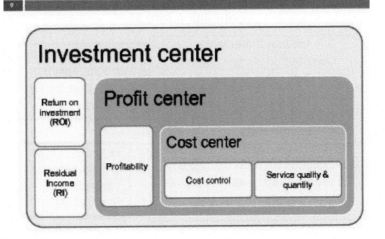

Measuring Managers Performance

		Evaluation Tool
Cost Center	→	Standard Cost/Flexible Budget Variances
Profit Center	→	Budgeted income statement
Investment Center	→	Return on investment or residual income

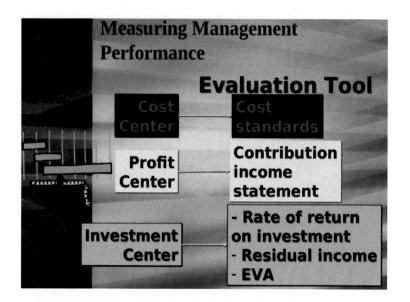

Levels of Segmented Statements

Our approach to segment reporting uses the
contribution format.

Income Statement Contribution Margin Format Television Division	
Sales	$ 300,000
Variable COGS	120,000
Other variable costs	30,000
Total variable costs	150,000
Contribution margin	150,000
Traceable fixed costs	90,000
Division margin	$ 60,000

Contribution margin
is computed by
taking sales minus
variable costs.

Segment margin
is Television's
contribution
to profits.

Responsibility Accounting Performance Reports

Type of Center	Performance Report Compares Actual to Budgeted
• Cost	• Cost
• Revenue	• Revenue
• Profit	• Cost • Revenue

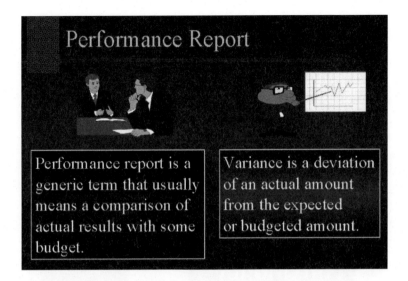

Summary of Variances

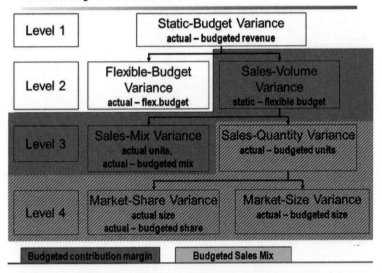

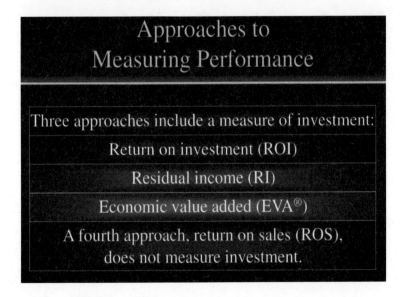

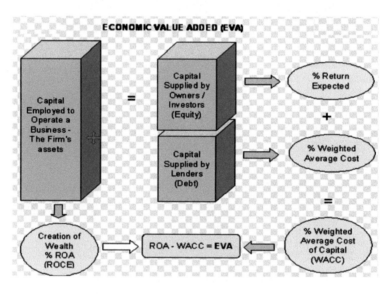

The Invested Capital

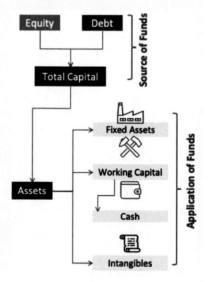

Transfer Pricing

Transfer pricing should help achieve a company's strategies and goals.

– fit the organization's structure

– promote goal congruence

– promote a sustained high level of management effort

- Negotiated Transfer Pricing can be defined as the price set by negotiation between the buying and selling divisions.

- The negotiated transfer prices,
    - **Seller's perspective:**

    Transfer price > Variable cost + opportunity cost

    - **Purchaser's perspective:**

    Transfer price < Cost of buying from outside suppliers

Transfer Pricing for International Taxation

When products or services of a multinational firm are transferred between segments located in countries with different tax rates, the firm attempts to set a transfer price that minimizes total income tax liability.

Segment in *higher* tax country:
Reduce taxable income in that country by charging *high* prices on imports and *low* prices on exports.

Segment in *lower* tax country:
Increase taxable income in that country by charging *low* prices on imports and *high* prices on exports.

Government tax regulators try to reduce transfer pricing manipulation.

2. 관세사 기출문제 및 해설

• 관세사/2015/문80

01 ㈜관세는 분권화된 사업부 A와 사업부 B를 이익중심점으로 운영하고 있다. 사업부 A에서 생산되는 표준형 밸브는 외부시장에 판매하거나 사업부 B에 대체할 수 있다. 사업부 A는 현재 최대생산능력을 이용하여 생산하는 표준형 밸브 전량을 단위당 판매가격 ₩50으로 외부시장에 판매하고 있고, 생산 및 판매와 관련된 자료는 다음과 같다.

· 연간 최대생산능력	180,000단위
· 단위당 변동제조원가	₩29
· 단위당 변동판매관리비	₩4
· 단위당 고정제조간접원가(연간 180,000단위 기준)	₩7
· 단위당 고정판매관리비(연간 180,000단위 기준)	₩5

사업부 A가 표준형 밸브를 사업부 B에 사내대체할 경우 단위당 변동제조원가를 ₩2만큼 절감할 수 있으며, 변동판매관리비는 발생하지 않는다. 사업부 A가 외부시장에 판매한 경우와 동일한 이익을 얻기 위한 표준형 밸브의 단위당 사내대체가격은 얼마인가?

① ₩29 ② ₩34 ③ ₩36 ④ ₩40 ⑤ ₩44

풀이과정

정답 ⑤

	공급사업부 사업부 A	구매사업부 사업부 B
최대 생산 가능량	180,000	
외부 판매수량		
여유 생산능력		
외부 판매가격	50	
단위당 변동제조비	29	
외부 판매 변동판매비	4	
외부 판매 단위당 공헌이익	17	
증분제조원가	27	
기회원가	17	
최소대체가격	**44**	

• 관세사/2017/문74

02 다음은 ㈜관세의 재무상태표와 포괄손익계산서 자료의 일부이다.

항목	금액	항목	금액
유동자산	₩12,000	유동부채	₩6,000
비유동자산	₩8,000	세전영업이익	₩4,000

㈜관세의 가중평균자본비용 계산에 관련된 자료가 다음과 같을 때 경제적 부가가치 (EVA)는? (단, 법인세율은 30%이다)

장기부채	시장가치 ₩14,000	이자율 10%
자기자본	시장가치 ₩14,000	자본비용 14%

① ₩600 ② ₩840 ③ ₩1,070 ④ ₩1,270 ⑤ ₩1,330

풀이과정 정답 ⑤

1. 투하자본

유동자산	12,000
비유동자산	8,000
자산총액	20,000
유동부채	6,000
투하자본	14,000

2. 가중평균 자본비용

투하자본	시장가치	세전		세후	
				자본비용	
장기부채	14,000	10.0%	1,400	980	
자기자본	14,000	14.0%	1,960	1,960	
	28,000		3,360	2,940	10.5%

3. 경제적 부가가치

투하자본	14,000
가중평균자본비용	10.5%
투하자본 사용대가	1,470
세전영업이익	4,000
세후영업이익	2,800
경제적 부가가치	*1,330*

• 관세사/2018/문75

03 책임회계와 성과평가에 관한 설명으로 **옳지 않은** 것은?

① 책임회계(responsibility accounting)의 평가지표는 각 책임단위가 통제할 수 있는 결과를 이용하며, 이를 통제가능성의 원칙(controllability principle)이라고 한다.

② 투자책임단위(investment center)의 경영자는 얼마의 금액을 투자해서 이익을 얼마나 창출했는지에 의하여 성과평가를 받아야하므로 이익과 투자액을 동시에 고려해야 하며, 바람직한 성과지표는 잔여이익(RI), 경제적 부가가치(EVA), 투자수익율(ROI) 등이다.

③ 균형성과표(BSC)는 기업의 가치를 향상시키기 위해 전통적인 재무적 지표 이외에 다양한 관점의 성과지표가 측정되어야 한다는 것을 강조하고 있다.

④ 균형성과표(BSC)의 내부 프로세스 관점은 기존의 프로세스와 제품에 만족하지 않고 기술 및 제품의 혁신적인 발전을 추구하는 정도를 의미하는데, 종업원 만족도, 종업원 이직률 등의 지표가 이용된다.

⑤ 균형성과표(BSC)에서 고객의 관점은 고객만족에 대한 성과를 측정하는데 고객만족도, 고객확보율, 반복구매정도 등의 지표가 사용된다.

풀이과정   **정답** ④

분권화	조직구조, 조직구성원이 조직목표를 달성하기 위해 자원을 이용하는 방법을 결정하는 과업과 보고관계의 공식적 체계 집권적 조직구조, 최고경영진에 의사결정 권한이 집중된 조직구조 분권적 조직구조, 일선실무자에게 의사결정 권한이 위임된 직구조
책임중심점	권한이 위임되고 이에 대한 책임이 부여된 조직단위 원가중심점/ 수익중심점/ 이익중심점/ 투자중심점
책임회계제도	책임중심점별로 책임이행여부에 관한 실적을 측정하고 목표와 비교 책임과 권한이 명확히 부여되어야 함 성과평가의 기준점인 벤치마크가 설정되어야 함 공정한 성과평가를 통해 적절한 보상이 이루어져야 함
원가중심점	원가통제권한 부여/ 원가발생에 대한 책임/ 원가차이분석 성과평가
투자수익률	투자중심점, 이익과 투자에 관한 의사결정 권한 부여 투자중심점의 성과측정치 투자수익률/ 잔여이익/ 경제적 부가가치 투자수익률의 준최적화 문제 발생/ 잔여이익 활용
균형성과표	전통적 성과지표 → 내부성과/ 결과 성과 균형 성과지표 → 외부성과/ 과정 성과 선행 성과지표: 학습 및 성장지표 → 내부 프로세스 지표 종업원 만족도, 종업원 이직률 → 학습과 성장관점 성과지표 후행성과지표 → 고객성과지표 → 재무적 성과지표

• 관세사/2019/문80

04 ㈜관세의 사업부는 부문 A와 부문 B로 구성되어 있고, 부문별 성과는 투자수익률(ROI, Return On Investment)과 잔여이익(RI, Residual Income)으로 평가한다. ㈜관세가 투자에 대해 적용하는 최소요구수익률은 15%이다. 다음은 ㈜관세의 20x1년 각 부문에 대한 성과자료이다.

구분	부문 A	부문 B
매출액	?	?
순영업이익	?	₩162,000
평균영업자산	₩600,000	?
매출액 영업이익률	?	?
영업자산회전율	5	4.5
투자수익률(ROI)	20%	18%
잔여이익(RI)	?	?

위의 자료에 근거한 다음 설명 중 **옳지 않은** 것은?

① 부문 A와 부문 B의 매출액 영업이익률은 4%로 동일하다.
② 부문 B의 매출액은 ₩4,500,000이다.
③ 부문 B의 잔여이익은 ₩27,000이다.
④ 부문 A의 매출액은 ₩3,000,000이다.
⑤ 부문 A의 잔여이익은 ₩30,000이다.

풀이과정   정답 ②

구분	부문 A	부문 B
영업이익	120,000	162,000
평균영업자산	600,000	900,000
투자수익률	20%	18%
최저필수수익률	15%	15%
최저필수이익	90,000	135,000
잔여이익	30,000	27,000
영업자산회전율	5.0	4.5
매출액	*3,000,000*	*4,050,000*
매출액이익률	4.0%	4.0%

• 관세사/2020/문72

05 성과평가방법에 관한 설명으로 옳은 것은?

① 투자수익률(ROI)은 사업부의 역기능적 행동, 즉 준최적화의 문제를 해소한다.

② 잔여이익(RI)은 투자중심점별로 투자규모가 다른 경우 성과 비교에 유용하다.

③ 투자수익률(ROI)과 잔여이익(RI)에서 채택된 최적 투자안은 같아야 한다.

④ 균형성과표(BSC)를 적용할 때 관점의 수와 명칭은 모든 조직에 동일하게 적용되어야 한다.

⑤ 경제적 부가가치(EVA)는 타인자본비용 뿐만 아니라 자기자본비용도 고려한다.

풀이과정 성과지표　　　　　　　　　　　　　　　　　　　　　　　　　　　　　　**정답** ⑤

문항	주제	지문분석
1	투자수익률	이익/투자액 투자방안의 투자수익률이 투자중심점의 투자수익률보다 낮을 경우에 회사의 최저필수수익률보다 높더라도 투자를 기각하여 준최적화의 문제가 발생함
2	잔여이익	영업이익 − 최저필수이익 투자수익률법은 투자중심점의 성과만 평가하기 때문에, 투자규모가 다른 투자중심점의 성과를 비교하지 못함
3	투자수익률과 잔여이익	성과평가방법에 따라 최적 투자안이 다를 수 있음
4	균형성과표	조직전략과 목표를 성과지표로 구체화하여 조직구성원의 활동을 조직비전 및 전략과 연계함
5	*경제적 부가가치*	*투하자본인 자기자본과 타인자본의 사용대가를 고려하여 투자중심점의 성과를 평가함*

• 관세사/2021/문77

06 ㈜관세는 사업부 평가를 위해 각 사업부의 EVA(경제적 부가가치)를 계산한다. 다음은 사업부 중 한곳인 A사업부의 재무상태표와 포괄손익계산서의 일부 자료이다.

·총자산 ₩2,000,000	·유동부채 ₩500,000	·세전영업이익 ₩400,000

㈜관세의 모든 사업부는 유사한 위험에 직면해 있으므로 각 사업부의 EVA 계산시 기업전체 가중평균자본비용 11%를 적용한다. 이 경우 A사업부의 EVA는? (단, 법인세율은 30%이다)

① ₩115,000   ② ₩125,000   ③ ₩145,000

④ ₩215,000   ⑤ ₩235,000

풀이과정   정답 ①

구분	
총자산	2,000,000
유동부채	500,000
투하자본	1,500,000
가중평균자본비용	11%
투하자본 사용대가	165,000
세전영업이익	400,000
법인세율	30%
세후영업이익	280,000
경제적 부가가치	*115,000*

• 관세사/2022/문77

07 ㈜관세는 가전제품을 생산하여 판매하는 기업으로 투자중심점인 사업부 A, B, C, D 를 운영하고 있다. 다음 자료를 이용하여 각 사업부의 성과를 평가할 때 **옳지 않은** 것은?

	사업부 A	사업부 B	사업부 C	사업부 D
평균영업자산	₩750	₩840	₩800	₩800
영업이익	210	210	220	210
최저필수수익률	10%	10%	12%	10%

① 잔여이익은 사업부 A가 사업부 D보다 크다.
② 잔여이익은 사업부 B가 사업부 C보다 크다.
③ 투자수익률은 사업부 D가 사업부 B다 크다.
④ 투자수익률은 사업부 C가 사업부 D보다 크다.
⑤ 잔여이익은 사업부 A가 가장 크고, 투자수익률은 사업부 C가 가장 크다.

풀이과정

정답 ⑤

구분	사업부 A	사업부 B	사업부 C	사업부 D
평균영업자산	750	840	800	800
영업이익	210	210	220	210
투자수익률	*28.0%*	*25.0%*	*27.5%*	*26.3%*
순위	1	4	2	3
최저필수수익률	10%	10%	12%	10%
최저필수이익	75	84	96	80
잔여이익	*135*	*126*	*124*	*130*
순위	1	3	4	2

• 관세사/2023/문80

08 ㈜관세가 20x1년 초에 편성한 예산(고정예산)과 실제결과는 다음과 같다.

구분	실제결과	고정예산
판매량	110단위	100단위
매출액	₩3,300	₩2,500
변동원가	2,200	1,000
고정원가	600	500
영업이익	₩500	₩1,000

㈜관세의 경영자는 실제영업이익이 고정예산 영업이익보다 감소한 이유를 분석하고 있다. 이에 관한 내용으로 **옳지 않은** 것은?

① 매출가격차이는 ₩550 유리하다.
② 매출조업도차이는 ₩150 유리하다.
③ 변동원가차이는 ₩1,100 불리하다.
④ 변동예산차이는 ₩500 불리하다.
⑤ 고정원가 예산차이는 ₩100 불리하다.

풀이과정 　　　　　　　　　　　　　　　　　　　　　　　　　　　**정답** ④

	고정예산		변동예산	실제결과	이익차이	지문
판매량	100	단위당	110	110		
매출액	2,500	25	2,750	3,300		
변동원가	1,000	10	1,100	2,200		
공헌이익	1,500	15	1,650	1,100	불리	
고정원가	500		500	600		
영업이익	1,000		1,150	500	불리	
이익 총차이	1,000			500	500	불리
매출조업도차이	1,000		1,150		150	② 유리
변동예산차이			**1,150**	**500**	**650**	**④ 불리**
매출가격차이			2,750	3,300	550	① 유리
변동원가차이			1,100	2,200	1,100	③ 불리
고정원가차이			500	600	100	⑤ 불리

• 관세사/2024/문80

09 ㈜관세는 평균영업자산과 영업이익을 사용하여 투자수익률과 잔여이익을 계산하고 있다. 20×1년 평균영업자산이 ₩10,000이고, 투자수익률은 12%이다. 잔여이익이 ₩200일 때 최저요구(필수)수익률은?

① 7%0 ② 8% ③ 9% ④ 10% ⑤ 11%

풀이과정 정답 ④

	투자수익률	잔여이익
평균영업자산	10,000	10,000
투자수익률	12%	
영업이익	1,200	1,200
잔여이익		200
최저필수이익		1,000
최저필수수익률		*10.0%*

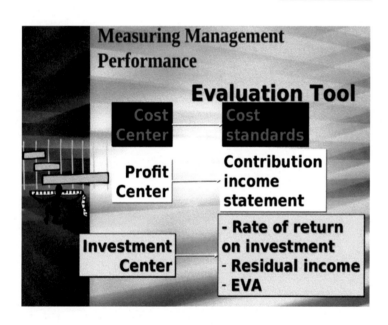

3. 감정평가사 기출문제 및 해설

• 감정평가사/2016/문76

10 ㈜감평은 A, B 두 개의 사업부만 두고 있다. 투자수익률과 잔여이익을 이용하여 사업부를 평가할 때 관련 설명으로 옳은 것은? (단, 최저필수수익률은 6%라고 가정한다)

구분	A사업부	B사업부
투자금액	₩250,000,000	₩300,000,000
감가상각비	25,000,000	28,000,000
영업이익	20,000,000	22,500,000

① A사업부와 B사업부의 성과는 동일하다.
② A사업부가 투자수익률로 평가하든 잔여이익으로 평가하든 더 우수하다.
③ B사업부가 투자수익률로 평가하든 잔여이익으로 평가하든 더 우수하다.
④ 투자수익률로 평가하는 경우 B사업부, 잔여이익으로 평가하는 경우 A사업부가 각각 더 우수하다.
⑤ 투자수익률로 평가하는 경우 A사업부, 잔여이익으로 평가하는 경우 B사업부가 각각 더 우수하다.

풀이과정   **정답** ②

투자수익률

A사업부	B사업부
250,000,000	300,000,000
25,000,000	28,000,000
20,000,000	22,500,000
8.0%	*7.5%*

잔여이익

	A사업부	B사업부
투자액	250,000,000	300,000,000
감가상각비	25,000,000	28,000,000
영업이익	20,000,000	22,500,000
투자수익률		
최저필수이익	15,000,000	18,000,000
잔여이익	*5,000,000*	*4,500,000*

• 감정평가사/2017/문74

11 ㈜대한은 펌프사업부와 밸브사업부를 이익중심점으로 운영하고 있다. 밸브사업부는 X제품을 생산하며, X제품의 단위당 판매가격과 단위당 변동원가는 각각 ₩100과 ₩40이고, 단위당 고정원가는 ₩20이다. 펌프사업부는 연초에 Y제품을 개발했으며, Y제품을 생산하는데 필요한 A부품은 외부업체로부터 단위당 ₩70에 구입할 수 있다. 펌프사업부는 A부품 500단위를 밸브사업부로부터 대체받는 것을 고려하고 있다. 밸브사업부가 A부품 500단위를 생산 및 대체하기 위해서는 단위당 변동제조원가 ₩30과 단위당 운송비 ₩7이 발생하며, 기존시장에서 X제품의 판매량을 200단위만큼 감소시켜야 한다. 밸브사업부가 대체거래를 수락할 수 있는 A부품의 단위당 최소 대체가격은?

① ₩53　　② ₩58　　③ ₩61　　④ ₩65　　⑤ ₩70

풀이과정　　　　　　　　　　　　　　　　　　　　　　　　정답 ③

	공급사업부		구매사업부
	밸브사업부		펌프사업부
	X제품		
100	외부 판매가격		
40	변동제조원가		
60	단위당 공헌이익		
	여유생산능력	300	
	판매량 감소	200	
	내부대체	500	

밸브사업부 증분분석

	추가생산	외부판매 대체	계
대체요청량	500		500
외부판매감소량		200	
단위당 변동원가	37		37
단위당 공헌이익		60	
공헌이익 감소		12,000	
내부대체량		500	
단위당 기회원가		24	24
최소대체가격			*61*　⇐ 공급사업부
최대대체가격			70　⇐ 구매사업부

• 감정평가사/2021/문80

12 ㈜감평은 평균영업용자산과 영업이익을 이용하여 투자수익률(ROI)과 잔여이익(RI)을 산출하고 있다. ㈜감평의 20x1년 평균영업용자산은 ₩2,500,000이며, ROI는 10%이다. ㈜감평의 20x1년 RI가 ₩25,000이라면 최저필수수익률은?

① 8%   ② 9%   ③ 10%   ④ 11%   ⑤ 12%

풀이과정 투자수익률, 잔여이익   **정답** ②

	투자수익률	잔여이익
투자액	2,500,000	2,500,000
투자수익률	10%	
영업이익	250,000	250,000
잔여이익		25,000
최저필수이익*		225,000
*최저필수수익률***		*9.0%*

* 최저필수이익: 영업이익 250,000 - 잔여이익 25,000 = 225,000
** 최저필수수익률: 225,000 ÷ 2,500,000 = 9%

• 감정평가사/2023/문77

13 ㈜감평은 분권화된 사업부 A와 B를 이익중심점으로 운영한다. 사업부 A는 매년 부품 X를 8,000단위 생산하여 전량 외부시장에 단위당 ₩150에 판매하여 왔다. 최근 사업부 B는 제품 단위당 부품 X가 1단위 소요되는 신제품 Y를 개발하고, 단위당 판매가격 ₩350에 4,000단위를 생산·판매하는 방안을 검토하고 있다. 다음은 부품 X에 대한 제조원가와 신제품 Y에 관한 예상제조원가 관련 자료이다.

구 분	부품 X	신제품 Y
단위당 직접재료원가	₩40	₩80
단위당 직접노무원가	35	70
단위당 변동제조간접원가	25	30
연간 고정제조간접원가	200,000	100,000
연간 최대생산능력	10,000단위	5,000단위

사업부 B는 신제품 Y의 생산에 필요한 부품 X를 사내대체하거나 외부로부터 단위당 ₩135에 공급받을 수 있다. 사업부 A는 사내대체를 전량 수락하든지 기각해야 하며, 사내대체 시 외부시장 판매를 일부 포기해야 한다. 사업부 A가 사내대체를 수락할 수 있는 부품 X의 단위당 최소대체가격은?

① ₩100　　② ₩125　　③ ₩135　　④ ₩170　　⑤ ₩180

풀이과정　　　　　　　　　　　　　　　　　　　　　　　　　　　　정답 ②

구분	공급사업부	구매사업부
	A사업부	B사업부
	부품 X	신제품 Y
최대 생산 가능량	10,000	5,000
외부 판매수량	8,000	4,000
여유 생산능력	2,000	1,000
외부 판매가격	150	350
단위당 변동제조원가	100	180
외부판매 단위당 공헌이익	50	170 < = 순실현가치

	공급사업부	구매사업부	
	사내대체	사내대체	외부구입
사내대체수량	4,000	4,000	
단위당 변동제조원가	100		
증분원가	**400,000**		
외부판매수량 감소	2,000		
외부판매 단위당 공헌이익	50		
기회원가	**100,000**		
증분원가	**500,000**		
단위당 원가	125		135
최소대체가격	**125**		
최대대체가격			135

• 감정평가사/2024/문78

14 ㈜감평은 두 개의 사업부 X와 Y를 운영하고 있으며, 최저필수수익률은 10%이다. 20x1년 사업부 X와 Y의 평균영업자산은 각각 ₩70,000과 ₩50,000이다. 사업부 X의 투자수익률은 15%이고, 사업부 X의 잔여이익이 사업부 Y보다 ₩2,500 더 클 때 사업부 Y의 투자수익률은?

① 11%   ② 12%   ③ 13%   ④ 14%   ⑤ 15%

풀이과정   **정답** ②

	사업부			
	X		Y	
	투자수익률	잔여이익	*투자수익률*	잔여이익
평균영업자산	70,000	70,000	**50,000**	50,000
투자수익률	15%		**12%**	
영업이익	*10,500*	*10,500*	*6,000*	*6,000*
최저필수수익률		10%		10%
최저필수이익		7,000		5,000
잔여(초과)이익		*3,500*		*1,000*

4. 세무사 기출문제 및 해설

• 세무사/2015/문33

15 성과평가 및 보상에 관한 설명으로 옳은 것은?

① 투자이익률(return on investment, ROI)은 사업부 또는 하위 사업단위의 성과평가에 적용될 수 있으나, 개별 투자안의 성과평가에는 적용되지 않는다.

② 잔여이익(residual income, RI)은 영업이익으로부터 산출되며, 평가대상의 위험을 반영하지 못한다.

③ 투자이익률(ROI)에 비해 잔여이익(RI)은 투자규모가 서로 다른 사업부의 성과를 비교·평가하기가 용이하다.

④ 상대평가에 비해 절대평가는 인구, 경제상황, 규제정책 등 공통의 통제 불가능한 요소가 성과평가에 미치는 영향을 제거하기 쉽다.

⑤ 경영자가 장기적 성과에 관심을 갖도록 동기부여하기 위해 회사의 주가를 기준으로 보상을 결정하는 방법이 있다.

풀이과정　　　　　　　　　　　　　　　　　　　　　　　　　　　　　　　**정답** ③

문항	지문분석
1	투자이익률=이익 / 투자액, 사업단위의 성과평가와 개별 투자안의 성과평가에 적용
2	잔여이익=이익−최저필수이익, 평가대상의 위험을 반영
3	*투자이익률=이익 / 투자액, 투자규모가 다른 사업부의 성과 비교, 평가함*
4	상대평가는 공통의 통제 불가능한 요소가 성과평가에 미치는 영향을 쉽게 제거함
5	장기적 성과 유도 방안, 주식보상제도

• 세무사/2016/문39

16 ㈜세무는 분권화된 A사업부와 B사업부가 있다. A사업부는 반제품M을 최대 3,000단위 생산할 수 있으며, 현재 단위당 판매가격 ₩600으로 2,850단위를 외부에 판매하고 있다. B사업부는 A사업부에 반제품M 300단위를 요청하였다. A사업부 반제품M의 단위당 변동원가는 ₩300(변동판매관리비는 ₩0)이며, 사내대체를 하여도 외부판매가격과 단위당 변동원가는 변하지 않는다. A사업부는 사내대체를 전량 수락하든지 기각하여야 하며, 사내대체 수락시 외부시장 판매를 일부 포기하여야 한다. A사업부가 사내대체 전 이익을 감소시키지 않기 위해 제시할 수 있는 최소 사내대체가격은?

① ₩350　　② ₩400　　③ ₩450　　④ ₩500　　⑤ ₩550

풀이과정　　　　　　　　　　　　　　　　　　　　　　　　　　　　　**정답** ③

	A사업부 공급사업부	B사업부 수요사업부
최대생산능력	3,000	
외부판매량	2,850	
단위당 판매가격	600	
단위당 변동원가	300	
단위당 공헌이익	300	
내부대체수량	300	300
외부판매량 감소	150	
공헌이익감소	45,000	
기회원가	45,000	
단위당 기회원가	150	
최소 사내대체가격	*450*	

17 ㈜세무는 이익중심점으로 지정된 A, B 두 개의 사업부로 구성되어 있다. A사업부는 부품을 생산하고, B사업부는 부품을 추가가공하여 완제품을 생산하여 판매한다. A사업부의 부품 최대생산능력은 5,000단위이고, 단위당 변동원가는 ₩100이다. A사업부는 부품의 단위당 판매가격을 ₩200으로 책정하여 외부에 3,000단위 판매하거나 단위당 판매가격을 ₩180으로 책정하여 외부에 4,000단위 판매할 수 있을 것으로 기대한다. 다만, A사업부가 외부시장에서 2가지 판매가격을 동시에 사용할 수는 없다. 이 같은 상황에서 B사업부가 A사업부에게 부품 2,000단위를 내부대체해 줄 것을 요청하였다. 2,000단위를 전량 대체하는 경우 A사업부의 단위당 최소대체가격은?

① ₩80   ② ₩100   ③ ₩110   ④ ₩120   ⑤ ₩180

풀이과정   **정답** ③

구분	A사업부		B사업부
	공급사업부		구매사업부
최대생산능력	5,000		
단위당 변동원가	100	100	
판매가격	200	180	
판매수량	3,000	4,000	
단위당 공헌이익	100	80	
총공헌이익	300,000	320,000	
여유생산능력	2,000	1,000	

내부대체	2,000	
	추가생산량	판매감소량
	2,000	1,000
변동원가	200,000	
공헌이익 감소		20,000
총원가		220,000
최소대체가격		**110**

• 세무사/2020/문40

18 ㈜세무는 사무실용과 가정용 공기청정기를 판매한다. 다음은 ㈜세무의 20x1년 예산과 실제결과이다.

(20x1년 예산)

제품	단위당 판매가격	단위당 변동원가	판매수량
사무실용 공기청정기	₩180	₩120	20,000대
가정용 공기청정기	₩135	₩90	90,000대

(20x1년 실제결과)

제품	단위당 판매가격	단위당 변동원가	판매수량
사무실용 공기청정기	₩165	₩112.5	37,800대
가정용 공기청정기	₩120	₩82.5	88,200대

20x1년도 공기청정기의 전체 실제시장규모는 1,050,000이며, ㈜세무의 시장점유율 차이는 ₩1,023,750(유리)이다. ㈜세무가 예상한 20x1년도 전체 공기청정기의 시장규모는?

① 857,143대   ② 923,077대   ③ 1,100,000대
④ 1,150,000대   ⑤ 1,200,000대

풀이과정 이익차이분석   **정답** ⑤

구분	고정예산 사무실용	고정예산 가정용	고정예산 합계	변동예산 사무실용	변동예산 가정용	변동예산 합계	실제결과 사무실용	실제결과 가정용	실제결과 합계	차이분석
판매수량	30,000	90,000	120,000	37,800	88,200	126,000	37,800	88,200	126,000	
판매가격	180	135		180	135		165	120		
변동원가	120	90		120	90		112.5	82.5		
공헌이익	60	45		60	45		52.5	37.5		
총공헌이익	1,800,000	4,050,000	5,850,000	2,268,000	3,969,000	6,237,000	1,984,500	3,307,500	5,292,000	
가중평균공헌이익			48.75			49.50			42.00	

고정예산차이			5,850,000						5,292,000	558,000	불리
변동예산차이						6,237,000			5,292,000	945,000	불리
매출조업도차이			5,850,000			6,237,000				387,000	유리

총판매수량	30,000	90,000	120,000	37,800	88,200	126,000	
매출배합비율	25%	75%		30%	70%		

	고정예산			예산배합비율하의 변동예산			실제배합비율하의 변동예산		
배합비율	25%	75%		25%	75%		30%	70%	
판매수량	30,000	90,000	120,000	31,500	94,500	126,000	37,800	88,200	126,000
단위당 공헌이익	60.00	45.00	48.75	60.00	45.00	48.75	60.00	45.00	49.50
총공헌이익	1,800,000	4,050,000	5,850,000	1,890,000	4,252,500	6,142,500	2,268,000	3,969,000	6,237,000

매출배합차이			6,142,500	6,237,000	−94,500 불리
매출수량차이	5,850,000		6,142,500		292,500 유리

총판매수량	120,000	126,000
시장규모	120,000/ s	1,050,000
시장점유율	s	12%

	고정예산			예산시장점유율하의 변동예산			실제시장점유율하의 변동예산		
시장점유율		s			s			12%	
시장규모		120,000/s			1,050,000			1,050,000	
판매수량	30,000	90,000	120,000	262,500×s	787,500×s	1,050,000×s	31,500	94,500	126,000
가중평균공헌이익			48.75			48.75			48.75
총공헌이익			5,850,000			51,187,500×s			6,142,500

시장점유율차이			5,118,750	6,142,500	1,023,750 유리
시장점유율	10.00%		10.00%	12.00%	
예상 시장규모	**1,200,000**				

시장규모차이	5,850,000		5,118,750	731,250 불리

• 세무사/2021/문40

19 ㈜세무는 사업부의 성과를 평가하기 위해 각 사업부의 EVA(경제적부가가치)를 계산하려고 하는데, 사업부 중 한 곳인 남부사업부의 재무상황은 총자산 ₩2,000,000, 유동부채 ₩500,000, 영업이익 ₩400,000이다. ㈜세무의 두 가지 자금원천 중 하나인 타인자본의 시장가치는 ₩6,000,000이고, 그에 대한 이자율은 10%이다. 나머지 원천인 자기자본의 시장가치는 ₩9,000,000이고 그에 대한 자본비용은 15%이다. ㈜세무에게 적용되는 법인세율은 40%이다. 각 사업부의 EVA계산은 기업전체의 가중평균자본비용을 적용한다. 이러한 상황에서 계산된 남부사업부의 EVA는?

① ₩58,000   ② ₩69,000   ③ ₩72,000

④ ₩74,000   ⑤ ₩78,000

풀이과정 경제적 부가가치   **정답** ②

투하자본	시장가치	자본비용	세전사용대가	세후사용대가
타인자본	6,000,000	10%	600,000	360,000
자기자본	9,000,000	15%	1,350,000	1,350,000
투하자본	15,000,000	11.4%		1,710,000

자산총액 = 지분총액

투하자본 = 비유동부채 + 자본

      = 총자산 - 유동부채

      = 비유동자산 + 순운전자본

총자산	2,000,000
유동부채	500,000
투하자본	1,500,000
가중평균자본비용	11.4%
최저필수이익	171,000

세전영업이익	400,000
법인세율	40%
세후영업이익	240,000
최저필수이익	171,000
경제적 부가가치	*69,000*

20 ㈜세무는 사업부 A와 B를 이익중심점으로 두고 있다. 사업부 A는 부품 S를 생산하여 사업부 B에 대체하거나 외부에 판매할 수 있으며, 사업부 B는 완제품 생산을 위해 필요한 부품 S를 사업부 A에서 구입하거나 외부에서 구입할 수 있다. 부품 S 1,000단위를 대체하는 경우 사업부 A의 단위당 최소대체가격은 ₩160이다. 부품 S 1,000단위를 내부대체하면 대체하지 않는 것에 비해 회사 전체 이익이 ₩50,000 증가한다. 이 경우 부품 S 1,000단위에 대한 사업부 B의 단위당 최대대체가격(M)과 대체로 인하여 증가하는 이익을 두 사업부가 균등하게 나눌 수 있는 대체가격(E)의 합(M+E)은?

① ₩370　　② ₩380　　③ ₩385　　④ ₩390　　⑤ ₩395

풀이과정　　　　　　　　　　　　　　　　　　　　　　　　　　　　　　　**정답** ⑤

	사업부 A		사업부 B
	공급사업부		구매사업부
중간제품		부품 S	
사내 대체수량		1,000	
변동원가			
기회원가			
단위당 대체가격	160		M
외부구입가격			M
회사 전체 증분이익		50,000	
단위당 증분이익		50	
증분이익 균등배분액		25	
단위당 최대 대체가격(M)			210
균등이익배분 대체가격(E)		185	
M + E		395	

• 세무사/2024/문40

21 ㈜세무는 사업부의 성과를 평가하기 위해 각 사업부의 경제적 부가가치(EVA)를 계산하고자 한다. 사업부 중 한 곳인 중부사업부와 관련된 자료는 다음과 같다.

- 총자산: ₩400,000
- 투자수익률(ROI): 30%
- 유동부채: ₩100,000

㈜세무의 두 가지 자금원천 중 하나인 타인자본의 시장가치는 ₩400,000이고, 그에 대한 이자율은 10%이다. 나머지 원천인 자기자본의 시장가치는 ₩600,000이고 그에 대한 자본비용은 15%이다. 투자수익률 계산시 총자산과 세전영업이익을 사용하였다. 각 사업부의 경제적 부가가치 계산은 기업전체의 가중평균자본비용을 적용하며, 경제적 부가가치를 계산하기 위한 세전영업이익은 투자수익률 계산시의 영업이익과 동일하였다. ㈜세무에게 적용되는 법인세율이 20%일 때, 중부사업부의 경제적 부가가치는?

① ₩57,400 ② ₩58,000 ③ ₩58,400 ④ ₩59,000 ⑤ ₩59,400

풀이과정

정답 ⑤

1. 세후영업이익

총자산	400,000
투자수익률	30%
세전영업이익	120,000
법인세비용	24,000
세후영업이익	96,000

2. 투하자본 개념

재무상태표		
유동자산	**유동부채**	
비유동자산	**비유동부채**	**투하자본**
	자기자본	
자산합계	**지분합계**	

자산총액 = 지분총액

투하자본 = 비유동부채 + 자본

  = 총자산 − 유동부채

  = 비유동자산 + 순운전자본

총자산	400,000
유동부채	100,000
투하자본	300,000

3. 자본비용

투하자본	시장가치	자본비용	세전사용대가	세후사용대가
타인자본	400,000	10%	40,000	32,000
자기자본	600,000	15%	90,000	90,000
	1,000,000	*12.2%*	130,000	122,000

4. 투하자본 사용대가

총자산	400,000
유동부채	100,000
투하자본	*300,000*
가중평균자본비용	*12.2%*
사용대가	*36,600*

5. 경제적 부가가치

총자산	400,000
투자수익률	30%
세전영업이익	120,000
법인세비용	24,000
세후영업이익	*96,000*
투하자본 사용대가	*36,600*
경제적 부가가치	*59,400*

5. 공인회계사 기출문제 및 해설

• 회계사/2015/문47

22 상호 대체가능한 제품 P와 제품 Q 두 가지 종류만을 판매하는 ㈜한국에 대한 20x1 회계연도 자료는 다음과 같다.

구분	제품 P	제품 Q
예산판매수량	800단위	1,200단위
실제판매수량	500단위	2,000단위
단위당 예산판매가격	₩50	₩20
단위당 실제판매가격	₩55	₩18
단위당 표준변동원가	₩30	₩16
단위당 실제변동원가	₩32	₩15

㈜한국의 20x1 회계연도 매출배합차이와 매출수량차이를 계산하면 각각 얼마인가?

	매출배합차이	매출수량차이		매출배합차이	매출수량차이
①	₩8,000 유리	₩5,200 불리	②	₩8,000 유리	₩5,200 유리
③	₩5,200 불리	₩8,000 불리	④	₩5,200 유리	₩8,000 불리
⑤	₩8,000 불리	₩5,200 유리			

풀이과정　　　　　　　　　　　　　　　　　　　　　　　　　**정답** ⑤

구분	고정예산 제품 P	제품 Q	합계	변동예산 제품 P	제품 Q	합계	실제결과 제품 P	제품 Q	합계	차이분석
판매수량	800	1,200	2,000	500	2,000	2,500	500	2,000	2,500	
판매가격	50	20		50	20		55	18		1,500
변동원가	30	16		30	16		32	15		1,000
공헌이익	20.0	4.0	10.4	20.0	4.0	7.2	23.0	3.0	7.0	
매출액	40,000	24,000	64,000	25,000	40,000	65,000	27,500	36,000	63,500	
변동원가	24,000	19,200	43,200	15,000	32,000	47,000	16,000	30,000	46,000	
총공헌이익	16,000	4,800	20,800	10,000	8,000	18,000	11,500	6,000	17,500	500

고정예산차이			20,800						17,500	3,300	불리
변동예산차이						18,000			17,500	500	불리
매출가격차이						65,000			63,500	1,500	불리
변동원가차이						47,000			46,000	1,000	유리
매출조업도차이			20,800			18,000				2,800	불리

판매수량	800	1,200	2,000	500	2,000	2,500	
매출배합비율	40%	60%	2,000	20%	80%	2,500	

	고정예산			예산배합비율 변동예산			실제배합비율 변동예산			차이분석
	제품 P	제품 Q	합계	제품 P	제품 Q	합계	제품 P	제품 Q	합계	
총판매수량			2,000			2,500			2,500	
배합비율	40%	60%		40%	60%		20%	80%		
판매수량	800	1,200	2,000	1,000	1,500	2,500	500	2,000	2,500	
판매가격	50	20		50	20		50	20		
변동원가	30	16		30	16		30	16		
공헌이익	20.0	4.0	10.4	20.0	4.0	10.4	20.0	4.0	7.2	
매출액	40,000	24,000	64,000	50,000	30,000	80,000	25,000	40,000	65,000	
변동원가	24,000	19,200	43,200	30,000	24,000	54,000	15,000	32,000	47,000	
총공헌이익	16,000	4,800	20,800	20,000	6,000	26,000	10,000	8,000	18,000	

매출배합차이						*26,000*			*18,000*	*8,000*	불리
매출수량차이			*20,800*			*26,000*				*5,200*	유리

• 회계사/2015/문46

23 ㈜한국의 엔진사업부는 단일의 제품을 생산·판매하는 투자중심점이다. ㈜한국의 최근 몇 해 동안의 투자수익률(ROI)은 평균 20%이며, 자본비용(즉, 최저필수수익률)은 15%이다. 다음은 20X1 회계연도 ㈜한국의 엔진사업부에 관한 예산자료이다.

· 엔진사업부의 연간 총고정원가	₩200,000
· 제품 단위당 변동원가	₩100
· 제품의 연간 생산·판매량	1,000단위
· 엔진사업부에 투자된 평균영업자산	₩500,000

㈜한국의 CEO는 엔진사업부 경영자의 성과평가측정치로 투자수익률 혹은 잔여이익(residual income)을 고려중이다. 만약 투자수익률이 채택되는 경우, 엔진사업부 경영자가 불리한 평가를 받지 않기 위해서는 20X1 회계연도에 20% 이상의 투자수익률을 달성하여야 한다. 만약 잔여이익이 채택되는 경우, 20X1 회계연도에 엔진사업부가 음(−)의 잔여이익을 창출하게 되면 유리한 성과평가를 받을 수 없게 된다. ㈜한국이 엔진사업부의 성과평가측정치로 투자수익률 혹은 잔여이익을 사용하게 되는 각각의 경우에 대해, 엔진사업부 경영자가 20X1 회계연도에 불리한 평가를 받지 않기 위해 책정하여야 하는 제품 단위당 최소평균판매가격은 얼마인가?

	투자수익률을 사용하는 경우	잔여이익을 사용하는 경우
①	₩375	₩380
②	₩375	₩390
③	₩375	₩400
④	₩400	₩375
⑤	₩400	₩390

풀이과정

	투자수익률		잔여이익
생산량	1,000	생산량	1,000
매출액		매출액	
변동원가	100,000	변동원가	100,000
공헌이익		공헌이익	
고정원가	200,000	고정원가	200,000
영업이익		영업이익	
투자액	500,000	투자액	500,000
투자수익률	20%		
평균영업자산	500,000	평균영업자산	500,000
영업이익	100,000	최저필수수익률	15%
		정상이익	75,000
고정원가	200,000	고정원가	200,000
공헌이익	300,000	공헌이익	275,000
변동원가	100,000	변동원가	100,000
매출액	400,000	매출액	375,000
최소판매가격	*400*	**최소판매가격**	*375*

• 회계사/2016/문47

24 ㈜한국이 판매부문의 20×1년도 성과평가 목적으로 작성한 예산과 실적치를 대비한 자료는 다음과 같다.

구분	고정예산	실적치
판매량	25,000단위	27,500단위
매출액	₩250,000	₩253,000
변동원가		
제조원가	148,500	153,450
판매관리비	39,000	44,550
공헌이익	₩62,500	₩55,000
고정원가		
제조원가	12,500	15,000
판매관리비	27,500	30,000
영업이익	₩22,500	₩10,000

㈜한국의 CEO는 20×1년도 실제판매량이 목표판매량보다 10% 증가하였는데도 불구하고 영업이익은 오히려 감소한 원인을 파악하고자 한다. 이를 위해 매출가격차이(sales price variance)와 매출수량차이(매출조업도차이: sales volume variance)를 계산하면 각각 얼마인가? (단, U는 불리한 차이, F는 유리한 차이를 의미한다)

	매출가격차이	매출수량차이		매출가격차이	매출수량차이
①	₩22,000U	₩6,250F	②	₩22,000U	₩6,500F
③	₩22,000U	₩6,750F	④	₩20,000U	₩6,500F
⑤	₩20,000U	₩6,750F			

풀이과정　　　　　　　　　　　　　　　　　　　　　　　　　　**정답** ①

구분		고정예산	변동예산	실제결과	변동예산차이	
판매량	단위당	25,000	27,500	27,500		
매출액	10	250,000	275,000	253,000	22,000	매출가격차이
변동제조원가	6	148,500	163,350	153,450	9,900	변동제조원가차이
변동판매관리비	2	39,000	42,900	44,550	(1,650)	변동판매관리비차이
공헌이익	3	62,500	68,750	55,000		
고정제조원가		12,500	12,500	15,000		
고정판매관리비		27,500	27,500	30,000		
영업이익		22,500	28,750	10,000		
고정예산차이		22,500		10,000	12,500	불리
매출조업도차이		*22,500*	*28,750*		*6,250*	*유리*
변동예산차이			28,750	10,000	18,750	불리
매출가격차이			*275,000*	*253,000*	*22,000*	*불리*
변동원가차이			206,250	198,000	8,250	유리
고정원가차이			40,000	45,000	5,000	불리

25 ㈜한국의 투자중심점인 A사업부의 지난해 영업과 관련된 자료는 다음과 같다.

매출액	₩1,000,000
총변동원가	₩300,000
공헌이익	₩700,000
총고정원가	₩500,000
영업이익	₩200,000
평균영업자산	₩625,000

A사업부가 새로운 투자기회를 고려하지 않는다면, A사업부의 당기 성과와 평균영업자산은 지난해와 동일한 수준을 유지할 것이다. 그러나 당기에 A사업부가 고려중인 투자안에 연간 평균 ₩120,000만큼 투자하게 되면, 이 새로운 투자안으로부터 예상되는 연간 수익, 원가 및 공헌이익률 관련 자료는 다음과 같다.

매출액	₩200,000
총고정원가	₩90,000
공헌이익률	60%

투자안의 채택 여부를 결정할 때 회사전체와 각 사업부에 적용되는 최저필수수익률은 15%이다. 만약 A사업부가 새로운 투자안을 채택한다면, A사업부의 올해 예상되는 잔여이익(residual income)은 얼마인가?

① ₩106,250   ② ₩110,450   ③ ₩118,250
④ ₩121,450   ⑤ ₩124,450

풀이과정   정답 ③

1. 영업이익

매출액	200,000
공헌이익률	60%
공헌이익	120,000
고정원가	90,000
영업이익	30,000

2. 투자수익률

	A사업부	신규투자	계
영업자산	625,000	120,000	745,000
영업이익	200,000	30,000	230,000
투자수익률	32.00%	25.00%	30.87%

최저필수수익률, 12% ≤ 투자수익률 25%

준최적화 문제 ⇒ A사업부 기각 ≤ 회사 전체 좋은 투자안

3. 잔여이익

잔여이익 = 영업이익 - 최저필수이익

= 영업이익 - 투자액 × 최저필수수익률

	A사업부	신규투자	계
영업자산	625,000	120,000	745,000
최저필수수익률	15%	15%	15%
최저필수이익	93,750	18,000	111,750
영업이익	200,000	30,000	230,000
잔여(초과)이익	*106,250*	*12,000*	*118,250*

목표 조화 ⇒ A사업부 채택 ≤ 회사 전체 좋은 투자안

26 분권화된 조직에서의 책임회계제도, 책임중심점, 사내대체가격, 성과평가에 대하여 옳은 설명은?

① 책임회계제도에서는 공통고정원가가 통제가능성의 원칙에 따라 각 책임중심점에 배부된다.

② 책임중심점의 하나인 원가중심점에 속하는 예로 생산부문, 판매부문, 인력관리부문, 재무부문 등이 있다.

③ 기업 외부의 시장이 매우 경쟁적이고 기업 내부의 사업부서간에 상호의존도가 적을 경우 원가에 기초하여 사내대체가격을 결정하는 것이 합리적이다.

④ 절대평가는 기업 내부 또는 외부의 벤치마크와 비교하여 성과평가를 하는 것이므로 상대평가에 비해 성과에 영향을 미치는 통제 불가능한 요소를 제거하는데 유용하다.

⑤ 투자수익률이 투자중심점 경영자의 성과평가목적으로 사용될 경우에 준최적화 현상이 발생할 수 있는데, 이와 같은 투자수익률의 문제점을 보완하기 위해 잔여이익이 사용될 수 있다.

풀이과정 　　　　　　　　　　　　　　　　　　　　　　　　　　　　**정답 ⑤**

분권화	조직구조, 조직구성원이 조직목표를 달성하기 위해 자원을 이용하는 방법을 결정하는 과업과 보고관계의 공식적 체계 집권적 조직구조, 최고경영진에 의사결정 권한이 집중된 조직구조 분권적 조직구조, 일선실무자에게 의사결정 권한이 위임된 조직구조
책임중심점	권한이 위임되고 이에 대한 책임이 부여된 조직단위 원가중심점/ 수익중심점/ 이익중심점/ 투자중심점
책임회계제도	책임중심점별로 책임이행여부에 관한 실적을 측정하고 목표와 비교 책임과 권한이 명확히 부여되어야 함 성과평가의 기준점인 벤치마크가 설정되어야 함 공정한 성과평가를 통해 적절한 보상이 이루어져야 함
원가중심점	원가통제권한 부여/ 원가발생에 대한 책임/ 원가차이분석 성과평가
사내대체가격	사업부간 대체되는 중간제품의 가격 기업 전체의 이익극대화를 유도하는 대체가격 결정 공급사업부의 최소대체가격, 변동원가＋기회원가 수요사업부의 최대대체가격, 외부구입원가, 순실현가치 중 적은 금액
절대평가	위임된 권한 범위내의 목표와 실적 비교 평가
투자수익률	*투자중심점, 이익과 투자에 관한 의사결정 권한 부여* *투자중심점의 성과측정치* *투자수익률/ 잔여이익/ 경제적 부가가치* *투자수익률의 준최적화 문제 발생/ 잔여이익 활용*

• 회계사/2019/문47~문48

※ 다음 자료를 이용하여 27번과 28번에 답하시오.

㈜대한은 사업부 A와 B로 구성되어 있고, 각 사업부는 이익중심점으로 운영된다. 사업부A는 동일한 기계를 이용하여 성능이 다른 두 종류의 제품 X와 Y를 생산하며, 각 제품과 관련된 자료는 다음과 같다.

항목	제품 X	제품 Y
단위당 판매가격	₩40	₩7
단위당 직접재료원가	₩5	₩2
단위당 기타 변동제조원가	(단위당 1시간, 시간당 ₩10) ₩10	(단위당 0.2시간, 시간당 ₩10) ₩2
연간 외부수요량	20,000단위	30,000단위

주) 상기 표에서 시간은 기계시간을 의미함

사업부 A의 연간 고정제조간접원가는 ₩200,000이고, 연간 이용 가능한 기계시간은 25,000시간이다. 사업부 B는 제품 Q를 생산한다. 제품 Q 1단위를 생산하기 위해서는 외부업체로부터 특수부품 S 1단위를 단위당 ₩40에 구매해야 한다. 제품 Q와 관련된 자료는 다음과 같다.

항목		제품 Q
단위당 판매가격		₩100
단위당 직접재료원가	특수부품 S	₩40
	일반부품 G	₩10
단위당 기타 변동제조원가		₩20
연간 외부수요량		3,000단위

사업부 B의 연간 고정제조간접원가는 ₩30,000이다. 사업부 B는 외부수요를 충족할 만큼 충분한 생산능력을 갖추고 있다.

최근에 ㈜대한의 생산기술부서는 제품 Q를 생산하기 위해 특수부품 S 1단위 대신에 제품 X 1단위를 투입할 수 있으며, 이러한 부품 교체가 제품 Q의 단위당 판매가격, 단위당 일반부품 G의 원가, 단위당 기타 변동제조원가, 외부수요량에 미치는 영향은 없다고 보고하였다. ㈜대한은 생산기술부서의 보고를 토대로 특수부품 S를 사업부 A의 제품 X로 교체하는 방안을 고려하고 있다.

27 특수부품 S를 사업부 A의 제품 X로 교체할 경우, 회사전체의 영업이익은 얼마나 증가 또는 감소하는가?

① ₩30,000 증가   ② ₩30,000 감소   ③ ₩45,000 증가

④ ₩45,000 감소   ⑤ ₩50,000 증가

28 특수부품 S를 사업부 A의 제품 X로 교체할 경우, 사업부 A가 현재의 영업이익을 감소시키지 않기 위해 사업부 B에 제시할 수 있는 제품 X의 단위당 최소판매가격은 얼마인가?

① ₩18   ② ₩20   ③ ₩24

④ ₩27   ⑤ ₩30

풀이과정

구분	A사업부			B사업부	회사전체
	제품 X	제품 Y	합계	제품 Q	
단위당 판매가격	40	7		100	
단위당 직접재료원가	5	2		50	
단위당 기타변동제조원가	10	2		20	
단위당 공헌이익	25	3		30	
단위당 기계소요시간	1.0	0.2			
기계시간당 공헌이익	25	15			
생산우선순위	1 순위	2 순위			
외부수요량	20,000	30,000		3,000	
생산량	20,000	25,000			
기계시간 할당	20,000	5,000	25,000		
공헌이익	500,000	75,000	575,000	90,000	665,000

구분	A사업부			B사업부	회사전체
	제품 X	제품 Y	합계	제품 Q	
단위당 판매가격	40	7			
단위당 직접재료원가	5	2		-40	
단위당 기타변동제조원가	10	2			
단위당 공헌이익	25	3		40	
단위당 기계소요시간	1.0	0.2			
기계시간당 공헌이익	25	15			
생산우선순위	1 순위	2 순위			
내부대체량	3,000			3,000	
생산량	3,000	-15,000			
증분원가	45,000				
기계시간 할당	3,000	-3,000			
공헌이익	-45,000	-45,000	-90,000	120,000	
회사 전체이익 증가액			*-90,000*	*120,000*	*30,000*
최소대체가격			*30*		

• 회계사/2023/문45

29 ㈜대한의 A사업부는 단일제품을 생산 및 판매하는 투자중심점이다. A사업부에 대해 요구되는 최저필수수익률은 15%, 가중평균자본비용은 10%, 그리고 법인세율은 40% 이다. 다음은 20x3년도 ㈜대한의 A사업부에 관한 예산자료이다.

- A사업부의 연간 총고정원가는 ₩400,000이다.
- 제품 단위당 판매가격은 ₩550이다.
- 제품 단위당 변동원가는 ₩200이다.
- 제품의 연간 생산 및 판매량은 각각 2,000단위이다.
- A사업부에 투자된 평균영업자산과 투하자본은 각각 ₩1,000,000이다.

A사업부의 잔여이익(RI)과 경제적 부가가치(EVA)는 각각 얼마인가?

	잔여이익	경제적 부가가치		잔여이익	경제적 부가가치
①	₩150,000	₩80,000	②	₩150,000	₩90,000
③	₩150,000	₩100,000	④	₩140,000	₩80,000
⑤	₩140,000	₩90,000			

풀이과정

정답 ①

1. 실제 영업이익

단위당 판매가격	550
단위당 변동원가	200
단위당 공헌이익	350
생산 판매량	2,000
공헌이익	700,000
고정원가	400,000
영업이익	***300,000***
법인세	120,000
세후 이익	***180,000***

2. 잔여이익

투자액	1,000,000
최저필수수익률	15%
최저필수이익	150,000
실제 영업이익	300,000
잔여(초과)이익	***150,000***

3. 경제적 부가가치

투하자본	1,000,000
가중평균자본비용	10%
사용대가	100,000
세전 영업이익	300,000
법인세	120,000
세후 영업이익	180,000
경제적 부가가치	***80,000***

30 ㈜대한의 분권화된 사업부 A와 사업부 B는 이익중심점으로 설정되어 있다. 사업부 A에서 생산되는 제품 X는 사업부 B에 대체하거나 외부시장에 판매할 수 있다. 사업부 B는 제품 X를 주요부품으로 사용하여 완제품을 생산하고 있으며, 공급처는 자유롭게 선택할 수 있다.

현재 사업부 A는 10,000단위의 제품 X를 전부 외부시장에 판매하고 있으며, 사업부 B는 현재 연간 5,000단위의 제품 X를 단위당 ₩84의 가격으로 외부공급업자로부터 구입하고 있다. 사업부 A에서 생산되는 제품 X와 관련된 자료는 다음과 같다.

· 단위당 외부판매가격	₩90
· 단위당 변동원가(변동판매비와관리비 포함)	₩60
· 연간 고정원가	₩2,000,000
· 연간 최대생산능력	10,000단위

최근 ㈜대한은 사업부 B의 생산에 필요한 5,000단위의 제품 X의 사내대체를 검토하였다. 사내대체를 할 경우, 사업부 A가 단위당 ₩20의 변동판매비와관리비를 절감할 수 있다면 사업부 A가 사내대체를 수락할 수 있는 최소 대체가격은 얼마인가?

① ₩40   ② ₩60   ③ ₩70   ④ ₩84   ⑤ ₩90

풀이과정
정답 ③

구분	공급사업부 A사업부 제품 X	구매사업부 B사업부
최대 생산 가능량	10,000	
외부 판매수량	10,000	
여유 생산능력	0	
외부 판매가격	90	
단위당 변동원가	60	
단위당 공헌이익	30	

	공급사업부	구매사업부	
	사내대체	사내대체	외부구입
사내대체수량	5,000	5,000	
단위당 변동원가	40		
증분변동원가	200,000		
외부판매수량 감소	5,000		
단위당 공헌이익	30		
기회원가	150,000		
증분원가	350,000	350,000	
단위당 원가	70		84
최소대체가격	**70**		
최대대체가격		84	

13 원가추정과 불확실성하의 의사결정

1. 주요개념

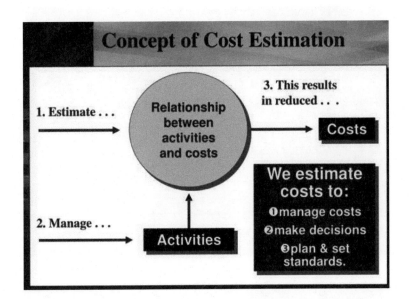

Cost Estimation Methods

- Used by managers to
  - Enable the creation of a cost function so that costs can be predicted at various activity levels
- Useful when fixed and variable costs are grouped together
- Four common methods
  1. Account analysis
  2. Scattergraph
  3. High-low
  4. Linear regression

BEHAVIOUR OF COST FUNCTIONS

The Linear Cost Function

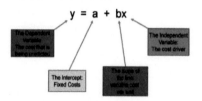

1. Variable Cost: $\mathbf{y=bx}$ when $\mathbf{b}$ is the variable cost per unit and $\mathbf{x}$ is the number of units

2. Fixed Cost: $\mathbf{y=a}$ when $\mathbf{a}$ is the amount of the fixed cost in total

3. Mixed Cost: $\mathbf{y=a+bx}$ = COST FUNCTION

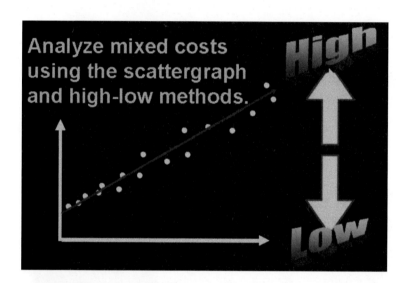

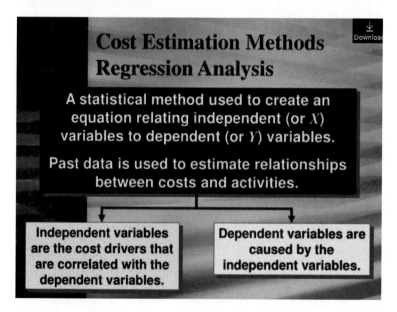

Nonlinear Cost Functions

1. **Economies of Scale**
2. **Quantity Discounts**
3. **Step Cost Functions** – resources increase in "lot-sizes," not individual units
4. **Learning Curves** – labor hours consumed decrease as workers learn their jobs and become better at them
5. **Experience Curve** – broader application of learning curve that includes downstream activities including marketing and distribution

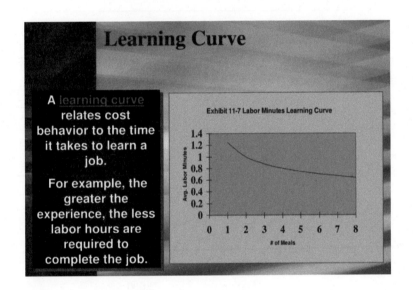

Learning Curve

Learning effects are large initially.

Learning effects become smaller, eventually reaching expected final time.

Average Labor Time per Unit

Cumulative Production Output

2. 관세사 기출문제 및 해설

• 관세사/2015/문77

01 ㈜관세가 신제품 P-1 첫 번째 단위를 생산하는 데 소요된 직접노무시간은 90시간이며, 두 번째 단위를 생산하는 데 소요된 직접노무시간은 54시간이다. 이 신제품 P-1의 생산과 관련된 원가자료는 다음과 같다.

구분	금액
제품 단위당 직접재료원가	₩500
직접노무시간당 임률	₩10
변동제조간접원가(직접노무시간에 비례하여 발생)	직접노무시간당 ₩2.5
고정제조간접원가 배부액	₩2,500

직접노무시간이 누적평균시간 학습모형을 따르는 경우, 신제품 P-1의 최초로 생산된 4단위의 총제조원가는 얼마인가?

① ₩4,880   ② ₩5,880   ③ ₩6,880   ④ ₩7,380   ⑤ ₩8,880

풀이과정

정답 ④

누적생산량	증분노무시간	누적노무시간	평균노무시간	학습률
1	90	90	90	
2	54	144	72	80%
4		230	58	80%

	단위당	4단위
직접재료원가	500	2,000
직접노무원가		2,304
변동제조간접원가		576
고정제조간접원가		2,500
총제조원가		**7,380**

• 관세사/2023/문79

02 ㈜관세의 제조간접원가는 외주가공비, 감가상각비, 기타제조원가로 구성된다. 생산량이 1,000단위와 2,000단위일 때 각각의 제조간접원가 및 추정된 원가함수는 다음과 같다.

구분	원가행태	생산량	
		1,000단위	2,000단위
외주가공비	변동원가	?	₩10,000
감가상각비	고정원가	₩2,000	?
기타제조원가	혼합원가	?	?
제조간접원가	혼합원가	?	?
고저점법을 이용하여 추정한 원가함수		제조간접원가 = ₩9×생산량 + ₩5,000	

㈜관세의 생산량이 3,000단위일 때 예상되는 기타제조원가 총액은?

① ₩15,000 ② ₩15,500 ③ ₩16,000 ④ ₩17,000 ⑤ ₩17,500

풀이과정   정답 ①

구분	원가행태	단위당 변동원가	생산량 1,000 변동원가	고정원가	생산량 2,000 변동원가	고정원가	생산량 3,000 변동원가	고정원가	합계
외부가공비	변동원가	5	5,000		10,000		15,000		15,000
감가상각비	고정원가			2,000		2,000		2,000	2,000
기타제조원가	혼합원가	4	4,000	3,000	8,000	3,000	12,000	3,000	*15,000*
제조간접원가	혼합원가	9	9,000	5,000	18,000	5,000	27,000	5,000	32,000

3. 감정평가사 기출문제 및 해설

• 감정평가사/2017/문76

03 ㈜감평의 최근 6개월간 A제품 생산량 및 총원가 자료이다.

월	생산량(단위)	총원가
1	110,000	₩10,000,000
2	50,000	7,000,000
3	150,000	11,000,000
4	70,000	7,500,000
5	90,000	8,500,000
6	80,000	8,000,000

원가추정은 고저점법(high-low method)을 이용한다. 7월에 A제품 100,000단위를 생산하여 75,000단위를 단위당 ₩100에 판매할 경우, 7월의 전부원가계산에 의한 추정 영업이익은? (단, 7월에 A제품의 기말제품 이외에는 재고자산이 없다)

① ₩362,500 ② ₩416,000 ③ ₩560,000
④ ₩652,500 ⑤ ₩750,000

풀이과정

정답 ⑤

1. 원가추정

구분		생산량	총원가	변동원가	고정원가
고점	3월	150,000	11,000,000	6,000,000	5,000,000
저점	2월	50,000	7,000,000	2,000,000	5,000,000
차액		100,000	4,000,000		
단위당 변동원가				40	
	7월	100,000		4,000,000	5,000,000

2. 영업이익 추정

제조원가	발생원가			판매량	비용화금액	
	금액	생산량	단위당원가		7월	8월
변동제조원가	4,000,000	100,000	40	75,000	3,000,000	1,000,000
고정제조원가	5,000,000	100,000	50	75,000	3,750,000	1,250,000
당기비용					6,750,000	
매출액			100	75,000	7,500,000	
매출총이익					*750,000*	

• 감정평가사/2020/문79

04 ㈜감평은 최근 신제품을 개발하여 최초 10단위의 제품을 생산하는데 총 150시간의 노무시간을 소요하였으며, 직접노무시간당 ₩1,200의 직접노무원가가 발생하였다. ㈜감평은 해당 신제품 생산의 경우, 90%의 누적평균시간 학습곡선모형이 적용될 것으로 예상하고 있다. 최초 10단위 생산 후, 추가로 30단위를 생산하는데 발생할 것으로 예상되는 직접노무원가는?

① ₩180,000　　　　② ₩259,200　　　　③ ₩324,000

④ ₩403,200　　　　⑤ ₩583,200

풀이과정 누적평균 학습곡선모형 원가추정　　　　　　　　　　**정답** ④

누적생산량	총시간	평균시간	학습률	누적총시간	증분시간	**노무원가**
10	150	15.00		150.0		
20		13.50	90%	270.0		
40		12.15	90%	486.0	336.0	**403,200**

05 ㈜감평은 제품 생산에 필요한 부품 400단위를 매년 외부에서 단위당 ₩1,000에 구입하였다. 그러나 최근 외부구입가격 인상이 예상됨에 따라 해당 부품을 자가제조하는 방안을 검토하고 있다. 다음은 ㈜감평이 부품 100단위를 자가제조할 경우의 예상제조원가 자료이다.

직접재료원가	₩25,000
직접노무원가	30,000 (₩100/직접노무시간)
변동제조간접원가	20,000 (₩100/직접노무원가의 2/3)
고정제조간접원가	100,000 (전액 유휴생산설비 감가상각비)

㈜감평은 현재 보유하고 있는 유휴생산설비를 이용하여, 매년 필요로 하는 부품 400단위를 충분히 자가제조할 수 있을 것으로 예상하고 있으며, 부품은 한 묶음의 크기를 100단위로 하는 묶음생산방식으로 생산할 예정이다. 해당 부품을 자가 제조하는 경우, 직접노무시간이 학습률 90%의 누적평균시간 학습모형을 따를 것으로 추정된다. ㈜감평이 부품 400단위를 자가제조할 경우, 단위당 제조원가는?

① ₩655   ② ₩712   ③ ₩750   ④ ₩905   ⑤ ₩1,000

풀이과정   정답 ④

1. 누적평균 학습모형

누적 묶음	누적생산량	직접 노무원가	시간당 임률	총노무시간	평균 노무시간	학습률	총노무시간
1	100	30,000	100	300	300.0	90%	300
2	200				270.0	90%	540
4	400	97,200	100		243.0	90%	972

2. 원가추정

생산량	100단위	400단위
직접재료원가	25,000	100,000
직접노무원가	30,000	97,200
변동제조간접원가	20,000	64,800
고정제조간접원가	100,000	100,000
총원가	175,000	362,000
단위당 원가	1,750	**905**

4. 세무사 기출문제 및 해설

• 세무사/2015/문37

06 ㈜국세는 1로트(lot)의 크기를 10대로 하는 로트생산방식에 의해 요트를 생산·판매하고 있다. ㈜국세는 최근 무인잠수함을 개발하고 5대를 생산·판매하였으며, 관련 원가자료는 다음과 같다.

직접재료원가 (₩2,000,000/대)	₩10,000,000
직접노무원가 (₩30,000/시간)	30,000,000
변동제조간접원가 (₩5,000/직접노무시간)	5,000,000

무인잠수함도 로트생산방식으로 생산하되, 1로트의 크기는 5대이다. 무인잠수함의 직접노무시간은 요트 생산과 같이 로트당 누적평균시간 학습곡선모형을 따르며, 학습률도 동일하다. 요트 생산의 누적생산량과 로트당 평균 직접노무시간은 다음과 같다.

누적생산량	누적로트수	로트당 평균 직접노무시간
10	1	1,300
20	2	1,170
40	4	1,053

㈜국세는 무인잠수함 35대에 대한 납품 제의를 받았다. 이 납품과 관련된 무인잠수함 1대의 평균 변동제조원가는?

① ₩5,451,000 ② ₩6,080,000 ③ ₩6,165,000
④ ₩6,544,000 ⑤ ₩6,832,000

풀이과정

정답 ⑤

1. 학습률

요트생산 학습률 90%

누적로트	평균노무시간	학습률	누적생산량	총노무시간
1	1,300		10	1,300
2	1,170	90%	20	2,340
4	1,053	90%	40	4,212
8	948	90%	80	7,582

2. 무인잠수함 원가추정

	직접노무원가	30,000,000
	임률	30,000
	노무시간	1,000

누적로트	평균노무시간	학습률	누적생산량	총노무시간	추가 35대
1	1,000		5	1,000	
2	900	90%	10	1,800	
4	810	90%	20	3,240	
8	729	90%	40	5,832	4,832

3. 추가 35대의 원가

	단기	투입량	원가
직접재료원가	2,000,000	35	70,000,000
직접노무원가	30,000	4,832	144,960,000
변동제조간접원가	5,000	4,832	24,160,000
계			239,120,000
생산수량			35
단위당 변동제조원가			*6,832,000*

• 세무사/2016/문26

07 ㈜세무는 단일 제품 A를 생산·판매하며, 관련범위 내 연간 최대생산능력은 10,000 단위이다. ㈜세무는 현재 제품 A 7,500단위를 생산하여 단위당 판매가격 ₩400으로 정규시장에 모두 판매한다. 최근 ㈜세무는 ㈜한국으로부터 단위당 가격 ₩350에 제품 A 3,000단위를 구입하겠다는 특별주문을 받았다. ㈜한국의 특별주문은 전량 수락하든지 기각하여야 하며, 특별주문 수락시 정규시장 판매를 일부 포기하여야 한다. 제품 A의 단위당 직접재료원가는 ₩80, 단위당 직접노무원가는 ₩120, 단위당 변동판매관리비는 ₩0이며, 조업도 수준에 따른 총제조간접원가는 다음과 같다.

조업도 수준	총제조간접원가
최대생산능력의 55%	₩1,755,000
최대생산능력의 65%	1,865,000
최대생산능력의 75%	1,975,000
최대생산능력의 80%	2,030,000

㈜세무가 ㈜한국의 특별주문을 수락한다면, 증가 또는 감소할 영업이익은? (단, 변동제조간접원가의 추정은 고저점법을 이용한다)

① ₩30,000 감소　　② ₩45,000 감소　　③ ₩75,000 증가

④ ₩90,000 증가　　⑤ ₩120,000 증가

풀이과정　　　　　　　　　　　　　　　　　　　　　　　　　　**정답** ③

1. 고저점법 원가추정

조업도		총제조원가	
최대	8,000	2,030,000	
최소	5,500	1,755,000	
차액	2,500	275,000	
단위당 변동제조변동원가			110
최대수준 변동제조간접원가		880,000	
고정제조간접원가		1,150,000	
단위당 직접재료원가			80
단위당 직접노무원가			120
단위당 변동제조원가			310

2. 관련원가분석

	추가생산	정규시장 대체	합계
최대생산능력			10,000
정규시장 판매물량			7,500
여유 생산능력			2,500
주문물량			3,000
추가 생산물량	2,500		
정규시장 대체		500	

	증분원가분석		
	추가생산	대체물량	
판매량	2,500	-500	
판매가격	350	400	50
변동원가	310		
공헌이익	40		
총공헌이익	*100,000*		*-25,000*
		75,000	

• 세무사/2017/문26

08 ㈜세무의 지난 6개월간 기계가동시간과 기계수선비에 대한 자료는 다음과 같다. ㈜세무가 고저점법을 사용하여 7월의 기계수선비를 ₩2,019,800으로 추정하였다면, 예상 기계가동시간은? (단, 기계수선비의 원가동인은 기계가동시간이다)

월	기계가동시간	기계수선비
1	3,410시간	₩2,241,000
2	2,430	1,741,000
3	3,150	1,827,000
4	3,630	2,149,000
5	2,800	2,192,500
6	2,480	1,870,000

① 2,800시간　　② 3,140시간　　③ 3,250시간
④ 3,500시간　　⑤ 3,720시간

풀이과정　　　　　　　　　　　　　　　　　　　　　　**정답** ③

조업도	월	기계시간	기계수선비
고점	4	3,630	2,149,000
저점	2	2,430	1,741,000
변동		1,200	408,000
시간당 변동원가			340
고점 변동원가			1,234,200
저점 변동원가			826,200
고정원가			914,800
7월 기계수선비			2,019,800
7월의 고정원가			914,800
7월의 변동원가			1,105,000
기계시간당 변동원가			340
7월의 기계시간			**3,250**

● 세무사/2021/문34

09 올해 창업한 ㈜세무는 처음으로 A광역시로부터 도로청소 특수차량 4대의 주문을 받았다. 이 차량은 주로 수작업을 통해 제작되며, 소요될 원가자료는 다음과 같다.

· 1대당 직접재료원가:	₩85,000
· 첫 번째 차량 생산 직접노무시간:	100시간
· 직접노무원가: 직접노무시간당	₩1,000
· 제조간접원가: 직접노무시간당	₩500

위의 자료를 바탕으로 계산된 특수차량 4대에 대한 총제조원가는? (단, 직접노무시간은 80% 누적평균시간학습모형을 고려하여 계산한다)

① ₩542,000 ② ₩624,000 ③ ₩682,000
④ ₩724,000 ⑤ ₩802,000

풀이과정   정답 ④

누적생산량	총시간	평균시간	학습률	누적총시간	시간당 임률	노무원가
1	100	100.00		100.0		
2		80.00	80%	160.0		
4		64.00	80%	256.0	1,000.0	256,000

직접재료원가			340,000
직접노무원가	256	1,000	256,000
제조간접원가	256	500	128,000
총제조원가			**724,000**

• 세무사/2022/문36

10 ㈜세무는 최근에 신제품을 개발하여 처음으로 10단위를 생산했으며, 추가로 10단위를 생산하는데 필요한 직접노무시간은 처음 10단위 생산에 소요된 직접노무시간의 60%인 것으로 나타났다. ㈜세무의 신제품 생산에 누적평균시간 학습모형이 적용된다면 학습률은?

① 60%   ② 65%   ③ 80%   ④ 85%   ⑤ 90%

풀이과정   정답 ③

누적 생산량	누적평균 노무시간	학습률	총누적 노무시간	추가 생산량	총노무시간	평균 노무시간
10	a		10×a	10	10×a	a
20	0.8×a	**80%**	16×a	**10**	**6×a**	0.6×a
40	0.64×a	80%	25.6×a	20	9.6×a	0.48×a
80	0.512×a	80%	40.96×a	40	15.36×a	0.384×a

11 ㈜세무는 기계 A, B 중 하나를 구입하고, 이를 사용하여 신제품을 생산하려 한다. 관련 자료를 근거로 작성한 성과표(payoff table)는 다음과 같다. 성과표에서 P(Si)는 확률을 의미하고, 금액은 이익을 의미한다.

상황 대안	S_1 = 호황 $P(S_1) = 0.4$	S_2 = 불황 $P(S_2) = 0.6$
기계 A	₩9,000	₩1,000
기계 B	7,000	K

기계 A의 기대이익이 기계 B의 기대이익보다 더 크며, 호황일 때는 기계 A의 이익이 더 크고 불황일 때는 기계 B의 이익이 더 크다. 완전정보의 기대가치(EVPI)가 ₩600인 경우, 성과표에서 K는 얼마인가?

① ₩1,500 　② ₩2,000 　③ ₩2,200 　④ ₩2,300 　⑤ ₩2,500

풀이과정　　　　　　　　　　　　　　　　　　　　　　　　　　　　　　정답　②

1. 이득성과표

대안	미래발생사건		
	S_1 = 호황	S_2 = 불황	
	40%	60%	기대이익
기계 A	9,000	1,000	4,200
기계 B	7,000	K	

2. 정보가치 분석

완전정보	S_1	S_2	
최적 대안	기계 A	기계 B	
이익	9,000	K	
정보입수확률	40%	60%	
완전정보하의 기대이익	3,600	0.6K	3,600 + 0.6K
기존정보하의 기대이익	3,600	600	4,200
완전정보 기대이익			0.6K - 600 = 600

$$0.6K - 600 = 600$$
$$0.6K = 1,200$$
$$K = 2,000$$

• 세무사/2024/문33

12 ㈜세무는 당기에 신제품을 개발하여 지금까지 2,000단위를 생산 및 판매하였으며, 처음 1,000단위 생산에 소요된 원가는 다음과 같다.

· 직접재료원가	₩400,000
· 직접노무원가(1,000시간×₩2,000)	2,000,000
· 변동제조간접원가(직접노무원가의 50%)	1,000,000
· 고정제조간접원가	3,200,000

㈜세무의 제품 생산은 80%의 누적평균시간 학습곡선을 따른다고 가정한다. 최근 공공기관으로부터 신제품 2,000단위를 주문받았다. 이 주문에 대해 발생할 것으로 예상되는 변동제조원가 총액은?

① ₩1,920,000 ② ₩2,880,000 ③ ₩3,280,000
④ ₩3,680,000 ⑤ ₩5,600,000

풀이과정   정답 ④

누적생산량	총시간	평균시간	학습률	누적총시간	시간당 임률	노무원가
1,000	1,000	1.00		1,000.0	2,000.0	2,000,000
2,000		0.80	80%	1,600.0	2,000.0	3,200,000
4,000		0.64	80%	2,560.0	2,000.0	5,120,000

누적생산량		1,000	2,000	4,000	주문 2,000
직접재료원가		400,000	800,000	1,600,000	800,000
직접노무원가		2,000,000	3,200,000	5,120,000	1,920,000
변동제조간접원가		1,000,000	1,600,000	2,560,000	960,000
변동제조원가		3,400,000	5,600,000	9,280,000	3,680,000
고정제조간접원가		3,200,000	3,200,000	3,200,000	0

5. 공인회계사 기출문제 및 해설

• 회계사/2017/문47

13 ㈜한국은 최근에 신제품 A의 개발을 완료하고 시험적으로 500단위를 생산하였다. 회사가 처음 500단위의 신제품 A를 생산하는 데 소요된 총직접노무시간은 1,000시간이고 직접노무시간당 임률은 ₩300이었다. 신제품 A의 생산에 소요되는 단위당 직접재료원가는 ₩450이고, 단위당 제조간접원가는 ₩400이다. ㈜한국은 과거 경험에 의하여 이 제품을 추가로 생산하는 경우 80%의 누적평균직접노무시간 학습모형이 적용될 것으로 추정하고 있으며, 당분간 직접노무시간당 임률의 변동은 없을 것으로 예상하고 있다. 신제품 A를 추가로 1,500단위 더 생산한다면, 총생산량 2,000단위에 대한 신제품 A의 단위당 예상원가는?

① ₩1,234 　　　　② ₩1,245 　　　　③ ₩1,257

④ ₩1,263 　　　　⑤ ₩1,272

풀이과정 　　　　　　　　　　　　　　　　　　　　　　　　　**정답** ①

누적회차	누적 생산량	누적 총노무시간	누적평균 노무시간	학습률	시간당 임률	누적 총노무원가
1	500	1,000	2.00		300	300,000
2	1,000	1,600	1.60	80%	300	480,000
4	2,000	2,560	1.28	80%	300	768,000

원가요소	생산량	단위당원가	총원가
직접재료원가	2,000	450	900,000
직접노무원가	2,000		768,000
긴접제조원가	2,000	400	800,000
			2,468,000
단위당 원가			**1,234**

원가요소	생산량	단위당원가	총원가
직접재료원가	1,500	450.00	675,000
직접노무원가	1,500		468,000
긴접제조원가	1,500	400.00	600,000
			1,743,000
단위당 원가			**1,162**

• 회계사/2018/문44

14 ㈜대한은 A형-학습모형(누적평균시간 모형)이 적용되는 '제품 X'를 개발하고, 최초 4단위를 생산하여 국내 거래처에 모두 판매하였다. 이후 외국의 신규 거래처로부터 제품 X의 성능이 대폭 개선된 '제품 X-plus'를 4단위 공급해 달라는 주문을 받았다. 제품 X-plus를 생산하기 위해서는 설계를 변경하고 새로운 작업자를 고용해야 한다. 또한 제품 X-plus의 생산에는 B형-학습모형(증분단위시간 모형)이 적용되는 것으로 분석되었다.

누적 생산량	A형-학습모형이 적용될 경우 누적평균 노무시간	B형-학습모형이 적용될 경우 증분단위 노무시간
1	120.00	120.00
2	102.00	108.00
3	92.75	101.52
4	86.70	97.20
5	82.28	93.96
6	78.83	91.39
7	76.03	89.27
8	73.69	87.48

㈜대한이 제품 X-plus 4단위를 생산한다면, 제품 X 4단위를 추가로 생산하는 경우와 비교하여 총노무시간은 얼마나 증가(또는 감소)하는가?

① 102.00시간 감소   ② 146.08시간 증가   ③ 184.00시간 증가

④ 248.60시간 증가   ⑤ 388.80시간 감소

풀이과정   정답 ③

총노무시간	학습률	누적 평균시간	누적 생산량	증분 노무시간	학습률	총원가
120.00		120.00	1	120.00		120.00
204.00	85.0%	102.00	2	108.00	90.00%	228.00
			3	101.52		329.52
346.80	85.0%	86.70	4	97.20	90.00%	*426.72*
			5	93.96		520.68
			6	91.39		612.07
			7	89.27		701.34
589.52	85.0%	73.69	8	87.48	90.00%	788.82

242.72   추가 4단위   *426.72*

184.00

※ 다음 자료를 이용하여 15번과 16번에 답하시오.

(1) 다음은 단일제품 A를 생산하는 ㈜대한의 20X1년도 생산 및 제조에 대한 자료이다.

구분	생산량(개)	제조원가(₩)
1월	1,050	840,000
2월	1,520	1,160,000
3월	1,380	983,000
4월	2,130	1,427,600
5월	1,400	1,030,000
6월	1,730	1,208,000
7월	1,020	850,400
8월	1,800	1,282,300
9월	1,640	(중략)
10월	1,970	(중략)
11월	1,650	1,137,400
12월	1,420	1,021,800

(2) ㈜대한의 회계담당자는 향후 생산량에 따른 원가를 예측하고, 변동원가계산서 작성에 필요한 자료를 얻기 위해 중략된 자료를 포함한 위 자료를 이용하여 원가모형을 추정하였다. ㈜대한의 회계담당자가 회귀분석을 통해 추정한 원가모형은 다음과 같다.

> · 원가추정모형: $Y = a + b \times X$
> · Y = 제조원가(₩)
> · $a = 296,000$ (t-value: 3.00, 유의도 0.01 이하)
> · $b = 526$ (t-value: 4.00, 유의도 0.01 이하)
> · X = 생산량(개)
> · R^2(결정계수) $= 0.96$

15 위 자료를 바탕으로 다음 설명 중 가장 옳은 것은?

① R^2는 추정된 회귀분석의 설명력을 나타내는 것으로 1보다 클수록 높은 설명력을 가진다.

② 회귀분석을 통해 추정한 계수값인 a와 b의 유의도와 t-value가 낮아 분석결과 값을 신뢰할 수 없다.

③ 제품 A의 단위당 판매액이 ₩700이고 단위당 변동판매관리비가 ₩10일 때 제품 A에 대한 단위당 공헌이익은 ₩26이다.

④ 제품 A를 2,000개 생산한다면 회귀분석을 통해 추정한 제조원가는 ₩1,348,000이다.

⑤ 9월과 10월의 중략된 제조원가자료를 사용하면 고저점법을 통해 더 정확한 원가를 추정할 수 있다.

16 위 자료를 바탕으로 ㈜대한의 회귀분석으로 추정한 제조원가와 고저점법으로 추정한 제조원가가 같아지는 생산량은 얼마인가?

① 1,000개　　② 1,500개　　③ 2,000개　　④ 3,000개　　⑤ 4,000개

풀이과정

정답 문11 ④, 문12 ⑤

1. 고저점법에 의한 원가추정

	월	생산량	총제조원가
저점	7	1,020	850,400
고점	4	2,130	1,427,600
차액		1,110	577,200
단위당 변동원가			520
저점 변동원가			530,400
저점 고정원가			320,000

$$Y = 320,000 + 520 \times 생산량$$

2. 추정치와 실제 자료와의 오차

생산량	변동원가	고정원가	추정원가	실제원가	오차
1,400	728,000	320,000	1,048,000	1,030,000	-18,000
1,730	899,600	320,000	1,219,600	1,208,000	-11,600
1,800	936,000	320,000	1,256,000	1,282,300	26,300

3. 추정식의 설명력, 적합도의 문제

4. 회귀분석

	y	x	xy	x^2
1	850,400	1,020	867,408,000	1,040,400
2	840,000	1,050	882,000,000	1,102,500
3	983,000	1,380	1,356,540,000	1,904,400
4	1,030,000	1,400	1,442,000,000	1,960,000
5	1,021,800	1,420	1,450,956,000	2,016,400
6	1,160,000	1,520	1,763,200,000	2,310,400
7	1,137,400	1,650	1,876,710,000	2,722,500
8	1,282,300	1,730	2,218,379,000	2,992,900
9	1,282,300	1,800	2,308,140,000	3,240,000
10	1,427,600	2,130	3,040,788,000	4,536,900
	11,014,800	15,100	17,206,121,000	23,826,400

$$11,014,800 - 10 \times b_0 - 15,100 \times b_1 = 0$$

$$17,206,121,000 - 15,100 \times b_0 - 23,826,400 \times b_1 = 0$$

$$16,632,348,000 - 15,100 \times b_0 - 22,801,000 \times b_1 = 0$$

$$573,773,000 - 1,025,400 \times b_1 = 0$$

$$b_1 = 559.56$$

$$b_0 = 256,544$$

$$Y = 254,544 + 560 \times X$$

5. 원가추정 방법별 원가비교

	회귀분석	고저점법	차액
생산량	Q	Q	
단위당 변동원가	526	520	$6 \times Q$
고정원가	296,000	320,000	24,000
무차별 생산량	$526Q + 296,000$	$520Q + 320,000$	$6 \times Q - 24,000$
			Q=4,000

문항	지문분석
1	결정계수는 1보다 높을 수 없음
2	유의도와 t값이 통계적으로 유의적이다.
3	판매가격 700, 변동제조원가 526, 변동판관비 10, 변동원가 536으로, 단위당 공헌이익은 164이다.

4	생산량	2,000
	단위당 변동제조원가	526
	총변동제조원가	1,052,000
	고정제조원가	296,000
	총제조원가	1,348,000

| 5 | 회귀분석법에 의한 원가추정이 적합도가 가장 높다. |

Payoff Table

- Form of a payoff table
  - M_{ij} is the payoff that corresponds to action a_i and state of nature s_j

Actions	States of nature			
	s_1	s_2	. . .	s_H
a_1	M_{11}	M_{12}	. . .	M_{1H}
a_2	M_{21}	M_{22}	. . .	M_{2H}
.	.	.	.	.
.	.	.	.	.
.	.	.	.	.
a_K	M_{K1}	M_{K2}	. . .	M_{KH}

Expected Value of Perfect Information

EVPI is the difference between the payoff under certainty and the payoff under risk

$$EVPI = \begin{matrix} \text{Expected value} \\ \text{with perfect} \\ \text{information} \end{matrix} - \begin{matrix} \text{Maximum} \\ \text{EMV} \end{matrix}$$

Expected value with perfect information (EVwPI)

= *(Best outcome or consequence for 1st state of nature) x (Probability of 1st state of nature)*

+ *Best outcome for 2nd state of nature) x (Probability of 2nd state of nature)*

+ *... + Best outcome for last state of nature) x (Probability of last state of nature)*

• 세무사/2019/문39

17 ㈜세무는 공정이 정상인지에 대해 조사 여부를 결정하고자 한다. 공정 조사비용은 ₩20,000이며, 조사 후 공정이 비정상 상태일 때 교정비용은 ₩30,000이다. 공정이 비정상인데 조사하지 않으면 손실 ₩90,000이 발생한다. 공정이 정상일 확률은 60%, 비정상일 확률은 40%이다. 공정 상태에 대해 완전한 예측을 해 주는 완전정보 시스템이 있다면 그 완전정보를 얻기 위해 지불가능한 최대금액은?

① ₩4,000 ② ₩12,000 ③ ₩16,000 ④ ₩20,000 ⑤ ₩32,000

풀이과정   정답 ②

1. 이득성과표

	미래발생사건	
	정상	비정상
대안	60%	40%
조사함	20,000	20,000
	0	30,000
조사안함	0	90,000

2. 확실성하의 의사결정

	미래발생사건		원가	
	정상	비정상		
대안	100%	0%		
조사함	20,000	20,000	20,000	
	0	30,000	0	20,000
조사안함	0	90,000		0 ⇐ 최적 의사결정

	미래발생사건		원가	
	정상	비정상		
대안	0%	100%		
조사함	20,000	20,000	20,000	
	0	30,000	30,000	50,000 ⇐ 최적 의사결정
조사안함	0	90,000		90,000

3. 불확실성하의 의사결정

	미래발생사건		기대비용	
	정상	비정상		
대안	60%	40%		
조사함	20,000	20,000	20,000	
	0	30,000	12,000	32,000 ⇐ 최적 의사결정
조사안함	0	90,000		36,000

4. 완전정보하의 의사결정

		미래발생사건		기대비용		
		정상	비정상			
완전정보	대안	100%	0%	기대비용		
정상	조사함	20,000	20,000	20,000		
		0	30,000	0	20,000	
	조사안함	0	90,000		0	⇐ 최적 의사결정

		미래발생사건		기대비용		
		정상	비정상			
완전정보	대안	0%	100%	기대비용		
비정상	조사함	20,000	20,000	20,000		
		0	30,000	30,000	50,000	⇐ 최적 의사결정
	조사안함	0	90,000		90,000	

5. 완전정보의 기대가치

완전정보	정상	비정상	
최적의사결정	조사안함	조사함	
성과	0	50,000	
정보수집확률	60%	40%	
기대비용	0	20,000	20,000
기존정보하의 기대비용	12,000	20,000	32,000
완전정보의 기대가치			**12,000**

• 세무사/2021/문33

18 ㈜세무는 기존에 생산중인 티셔츠 제품계열에 새로운 색상인 하늘색과 핑크색 중한 가지 제품을 추가할 것을 고려중이다. 추가될 제품은 현재의 시설로 생산가능하지만, 각각 ₩200,000의 고정원가 증가가 요구된다. 두 제품의 판매단가는 ₩10, 단위당 변동원가는 ₩8으로 동일하다. 마케팅부서는 두 제품의 시장수요에 대해 다음과 같은 확률분포를 제공하였다.

수요량	기대확률	
	하늘색	핑크색
50,000단위	0.0	0.1
100,000	0.2	0.1
200,000	0.2	0.2
300,000	0.4	0.2
400,000	0.2	0.4

㈜세무의 기대영업이익을 최대화하는 관점에서 두 제품 중 상대적으로 유리한 제품과 유리한 영업이익차이 모두를 올바르게 나타낸 것은?

① 핑크색, ₩30,000 ② 하늘색, ₩32,000 ③ 핑크색, ₩34,000
④ 하늘색, ₩36,000 ⑤ 핑크색, ₩38,000

풀이과정 불확실성하의 의사결정/ 이득성과표　　　　　　　　　　　　**정답** ①

이득성과표(payoff matrix) 작성

방안	발생가능사건(state of nature)					기대이익
	50,000	100,000	200,000	300,000	400,000	
하늘색	0.0	0.2	0.2	0.4	0.2	
	(100,000)	0	200,000	400,000	600,000	320,000
핑크색	0.1	0.1	0.2	0.2	0.4	
	(100,000)	0	200,000	400,000	600,000	350,000

• 회계사/2018/문45

19 ㈜대한은 제품 A와 제품 B 중 어느 것을 생산·판매할 것인지 결정하기 위해 외부 경제연구소로부터 시장 상황에 대한 예측정보를 얻으려고 한다.

(1) ㈜대한은 미래의 시장 상황을 호황과 불황으로 나누고, 외부 경제연구소의 예측 정보를 얻기 전에 각 상황에 대한 확률과 영업이익을 다음과 같이 예상하였다.

대안	시장 상황	
	호황(확률: 60%)	불황(확률: 40%)
제품 A	₩1,200	₩900
제품 B	₩850	₩1,100

(2) 외부경제연구소는 시장 상황에 대해 호황이라고 예측하는 정보(R_1) 또는 불황이라고 예측하는 정보(R_2)를 제공한다.

(3) ㈜대한은 시장 상황에 대해 사전에 예상한 확률과 외부경제연구소의 예측정확도를 고려하여 각 정보(R_1과 R_2)가 제공될 확률을 계산하였다. 각각의 정보가 제공될 확률, 정보가 주어졌을 때의 최적대안 및 최적대안의 기대영업이익은 다음과 같다.

구분	R1	R2
정보가 제공될 확률	56%	44%
최적대안	제품 A	제품 B
최적대안의 기대영업이익	₩1,157	₩1,032

㈜대한이 외부경제연구소의 예측정보에 대해 지불할 수 있는 최대 금액은 얼마인가?

① ₩10   ② ₩12   ③ ₩22   ④ ₩53   ⑤ ₩80

풀이과정   정답 ③

1. 이득성과표

대안	미래상황	
	호황(S_1)	불황(S_2)
	60%	40%
제품 A	1,200	900
제품 B	850	1,100

2. 확실성하의 의사결정

호황인 경우 $Pr(S_1) = 1.0$

대안	미래상황		이익	최적대안
	호황(S_1)	불황(S_2)		
	100%	0%		
제품 A	1,200	0	1,200	제품 A
제품 B	850	0	850	

불황인 경우　　　$Pr(S_2) = 1.0$

	미래상황			
	호황(S_1)	불황(S_2)		
대안	0%	100%	이익	최적 대안
제품 A	0	900	900	
제품 B	0	1,100	1,100	제품 B

3. 불확실성하의 의사결정

	미래상황			
	호황(S_1)	불황(S_2)		
대안	60%	40%	기대이익	최적대안
제품 A	1,200	900	1,080	제품 A
제품 B	850	1,100	950	

4. good decision making & bad outcome

의사결정	성과	= f(의사결정, 미래상황)	
제품 A	1,200	= f(제품 A, 호황)	
	900	= f(제품 A, 불황)	1,100

5. 완전정보하의 의사결정

정보　　미래상황을 미리 알려주는 역할
　　　　불확실성 제거

완전정보 perfect information

호황이라고 예측한 정보, R_1

		미래상황			
		호황(S_1)	불황(S_2)		
정보	대안	100%	0%	기대이익	최적대안
R_1	제품 A	1,200	900	EV(A/R1) = 1,200	제품 A
	제품 B	850	1,100	EV(B/R1) = 850	

불황이라고 예측한 정보, R2

		미래상황			
		호황(S_1)	불황(S_2)		
정보	대안	0%	100%	기대이익	최적대안
R2	제품 A	1,200	900	EV(A/R2) = 900	
	제품 B	850	1,100	EV(B/R1) = 1,100	제품 A

6. 완전정보의 기대가치

완전정보	R_1	R_2		
최적대안	제품 A	제품 B		
최적대안의 기대이익	1,200	1,100		
정보입수확률	60%	40%		
완전정보하의 기대이익	720	440	=	1,160
기존정보하의 기대이익	720	360	=	1,080
완전정보의 기대가치	*0*	*80*	*=*	*80*

7. 베이지안 정리에 의한 확률수정

사건	사전확률	정보	조건부확률	결합확률	사후확률
S_i	$Pr(S_i)$	R_i	$Pr(R_i/S_i)$	$Pr(R_i)$	$Pr(S_i/R_i)$
S_1	0.60	R_1	0.80	0.48	0.86
		R_2	0.20	0.12	0.27
S_2	0.40	R_1	0.20	0.08	0.14
		R_2	0.80	0.32	0.73

8. 결합확률, 보고서 입수확률

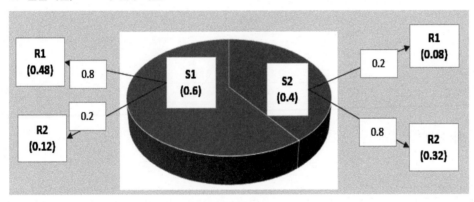

9. 사후확률

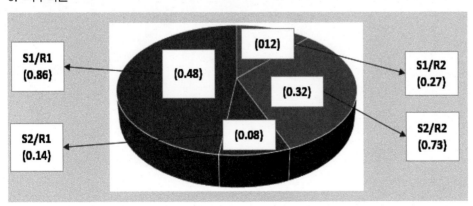

10. 불환전정보하의 의사결정

호황이라고 예측한 정보, R₁

정보	대안	미래상황 호황(S_1)	미래상황 불황(S_2)	기대이익	최적대안
		86%	14%		
R_1	제품 A	1,200	900	EV(A/R₁) = 1,157	제품 A
56%	제품 B	850	1,100	EV(B/R₁) = 886	

불황이라고 예측한 정보, R2

정보	대안	미래상황 호황(S_1)	미래상황 불황(S_2)	기대이익	최적대안
		27%	73%		
R_2	제품 A	1,200	900	EV(A/R₂) = 982	
44.00%	제품 B	850	1,100	EV(B/R₁) = 1,032	제품 A

11. 불완전정보의 기대가치

	R_1	R_2	
불완전정보			
최적대안	제품 A	제품 B	
최적대안의 기대이익	1,157	1,032	
정보입수확률	56%	44%	
불완전정보하의 기대이익	648	454	= 1,102
기존정보하의 기대이익	720	360	= 1,080
불완전정보의 기대가치	(72)	94	= ***22***

12. 정보의 정확도와 정보가치

	정보정확도	정보가치
완전정보	100%	80
불완전정보	80%	22

• 회계사/2021/문47

20 ㈜대한은 월드컵에서 한국 축구팀이 우승하면, 10억 원 상당의 경품을 증정하는 이벤트를 실시할 예정이다. 동 경품 이벤트의 홍보효과로 인해 ㈜대한의 기대현금유입액은 한국 축구팀의 우승 여부에 관계없이 3억 원이 증가할 것으로 예상된다. ㈜대한은 경품 이벤트에 대비하는 보험상품에 가입할 것을 고려하고 있다. 동 보험상품 가입 시 한국 축구팀이 월드컵에서 우승하는 경우, 보험사가 10억 원의 경품을 대신 지급하게 된다. 동 상품의 보험료는 1억 원이며, 각 상황에 따른 기대현금흐름은 다음과 같다.

	기대현금흐름(보험료 제외)	
	월드컵 우승 성공	월드컵 우승 실패
보험 가입	3억 원	3억 원
보험 미가입	(-) 7억 원	3억 원

한국 축구팀이 월드컵에서 우승할 가능성이 최소한 몇 퍼센트(%)를 초과하면 ㈜대한이 보험상품에 가입하는 것이 유리한가? (단, 화폐의 시간가치는 고려하지 않는다)

① 5% ② 10% ③ 20% ④ 30% ⑤ 40%

풀이과정 불확실성하의 의사결정/ 이득성과표 **정답** ②

	미래발생사건			
	성공	실패		기대이익
선택대안	p	1-p		
보험가입	2	2		2
미가입	(7)	3		3-10p

$$10p - 1 > 0$$
$$p > 10\%$$

21 ㈜대한은 제품 A를 생산하여 판매하려고 한다. 제품 A의 단위당 제조원가는 ₩200이며, 단위당 판매가격은 ₩500이다. 제품 A는 판매되지 못하면 전량 폐기처분해야 하며, 미리 생산한 제품 A가 전량 판매된 후에는 추가로 생산하여 판매할 수 없다. ㈜대한이 예상한 제품 A의 판매량은 다음과 같다.

판매량	확률
500개	0.4
600개	0.3
700개	0.3

제품 A의 판매량에 관하여 완전한 예측을 해주는 완전정보시스템이 있다면, 다음 설명 중 옳은 것은?

① 기존정보하의 기대가치는 ₩155,000이다.
② 기존정보하에서는 생산량이 700개인 대안을 선택할 것이다.
③ 완전정보하의 기대가치는 ₩17,000이다.
④ 완전정보의 기대가치는 ₩177,000이다.
⑤ 기존정보하에서 기대가치가 가장 큰 대안을 선택하였고 실제로 제품 A가 500개 판매된 경우 예측오차의 원가는 ₩20,000이다.

풀이과정   **정답** ⑤

1. 공헌이익

	단위당	생산/판매수량		
		500	600	700
단위당 판매가격	500			
단위당 변동원가	200			
단위당 공헌이익	300			
공헌이익		150,000	180,000	210,000

2. 이득성과표

대안 (생산량)	미래발생사건(예상판매량)			기대이익
	500	600	700	
	40%	30%	30%	
500	150,000	150,000	150,000	150,000
600	*130,000*	*180,000*	*180,000*	*160,000* ⟸ 최적 대안
700	110,000	160,000	210,000	155,000

3. 완전정보와 의사결정

		미래발생사건(수요량)				
	대안	500	600	700		
완전정보	(생산량)	100%	0%	0%	기대이익	
500	500	150,000	150,000	150,000	150,000	< = 최적 대안
	600	130,000	180,000	180,000	130,000	
	700	110,000	160,000	210,000	110,000	

		미래발생사건(수요량)				
	대안	500	600	700		
완전정보	(생산량)	0%	100%	0%	기대이익	
600	500	150,000	150,000	150,000	150,000	
	600	130,000	180,000	180,000	180,000	< = 최적 대안
	700	110,000	160,000	210,000	160,000	

		미래발생사건(수요량)				
	대안	500	600	700		
완전정보	(생산량)	0%	0%	100%	기대이익	
700	500	150,000	150,000	150,000	150,000	
	600	130,000	180,000	180,000	180,000	
	700	110,000	160,000	210,000	210,000	< = 최적 대안

4. 완전정보의 기대가치

	500	600	700		
완전정보	500	600	700		
최적대안	500	600	700		
이득(손실)	150,000	180,000	210,000		
확률	40%	30%	30%		
완전정보하의 기대이익	*60,000*	*54,000*	*63,000*	*177,000*	*EV with PI*
기존정보하의 기대이익	52,000	54,000	54,000	160,000	EV without PI
완전정보의 기대가치	*8,000*	*0*	*9,000*	*17,000*	*EVPI*

5. 기회손실과 예측오차

	미래발생사건(예상판매량)				
대안	500	600	700		
(생산량)	40%	30%	30%	기대기회손실	EOL
500	0	30,000	60,000	27,000	
600	*20,000*	*0*	*30,000*	*17,000*	*< = 최적 대안*
700	40,000	20,000	0	22,000	

• 회계사/2024/문47

22 ㈜대한은 최근에 신제품 X의 개발을 완료하고 시험적으로 50단위를 생산하였다. 회사가 처음 50단위의 신제품 X를 생산하는데 소요된 총직접노무시간은 500시간이고 직접노무시간당 임률은 ₩200이었다. 신제품 X의 생산에 소요되는 단위당 직접재료원가는 ₩900이고, 단위당 제조간접원가는 ₩800이다. 총생산량 200단위에 대한 신제품 X의 단위당 예상원가는 ₩3,320이다. 누적평균시간학습모형이 적용된다면, 학습률은 얼마인가?

① 70% ② 75% ③ 80% ④ 90% ⑤ 95%

풀이과정 정답 ④

1. 원가추정

원가요소	단위당	200 단위
직접재료원가	900	180,000
직접노무원가		
변동제조간접원가	800	160,000
단위당 예상원가		3,320
예상총원가		664,000
예상 직접노무원가		324,000
시간당 임률		200
예상 노무시간		*1,620*

2. 누적평균 학습모형

누적생산량	총노무시간	단위당 노무시간	학습률(l)		누적총시간
50	500	10.00	*10*	90%	500
100			$10 \times (l)$	90%	900
200	*1,620*	*8.10*	$10 \times (l)^2$	90%	1,620

전략적 원가관리와 전략적 성과평가

1. 주요개념

Strategic Analysis and
Strategic Cost Management

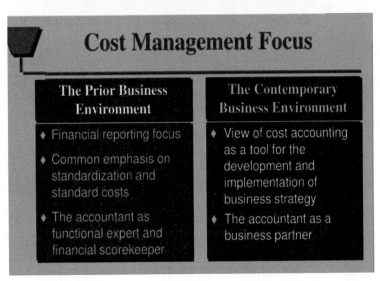

Cost Management Focus

The Prior Business Environment	The Contemporary Business Environment
◆ Financial reporting focus	◆ View of cost accounting as a tool for the development and implementation of business strategy
◆ Common emphasis on standardization and standard costs	◆ The accountant as a business partner
◆ The accountant as functional expert and financial scorekeeper	

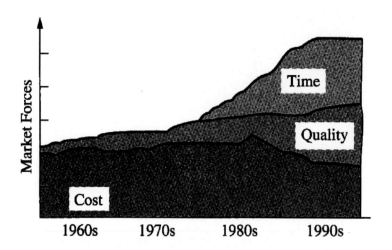

EVOLUTION OF DIRECT VS. OVERHEAD
PROPORTIONS OF COST STRUCTURES

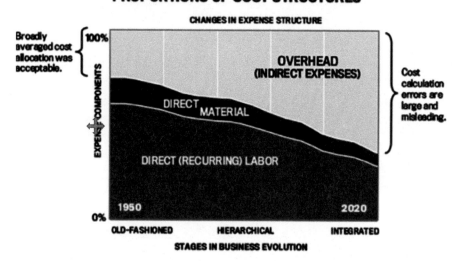

The Emergence of SCM

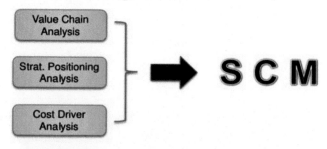

- Together these three themes represent a coherent framework of thinking (i.e. paradigm) about managerial accounting
- Is Strategic Cost Management a paradigm shift?

JIT – JUST IN TIME MANUFACTURING

- ✓ JIT is viewed as an integrated management system. Differed in mgt. practices by plant's characteristics.
- ✓ Initially introduced for the Toyota production system (Japanese approach).
- ✓ Based on 2 principles
  → elimination of all waste (time, materials, labor & equipment) in the production cycle.
  → empowering workers.

JIT and Its Effect on the Cost Management System

JIT	Traditional
• Pull-through system	• Push-through system
• Insignificant inventories	• Significant inventories
• Small supplier base	• Large supplier base
• Long-term supplier contracts	• Short-term supplier contracts
• Cellular structure	• Departmental structure
• Multiskilled labor	• Specialized labor
• Decentralized services	• Centralized services
• High employee involvement	• Low employee involvement
• Facilitating management style	• Supervisory management style
• Total quality control	• Acceptable quality level
• Buyers' market	• Sellers' market
• Value-chain focus	• Value-added focus

Backflush Costing

- As companies achieve JIT inventory control and Total Quality Management, less costs are carried in inventory
- Less attention is given to systems which sequentially track the flow of product costs from material inventory to work in process and finished goods
- Use backflush costing when
  - Levels of inventory are minimal
  - Production process / technology is relatively stable
  - Standard costs are clear

Materials, Conversion Costs → Finished Goods Inventory → Cost of Goods Sold

- When finished goods inventory is minimal, it is possible to eliminate this account and transfer costs directly to cost of goods sold

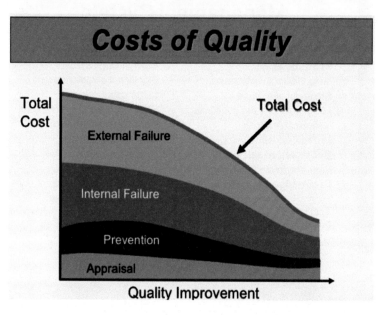

Examples of Quality Costs

Prevention Costs
- Quality training
- Quality circles
- Statistical process control activities

Appraisal Costs
- Testing and inspecting incoming materials
- Final product testing
- Depreciation of testing equipment

Internal Failure Costs
- Scrap
- Spoilage
- Rework

External Failure Costs
- Cost of field servicing and handling complaints
- Warranty repairs
- Lost sales

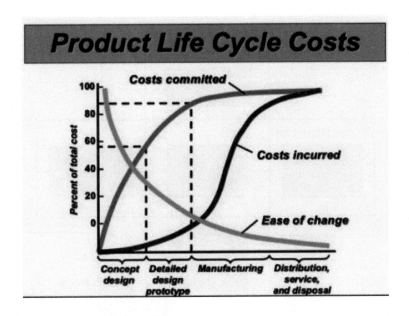

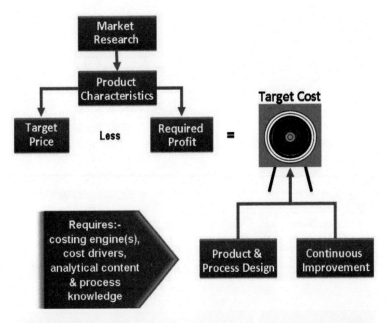

Standard Costing	Kaizen Costing
■ Goal to meet cost performance standard	■ Goal to achieve cost reduction standard
■ Standards set annually	■ Standards set monthly
■ Compare actual with standard costs	■ Compare actual cost reduction with target
■ Investigate when standards not met	■ Investigate when target cost reduction not achieved
■ Managers & engineers set standards	■ Workers set kaizen standards
■ Assumes process stability	■ Assumes continuous improvement

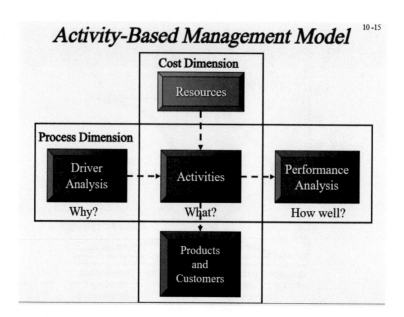

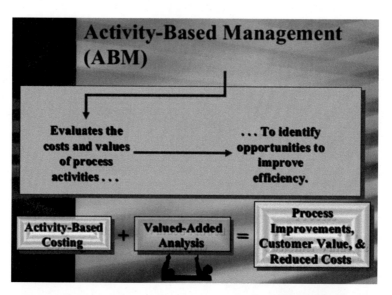

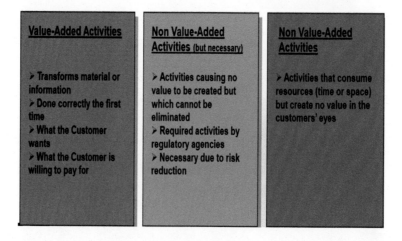

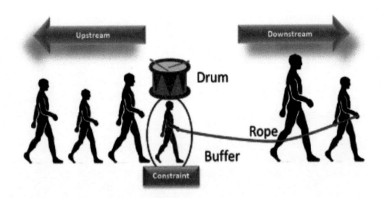

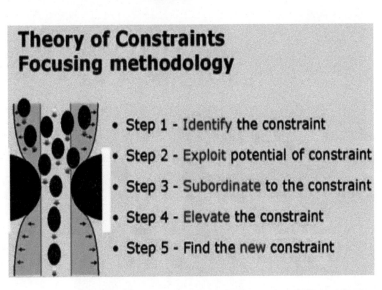

The Theory of Constraints

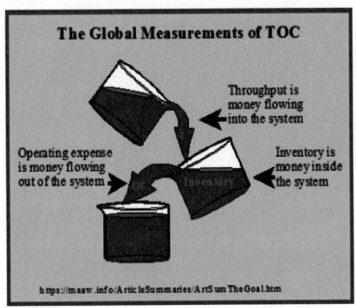

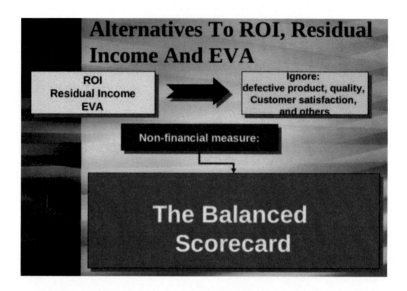

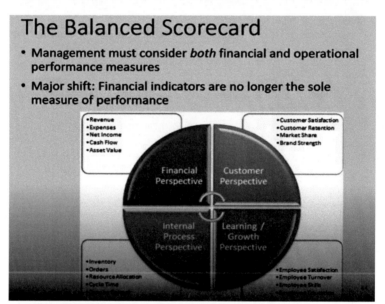

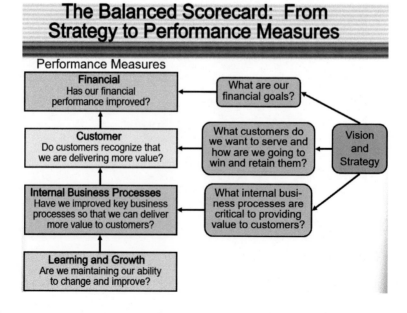

2. 관세사 기출문제 및 해설

• 관세사/2015/문71

01 전략적 원가관리에 관한 설명으로 **옳지 않은** 것은?

① 목표원가계산은 제조이전 단계에서의 원가절감에 초점을 두고 있다.

② 가치사슬원가계산에서는 제품생산 이전에 발생한 활동과 관련된 원가는 물론 제품생산 이후에 발생한 활동과 관련된 원가도 분석한다.

③ 품질원가에서 예방원가는 대부분 제품이 내부고객과 외부고객의 요구사항을 충족하고 있는지 확실하게 하기 위해서 제품을 검사하는 것과 관련이 있다.

④ 제품수명주기원가계산에서는 특정 제품의 기획에서부터 폐기까지의 모든 비용을 식별·추적한다.

⑤ 카이젠원가계산은 제품의 수명주기상의 제조단계에서 원가를 절감시키려는 데 초점을 맞추고 있다.

풀이과정　　　　　　　　　　　　　　　　　　　　　　　　　　　　　**정답** ③

문항	주제	지문분석
1	목표원가계산	제조이전 단계에서의 원가절감에 초점
2	가치사슬분석	가치사슬 전 과정에 관련된 원가분석
3	*품질원가*	*품질원가, 예방원가 → 평가원가*
4	제품수명주지원가계산	제품수명주기 전과정의 원가분석
5	카이젠원가계산	제조단계의 원가절감

• 관세사/2015/문71

02 균형성과표(Balanced Scorecard)에 관한 설명으로 **옳지 않은** 것은?

① 영리기업의 경우, 균형성과표에서 내부프로세스 관점의 성과지표는 학습과 성장관점의 성과지표에 대해 후행지표인 것이 일반적이다.

② 균형성과표의 여러 관점은 서로 연계되어 인과관계를 가지고 있으며, 영리기업의 경우에 최종적으로 재무적 관점과 연계되어야 한다.

③ 균형성과표는 일반적으로 재무적 관점, 고객 관점, 내부프로세스 관점, 학습과 성장관점의 다양한 성과지표에 의하여 조직의 성과를 측정한다.

④ 조직구성원들이 조직의 전략적 목표를 달성할 수 있도록 균형성과표에서 핵심성과지표(KPI)는 조직의 전략과 연계하여 설정된다.

⑤ 균형성과표의 내부프로세스 관점은 기업내부의 업무가 효율적으로 수행되는 정도를 의미하며 종업원 만족도, 이직률, 종업원 생산성 등의 지표를 사용한다.

풀이과정   **정답** ⑤

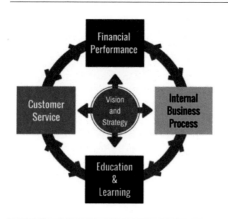

	전통적 성과지표 → 내부성과/ 결과 성과
	균형 성과지표 → 외부성과/ 과정 성과
	선행 성과지표: 학습 및 성장지표 → 내부 프로세스 지표
	종업원 만족도, 종업원 이직률 → 학습과 성장관점 성과지표

• 관세사/2023/문78

03 ㈜관세는 최근에 신제품 X를 개발 완료했다. 신제품 X는 향후 3년간 생산·판매되며, 예상되는 수익 및 원가는 다음과 같다.

> · 연구개발 및 설계원가는 ₩2,000이고 1차년도에 전액 비용처리한다.
> · 생산량은 1차년도에 400단위, 2차년도와 3차년도에는 각각 500단위이다.
> · 단위당 판매가격은 ₩100이다.
> · 단위당 변동제조원가는 ₩50이고, 생산량 100단위마다 ₩1,000의 작업준비 원가가 발생한다.
> · 마케팅 및 고객서비스 활동에서 발생하는 연간 고정원가는 ₩15,000이다.

신제품 X의 제품수명주기 전체의 총이익은? (단, 생산량은 모두 판매되고, 화폐의 시간가치는 고려하지 않는다.)

① ₩7,000 　② ₩9,000 　③ ₩11,000 　④ ₩25,000 　⑤ ₩39,000

풀이과정 　　　　　　　　　　　　　　　　　　　　　　　　　　**정답** ②

	1차년도	2차년도	3차년도	합계
생산량	400	500	500	1,400
단위당 판매가격	100	100	100	
매출액	40,000	50,000	50,000	140,000
단위당 변동제조간접원가	50	50	50	
변동제조원가	20,000	25,000	25,000	70,000
공헌이익				70,000
작업준비원가	4,000	5,000	5,000	14,000
연구개발 및 설계원가	2,000			2,000
마케팅 및 고객서비스원가	15,000	15,000	15,000	45,000
영업이익				**9,000**

• 관세사/2024/문79

04 전략적 원가관리에 관한 설명으로 **옳지 않은** 것은?

① 제품수명주기원가계산은 장기적 의사결정 보다 단기적 의사결정에 더욱 유용하다.

② 목표원가계산은 시장의 수요에 기초해서 제품의 수익성이 확보될 수 있도록 원가를 관리하는 방법이다.

③ 카이젠원가계산은 내부프로세스의 혁신적인 변화보다는 제조단계에서 지속적으로 원가를 절감하고자 한다.

④ 목표원가는 예상 목표가격에서 목표이익을 차감하여 가치공학 등의 기법을 수행하여 생산개시 전에 결정된다.

⑤ 제품수명주기원가계산은 대부분의 제품원가가 제조이전단계에서 확정된다는 인식 하에 제조이전단계에서 원가절감을 강조한다.

풀이과정   **정답** ①

지문	주제	분석
1	*제품수명주기원가계산*	제품수명주기별 원가분석, *장기적* 원가절감 방안 분석
2	목표원가계산	시장의 수요에 기초해서 제품의 수익성이 확보될 수 있도록 원가를 관리
3	카이젠원가계산	대량생산단계에서 원가절감
4	목표원가계산	실제조업도하의 예산원가
5	제품수명주기원가계산	

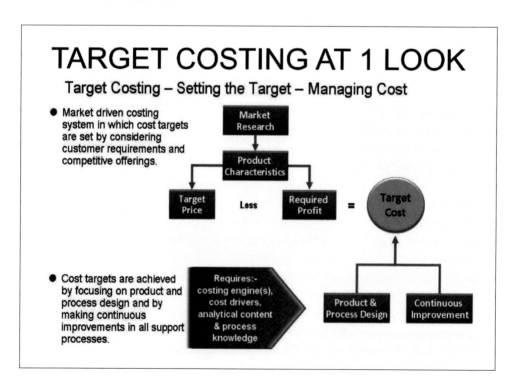

3. 감정평가사 기출문제 및 해설

• 감정평가사/2021/문71

05 원가관리기법에 관한 설명으로 옳은 것은?

① 제약이론을 원가관리에 적용한 재료처리량공헌이익(throughput contribution)은 매출액에서 기본원가를 차감하여 계산한다.

② 수명주기원가계산에서는 공장자동화가 이루어지면서 제조이전단계보다는 제조단계에서의 원가절감 여지가 높아졌다고 본다.

③ 목표원가계산은 표준원가와 마찬가지로 제조과정에서의 원가절감을 강조한다.

④ 균형성과표는 전략의 구체화와 의사소통에 초점이 맞춰진 제도이다.

⑤ 품질원가계산에서는 내부실패원가와 외부실패원가를 통제원가라 하며, 예방 및 평가활동을 통해 이를 절감할 수 있다.

풀이과정   **정답** ④

문항	주제	지문분석
1	제약이론	매출액 – 직접재료원가 = 재료처리량공헌이익
2	수명주기원가계산	제조이전단계의 원가절감에 중점을 둔다.
3	목표원가계산	제조이전단계의 원가절감에 중점을 둔다.
4	*균형성과표*	*전략의 구체화와 의사소통에 초점을 둔다.*
5	품질원가계산	통제원가: 예방원가와 평가원가, 실패원가: 내부실패원가와 외부실패원가

06 최신의 관리회계기법에 관한 설명으로 **옳지 않은** 것은?

① 목표원가는 목표가격에서 목표이익을 차감하여 결정한다.

② 카이젠원가계산은 제조이전단계에서의 원가절감에 초점을 맞추고 있다.

③ 균형성과표는 조직의 전략과 성과평가시스템의 연계를 강조하고 있다.

④ 품질원가의 분류에서 내부실패원가는 불량품의 재작업원가나 폐기원가 등을 말한다.

⑤ 제품수명주기원가계산은 단기적 의사결정보다는 장기적 의사결정에 더욱 유용하다.

풀이과정　　　　　　　　　　　　　　　　　　　　　　　　　　　　　　**정답** ②

지문	주제	분석
1	목표원가계산	실제조업도하의 예산원가
2	*카이젠원가계산*	*대량생산단계에서 원가절감*
		표준원가계산과 유사
3	균형성과표	조직 전략과 성과시스템 연계
4	품질원가	내부실패원가는 고객 인도전 발견된 불합격품 품질원가
5	제품수명주기원가계산	제품수명주기별 원가분석, 장기적 원가절감 방안 분석

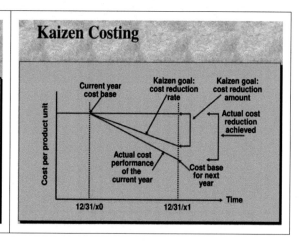

Comparing Standard Costing and Kaizen Costing

- Standard costing – the use of carefully predetermined product costs for budgeting and performance evaluation.
  - Standard costs are typically used in established production processes.
- Kaizen costing – the emphasis is on continuous reduction of production costs.
  - Rather than standards or targets, the goal is current costs that are less than previous costs.

Kaizen Costing

4. 세무사 기출문제 및 해설

● 세무사/2015/문34

07 품질원가에 관한 설명으로 **옳지 않은** 것은?

① 제품의 품질은 설계품질(quality of design)과 적합품질(quality of conformance)로 구분할 수 있는데, 품질원가는 생산자 품질이라 할 수 있는 설계품질과 관련된 것이다.

② 품질원가는 예방원가 및 평가원가로 구성되는 통제원가와 내부실패원가 및 외부실패원가로 구성되는 실패원가로 분류할 수 있다.

③ 품질원가에 대한 전통적인 관점에서는 통제원가와 실패원가 사이에 상충관계(trade-off)가 존재한다고 보고 있다.

④ 예방원가는 제품의 생산과정에서 불량품이 발생하지 않도록 예방하기 위하여 발생하는 원가로서 품질관리를 위한 종업원들에 대한 교육훈련비, 생산설비의 유보수비 등이 여기에 속한다.

⑤ 품질원가는 제품에 불량이 발생하지 않도록 예방하거나 불량이 발생하는지를 검사하고, 불량이 발생한 경우 초래되는 모든 원가를 의미한다.

풀이과정   **정답** ①

품질 (QUALITY)	소비자를 만족시키는 제품의 특성, 속성 제품의 유용성을 정하여 주는 제품의 특성, 속성 기업활동의 각 단계에서 품질이 창출됨
설계품질 (소비자품질)	1. 제품기획/제품의 성능, 수명, 안정성, 가격 등에 관한 계획단계 2. 제품설계/기획에서 정해진 속성을 가질 수 있도록 하는 제품의 개발단계 3. 공정설계/설계된 제품을 만들어 내기 위한 제조공정의 설계
적합품질 *(생산자품질)*	*4. 생산/공정설계에 따라 만들어진 제조공정에서 설계품질의 제품을 생산하는 활동*
사용품질	5. 판매/생산된 제품을 소비자에게 판매하는 활동 6. 애프터서비스/소비자가 제품을 사용하면서 발생하는 문제에 대한 서비스활동
품질원가계산	품질에 관련하여 발생하는 원가 좋은 품질원가_통제원가_예방원가, 평가원가 예방원가_품질관리계획수립, 품질관리보고서 작성, _ 품질관리기술개발, 품질개선 토의원가 평가원가_품질 평가 및 검사원가 나쁜 품질원가_실패원가_내부실패원가, 외부실패원가

• 세무사/2019/문38

08 ㈜세무의 품질관리 활동원가는 다음과 같다. 품질관리 활동원가 중 예방원가
(prevention cost)와 평가원가(appraisal cost)의 계산결과를 비교한 것으로 옳은 것은?

활동	원가(또는 비용)	활동	원가(또는 비용)
원재료 검사	₩40	설계엔지니어링	₩20
반품 재작업	10	보증수리원가	70
재공품 검사	50	예방적 설비유지	30
납품업체 평가	90	반품 재검사	20
공손품 재작업	10	품질교육훈련	60

① 예방원가가 평가원가보다 ₩110 더 크다.
② 예방원가가 평가원가보다 ₩90 더 크다.
③ 예방원가가 평가원가보다 ₩0 더 작다.
④ 예방원가가 평가원가보다 ₩70 더 작다.
⑤ 예방원가가 평가원가보다 ₩90 더 작다.

풀이과정   정답 ①

품질원가	금액	통제원가 예방원가	통제원가 평가원가	실패원가 내부실패	실패원가 외부실패
원재료 검사	40		40		
반품 재작업	10				10
재공품 검사	50		50		
납품업체 평가	90	90			
공손품 재작업	10			10	
설계엔지니어링	20	20			
보증수리원가	70				70
예방적 설비유지	30	30			
반품 재검사	20				20
품질교육훈련	60	60			
계	400	**200**	**90**	10	100

• 세무사/2021/문39

09 ㈜세무는 CCTV 장비를 제조하여 고객에게 설치판매하는 사업을 하고 있다. 장비제조는 제조부서에서 장비설치는 설치부서에서 수행하는데, 장비설치에 대한 수요는 연간처리능력을 초과하고 있다. 따라서 ㈜세무는 제약자원개념하에서 운영개선을 검토하기로 하고, 다음의 자료를 수집했다.

구분	장비제조	장비설치
연간처리능력	400개	300개
연간제조설치량	300개	300개

장비의 단위당 설치판매 가격은 ₩40,000이고, 단위당 직접재료원가는 ₩30,000이다. 직접재료원가 이외의 모든 원가는 고정되어 있고 장비설치 오류시 해당 장비는 폐기된다. 이와 같은 상황하에서 ㈜세무가 영업이익 증가를 위해 취하는 행동으로 옳은 것은?

① 장비설치 부서에 두 명의 작업자를 고정배치하여 연간 설치수량을 20개 증가시키고, 이로 인해 두 명의 작업자에 대해서 연간 ₩300,000의 추가적 원가가 발생한다.

② 직접재료는 ㈜세무가 제공하는 조건으로 개당 ₩10,000에 30개의 장비를 제조해주겠다는 외주업체의 제안을 받아들인다.

③ 연간 ₩550,000의 추가원가를 투입하여 설치시간을 단축함으로써 설치부서의 연간 설치수량을 50개 더 증가시킨다.

④ 장비는 ㈜세무가 제공하는 조건으로 개당 ₩12,000에 30개의 장비설치를 해주겠다는 외주업체의 제안을 받아들인다.

⑤ 연간 ₩700,000의 추가원가를 투입하여 오류 설치수량을 연간 20개 줄인다.

풀이과정 제약자원(애로공정, 병목자원)이론 **정답** ⑤

	장비제조	장비설치	시장판매	
연간처리능력	400	300		
연간재조설치량	300	300	300	
여유 생산능력	100	0		
공정 성격	여유공정	병목공정		
판매가격			40,000	
단위당 직접재료원가			30,000	
단위당 재료처리공헌이익			10,000	

		장비제조	장비설치	시장판매	
방안 1	추가원가		300,000	300,000	추가원가
	설치수량 증가		20	200,000	증분공헌이익
				(100,000)	영업손실
방안 2		10,000		300,000	외부구입원가
		30		0	증분공헌이익
				(300,000)	영업손실
방안 3			550,000	(550,000)	추가원가
			50	500,000	증분공헌이익
				(50,000)	영업손실
방안 4			12,000	360,000	증분설치원가
			30	300,000	증분공헌손실
				(60,000)	영업손실
방안 5			*700,000*	*700,000*	*증분원가*
			20	*800,000*	*증분매출액*
				100,000	*영업이익*

• 세무사/2021/문38

10 ㈜세무는 에어컨을 제조하는데, 에어컨의 품질원가를 파악하기 위해 다음의 자료를 수집하였다. 품질원가에 관한 설명으로 **옳지 않은** 것은?

· 생산판매단위: 6,000개	· 시험검사 노무임률: ₩60
· 판매단가: ₩1,500	· 재작업율: 10%
· 단위당 변동원가: ₩800	· 단위당 재작업원가: ₩400
· 제품설계시간: 1,000시간	· 보증수리비율: 5%
· 제품설계 노무임률: ₩80	· 단위당 수리원가: ₩500
· 단위당 시험검사시간: 0.5시간	· 품질로 인해 상실된 추정판매량: 400개

① 예방원가는 ₩80,000이다.　② 평가원가는 ₩180,000이다.

③ 내부실패원가는 ₩240,000이다.　④ 외부실패원가는 ₩150,000이다.

⑤ 총품질원가는 ₩930,000이다.

풀이과정 품질원가분석　　　　　　　　　　　　　　　　　　　　　　　　　　**정답** ④

		좋은 품질원가		나쁜 품질원가	
		통제원가		실패원가	
		예방원가	평가원가	내부실패	외부실패
생산판매수량	6,000				
판매단가	1,500				
단위당 변동원가	800				
단위당 공헌이익	700				
제품설계시간	1,000				
제품설계 노무임률	80				
제품설계원가	80,000	80,000			
단위당 시험검사시간	0.5				
시험검사시간	3,000				
시험검사 노무임률	60				
시험검사 원가	180,000		180,000		
재작업률	10%				
재작업수량	600				
단위당 재작업원가	400				
총재작업원가	240,000			240,000	
보증수리비율	5%				
보증수리량	300				
단위당 수리원가	500				
총수리원가	150,000				150,000
품질불량 상실 추정판매량	400				
단위당 공헌이익	700				
공헌이익 상실액	280,000				280,000
계		80,000	180,000	240,000	430,000

11 ㈜세무의 품질관리 활동원가는 다음과 같다.

활동	원가(또는 비용)	활동	원가(또는 비용)
공손품 재작업	₩400	보증수리원가	₩2,000
납품업체 평가	500	반품 재작업	1,000
불량품 폐기	600	품질교육훈련	1,000
완제품 검사	700	재공품 검사	300

위 원가(비용)를 다양한 유형별로 구분하여 자세히 분석한 결과, 예방원가(prevention cost)를 현재보다 50% 증가시키면 외부실패원가(external failure cost)를 현재보다 40% 절감할 수 있을 것으로 예상하였다. 이를 실행할 경우, 회사의 이익은 얼마나 증가하는가?

① ₩400 ② ₩450 ③ ₩690 ④ ₩700 ⑤ ₩850

풀이과정 정답 ②

품질원가 항목	원가	좋은품질 원가 통제원가 예방원가	좋은품질 원가 통제원가 평가원가	나쁜품질 원가 실패원가 내부실패원가	나쁜품질 원가 실패원가 외부실패원가
공손품 재작업	400			400	
납품업체 평가	500	500			
불량품 폐기	600			600	
완제품 검사	700		700		
보증수리원가	2,000				2,000
반품 재작업	1,000				1,000
품질교육훈련	1,000	1,000			
재공품 검사	300				
계	6,500	1,500	700	1,000	3,000
품질향상프로그램		*750*			*1,200* *450*

5. 공인회계사 기출문제 및 해설

• 회계사/2015/문41

12 전략적 원가관리에 관한 설명으로 **옳지 않은** 것은?

① 적시생산시스템(JIT)은 짧아진 제품수명 및 제품의 다양성에 따라 증가하는 재고관리
비용 등을 감소시키는 방안으로 유용하며, 초변동원가계산(throughput costing)을 사
용하여 제품원가를 계산한다.

② 목표원가계산(target costing)은 컴퓨터, 자동차 등 조립형 산업에서 주로 활용되는
것으로서, 시장중심의 목표원가와 생산중심의 표준원가와의 차이를 줄이려는 노력을
원가절감의 일차적 대상으로 삼고 기술개발과 디자인 등에 주력한다.

③ 품질원가계산(quality costing)은 통제원가(예방 및 평가원가)와 실패원가를 포함한
품질관련원가를 최소화시키면서 품질수준을 최대화시키는데 목적이 있다.

④ 카이젠원가계산(kaizen costing)은 제조단계에서의 원가절감에 초점을 맞추고 있다.

⑤ 제약이론(theory of constraints)은 기업의 목표를 달성하는 과정에서 병목공정을 파
악하여 이를 집중적으로 관리하고 개선해서 기업의 성과를 높이는 방법이다.

풀이과정   **정답** ①

전략적 원가관리	원가관리, 원가계획, 원가실행, 원가통제 전략적 측면에서 원가계획, 원가실행 및 원가통제
적시생산시스템 ***적시재고시스템***	고객주문에 의해 생산, 구매활동 시작 제조 셀 중심 생산, 무재고관리 원재료, 재공품, 제품 등 재고자산 관리 불필요 ***역산원가계산방법***
카이젠원가계산	양산단계에서 원가절감 목표원가계산_설계단계에서 원가절감
목표원가계산	목표매출액-목표 영업이익=목표원가 추정 설계단계에서 원가절감
품질원가계산	품질에 관련하여 발생하는 원가 좋은 품질원가_통제원가_예방원가, 평가원가 예방원가_품질관리계획수립, 품질관리보고서 작성, 　　　_품질관리기술개발, 품질개선 토의원가 평가원가_품질 평가 및 검사원가 나쁜 품질원가_실패원가_내부실패원가, 외부실패원가
제약이론	제약공정, 애로공정 효율적 관리 연속된 생산공정 중 생산능력이 가장 적은 공정 throughput 증대, 재고감축, 운영원가 감축

13 전략적 원가관리에 관한 다음 설명 중 옳은 것은?

① 품질원가계산(quality costing)에서 품질관리계획수립, 품질관리보고서의 작성, 품질 관리기술개발, 품질개선을 위한 토의원가 등은 품질원가 중 평가원가에 해당한다.

② 활동기준경영(ABM: activity-based management)은 활동분석을 통하여 파악된 정보 를 토대로 활동과 프로세스의 개선을 통한 가치창출능력 증대에 초점을 두고 있다.

③ 카이젠원가계산(kaizen costing)은 제조 이전의 전방단계에서의 지속적인 원가절감을 강조한다.

④ 적시재고시스템(JIT: just-in-time inventory system)은 공장 내에 재고가 거의 없기 때문에 원재료 계정을 별도로 철저하게 기록·관리해야 한다

⑤ 제품수명주기원가계산(product life-cycle costing)은 제조이후 단계에서 대부분의 제 품원가가 결정된다는 인식을 토대로 생산단계와 마케팅단계에서 원가절감을 강조한 다.

풀이과정   **정답** ②

전략적 원가관리	원가관리, 원가계획, 원가실행, 원가통제 전략적 측면에서 원가계획, 원가실행 및 원가통제
품질원가계산	품질에 관련하여 발생하는 원가 좋은 품질원가_통제원가_예방원가, 평가원가 예방원가_품질관리계획수립, 품질관리보고서 작성, 　　　_품질관리기술개발, 품질개선 토의원가 평가원가_품질 평가 및 검사원가 나쁜 품질원가_실패원가_내부실패원가, 외부실패원가
활동기준경영 *(ABM)*	활동중심 원가관리 부가가치 활동/ 비부가가치 활동 부가가치 활동_능률향상 비부가가치활동_제거
카이젠원가계산 목표원가계산	양상단계에서 원가절감 목표원가계산_설계단계에서 원가절감 목표매출액-목표 영업이익=목표원가 추정 설계단계에서 원가절감
적시생산시스템 적시재고시스템	고객주문에 의해 생산, 구매활동 시작 제조 셀 중심 생산, 무재고관리 원재료, 재공품, 제품 등 재고자산 관리 불필요 역산원가계산방법
제품수명주기원가계산	제품수명주기별 원가측정 및 원가분석 수명주기 전과정 원가관리 제조단계 이전 설계단계에서 원가관리 기업 전체 성과 개선 중점

• 회계사/2017/문42

14 전략적 원가관리 및 성과평가에 관한 **옳지 않은** 설명은?

① 제약이론을 원가관리에 적용한 재료처리량공헌이익(throughput contribution)은 매출액에서 직접재료원가를 차감하여 계산한다.

② 목표원가계산은 제품개발 및 설계단계에서의 원가절감에 초점을 맞추는 반면, 카이젠원가계산은 제조단계에서 원가절감을 강조한다.

③ 적시생산시스템하의 제조작업은 제조 셀(manufacturing cell)을 중심으로 이루어지며, 역류원가계산을 사용하여 제품원가를 계산한다.

④ 수명주기원가계산은 활동분석과 원가동인분석을 통하여 파악된 정보를 토대로 활동과 프로세스를 개선하여 기업전체의 성과를 개선하는데 초점을 두고 있다.

⑤ 균형성과표는 조직의 비전과 전략을 성과평가지표로 구체화함으로써 조직의 전략수행을 지원한다.

풀이과정　　　　　　　　　　　　　　　　　　　　　　　　　**정답** ④

전략적 원가관리	원가관리, 원가계획, 원가실행, 원가통제 전략적 측면에서 원가계획, 원가실행 및 원가통제
제약이론	제약공정, 애로공정 효율적 관리 연속된 생산공정 중 생산능력이 가장 적은 공정 throughput 증대, 재고감축, 운영원가 감축
목표원가계산	목표매출액−목표 영업이익＝목표원가 추정 설계단계에서 원가절감
카이젠원가계산	양산단계에서 지속적 원가절감
적시생산시스템	고객주문에 의해 생산, 구매활동 시작 제조 셀 중심 생산, 무재고관리 역산원가계산방법
활동기준경영	**활동별 원가집계 및 원가분석** **비부가가치 활동 제거, 부가가치 능률 개선**
수명주기원가계산	**제품수명주기 단계별 원가집계 및 분석** **기업 전체 성과 개선 중점**
균형성과표	내부성과/ 결과성과 외부성과/ 과정성과 조직전략 및 비젼을 성과평가지표로 구체화 함

• 회계사/2018/문47

15 ㈜대한은 연속된 공정 A와 B를 거쳐서 완제품을 생산한다. ㈜대한은 매년 500단위의 제품을 생산하여 기존시장에서 단위당 ₩3,000에 전부 판매한다. 당기에 ㈜대한은 새로운 거래처인 ㈜민국으로부터 완제품 150단위를 단위당 ₩2,500에 공급해 달라는 주문을 받았다. 이 주문은 완제품 150단위를 모두 수락하거나 거절해야 한다. 공정별 연간 생산능력, 연간 생산량 및 단위당 변동원가는 다음과 같다.

구분	공정 A	공정 B
연간 생산능력	550단위	600단위
연간 생산량	500단위	500단위
단위당 변동원가	₩700	₩1,000

㈜대한은 외부 공급업체로부터 공정A에서 생산된 것과 동일한 부품을 단위당 ₩1,500에 필요한 만큼 공급받을 수 있다. ㈜대한이 ㈜민국의 주문을 수락하면 ㈜대한의 당기순이익은 얼마나 증가(또는 감소)하는가? (단, ㈜대한은 상기 주문과 관련된 기회원가를 최소화하고자 한다)

① ₩5,000 증가   ② ₩8,000 감소   ③ ₩10,000 감소
④ ₩15,000 증가   ⑤ ₩80,000 증가

풀이과정   정답 ④

구분	공정 A	공정 B
연간생산능력	550	600
공정성격	병목공정	여유공정
연간생산량	500	500
여유 생산능력	50	100

구분	추가생산	부품 구입	판매대체	합계
생산수량	50	50	50	150
판매가격	2,500	2,500	(500)	
단위당 변동원가	1,700	2,500	0	
단위당 공헌이익	800	0	(500)	
공헌이익	40,000	0	(25,000)	*15,000*

• 회계사/2019/문49

16 ㈜대한은 연속된 공정 A와 B를 거쳐서 완제품을 생산한다. 완제품의 단위당 판매가격은 ₩50이다. 직접재료원가 이외의 운영원가는 모두 고정원가로 간주한다. 20x1년에 공정별 생산 및 원가자료는 다음과 같다.

항목	공정 A	공정 B
시간당 생산능력	15단위	10단위
연간 이용가능시간	2,000시간	2,000시간
연간 생산량	20,000단위	20,000단위
단위당 직접재료원가	₩10	₩10
연간 고정운영원가	₩120,000	₩140,000

㈜대한은 공정 B의 종료단계에서 품질검사를 실시한다. 당기 중에 공정 B에서 불량품 100단위가 생산되었다면, 불량품 100단위로 인해 영업이익은 얼마나 감소하는가? (단, ㈜대한의 기초 및 기말 재고자산은 없으며, 불량품은 전량 폐기된다)

① ₩2,000   ② ₩2,500   ③ ₩3,000

④ ₩4,000   ⑤ ₩5,000

풀이과정   **정답** ⑤

구분	공정A	공정B
연간 이용가능시간	2,000	2,000
시간당 생산능력	15	10
최대 생산능력	30,000	20,000
공정성격	여유공정	병목공정
연간 생산량	20,000	20,000
여유 생산능력	10,000	0

병목공정	
불량품	100
판매량	(100)
판매가격	50
매출액	**(5,000)**

여유공정	
불량품	100
추가 생산량	100
단위당 직접재료원가	10
직접재료원가	1,000

17 ㈜대한은 자동차를 생산하여 판매한다. ㈜대한의 원가관리 담당자는 효율적으로 원가를 관리하기 위해 다음과 같이 제품의 품질원가(예방원가, 평가원가, 내부실패원가, 외부실패원가로 구성)를 측정하였다.

내용	품질원가
불량률을 낮추기 위한 생산직원들의 교육훈련비	₩5,400
제조단계에서 발생한 불량품을 폐기하기 위해 지불한 비용	₩6,100
공정별 품질검사를 진행하는 직원들의 관리비	₩3,200
완성품을 검사하는 기계의 수선유지비	₩10,200
고객 제품보증수리센터에서 근무하는 직원의 인건비	₩24,700
높은 품질의 부품조달을 위한 우수협력 업체 조달 비용	₩2,300
품질검사 과정에서 발견한 불량품 재작업으로 인해 발생한 생산직원의 특근수당	₩7,400
제품 리콜로 인해 발생한 미래매출감소의 기회원가	₩9,300
총합계	₩68,600

㈜대한이 지금보다 예방원가를 50% 확대하면 내부실패원가와 외부실패원가를 각각 20%와 10% 절감할 수 있다고 한다. ㈜대한이 지금보다 예방원가를 50% 확대할 때 품질원가의 총합계는 얼마인가?

① ₩65,200   ② ₩66,350   ③ ₩67,280

④ ₩72,000   ⑤ ₩73,050

풀이과정   **정답** ②

1. 품질원가 분류

원가요소	좋은 품질원가		나쁜 품질원가	
	예방원가	평가원가	내부실패원가	외부실패원가
품질교육훈련비	5,400			
불량품 폐기비용			6,100	
품질검사 직원 관리비		3,200		
완성품 검사기계 수선유지비		10,200		
고객서비스센터 직원인건비				24,700
부품 우수협력업체 조달비용	2,300			
불량품 재작업 특근수당			7,400	
제품리콜 기회비용				9,300
합계	7,700	13,400	13,500	34,000

2. 신규 프로그램 품질원가 분석

품질원가	현재	증분원가	신규 프로그램
예방원가	7,700	3,850	11,550
평가원가	13,400		13,400
내부실패원가	13,500	2,700	10,800
외부실패원가	34,000	3,400	30,600
합계	68,600	2,250	*66,350*

• 회계사/2021/문50

18 다음 중 원가관리회계의 이론 및 개념들에 대한 설명으로 **옳지 않은** 것은?

① 안전재고는 재고부족으로 인해 판매기회를 놓쳐서 기업이 입는 손실을 줄여준다.

② 제품의 품질수준이 높아지면, 실패원가가 낮아진다. 따라서 품질과 실패원가는 음(-)의 관계를 가진다.

③ 제약이론은 주로 병목공정의 처리능력 제약을 해결하는 것에 집중해서 기업의 성과를 높이는 방법이다.

④ 제품수명주기원가계산은 특정 제품이 고안된 시점부터 폐기되는 시점까지의 모든 원가를 식별하여 측정한다.

⑤ 적시생산시스템(JIT)은 재고관리를 중요하게 생각하며, 다른 생산시스템보다 안전재고의 수준을 높게 설정한다.

풀이과정   **정답** ⑤

문항	주제	지문분석
1	재고관리	재고비용/ 구입원가/ 주문원가
		안전재고/ 유지원가/ 품절원가
2	품질원가	높은 수준 품질/ 예방원가/ 평가원가/ 증가
		낮은 수준 품질/ 내부 실패원가/ 외부 실패원가/ 감소
3	제약이론	연속 생활공정 중 병목자원과 비병목자원 파악. 병목자원의 효율적 활용 극대화를 통한 기업이익 제고
4	제품수명주기원가계산	제품수명주기별 원가계산 제조이전단계의 원가절감에 중점을 둔다.
5	*적시생산시스템*	*무재고관리*를 통한 원가절감, 특히 재고비용이 감소함. 재고자산에 대한 철저한 기록, 관리 불필요, 대신 역산원가계산 도입

• 회계사/2023/문50

19 예산과 성과평가에 대한 다음 설명 중 **옳지 않은** 것은?

① 변동예산은 일정범위의 조업도수준에 관한 예산이며 성과평가목적을 위해 실제원가를 실제조업도수준에 있어서의 예산원가와 비교한다.

② 균형성과표에서 전략에 근거하여 도출한 비재무적 성과측정치는 재무적 성과측정치의 선행지표가 된다.

③ 예산과 관련된 종업원들이 예산편성과정에 참여하는 참여예산제도는 예산의 편성과정에서 종업원들이 깨닫지 못하고 있던 책임에 관심을 가지도록 하며, 예산슬랙(예산여유)이 발생할 가능성을 줄여 준다.

④ 균형성과표는 조직의 수익성을 최종적인 목표로 설정하기 때문에 4가지 관점의 성과지표 중에서 재무적인 성과지표를 가장 중시한다.

⑤ 종합예산은 조직의 각 부문활동에 대한 예산이 종합된 조직전체의 예산이며, 예정조업도를 기준으로 수립하므로 고정예산이다.

풀이과정　　　　　　　　　　　　　　　　　　　　　　　　　　　　**정답** ③

지문	주제	분석
1	변동예산	실제조업도하의 예산원가
2	균형성과표	비재무적 성과측정치
		재무적 성과측정치의 선행지표
3	*참여예산*	종업원 참여유도/ *예산슬랙 유발할 부작용*
4	균형성과표	재무적 성과지표. 최종적 목표
5	종합예산	각 부문활동 예산을 종합한 조직전체의 예산

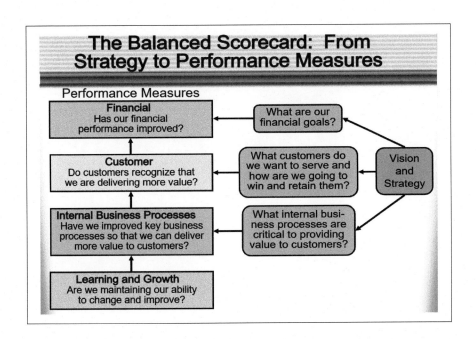

저자약력

■ **박 준 완**

연세대학교 경영학과 졸업(학사)
연세대학교 경영학과 졸업(석사)
연세대학교 경영학과 졸업(박사)
Purdue University(West Lafayette) 방문연구원
공인회계사 출제위원
행정고시 출제위원
(전) 전주대학교 회계세무학과 교수

[저서 및 역서]

고급관리회계, R, S, Kaplan, *Advanced Management Accounting*, Pearson. (공역)
원가회계, Charles T. Horngren 등, *Cost Accounting, A Managerial Emphasis*,
    Pearson. (공역)
관리회계의 적합성 상실, H. T. Johnson, R. S. Kaplan, *Relevance Lost: The Rise
    and Fall of Management Accounting*, Harvard Business Review Press.
    (공역)

원가관리회계 [제3판] – 객관식 기출문제 연습 –

2020년 3월 31일 초 판 발행
2022년 9월 10일 제2판 발행
2024년 7월 10일 제3판 발행

저 자 박 준 완
발행인 배 효 선
도서
출판 **法 文 社**

주 소 10881 경기도 파주시 회동길 37-29
등 록 1957년 12월 12일/제2-76호(윤)
전 화 (031)955-6500~6 FAX (031)955-6525
E-mail (영업) bms@bobmunsa.co.kr
　　　　(편집) edit66@bobmunsa.co.kr
홈페이지 http://www.bobmunsa.co.kr

조 판 법 문 사 전 산 실

정가 34,000원　　　　ISBN 978-89-18-91525-8